學習評量精要75講

吳明隆　著

五南圖書出版公司 印行

自序

民國 110 年起，教師資格考試考科配合教師五大素養，專業科目統整爲「教育理念與實務」、「學習者發展與適性輔導」、「課程教學與評量」三大考科，三大考科各有對應的學科內容，各學科內容重視的是教育情境或學校場域情境的應用，此種變革與之前有很大差異。師資職前教育課程基準的公布，結合教育理念、學習者、課程教學與評量、正向環境與輔導及專業倫理五大範圍爲緯，發展五大教師專業素養及 17 項專業素養指標。教師資格考試朝向素養導向試題，核心素養導向的評量內涵有三大特色：一爲該學科重要的概念與學理；二爲強調跨領域的統整學習；三爲結合教育情境或場域的應用。素養導向命題題型包括選擇反應題項及建構反應題項二大類，並增列綜合題型（選擇題、是非題或配合題）。

《學習評量精要 75 講》的內容撰述，乃呼應素養導向命題變革，內容不是以章節之大範圍爲單位，而是以主題或學科重要內容單元爲主軸，每一講都是一個完整的重要概念，此種組織架構可讓學習者快速理解學習評量的重要內容。《學習評量精要 75 講》有以下幾個特色：(1) 主題式的概念介紹：各講均爲重要觀念或學理，單獨成一個主題或重點提要；(2) 心智圖表的統整：輔以心智圖架構呈現概念內涵，易於學習者理解與應用，也讓學習者能有效就相關學習評量概念內涵進行比較統合；(3) 概念與實例兼顧：部分重要概念結合實例計算，讓學習者能加以轉換應用；(4) 內容敘寫的流暢：寫作用語淺顯易懂，學習者可以快速閱讀，理解內化爲系統性的資訊；(5) 完整的內容範疇：全書包含學習評量範圍的重要內容，介紹的範疇有很好的完整性。

本書體例完整、內容豐富，可作爲教育學程課堂用書、教師資格考試自學用書，以及縣市教師甄試的重要參考用書。

i

本書得以出版，要感謝五南圖書出版公司及其編輯群的協助，尤其是副總編輯黃文瓊與李敏華編輯的聯繫與幫忙。由於作者所知有限，書中內容若有欠妥或謬誤之處，希望教育先進能加以指導，作為日後修正之參考。

吳明隆

于高雄師範大學

民國 109 年 11 月 3 日

目錄

教學目標

「**教學目標**」（teaching objectives）在描述教師期待學生經由教學歷程，要展現的內容、技巧與行為。與教學目標相近的術語包括「**學習目標**」（learning targets）、「**教育目標**」（educational objectives）、「**行為目標**」（behavioral objectives）、「**學生結果**」（student outcomes）、「**課程目標**」（curriculum objectives）等。目標在課程計畫發展中是非常重要的元素，教學目標無法確定，教學與評量將變成沒有目的。教學歷程目標特別重要，因為教學是一種「**有意圖的**」（intentional）與「**規範性的**」（normative）行動，教師教學都有其目的，教師所教的是被他們認為值得學生學習的。「**有意圖的教學**」（intentional teaching）關注的是教師如何教導他們所選的目標議題——營造何種學習環境與使用什麼方法幫助學生學習；「**規範性的教學**」（normative teaching）關注的是為學生選擇有價值性的目標。目標指的不是教師行動或班級活動，它聚焦的是「**學生學習**」（student learning）與「**表現**」（performance）。教學目標有三個層次（Airasian & Russell, 2008, pp.64-65）：

一 全球性目標

「**全球性目標**」（global goals）指的是比較廣泛及複雜的學習結果，需要較長的時間及教學活動才能完成，非常普遍且包含更多特定的目標。例如培養學生成為終身學習者；培育學生具備核心素養；培育學生能有效

使用心智能力，成為負責任的現代公民等。全球性目標含括範疇較抽象也較廣寬，除了分割為較多窄化目標，一般在班級評量中很少使用，它主要提供一個口號，以反映其在教育政策中的重要性。

🔘 二　教育目標

目標抽象程度為中等，它比全球目標更具體，它們窄化到足以幫助教師計畫與教學進行；寬廣到足以指出目標的豐富性，可以列舉與目標相關聯的學習結果。例如學生能解釋不同型態的調查資料；學生能夠正確地解出包含二位數除法的問題；學生可以區辨社會科學的假設與事實差異；學生能夠大聲朗讀《英文詩歌》等。

🔘 三　教學目標

教學目標為更具體類型的目標，教學目標關注於相對狹窄的學習主題，具體目標用來規劃每天課程。就目標範疇而言，全球性目標最廣寬、教學目標最窄化。就完成時間而言，全球性目標為一年或一年以上；教育目標為數星期至數月；教學目標為數小時或幾天。就功能而言，全球性目標提供觀點；教育目標在於發展課程、規劃教學、決定適宜的評量；教學目標強調規劃教學活動、學習經驗及評量作業。教學目標範例：學生能正確加註標點符號於句子中；給予五個不同類型的三角形，要學生畫出指定底邊的高，學生至少要能答對四題；學生能夠列舉五位宋朝的文學家等。

教學目標中有所謂「**高層次目標**」（higher-level objectives），此種目標需要學生應用更複雜的思考行為，而不是只運用記憶及再認訊息。「**高層次行為**」（higher-level behaviors）或「**高階思考技巧**」（higher-order thinking skills）包括分析資訊、應用資訊、解決新問題的規則、比較或對比物件或觀念，組合片斷訊息成為整體而有組織性觀念等活動。就學科或領域目標個數而言，訂定多少個教學目標才合適，其中考量的因素有以下原則（Airasian &Russell, 2008, pp.76-77）：

1. 教學時間愈長且有較多的特定性目標，則期望學生達到的目標要陳述愈多。

2. 與教育目標相較之下，教育目標較少，但教學目標較多也較具體。

3. 高層次目標需要花較多時間教導與學習，因而在某個特定教學時段可能教得比較少，教學生解釋圖表比教學生記憶公式要花費更多時間。

4. 教師全年度訂定的目標太多，可能是對自己及學生期望太高，或陳述的目標範圍過於狹窄。

5. 相對的如果教師在整個學年所訂目標太少（例如只有五個），可能是教師不了解或低估學生，也可能是列舉目標過於廣泛。

有效教學規劃可以改善計畫與評量間的連結，教學計畫的一般指導原則如下（Airasian &Russell, 2008, pp.91-92）：

1. 確實執行能了解學生需求與特徵的期初評量，以知悉學生的先備知識、能力、特殊需求及注意廣度等，以讓教師決定課程活動、採用教師導向或學生導向教學。

2. 教學規劃時要參考期初評量資訊，計畫課程若沒有參考這些資訊，教學無法與學生需求、人格特質與學習式態相呼應。

3. 不要完全採用教科書附贈的課程計畫或輔助教具，教師應考量到每個班級的獨特性與班級學生屬性、需求，適度調整或編修。

4. 課程計畫與活動安排應同時兼顧低層次與高層次的目標，才能符應班級學生異質性的情況，適合不同能力學生的需求。

5. 教學活動與策略要多變化以因應班級的學習需求，一成不變的教學活動會讓學生覺得枯燥單調而欠缺動機，也無法讓不同學習式態學生的學習有最佳的表現。

6. 將教學策略及評量活動與教學目標串聯，教師的教學策略、活動安排與評量實施的目的均在於達成教學目標與教育目標，計畫教學、傳遞教學與評量學生結果均是相互關聯的，教學活動與目標間的緊密關係，即是教學活動要有其價值性。

7. 教師要承認自己也有學識、教學方法的限制，與教學活動的偏好，

教師能省思自己的學科知識與教學方法，才能跳脫僵化的教學模式，豐富班級的學習活動。

8.將評量策略納入教學計畫中，規劃教學與實施教學均在於幫助學生學習新的內容與行為，課程計畫要包括不同程度之形式測量活動，以確認學生是否真正了解，並澄清學生迷失概念。

教學歷程的基本模式包括課程、規劃教學、傳遞教學與評量學習結果，由於資訊科技的進步，與核心素養導向學習目標，教學重視實作與操弄、因而必須融入「**科學**」（science）、「**技術**」（technology）、「**工程**」（engineering）和「**數學**」（mathematics），教學模式須適配「**電腦本位工具**」（computer-based tools），具生產與溝通的教學程序圖如下（Airasian & Russell, 2008, p.336）：

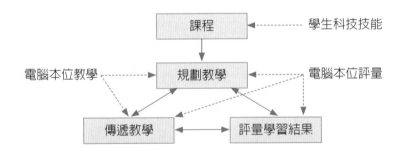

教學與班級評量的關係結構圖如下（McMillan, 2011, p.7）。一般學習目標與目的為部頒之十二年國教課綱之核心素養的培育，具體學習目標的建構要考量到學生特性與需求、教師個人的信念與教學目標。預先性評量可以讓教師更了解學生的基本知識、技能、態度與其他重要學習目標，它有有效性教學的基本步驟，教師經由評量資訊決定學生應該知道什麼、了解什麼，教學單元結束後能夠做到什樣。在教學規劃前，應確定可以接受的學習證據有哪些，如此規劃的教學活動才能與學習目標相呼應，評量與教學可以統合，此種教學計畫稱為「**後向設計**」（backward design）。一旦可接受的證據確定後，教師選擇教學策略與活動以達到學習目標，此種策略或活動的操作型名詞稱為「**課程計畫**」（lesson plan）或「**教學計**

畫」（instructional plan）。教學活動是師生互動歷程，教學活動中的形成性評量可以使用來監控學習活動、檢查學生進步情形、診斷學習問題，與具體教學方式的調整（McMillan, 2011）。

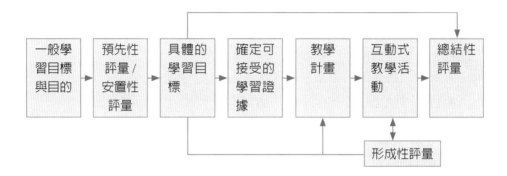

課堂教學時，教師為特定課程選擇教學目標要考量到以下幾個因素（Linn & Miller, 2005, pp.55-56）：

（一）完整性

所列舉的目標是否包含課程中所有重要的學習結果？除認知領域外，情意與技能領域目標也不能忽視，其中應納入來自於不同教學方法與學生社會經驗的目標。

（二）適切性

所列舉的目標是否與十二年課綱及學校發展目標一致？108 年課綱以「**成就每一個孩子——適性揚才、終身學習**」為願景，以學生為學習的主體，培育學生具有社會適應力與應變力的終身學習者。為落實課綱的理念與願景，四項總體課程目標為「**啟發生命潛能**」、「**陶養生活知能**」、「**促進生涯發展**」、「**涵育公民責任**」等，目標貫穿十二年國民基本教育，考量各學習階段特性，結合核心素養加以發展。

（三）學理性

因為目標所呈現的是一系列「**學習經驗**」（learning experience）的

期待結果，所列舉的目標應與學理中所提及的學習原則一致或關聯。符合學理基礎的目標應該符合四個原則——「**準備度原則**」（principle of readiness）、「**動機原則**」（principle of motivation）、「**保留原則**」（principle of retention）、「**遷移原則**」（principle of transfer）：

　　1. 配合學生的年齡水準及經驗背景（準備度原則）。

　　2. 與學生的需求與興趣息息相關（動機原則）。

　　3. 反映最持久的學習結果（保留原則）。

　　4. 包含最能應用於各種不同生活情境的學習結果（遷移原則）。

　（四）可行性

　　列舉目標是否考量到學生能力、時間與可用的設備，目標是否具體可行？最後，目標的確定應從學生的發展水準、學生起始點的技能及理解能力、目標達成的可用時間與教學資源的適當性，以及可用設備等面向加以檢視。

　　班級教師有意義的選擇與使用教育評量的導引原則如下（Nitko, Brookhart, 2007, p.4）：

　　1. 確定想要評量的學習目標是什麼？

　　2. 確定選擇的評量技術能與期待評估的學習目標相吻合。

　　3. 確定選擇的評量技術能適用並達成學習者的需求。

　　4. 就每個學習目標的評量，儘可能採用多種成就指標來測量。

　　5. 當解釋評量結果時要考量到評量的限制。

　　班級測驗與評量根據教學時程不同，有多種不同教學目的，這些目的因測驗與評量在教學序列中的位置而有對應的目標（鄒慧英譯，2004；Linn & Miller, 2005, pp.135-136）：

　（一）前測

　　「**前測**」（pretesting）用於教學段落（單元或課程）的初始階段，其主要目的如下：(1) 決定學生是否具備教學所需的先備技能（決定準備

度）；(2) 對於計畫的教學目標，學生已經達到何種程度（決定學生安置情形或教學規劃的修正）。

（二）教學中的測驗與評量

「**教學中的測驗與評量**」（testing and assessment during instruction）常作為「**形成性評量**」（formative assessment），其目的在於改善和指導學生學習、監督學習進展、偵測學習錯誤或迷思概念、提供師生回饋。課堂中，教師常把此種測驗稱為學習測驗、練習測驗、小考、單元測驗等，它涵蓋的學習結果樣本有限。此種測驗結果，有少數學生的學習表現顯示無法理解教材重要概念，教師可能需要提供他種方法供學生學習（例如特別教導、閱讀作業、練習作業等）；如果是持續性的學習困難學生，則必須採用「**診斷性測驗**」（diagnostic tests），以診斷學生特定的錯誤類型與問題所在。

（三）教學後的測驗與評量

「**教學後的測驗與評量**」（end-of- instruction testing and assessment）所關注的是測量學生達成預期學習結果與表現標準的程度，主要目的在分派學生等第、認證成就表現或評鑑教學結果，此種測驗與評量一般作為「**總結性評量**」（summative assessment）。此種測驗與評量兼具形成性與總結性評量的功能，在某些情況下可作為後續單元的前測，若是單元後的測驗，其目的在於可提供學生回饋、鼓勵學生參與挑戰性的作業、分派補救作業、評估教學及給予等第。

Linn 與 Gronlund（2000）提出班級測驗與評量編製的程序如下圖（p.140）：

目標——改善學習和教學

8. 使用評量的結果（有效使用及解釋）

7. 評價（或評鑑）評量（精進評量題型內容）

6. 實施評量（公平一致的施測及計分）

5. 編排評量工具（編組試題與印刷）

4. 準備相關的評量作業（試題類型）

3. 選擇適當的評量作業（試題類型）

2. 發展雙向細目表（教學目標與課程內容）

1. 決定評量目標或測量的目的

　　教學目標一般包含認知、情意與技能，對應的評量內容為智能、態度與身體特性，根據不同評量內容會有不同的評量方法。「**動作技能行為**」（psychomotor behavior）包括身體活動與操弄活動，動作技能行為如投籃、操作實驗顯微鏡、完成一個書櫃、用鍵盤打字、彈鋼琴、演奏樂器、游自由式、做氣墊船等。在幼兒園與小學階段，動作技能的學習與精熟十分重要，例如拿鉛筆、開鎖、能穿好有鈕扣或有拉鍊的衣服、可以繫緊鞋帶等。對於有特殊需求的學生，教育目標在於讓學生能習得「**自我幫助**」（self-help）的技能，例如穿衣服、注意個人衛生習慣與保健、準備食物、戴口罩等，有特殊需求學生完成的實作表現，都是動作技能行為（Airasian, 2000, p.61）。

　　對於心理動作目標的分類，許多學者都提出不同的看法與分類學，例如其中 E. J. Simpson 和 A. J. Harrow 等，而動作技能分類學像情意領域一樣，沒有單一分類架構廣泛被學校及教師接受及使用。Simpson 提出的分類學七個階層由低而高，依序為知覺、趨向（準備狀態）、指導下的反應、機械式反應、複雜的反應、適應的動作行為、創作變化的動作行為。Harrow 提出的分類架構內涵有六個階層，依序為反射動作、基本－基礎動作、知覺能力、肢體能力、技能性動作、動作組合創新。動作技能分類架構的組織，典型的範圍有三個層次：從 (1) 學生顯示要表現動作技能任

務的準備度；進到 (2) 學生使用嘗試錯誤學習新任務；最後 (3) 學生自己實際完成動作技能任務內為（Airasian, 2000, p.61）。動作技能評量最實際也最有效的評量方法為「**實作評量**」。

【建構反應試題列舉】
教師自編成就測驗在學習評量實施中經常使用到，這也是教師專業技能的一種展現。請問教師自編成就測驗要根據何種編製流程，才能讓編製出的測驗有較佳的測驗品質？
擬答參考：
1. 確認測驗使用的目的（安置性、形成性、診斷性或總結性測驗）。
2. 確認測驗的內容與考試單元教材。
3. 根據教學目標與教材內容編製雙向細目表。
4. 決定選擇反應試題與建構反應試題的題項數與題型。
5. 編擬試題，選擇反應試題排列在前、建構反應試題排列在後。
6. 請其他教師審查試題，進行試題修改與增補。
7. 編修完的試題進行版面設計、印製與裝訂。
8. 依安排時間施測，進行測驗的批閱與計分。
9. 若要進行試題分析建立題庫，則分析題目的難度與鑑別度指標值。

行為目標

　　行為目標的敘寫完整包含五個要素，即行為主體、行為本身、行為情境或條件、行為結果及行為標準。行為主體通常是指學生或學習者，因而此要素可以省略。行為本身為外顯的、可觀察的學生期待行為，後面會增列行為產生結果，因而「**行為結果**」也不必刻意標示為一個要素。簡化的行為目標一般只包含「**行為本身**」、「**行為情境或條件**」、「**行為標準**」等三個要素。

　　簡化的教學目標包括「**行為**」、「**條件**」、「**標準**」三個要素，此種教學目標的敘寫方式一般稱為「**行為目標**」。由於教學目標敘寫的對象為「**學習者**」（學生），因而行為展現的對象（學生）一般可以省略，若不省略，則要素中包括「**學習者**」（目標行為展現者）：

一　可觀察的行為

　　「**動作的動詞**」（action verbs）能表明學習的成果，學習者行為是可評量及可觀察的行為，學習成果的用語如「**指出**」、「**寫下**」、「**回想出**」、「**列舉出**」、「**說出**」、「**畫出**」、「**分辨**」、「**背誦出**」、「**建造**」、「**組裝**」、「**圈選**」、「**裝卸**」、「**排列**」、「**展示**」等，學習結果並非學習活動或方法，學習活動或方法的用語如閱讀、研究、看到、聽過、練習。可觀察的行為指的是可直接測量的「**學習結果**」，教學目標是教學結果明確的，以及可測量的陳述，而且能夠指出教學的意圖是否已經達成（不可觀察的學習結果如珍惜、具有、欣賞、知道、了解、熟悉、覺

知等）。

二 條件或情境的說明

教學目標的內涵要能明確的描述學習發生的特別條件或限制，陳述可觀察行為的特色情境，包含學習成果發生時的特定時間、地點、使用特定材料、設備、工具或其他資源等。例如「**在 10 分鐘內**」（時間）、「**從校園花草中**」（地點）、「**給予六個不規則的單字**」（材料）、「**利用中文字典**」（情境）等都是陳述條件。設定情境條件時應考量與學習者真實生活相契合，以利學習者可以產生正向的學習遷移效果。

三 陳述學習結果的標準程度

教學目標要能指出表現出的行為應該達到何種程度，或好到什麼程度，行為表現的程度可被證明已達精熟或熟練的程度，例如在 20 題選擇題中答對 15 題以上、100 公尺自由式要在多少時間內完成、10 分鐘內能成功發球幾顆以上等（黃德祥等譯，2011；Kubiszyn & Borich, 2007）。陳述的條件或設定的預期結果精熟度必須是多數學生可以達成或完成的，通常以正確反應的數量或正確無誤的次數比例量數作為標準。

包含上述三個要素的行為目標範例如下：

【範例 1】
「學生」（對象或行為者）能夠在「10 分鐘內」（條件或情境）「寫完數學學習單」（表現的行為），「正確答對的試題數要在 8 題以上」（通過標準）。

【範例 2】

行為目標的組成要素	對應具體範例
行為者或學習者	國小五年級學生
條件或情境	能於 3 分鐘內
可觀察的行為	畫出平行四邊形的高
標準程度	至少正確劃出二條

教學目標就是「**學習結果**」，一個陳述具體的目標是要以期待的角度來說明學生在教學完成後能做些什麼，或表現出何種行為，例如教師在教導顯微鏡的操作與使用後，期待的學習結果是學生能夠使用顯微鏡來辨識細胞的特徵。目標敘述的重點直接指向學生與結果表現的型態，即是教學預期的結果，具體目標的敘述焦點由「**教師轉移至學生**」、由「**學習經驗轉移至學習結果**」，這種以「**學習結果**」角度敘寫的目標，才能使教學意圖更明確，也才能具體評量教學目標（Linn & Gronlund, 2000; Linn & Miller, 2005）。

Heinich 等人（1989）以 A、B、C、D 四個英文字母分別代表行為目標不同的撰寫要素：

(一) 學習者

學習者（audience）指學習行為表現者（學生）。以學習者（學生）的角度為出發點撰寫教學目標。

(二) 特定「行為或能力」

特定「**行為或能力**」（behavior or capability）為陳述最後學習行為（學習者將會學到的行為或技能）。

(三) 特定「情境」

特定「**情境**」（conditions）指學習者展現行為或能力的情境或條件，即在什麼條件或要求下進行知識、技能或態度的學習（最好是可觀察的情境）。

(四) 評鑑或標準程度

評鑑或標準程度（degree）指學習者學習完畢時，其知能的精熟程度（評量學習成功的通過標準）。

ABCD 範例的教學目標：

【範例1】
「提供10個隨機的數字牌」（C/特定情境），讓「學生」（A/學習者）能夠「在10秒內」（D/評鑑標準），「正確挑選出全為偶數」的數字牌（B/行為）。

【範例2】
「學生」（A/學習者）能利用「中文字典」（C/情境條件），於「5分鐘內」（D/評鑑標準）「正確找出自己姓名所在的頁數」（B/行為）。

【範例3】
「學生」（A/學習者）能於「學校農作區園」（C/情境條件）中，「說出」（B/行為）「三種以上的農作物名稱」（D/評鑑標準）。

行為目標敘寫要注意幾個要項（郭生玉，2004）：

（一）行為目標陳述對象為「學生導向」

行為目標的描述對象應是**「學生導向」**，而非**「教師導向」**。**「學生導向」**的主體為學生、**「教師導向」**的主體為教師。

【教師導向的敘寫範例】
「培養」學生良好閱讀習慣；「指導」學生養成良好的閱讀習慣。

【學生導向的敘寫範例】
能「摘錄」此篇文章的大意；能「說出」第六課課文內容的大意。

（二）行為目標敘述的標的為「學習結果」

行為目標的描述應為**「學習結果」**（產物），而非**「學習活動」**（方法）。學習結果為教學目標，學習活動為教學歷程。

【學習活動（方法）的敘寫範例】
「探究」校園的生態植物；「練習」公因數的算法；「指導」學生字典的用法。

【學習結果（產物）的敘寫範例】
能「說出」校園植物名稱；「解出」題目的公因數；學生能使用字典「查出」自己的姓名。

（三）陳述標的行為為明確的、可觀察的行為動詞

行為目標的行為描述必須是明確的、可觀察的行為動詞，此種動詞有**「行動導向」**與特定性。

【不明確敘寫範例】
「知道」平行四邊形的面積求法；「了解」本課課文的大意；「熟悉」透鏡的原理。
【明確的敘寫範例】
能「算出」任一平行四邊形的面積；能「列舉」出三位宋朝的文學家。

（四）行為目標的描述只能包含一個學習結果（產物）

【一個學習結果的敘寫範例】
能說出標準差的計算公式。
【二個學習結果的敘寫範例】
能說出標準差的計算公式與公式中數值表示的意義。

（五）行為目標陳述的「標準」必須是多數學生可以達成或完成的任務

行為目標要素之一的**「標準」**若是太過嚴苛，對應的教學目標可能無法符合學生的能力水準，此種行為目標會變成一種無法達到的**「預期行為結果」**，讓多數學生產生挫折感，也會打擊教師個人的教學士氣與動力；相對的，敘寫的**「標準」**過於寬鬆，也無法激發學生努力的動機。標準的

高低（例如答對率、答對題數、分數、限定時間內）要根據教材內容與學生能力特質進行綜合分析決定。

【建構反應題目列舉】

行為目標可用來描述學生在每個單元目標學習後期待展現的標的行為，在中小學教學目標的撰述上，多數採用行為目標方式。請問：

1. 何謂行為目標？
2. 行為目標撰寫時應包含哪些要素？
3. 請根據第二項的要素列舉二個行為目標範例。

行為目標採用的是一種具體化、可測量的行為，陳述的內容明確的指出學習者要在何種情境或特定活動中表現出期待的行為。此種行為目標的敘寫可以讓教學者得知教學目標是否真的達成，其評量的準則清楚，但此種具體目標的方式有以下缺失（涂金堂，2009；Cohen, Manion, & Morrison, 2004）：

1. 目標形式高度工具化，將教育視為工具性而非本質性的價值。
2. 易將師生視為課程的被動接受者。
3. 關注的教育範疇較為細微、狹隘，易遺漏須長期評量、無法觀察的教育面向。
4. 教育成為一種技術導向，變成一種低層次認知的訓練，而非高層次的思考。
5. 學生標準程度的達成變成教師能力的證明，忽視學生長期的努力程度。
6. 行為目標形式偏向於可預測性，忽略學習歷程的創造力與開放性思考能力。
7. 具體目標式的敘寫形式讓教育強調學習結果更勝於學習歷程。
8. 具體目標以行為取代理解的重要性。
9. 具體目標的陳述方法易將知識的本質視為是結果與事實，將知識視為包裹化或原子化的類型。

學習評量相關術語

「評量」（assessment）是一種蒐集資訊、統整資訊及解釋資訊的歷程，其目的在於讓教師做出有效決定（Airasian & Russell, 2008）。Frey（2014, p.5）界定班級評量為「**系統化蒐集有關學生能力、特性、技能等資訊，以了解及知曉學生發展情形，教師根據評鑑目的實施及評定分數。**」進一步就運作定義而言，班級評量包括廣泛蒐集與評鑑一系列學生參與班級活動的資訊，這些資訊多數為有關學生及其學習表現情況，教師根據正式與非正式的資料蒐集策略，來評估任教班級學生及教師自己（回饋省思），評量實施可能在教學前、教學中或教學後，學生學習歷程的任何時間點都可以，教師使用資訊的目的在於改善個人教學，或讓學生反思與掌控學習。

一 測驗

「測驗」（test）是一種系統化的觀察工具，用以衡量受試者的某些行為樣本，進而推論受試者某種心理特質或能力，因而測驗是各種蒐集資料的工具（包括評定量表、觀察訪談、檢核表或問卷等），本身是一種觀察的工具（歐滄和，2002）。「**測驗**」是一種正式的、有系統的蒐集有關學生成就或其他認知技巧之資訊的歷程，它是蒐集評量資訊的一種重要「工具」（tool），作為動詞時譯為「**施測**」（testing），意指蒐集受試者資料的有系統程序，此種程序包含標準化與非標準化兩種測驗。傳統

學校測驗的型態為紙筆測驗（試題類型為選擇題、是非題、配合題、填空題、簡答題、論文題），而目前測驗的型態已不完全為紙筆測驗，例如觀察、實作評量、口語表達測驗等，經由測驗程序可以了解學生的學習表現。

 測量

「**測量**」（measurement）為根據明確的程序或規則，將事物的特徵或屬性加以「**數量化**」的過程，它不包含測量結果品質的描述，也不對測驗結果做任何價值判斷。「**測量**」是一種量化的歷程，或對表現及特質分配數值的過程，教室中測量的最普通例子為班級小考或測驗的「**分數**」（scores）。測量是對受試者行為或實作給予數值的系統化歷程，它代表的是個體擁有的特質、屬性或特徵之程度「**高低**」，高低間的差異是相當正式化的歷程且是「**量化的**」（quantitative）。數量化的參照點若是不同，則分數間不能進行比較，測量範例如用尺度量小明的身高為 163 公分、用秤度量小強的體重為 56 公斤；小美在第三單元數學成就評量的測驗分數為 75 分、雅美 IQ 測驗的分數為 120 分等。紙筆測驗結果測驗分數的評定即為「**測量**」，實作評量成果的作品分數給予也是「**測量**」，一個數值化分數表示的是個體的表現或特質。

三 **評量**

「**評量**」（assessment）為將測量所蒐集的資料加以解釋的過程，指的是蒐集、統整資料為資訊，進而解釋資訊及評定資訊，它是對測量資料加以合理解釋與判斷的一種歷程，評量結果可作為教學決定與學習改進的參考。測量只是將測量對象的特定屬性加以數量化，不涉及「**價值判斷**」（value judgments）、「**解釋**」（interpretation）或比較；評量則是經由測量（量化數據資料）與非測量（實作或檔案作品資料）二大類型的資料蒐集，對資料進行解釋及判斷。例如小明第二次定期考查國文分數 83

分，班上排名前三名，根據小明之前的能力表現，小明此次的進步很多。國文分數「**83**」分為測量範疇、「**進步很多**」則為評量內涵。

教育評量目的在於決定學生的狀態，這些狀態是教育者感興趣的教育變項，這些變項如學生對學科的認知理解為何、學生操弄實作的技能為何、學生正向的學習態度為何等等。紙筆測驗蒐集的學生作答行為，常會以試題答對的百分比表示，評量在於判斷每個百分比正確分數的意涵，例如甲生答對 75% 可能的標準是「**良好的**」、「**普通的**」、「**不佳的**」；答對 75% 對學生而言是否已達精熟的程度。

四 評鑑

「**評鑑**」（evaluation）在教育與心理領域，與評量的涵義接近，指的是整個教學歷程中的所有教學成效的評定活動，以考試蒐集到行為樣本資料（測驗）、給予資料的分數評定（測量）、對於分數進行價值判斷（退步很多），解釋的資訊可能只是學生部分的特質，教學或學習成效的評定要採用更嚴謹程序，選取的行為樣本要更具代表性。班級評量領域方面，「**評鑑**」即是有關好或令人滿意內涵的判斷，評鑑是評量的產品，根據蒐集資訊，綜合及反映相關表現或活動的價值或成效（Airasian & Russell, 2008）。

評鑑是將測量或觀察結果與預先期待或設定的標準相比較，以判斷學習結果或教育成效為何。教育行政領域的評鑑通常參與的學者專家較多，評鑑包含的行為樣本較廣，評鑑結果含有更多的價值判斷與建議事項的改進等，例如中小學校務評鑑、辦學績效評鑑、大學系所品保評鑑、師培評鑑等。

測驗、測量、評量、評鑑四個範疇間的關係以下列圖示顯示：

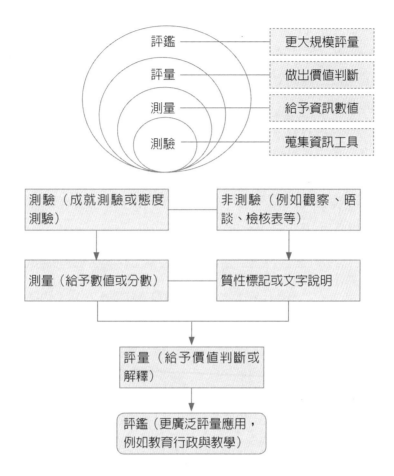

不是所有評量決定都需要使用到測驗或測量，也不是所有評量決定都要具評鑑或進行個體學生的判斷。McMillan（2011）認為「**班級評量**」（classroom assessment）有四個要素：「**目的**」（purpose）、「**測量**」（measurement）、「**評鑑**」（evaluation）、「**使用**」（use），要素中的「**評鑑**」即為「**評量**」意涵。在評鑑歷程中教師扮演重要角色，相同測量分數不同老師給予的評鑑（評量解釋）結果可能有所差異，學生測驗分數 80 分對甲老師而言給予的解釋是「**很好**」，但乙老師可能只給「**普通**」的評價，此種結果是教師對成功證據的特定行為或向度的「**準則**」（criteria）不同。評鑑中「**準則**」是最重要的影響因素，這就是「**分數評**

定準則」（scoring criteria）、「分數評定基線」（scoring guidelines）、「規準」（rubrics）的差異導致。由於價值判斷的標準與準則不同，因而「評量比正確度的範圍更廣」。

　　當教師敘述「評量一位學生的能力」，其真正意涵指的是教師蒐集有關資訊，以幫助教師決定學生對學習目標已經達到何種程度。教師採用評量的很多技術可以蒐集到這些資訊，例如正式與非正式的觀察、紙筆測驗、學生家庭功課的表現、實驗作業、研究報告、專案、口語提問與學生紀錄分析等（Nitko & Brookhart, 2007, p.4）。班級評量元素圖如下（修改McMillan, 2011, p.10）：

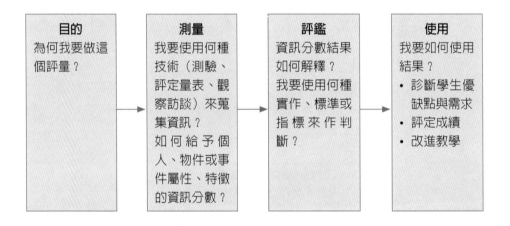

目的	測量	評鑑	使用
為何我要做這個評量？	我要使用何種技術（測驗、評定量表、觀察訪談）來蒐集資訊？ 如何給予個人、物件或事件屬性、特徵的資訊分數？	資訊分數結果如何解釋？ 我要使用何種實作、標準或指標來作判斷？	我要如何使用結果？ • 診斷學生優缺點與需求 • 評定成績 • 改進教學

學習評量的目的與評量趨勢

● 一 班級評量的目的

班級評量主要目的有以下幾點：(1) 診斷學生學習的優缺點；(2) 監控學生朝向成就目標的進步情形；(3) 給予學生成績；(4) 決定教學的效益；(5) 提供學生回饋；(6) 讓學生準備更高教育階段的測驗；(7) 促發學生的動機（McMillan, 2011）。Airasian 和 Russell（2008）認為班級評量包括三個主要領域：(1)「**認知領域**」（cognitive domain）：強調智能活動，例如記憶、解釋、應用知識、問題解決及批判思考能力等；(2)「**情意領域**」（affective domain）：包含感覺、態度、價值、興趣及動機等；(3)「**動作技能領域**」（psychomotor domain）：包含身體活動及學生可以操弄物件的行動。

教師因為要做決定，因而整個學年都會有評量活動，班級評量的主要目的有以下幾點（Airasian & Russell, 2008）：

（一）建立一個支持性的教室情境

從評量活動實施中，培養學生遵守常規紀律、公平競爭、與同學合作、自我監控及尊敬他人的習性，使教室成為正向社會化及有助於學習的環境。

（二）規劃與實施教學

教學是重要的班級活動，教師教學決定包含二個部分，一為「**計畫決**

定」（planning decisions）、二為「**教學決定**」（teaching decisions），根據評量結果教師才能有效做出計畫與教學決定，以安排回家功課、課堂任務，計畫下一個教學活動等。

（三）安置學生

進行安置決定時，評量是一個關鍵性元素，例如語文及數學之學科內分組教學、領域／學科的合作學習的分組、建議將特殊學生於新學年轉介給特定教師等，所有安置決定都應考量學生學業及社會適應的問題。

（四）提供回饋

教師根據評量結果提供教師個人及學生回饋，以改善學生學習及行為，教師經由觀察及回饋以改變及改善學生學習情況，稱為「**形成性評量**」（formative assessment），為了提供回饋資訊，教師必須經常評量學生學習及行為狀態，回饋資訊給父母，其目的也在於改善學習表現。

（五）診斷學生問題及失敗

教師蒐集的許多評量資料可以用來辨認、了解及描述學生的迷失概念與學生困難之處，經由評量教師不僅可以察覺班級學生的學習、情緒及社會問題，更可立即實施補充式學習活動，或調整教學步調。若是評量資訊不足的地方，必須納入更多特別的診斷與介入輔導。

（六）總結及評定學習成績與進步情況

教學結束時有關學生學習表現的成績評定，或做最後決定的評量型態，為「**總結性評量**」（summative assessment），教師花很多時間蒐集學生資訊的大部分目的在於評定學生，或總結學生學業進步情形。

教師知曉評量的重要因素有三：(1) 測驗結果可讓家長及教育單位了解教育效能或教學成效；(2) 持續性的評量學生表現被視為是教師評鑑歷程的一部分；(3) 澄清教育意圖及方向，評量結果可導引教學品質的改善（Popham, 2008）。

班級評量改善教學決定的流程如下，豐富的評量資訊也可有效使用於最後成績評定的目的（修改自 Popham, 2008, p.258）：

三　教室評量運用的目的

教室評量運用的主要目的有下面幾項（吳明隆，2004；Airasian, 1994）：

（一）診斷學生的問題（診斷性評量）

從評量中得知學生在教室中之學習情形、情緒及社會性問題所在，以便確認問題、發掘問題根源，進而選擇相關有效的治療或輔導活動策略。

根據《教育部國民及學前教育署補助辦理國民小學及國民中學學生學習扶助作業注意事項》（民國 108 年 3 月修正）之內容，學習扶助（補救教學）的受輔對象、開班原則及教學人員資格規定為（摘錄自教育部法規資料庫）：

第三條	規定受輔對象的學生： 1. 未通過「國語文」、「數學」或「英語文」篩選測驗之學生，依未通過科目（領域）分科目（領域）參加學習扶助。 2. 身心障礙學生經學習輔導小組認定受輔可提升學業成就者及其他經學習輔導小組評估認定有學習需求之學生，依「國語文」、「數學」或「英語文」之需求科目（領域），分科目（領域）參加學習扶助（該類學生以不超過全校各科目（領域）總受輔人數之百分之三十五，且不得單獨成班為原則）。
第五條	開班原則如下： 1. 開班人數： 　(1) 每班以十人為原則，最多不得超過十二人，最少不得低於六人。但

	偏遠地區或具特殊原因有開班困難之學校，得報請地方政府同意後，依實際情形開班。 (2) 教學人員為大學生者，每人以輔導三人至六人為原則。 (3) 不支領鐘點費之授課人員，得視需要採一對一、一對二等方式進行輔導。 2. 編班方式： (1) 以抽離原班並依學生篩選測驗未通過科目（領域）之實際學力程度分科目（領域）開班，並得採「小班、協同、跨年級」等方式實施。 (2) 視、聽障學生之輔導需求，應以地方政府整體規劃或由重點學校開設專班，每位教師輔導學生人數至多得酌減二人。 (3) 學習扶助學生同一科目（領域）以不重複參加課中及課後學習扶助為原則。 3. 開班期別：學習扶助分為暑假、第一學期、寒假、第二學期等四期，各校得視學生實際需求規劃辦理期數。
第六條	教學人員資格中的（一）一般班級教學人員資格有三種類型： 1. 具有高級中等以下學校合格教師證書者，應接受「八小時學習扶助師資研習課程」。 2. 未取得高級中等以下學校合格教師證書者，應符合下列資格之一且應接受「十八小時學習扶助師資研習課程」。大學二年級以上（含研究所）在學學生且具下列條件之一者：(1) 具有國語文、數學、英語文三學科教學知能者；(2) 受有相關師資培育或特殊教育訓練者；(3) 具相關科系或學習扶助經驗者。以及大專以上相關科系畢業之社會人士。

（二）作為學習的回饋（形成性評量）

從所蒐集的評量資訊中，作為學生的回饋與誘因，以激發學生實作行為改進的參考，經由評量可發掘學生的學習困難與迷思，幫助學生了解自己的學習狀況，也作為教師教學協助或補救教學之用。

（三）評定學生的成就（總結性評量）

判斷學生的成就表現，以評定學生學業進步情形，並將學生的學習結果告知家長，除報告原始測驗分數外，有時也會增列等級或排名，當學生學習成效不彰時，教師也可尋求家長支持協助，共同找出其緣由，輔導學

生學習。

（四）作為安置的參考（安置性評量）

教室評量可作爲安置學生決定的參考，例如作爲「**學科分組教學**」或「**合作學習分組**」等的依據，達到「**學科內分組**」及「**異質性分組**」的目的，以提升學生的學習成效。

（五）教學決定的改進（形成性評量）

計畫與實施班級教學決策的依據，以使「**教學計畫決定**」及「**教學過程決定**」能適合學生學習狀況，以確保教學活動能密切配合學生的能力及需求。教師根據學生評量結果省思教學活動的適切性，進而調整教學步調與方法。

（六）正向習性的養成（各類型評量）

建立及維持班級的社會性平衡機制，使班級成爲正向積極的學習環境，學生能服從命令、遵守常規紀律、培養合作學習及尊敬他人等優良習慣。學生從教室評量中學習到公平競爭、面對事實及服從班級規約的習性。

三　評量趨勢

美國國家科學教育標準中揭示了科學素養的重要性，認爲有科學素養的未來公民，必須能夠持續學習、進行推理與創造思考，具有解決問題能力及做出有效的決定。評量目標呼應科學素養的培育，強調知識結構、問題解決能力，以及強調教師、學生及同儕參與的評量，其評量改變如下（謝祥宏、段曉林，2001，頁5）：

較不強調	較強調
評量所有容易測量的	評量最有價值的
評量零碎的知識	評量好的結構知識
評量科學知識	評量科學性的了解與推理
評量學生不知道的知識	評量學生已知道的知識
評量著重成就或分數	評量成就及學習歷程
只有教師做出最後的評量	學生參與自我的評量
評量獨立於生活情境之外	評量強調與生活情境脈絡的契合

在傳統教學影響評量圖中，教師：(1) 根據領域課綱研發編輯課程教材；(2) 依據課程內容計畫教學活動，以達教育目標；(3) 評量學生的學習結果。而在評量影響教學歷程圖中，教師另外根據領域目標建構評量機制，根據評量結果調整教學活動與策略，以促進學生精熟知識、技能，而評量結果也作為學生學習回饋，作為學生自我調整的參考（修改自 Popham, 2008, p.165）：

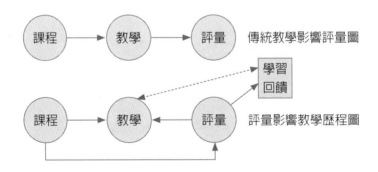

學習評量聚焦於改善「**學習與教學**」（learning and instruction）面向時，班級測驗或評量若建構得良好，可以同時提升學生學習的「**質與量**」（quantity and quality）（鄒慧英譯，2004；Linn & Miller, 2005, pp.161-162）：

1. 編製時若是能關注於測驗內容與學習結果的廣度與深度，測驗或評量對學生學習會有正向影響：有效測量可以鼓勵學生發展使用更複雜的心智過程，當測量的範疇包含不同類型的學習結果，學生不會只採用記憶性事實訊息的方式學習，要想有較佳表現，學生必須學會解釋與應用事實訊息、發展深度的概念理解、統整歸納結論、辨識假定、確認因果關係、形成假設、解決有意義的問題等。

2. 編製可以測量多種學習結果的測驗或評量，也能有效改善教學程序，間接改善學生的學習：一個建構良好的測驗或評量通常會引發教師對教學過程的回顧與省思，並減少讓學生出現機械性背誦事實或教材的學習方式。教師在教學過程中會更有效地規劃學生的學習活動及生活經驗習得，提高學生理解、思考技能與學習其他複雜學習結果的程度。

3. 若是學生認為測驗或評量是公平且可以有效測量他們的成就，則測驗或評量也有助於師生關係的改善，並對學生學習產生有利效果：學生對「**有用性**」（usefulness）的識別，會受到教師如何使用測驗或評量結果，以及測量工具本身的特性影響，學生對有用性的察覺面向之一為學生能體會測量結果可以導引其學習並改善學習，提升學生表現。公平的測驗或評量讓學生覺得測量是公正的，教師是無私的，此種感受有助於師生良好關係的建立。

下表為班級評量使用與不同用途，表中分別表示對國家、學校行政人員、教師、父母與學生等群體的用途（謝廣全、謝佳懿，2016；Airasian & Russell, 2008, p.8）：

對象群	使用評量目的
國家政策決定者	• 設定國家的標準。 • 呼應將每位學生帶上來目標。 • 根據評量結果發展因應政策。 • 追蹤全國學生成就的進展情形。 • 提供改善學習的對策。 • 提供對地方政府及學校的資源協助。

對象群	使用評量目的
學校行政人員	• 確認方案的優缺點。 • 使用評量計畫教學及改進教學。 • 監控班級教師。 • 確認教師需求與須採用的方案。 • 監控學生跨時間的學業成就表現。
教師	• 監控學生的進步情況。 • 判斷與改變課堂課程。 • 確認學生的特殊需求。 • 激勵學生讓學生做得更好。 • 安置學生於適合的學習小組中。 • 提供回饋資訊給教師與學生。
父母	• 判斷學生的優缺點。 • 監控學生的進步情況。 • 與教師會談時能討論學生在班級的表現。 • 判斷教師的教學品質。 • 協助子女進行升學或生涯規劃。
學生	• 了解自己已學會什麼，能做些什麼。 • 了解自己哪些不夠精熟，哪些還不會。 • 知曉自己的優缺點。 • 省思自己可再進步與改善的行為。 • 掌控自己學習進退步之處。

◎備註：身心障礙及資賦優異學生鑑定

內容摘錄自教育部《身心障礙及資賦優異學生鑑定辦法》（102 年 9 月修正）

第 2 條

身心障礙學生之鑑定，應採多元評量，依學生個別狀況採取標準化評量、直接觀察、晤談、醫學檢查等方式，或參考身心障礙手冊（證明）記載蒐集個案資料，綜合研判之。資賦優異學生之鑑定，應以標準化評量工具，採多元及多階段評量，除一般智能及學術性向資賦優異學生之鑑定外，其他各類資賦優異學生之鑑定，均不得施以學科（領域）成就測驗。

第 3 條

本法第三條第一款所稱智能障礙，指個人之智能發展較同年齡者明顯遲緩，且在

學習及生活適應能力表現上有顯著困難者。前項所定智能障礙，其鑑定基準依下列各款規定：

一、心智功能明顯低下或個別智力測驗結果未達平均數負二個標準差。

二、學生在生活自理、動作與行動能力、語言與溝通、社會人際與情緒行為等任一向度及學科（領域）學習之表現較同年齡者有顯著困難情形。

第 16 條

本法第四條第二款所稱學術性向資賦優異，指在語文、數學、社會科學或自然科學等學術領域，較同年齡者具有卓越潛能或傑出表現者。

前項所定學術性向資賦優異，其鑑定基準依下列各款規定之一，其中第一款規定為：

一、前項任一領域學術性向或成就測驗得分在平均數正二個標準差或百分等級九十七以上，並經專家學者、指導教師或家長觀察推薦，以及檢附專長學科學習特質與表現卓越或傑出等之具體資料。

促進學習的評量

評量的目的從著重正確測量學習結果的評量，轉向關心促進學習的評量，Earl（2003）根據評量與學習活動的關係將其分爲三種取向：「**對學習的評量**」（assessment of learning）、「**促進學習的評量**」（assessment for learning），以及「**評量即學習**」（assessment as learning）：

一 對學習的評量

此種評量是給予學生學習結果一個分數、等第或排名，讓學生及家長知道成績在班級或年級的相對位置，它屬於一種總結性評量，通常在一個單元、一個課程或一個重要階段結束時做，綜合各科成績結果再給予一個平均成績，向家長報告孩子的學習進展情況。此類評量主導著大部分的學校評量活動，此種總結性評量，著重正確測量學習結果，關注於評量結果的一致性（信度），評量實施時間爲教學活動結束後。「**對學習的評量**」程序中，蒐集的資料爲教學活動結束後，學生已經學到多少內容的結論證據，評量目的爲與學生及他人分享評量結果——學生已經達到何種程度。

二 促進學習的評量

「**促進學習的評量**」即運用評量來促進學習，以還原評量本來的面貌。「**促進學習的評量**」的評量類型爲「**形成性評量**」，評量實施時間爲在教學活動中進行。「**促進學習的評量**」中，評量作業的設計乃在了解學

生「**知道什麼**」與「**可以做什麼**」，教師使用多種方法蒐集學生學習的資料，其目的在了解學生是否有學習困難，進而幫助學生學習及提高學習成效，也作爲教師個人教學改進的參考。評量活動包含在學習活動之內，評量資料蒐集以檢核表或學習檔案爲主，關注的是評量結果的精確性（效度）。「**促進學習的評量**」程序中，蒐集的資料爲有關學生知道什麼與能夠做什麼，以作爲回應教師教學的情況，評量設計目的在於修正教學，達到最佳的教學效能。

促進學習的評量有幾個特性或優點（McMillan, 2011）：

1. 教學／學習進步歷程中，了解與明確地表達目標。

2. 從教學起始與學習歷程起，即告知學生能了解其學習目標。

3. 成爲評量素養，能夠轉換期望爲評量作業與成績評定程序，以精確地反映學生成就。

4. 使用班級評量建立學生個人信心，進而幫助學生爲自己學習負起責任。

5. 轉化班級評量結果成爲慣常的描述回饋，提供學生如何改善的特定觀點。

6. 根據班級評量的結果持續調整教學活動。

7. 於固定的自我評量中促進學生學習，依據標準能感受到自我隨著時間的成長。

8. 與教師及父母的溝通活動中，可以讓教師及父母得知他們的成就狀態與改進情況。

三 評量即學習

「**評量即學習**」的意涵在於增強和擴展促進學習的評量角色，其內涵特別強調「**學習者的角色**」。評量過程中，學習者學到如何設定、監控與調整個人設定的目標，學習者主動參與評量，檢視自己所學，藉由評量結果給予的回饋來調整、適應，甚至改變自己的學習，此種評量是「**個人化**

評量典範」的核心主張。「**評量即學習」**程序中，蒐集的資料在於幫助學生了解他們學習狀態，它也是一種「**形成性評量」**取向，評量目的可讓學生發展學習技能與掌控自己的學習活動（Frey, 2014, p.10）。

「**對學習的評量」**評量取向的主要評量者為教師，參照點為其他學生或同儕，評量目的為安置、獎勵、升級、學歷、資格成就的判斷。「**促進學習的評量」**評量取向的主要評量者為教師，參照點為外在標準或期許，評量目的為提供教師教學決定的訊息。「**評量即學習」**評量取向的主要評量者為學生個人，參照點為個人目標和外在標準，評量目的為自我監控和自我修正、自我調整（江文慈，2007）。

McMillan（2011）將三種評量取向的內涵差異整理如下（p.17）：

三種評量取向的內涵差異摘要表

對學習的評量	促進學習的評量	評量即學習
總結性評量	形成性評量	讓學生熱中於學習的評量本質
檢視學習成果	描述未來學習的需求	促進學生對學習的自我監控
教學單元結束後實施	教學單元進行中實施	教學單元進行中實施
常採用常模計分方式；將成績進行排名	評量作業在於提供教師修正教學活動	強調學生對於效標的知識，用以評鑑學習
試題從研讀的教材中命題	建議修正的教學	學生選擇修正的教學活動
一般性的評量	特定性的評量	特定性的評量
作為提供給家長的報告用	作為提供學生的回饋資料	促進學生的自我監控與自我調整
可能會降低學生的動機	提升學生的學習動機	提升學生的學習動機
高效率，但為淺顯的測驗	有深度的測驗	測驗提供學生學習
聚焦於信度	聚焦於效度	聚焦於效度
延宕的回饋	立即的回饋	立即的回饋
總結性的判斷	診斷性的資訊	診斷性的資訊

四 學習理論轉變

（一）學習 ABC 理論 —— 傳統理論

班級學習系列行為中 A 為「**前項事件**」（antecedents），前項事件為引導行為的環境脈絡；B 為興趣的「**行為**」（behavior）；C 為最後「**結果**」（consequences）。學習 ABC 理論圖示如下（修改自 Frey, 2014, p.208）：

（二）認知模式 —— 近代學習理論

「**認知模式**」（cognitive）假定良好教學的目標可以促動良好思考，敏捷的、認知的歷程可以促發學習，導致對評量結果有高度的正確回應率。真實性評量實施的目的在於評量系統聚焦於學生高階思考能力、技能、問題解決、調查與分析技巧（現實世界所需技能），導引教學改進與課程內容於生活情境的應用。

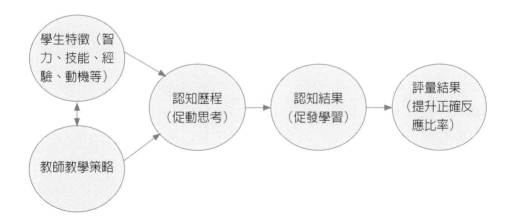

學習評量或班級評量的轉變趨勢綜合歸納如下表（McMillan, 2011, p.19）：

從 ➞	變成
強調評量結果	重視歷程的評量
孤立的技巧或能力	統整的技巧或能力
孤立的事實	知識的應用
紙筆測驗的作業	真實性的作業
欠缺情境脈絡的作業	符應情境脈絡的作業
單一正確的答案	容許許多正確的答案
祕密的標準	公用的標準
祕密的效標	公用的效標
個別化的評量	群體式（分組）的評量
教學結束後評量	教學進行中評量
對教學與學習回饋很少	對教學與學習回饋很多
客觀化測驗	實作本位測驗
標準化測驗	非正式測驗
外在評鑑	學生自我評鑑
單一性評量	多元性評量
分散式評量	持續性的評量
結論式的評量	遞迴式的評量
學習的評量	促進學習評量與評量即學習
總結性評量	形成性評量
單學科評量	跨學科評量
強調知識能力導向評量	重視核心素養導向評量

第**6**講

評量的典範類型

一 班級評量的主要類型

Airasian（1989; 2000）綜合相關評量功能，將班級評量的主要類型劃分為三種：

（一）官方性評量（official assessment）—— 定期評量

評量主要關注於教師作為學校科層體制成員之正式職責的行為表現，例如評定學生成績、分組、評量學生成就、解釋標準化測驗成績、親師會議、學生特殊需求安置的確認、學生升級推薦等。此種評量內涵是教師作為一位學校正式職員所應展現的義務行為。定期評量即為總結性評量，學校評量中的定期考試、月考等都是。

（二）教學性評量（instructional assessment）—— 形成性評量

教學性評量主要目的在於計畫及傳遞教學活動。評量所決定的包含要教什麼內容？如何教？何時教？使用何種教材？課程如何發展？教學計畫活動要如何配合學生反應而適度改變？教學性評量特性即為形成性評量。

（三）估計性評量（sizing-up assessment）—— 期初評量

主要被使用於學年開始時，根據評量資訊決定學生社會、學業及行為特性，以允許教師建立及維持有效的班級社會。使用估計性評量時，教師可快速獲得有關學生人格概略特徵，以有效促進班級教學、溝通及合作學

習等。估計性評量通常採用非正式的評量方法，特性類似期初評量。

三種教學評量類型的比較如下表（吳明隆，2004；Airasian, 2000, p.9）：

比較項目	估計性評量（期初評量）	教學性評量（形成性評量）	官方性評量（定期評量）
目的	迅速提供教師有關學生特性之了解及實用知識。	計畫教學活動及監控教學進步情形。	完成教育科層體制功能，例如成績評定、分組及安置。
實施時間	開學第一星期或第二個星期實施。	學年期間每天均可實施。	學年間固定安排的時間實施。
資料蒐集方法	大部分屬非正式的觀察。	計畫方面以正式觀察及學生報告為主；監控方面以非正式觀察為主。	正式測驗、論文、報告、考試及作業。
資料蒐集型態	認知的、情感的及心理動作技能。	大部分屬認知的及情感的領域。	主要是認知的領域。
紀錄保存	資訊保持在教師的心智中，少數被書寫記錄下來。	寫成課堂計畫、監控資訊則未被記錄下來。	正式紀錄被保持在教師成績登記簿或學校檔案內。

 評量典範的類型

評量典範的類型方面，Mabry（1999）將其分為「**心理計量典範**」（psychometric paradigm）、「**脈絡化典範**」（contextual paradigm）和「**個人化典範**」（personalized paradigm）等三種（江文慈，2007）：

（一）心理計量典範

心理計量科學是從智力理論與智力測驗的編製發展而來，它強調幾個特性：(1)「**標準化**」的施測與計分；(2)「**測驗結果及分數的普遍性**」；(3) 測量「**單一向度**」的特質；(4)「**測驗的一致性（信度）**」；(5)「**常模**

參照的分數解釋」（Gipps, 1994）。學生評量結果和外在效標（智力、性向和成就測驗的結果）進行比較，將學生的評量結果以相對位置（等級或名次）表示，等級或排名再作為篩選、分級、接受特殊課程或進入學校的依據。此評量典範的缺點為將教學簡化為教導記憶事實性知能、學生被標籤化、考試引導教學、打擊學生士氣、誤用測驗分數等。

（二）脈絡化評量典範

脈絡化評量典範反對標準化測驗的做法，主張評量的內容應是課程本位和真實內容，評量內容是學生有機會習得，並可應用於學校外的世界。測驗不應僅有選擇題，而應包含建構反應題等開放題型（例如申論題），學習情境和測驗情境應相符合，學生在教室和自然熟悉的情境中接受評量。評量在於支持與激勵學生學習，而非用於指出學生現在或過去的成就而已。評量活動應包括：記錄實際成就表現的檔案、引發問題解決行為的情境、評量學生對各種教學反應的動態測驗、記錄學生推理過程和產品的計分程序等。脈絡化評量時期強調的是「**真實評量**」與「**實作評量**」。

（三）個人化評量典範

個人化評量典範呼應建構主義的學習理論、個別化教育和多元智能的理論，基本主張是每位學生有其優勢智能，因而每個人了解同一事物的方法不會相同，因而要採用多元化、個別化的評量，允許學生使用多種方式來展現所長。Mabry（1999）歸納說明，在個人化典範中，其評量的特色是：(1) 評量內容是由學生選擇或師生共同協商；(2) 評量的時間和方式也是由學生選擇或師生共同協商；(3) 著重描述性的評量或判斷，而非量化數字；(4) 提供修正、改進、擴展學生學習的建議，和個別化的回饋。

個人化評量更關注學習者本身的參與歷程，評量過程中，學生有更多的投入與權力，他們可以與教師協商有關個人的評量方式，在何時、何地進行測驗最能展現自我最佳的知識與技能，它不與常模參照進行比較，而是對學生的所學與能做、成就與缺失、興趣與進展等，進行整體的理解。

個人化評量是一種「**自比式測驗**」（ipsative test），此種心理測驗經過特殊的設計，可以同時測量數種相互關聯的變項，獲得不同變項的數種分數，由於數種變項加總的分數是固定的，因而變項分數間會有互為消長的關係，此種測驗可以分析個體內各變項相對的強弱程度。

心理計量、脈絡化評量與個人化評量典範的比較分析如下表（江文慈，2007，頁 185；Mabry, 1999, pp.23-45）：

比較項目	心理計量典範	脈絡化評量典範	個人化評量典範
評量策略	標準化評量	課程本位評量	個別化評量
關注焦點	哪一位學生知道的多	這位學生在教室裡學到什麼	這位學生知道了什麼
實施情境	標準化的施測情境	一般的教室情境	依據學生的時間和情況有所調整
題型	封閉題型	封閉題型、開放題型	開放題型或由學生自行選擇
評分者	通常用機器	教師	教師或相關人員
評鑑	沒有自我評量	自我評量是重要的	自我評量是核心
過程與結果	總結性的報告和運用結果	主要運用形成性評量，也採用總結性評量	主要運用形成性評量，也採用總結性評量
優點	1. 有效率。 2. 有公信力。 3. 良好的測驗發展技術。 4. 具鑑別、分類功能。	1. 提供教學訊息。 2. 教師賦權增能。 3. 指出學生學得多好。	1. 提供教學敏感訊息。 2. 學生賦權增能。 3. 教師賦權增能。 4. 詳細指出學生知道什麼和能做什麼。

比較項目	心理計量典範	脈絡化評量典範	個人化評量典範
限制	1. 限制課程的發展。 2. 對學生的所知所能提供較少的訊息。	1. 可能窄化課程。 2. 未接受評量訓練的教師可能會有錯誤。 3. 無法指出與他人表現的比較。	1. 評量者非常需要專業判斷和彈性，未接受評量訓練可能會有錯誤。 2. 對於學生在課程上或與他人表現比較，提供很少的訊息。

 三　特殊需求學生的評量

符合我國《特殊教育法》（美國為《身心障礙者教育法案》，Individuals with Disabilities Education Act, IDEA）中的學生，在學習過程與評量實施中會有特殊需求，學習評量或入學考試時在符合公平正義前提下，評量實施程序要採彈性原則，以下特殊需求學生測驗實施的調整（McMillan, 2011, p.347）可供參考：

能力缺陷或問題	調整方式
理解能力不足 （poor comprehension）	• 同時給予口語以及書寫的測驗指示。 • 重複確認學生的理解狀況。 • 在考試之前，避免長時間交談。 • 允許學生使用錄音方式回答申論題或整份測驗。 • 批改強調開放式問答內容，而不是其拼字及文法。 • 提供期待正確答案的範例。 • 提醒學生檢查未作答的問題。 • 允許學生在數學測驗使用乘法表或計算機。 • 為閱讀理解困難之學生大聲朗讀。 • 針對申論題目之作答給予大綱。 • 給學生指示和問題之錄音檔。 • 使用客觀式的試題。

能力缺陷或問題	調整方式
聽覺問題 （auditory difficulties）	• 使用文字表述題目而不是口語表達。 • 口說測驗時慢一點，明確且清楚的唸出文字和發音。 • 安排學生在安靜的座位考試。 • 對所有學生強調安靜的重要性。
視覺問題 （visual difficulties）	• 給予口頭和書面指示。 • 使用口說或錄音帶錄音方式考試。 • 允許學生僅使用口語表達方式考試。 • 安排學生座位遠離視覺分心物（例如窗戶及門），使用研究小間或面對牆壁放置桌子。 • 避免讓其他學生在考試期間交卷。 • 在門邊與觀課者見面，且在走廊交談。
時間限制問題 （time constraint difficulties）	• 給予更多充足時間完成測驗。 • 在冗長的考試期間給予休息時間。 • 將考試分為兩半，一天考一半，另一半第二天考。 • 避免定時（有時間限制）的測驗。 • 給寫作技巧較慢的學生進行口語或錄音測驗。
焦慮問題 （anxiety）	• 避免勸告學生「趕快完成考試」或說出「這份考試會決定你的最終成績」來給予學生壓力。 • 不要威脅學生將用測驗的結果進行處罰。 • 不要威脅學生將用測驗的結果對表現不好的學生處罰。 • 給予練習測驗或練習題目。 • 允許有需要的學生重新測驗。 • 如果學生做得不好，不要威脅會有可怕的後果。 • 強調先前作業之內在歸因。 • 避免給予少許主要考試（大考），而是很多次小考。 • 避免使用常模參照測驗，要使用標準參照測驗。
尷尬問題 （embarrassment）	• 讓修改後的測驗與常規測驗非常相似，並使用同樣封面。 • 避免在幫助特教學生時引起他們的注意。 • 以相同的方式監督所有學生考試行為。 • 發放考卷時，不要給予特教學生特別的注意。 • 與學生私下商討適應測驗方案以進行施測。 • 歸還考卷時不要挑出特教學生。

能力缺陷或問題	調整方式
行為多變性問題（variability of behavior）	• 允許重考。 • 允許學生安排其他天考試。 • 密切監督以確定學生該行為是否妨礙了最佳表現。

普通班班級教師在評量過程中之角色如下表（McMillan, 2011, p.336）：

評量過程之階段	普通班教師之角色
在轉介之前	• 使用非正式的評量方法來監督日常進度，以課程為主的評量和行為觀察，並且與特教教師協商。 • 實施教育介入。
特定能力不足之診斷	• 為了讓學生能夠在適當的時間點被辨識、評鑑及服務，要辨認學生特定能力不足之行為與特質。 • 辨認能顯示文化或語言差異之行為與特質，哪些情況不需要特殊教育之服務。
轉介	• 蒐集學生之作業範例、行為觀察、採用教師自編測驗或其他非正式測量工具，記錄學生學習上的優勢與弱點。 • 與特教教師或委員會成員協商。 • 與父母協商。 • 完成所需之轉介表單。 • 參加兒童學習之相關會議，並提供所蒐集之有關學生進度和行為的適當數據。 • 參與學生在普通班級時之身分鑑定與個別化教育計畫（IEP）的發展與實施。

課堂教師在身分鑑定程序中之角色如下表（McMillan, 2011, p.336）：

能力缺陷	教師角色	問題
輕度智力低下（mild mental retardation）	記錄適應行為，與特教教師或兒童學習之輔導委員會成員討論。	1. 學生在日常生活技能方面的表現如何？ 2. 日常生活技能的不足會影響學習成績嗎？ 3. 文化或語言背景是否會導致日常生活技能不足？
感覺障礙（sensory impairment）	記錄視覺、聽覺或言語障礙，與特教教師或有關成員討論。	1. 學生看得夠清楚嗎？ 2. 是否有足夠的眼／手協調性？ 3. 學生的聽力有問題嗎？ 4. 是否存在某種發音問題？
身體殘疾（physical disability）	觀察殘疾對學習成績的影響，與特教教師或有關成員討論。	1. 殘疾是否會對學習表現產生不利影響？ 2. 輔具或相關軟硬體學習設備是否足夠？
學習障礙（learning disability）	記錄學習問題和成就；解釋學習歷程檔案夾中的資訊，與特教教師或有關成員討論。	1. 學生是否回應學科本位的指導／介入處理？ 2. 學生沒有反應是否與環境因素、文化情境或語言能力有關？
情緒障礙（emotional disturbance）	記錄不當的行為和感受，與特教教師或有關成員討論。	1. 學生有平均或平均以上的智力？ 2. 行為在該情況下是否極端？ 3. 行為是否短暫或一致？ 4. 是否有其他能力缺陷導致表現不佳？ 5. 學生與其他人互動的狀況如何？ 6. 學生大部分時間是否不快樂、沮喪或退縮？
注意缺陷（attention deficit）	觀察並記錄未能注意的情況。	1. 學生是否在許多情況下持續表現出明顯的注意力不集中？ 2. 學生容易分心嗎？ 3. 學生會粗心犯錯嗎？
過動症（hyperactivity）	觀察並記錄不適當的過動實例。	1. 學生是否總是焦躁？ 2. 學生過度坐不住嗎？ 3. 學生是否總是忙個不停或非常的興奮？

第 **7** 講

學習評量的類型

學習評量依據所採用的評量參照架構，會有許多不同評量程序與分類
（Linn & Gronlund, 2000; Linn & Miller, 2005）：

 依受試者反應性質分類

學者克朗巴克（Cronbach）根據測量（measure）性質，將測驗
分為「**最大表現測驗**」（measures of maximum performance/maximum
performance）與「**典型表現測驗**」（measures of typical performance/
typical performance）

（一）最大表現測驗

測量個人最佳反應或最大成就，例如性向測驗、成就測驗、智力測驗
等。其結果受先天能力、實際能力、動機等三項因素影響，受試者在此種
測驗的分數愈高，表示其能力愈好。最大表現測驗的評量結果指受試者全
力以赴時，他們能做到什麼，常見者為「**性向測驗**」（aptitude tests）與
「**成就測驗**」（achievement tests），這二種類型測驗通常是從結果的用
途而非測驗本身的品質來區別，性向測驗主要是對未來學習活動的成功情
形進行預測；成就測驗則關注於先前學習過的活動成功程度為何。

（二）典型表現測驗

此種測驗涉及個體「**願意**」做什麼或「**會做**」（will do）什麼，而非

「能夠」（can do）做什麼。測驗是指在評量受試者於正常情況下所表現的行為，例如興趣測驗、人格測驗、態度測驗與人格適應測驗等，典型表現測驗強調的是獲得具代表性的反應而非在測驗獲得高分。此種測驗常使用「**自陳量表**」（self-report inventories）或「**軼事紀錄**」（anecdotal record），測驗分數高低沒有好壞的意涵，由於多數採用自陳表述方式，測驗結果會受到受試者是否誠實作答的影響。課堂教師若能結合多種方法結果，可以對學生在興趣、態度、調適，以及各種人格特質等領域的進展與改變做出相當正確的判斷。

二 依教學流程的分類

依教學前、教學中、教學後三個階段流程的分類，一般分為「**安置性評量**」（placement assessment）、「**形成性評量**」（formative assessment）、「**診斷性評量**」（diagnostic assessment）、「**總結性評量**」（summative assessment）。

（一）安置性評量

評量在於了解學生的起點行為，確定學生對於教學目標的準備度為何，或是根據學生評量結果作為分組教學的參考。安置性評量關注的是學生的初始表現，包括：(1) 學生是否具備基本的知識及技能足以學習教師所規劃的教學；(2) 已規劃的教學目標中有關理解及技能，學生已經發展到何種程度，是否可被安置於更高階的課程；(3) 對於學生興趣、工作習性與人格特徵顯現出多少。安置性評量主要目的在於決定每位學生在教學順序中的位置，以及接受最有利於學習的教學模式。

（二）形成性評量

根據小考或平時考評估學生對於課程內容是否了解，評量結果可回饋給學生及教師參考，改善學習與教學問題，並作為及時補救教學參考，試題評量為標準參照。形成性評量用以監控教學期間的學習進度，主要目的

在於提供師生雙方關於學習成功與失敗的持續性「**回饋**」（feedback），就學生回饋而言，提供成功學習的增強，指出明確的學習錯誤及迷思概念；就教師回饋而言，提供教學修正、分組活動及指派作業訊息的調整。形成性評量最常使用的測驗與評量形式為教師自編測驗，此外觀察技術與晤談也常使用。形成性評量可提供有效的回饋，回饋的型態從簡單（驗證回饋）到複雜（精緻回饋）有不同程度。

根據複雜程度回饋的型態如下表（McMillan, 2011, p.136）：

回饋類型	敘述
驗證	告知學生正確的答案。
正確回應	確認學生正確答案時，不帶額外的資訊。
再試一次	告知學生錯誤答案，並允許學生嘗試以同一種方式重複學習。
標記錯誤	沒有提供正確答案和建議的情況下，強調回應中的錯誤改善。
詳述	解釋正確與錯誤答案之原因，允許學生以額外時間重複學習。
中心屬性	呈現當前所學知識的重要性。
視情況而定的回覆	解釋錯誤的答案為何錯，而正確的答案為何正確。
提示	暗示或提示學生，引導學生正確的方向去學習正確的答案。
錯誤，困難	誤解的知識將被進行錯誤分析和診斷的解釋。
信息化輔導	包含驗證式回饋、錯誤標記，和在沒有提供正確的答案情況下，技巧性地暗示如何進行。

（三）診斷性評量

發掘學生的學習困難，找出學生學習問題或迷思概念原因，以發展「**個別化教育計畫**」（individual education program, IEP），採用有效的教學因應策略，試題評量的難度較為簡易。診斷性評量是一種高度專門化的程序，它關注的是持續性或重複性的學習困難，這些困難無法藉由形成性評量的標準矯正處置予以改善，診斷性評量較為複雜與詳細，其評量最終

目的在發掘並決定學習性持續性學習問題的成因，以研擬有效的補救教學行動方案。

(四) 總結性評量

教學課程或單元結束，決定教學目標的達成程度，確認學生是否達到預期學習結果的精熟度，或給予學生成績等第、分配課程成績等，此種評量常包括數個不同教學單元，內容範圍較廣，試題評量為常模參照，評量包括教師自編成就測驗、各種形式的實作評量或檔案評量等。總結性評量的技術係由教學目標決定，主要目的為分派等第，或確認學生成就，同時也可以提供訊息，用以判斷課程目標的適當性及教學效能的情況。

班級測驗與評量的基本類型摘要如下表（Linn & Miller, 2005, p.137; Linn & Gronlund, 2000, p.142）：

項目	教學前	教學前	教學中	教學中	教學後
功能	準備度	安置性	形成性	診斷性	總結性
測量焦點	先備的起點技能	課程或單元的目標	事先界定的教學段落	大多數共同的學習錯誤	課程或單元目標
樣本性質	選出技能的有限樣本	所有目標的廣泛樣本	學習作業的有限樣本（特定單元或內容）	明確錯誤的有限樣本（特定單元或內容）	所有目標的廣泛樣本（內容較多）
試題難度	難度通常較低	難度範圍通常較廣（難度全距較大）	隨著教學段落而變化	難度通常較低	難度範圍通常較廣（難度全距較大）
施測時間	課程或單元開始時	課程或單元開始時	定期於教學中進行	視需要於教學中進行	課程或單元結束時
結果運用	補救起點技能不足，或分派至學習小組	教學規劃與高階安置	透過持續性的回饋改善並指導學習	補救與重要學習困難的錯誤診斷	分派等第、確認成就，或評鑑教學

依測驗結果解釋的分類

依測驗「**結果的解釋**」，學習評量一般分為「**常模參照評量/常模參照測驗**」（norm-referenced assessment/test, NRA）與「**標準參照評量/標準參照測驗**」（criterion-referenced assessment/test, CRA），「**標準參照測驗**」又稱「**效標參照測驗**」。其中常模參照評量即「**常模參照評分法**」、標準參照評量即「**標準參照評分法**」，嚴格而言，常模參照與標準參照只是解釋結果方式的不同，但當測驗及其他評量工具被設計成特定的解釋類型時，二種不同的解釋型態就格外有意義與其實用性。

（一）常模參照評量/常模參照測驗

評量結果根據學生測驗分數與團體中其他學生分數進行比較，以求出某個學生在團體中的相對位置，此種評量含括的內容較廣，分數的變異程度較大，常用的量數為百分等級或標準分數，參與受試者較多。常模參照解釋是以學生在某個已知團體中的「**相對位置**」（relative position）來描述學習者表現，已知團體可能是班級、學年、多個學校、地區或全國。

（二）標準參照評量/標準參照測驗

標準參照評量又稱為「**效標參照評量**」，測驗結果在於判別學生是否達到教師設定的「**預期標準**」或「**精熟程度**」，此種評量含括的內容較少，分數的變異程度較小，屬於一種「**標準本位評量**」，因有參照的基準目標，解釋又侷限於特殊目標，又稱為「**目標參照**」（objective referenced），常用的量數為答對率，或等第形式（例如精熟、普通、未精熟）等。

◎國中教育會考
配合十二年國教的實施，國中基測改為「國中教育會考」，其目的在降低國中學生的考試與學習焦慮，從會考中了解學生的學力情況。國中教育會考由「常模參照測驗」改為「標準參照測驗」（效標參照測驗），五個考科（國文、英語、數

學、社會和自然等）的成績根據學習領域預設期待的學習表現分為「精熟」（A）、「基礎」（B）、「待加強」（C）三個等級，其中精熟（A）等級群組中，精熟等級前 50% 者再增列標示為 A++（精熟等級前 25% 者）、A+（精熟等級前 26% 至 50% 者）；基礎（B）等級群組中，基礎等級前 50% 者增列標示為 B++（基礎等級前 25% 者）、B+（基礎等級前 26% 至 50% 者），此種標準參照測驗共分為三個等級四個標示，以增加超額比序的鑑別度。

成績「精熟」表示學生精通熟習該科目國中階段所學習的知識與能力；「基礎」表示學生具備該科目國中階段之基本學力；「待加強」表示學生尚未具備該科目國中教育階段之基本學力。國中教育會考英語科測驗分成閱讀測驗及聽力測驗，分別評量閱讀及聽力二項語言技能，其中英語（閱讀）分為「精熟」、「基礎」及「待加強」三個等級，英語（聽力）由於以基礎簡易的試題為主，聽力成績只分成「基礎」及「待加強」二個等級。三個等級學習表現的描述內涵如下（取自國立臺灣師範大學心理與教育測驗研究發展中心之國中教育會考網站，2014）：

考試科目 / 等級		精熟	基礎	待加強
國文		能具備與教材相關的語文知識，並能深入的理解文本內容、評鑑文本的內容與形式。	大致能具備與教材相關的語文知識，並能大致理解文本內容、評鑑文本的內容與形式。	僅能具備部分與教材相關的語文知識，並有限的理解文本內容、評鑑文本的內容與形式。
英語	閱讀	能整合應用字句及語法結構等多項語言知識；能理解主題較抽象或嚴肅、訊息或情境多元複雜、語句結構長且複雜的文本，並指出各類文本的主旨、結論與作者立場等重要訊息，且能整合文本內容如文本結構、解釋或例子等，做進一步的推論或評論。	能理解字句基本語意及語法概念；能理解主題具體熟悉或貼近日常生活、訊息或情境略為複雜、語句結構略長的文本，並指出文本主旨、結論與作者立場等重要訊息，且從文本的解釋或例子做出推論。	僅能有限地理解字句基本語意；僅能理解主題貼近日常生活或與個人相關、訊息或情境單純且明顯、語句結構簡單的文本或語句；僅能指出文本明白陳述的主旨、結論與作者立場等重要訊息；僅能藉文本明顯的線索做出簡易的推論。

等級 考試科目	精熟	基礎	待加強
聽力		能聽懂日常生活主題、訊息單純的短篇言談，指出言談的主旨與結論等重要訊息，並從言談中明顯的言語及其他如語調與節奏等線索做出簡易推論。	僅能聽懂單句及簡易問答；僅能有限的理解短篇言談。
數學	能作數學概念間的連結，建立恰當的數學方法或模式解題，並能論證。	理解基本的數學概念、能操作算則或程序，並應用所學解題。	認識基本的數學概念，僅能操作簡易算則或程序。
社會	能廣泛且深入的認識及了解社會科學習內容，並具有運用多元的社會科知識之能力。	能大致認識及了解社會科學習內容，並具有運用基礎的社會科知識之能力。	能約略的認識及了解社會科學習內容。
自然	能融會貫通學習內容，並能運用所培養的能力來解決需要多層次思考的問題。	能知道及理解學習內容，並能運用所培養的能力來解決基本的問題。	能部分知道及理解學習內容。

四 依測驗編製流程分類

根據測驗編製流程的嚴謹度，分為教師自編成就測驗及標準化測驗。

（一）教師自編成就測驗

主要為教師根據雙向細目表自行編製，適用於任教班級或學年，只有經審題過程，沒有預試、試題分析、正式施測與常模建立，試題主要採用

內容效度，試題難易度有時與教師認知會有差距。

就教師自編成就測驗而言，撰寫測驗試題與評量的一般性建議如下（李坤崇，2006；Linn & Gronlund, 2000, pp.164-165; Linn & Miller, 2005, pp.160-161）：

1. 確定測驗的目的與用途，分析具體教學目標的類型（例如認知、情意、技能領域）。

2. 設計包含學習內容（教材）與教學目標（學習表現）的雙向細目表作為試題編製的規準。

3. 試題情境要與學生生活相契合，題幹避免直接抄襲或節錄教材內容。

4. 剛開始撰寫的試題要較實際採用的試題為多，以進行後續的篩選及刪題。

5. 於測驗日期前提早完成試題編製與作業的撰寫，以讓編製者及審題者有充分時間檢視題目。

6. 清晰定義所欲進行的作業，避免使用模稜兩可或不明確的語詞。

7. 使用的語句要適合學生的閱讀能力水平，以免因學生閱讀能力差異造成測驗結果的偏差。

8. 撰寫的每道試題或作業必須獨立，不能提供其他試題或作業作答的線索。

9. 撰寫的試題有公開認可的正確答案或最適答案，避免評量的爭議性產生。

10. 撰寫完的檢視要從試題或作業的適當性、清晰度與困難度等面向加以審視。

11. 試題的排列依照選擇反應題項、建構反應題項型態編排。

12. 同一類型的題目或作業應編排在一起，試題或作業順序根據其難度由簡單到困難排列。

（二）標準化測驗

根據測驗編製的完整流程編製，測驗編製人員為一個團體，測驗經過預試、正式施測與參數重複校正而編製，測驗有良好的信效度或鑑別度，會建立分數常模，多數會正式出版發行，標準化測驗一般會建立常模。

教師自編成就測驗與標準化成就測驗的差異比較摘要如下表（黃德祥等譯，2011，頁 434）：

比較項目	教師自編成就測驗	標準化成就測驗
學習的產出及測量內容	測量特定的或小區域之課程的學習成果，注重特定的知識評量，忽略複雜的學習成果。	測量一般的學習成果，適用於大區域，測量普遍的技能與理解能力。
試題品質	試題品質不明，因為教師編寫的時間有限，與標準化成就測驗相較之下，試題的品質通常較差。	試題品質優良，由專家擬訂，並經由前測及量化的試題分析結果進行題目的篩選，題目有很佳的鑑別度。
信度	信度無法得知，但若細心編寫試題，測驗仍有高信度。	測驗的信度高，通常介於 .80 至 .95 之間，一般會大於 .90。
施測與計分	施測與計分具有彈性或者未予以說明，通常沒有標準化的程序。	程序標準化，並提供施測與計分有關的指導說明手冊。
測驗分數的解釋	測驗分數的解釋與比較受限於特定的班級或學校，甚少提供分數解釋的指導手冊。	測驗分數可以和常模比較，提供測驗使用手冊及相關的指導說明，協助分數的解釋與使用。
常模建立	沒有建立分數常模	建立常模與百分等級

五 依測驗實施程序分類

根據測驗實施程序或反應類型（response style），可以區分為「**速度測驗**」（speed tests）及「**能力測驗**」（power tests）：

（一）速度測驗

測量受試者在限定時間內能做完的試題數目，此種測驗的試題量較多，試題較為簡易，如有另外規定時間限制，每個受試者的作答情況會有快慢的差異。

（二）能力測驗

測量受試者在充足時間內的最大表現，此種測驗的試題編排一般會由易而難，能力測驗實施原則應無時間的限制，但因測驗情境的條件有時還會有時間限制性。速度測驗與能力測驗的測驗目的不同，前者為測量受試者在一定時間內所能完成的題數；後者的設計在於測量受試者在充裕時間內的表現水準。

就作答「**速度**」（speed）與「**正確反應**」（accuracy set）間的關係而言，研究發現能力與答題速度間的相關非常底，而交卷的順序跟測驗分數間也沒有顯著相關；若測驗時間不加以限制（能力測驗），不管是速度或正確型反應心向，測驗分數間沒有差別。除非課程目標要求速度（例如打字），否則有時間限制的成就測驗，效度比較差，測驗分數會同時受「**速度**」與「**正確**」反應類型的影響（李茂興譯，2002）。

六 **依評分的型態分類**

測驗依評分的型態分類，可以分為「**客觀測驗**」（objective tests）或「**主觀測驗**」（subjective tests）：

（一）客觀測驗

指測驗有標準固定的答案，此種測驗的分數評定不會受到不同評定者的影響，除非評定錯誤，否則任何評定者給予的測驗分數都相同，此種試題又稱為「**選擇反應試題**」（selection response items）。測驗或評量試題如選擇題、是非題、配合題。選擇題是由數個選項中選取一個「**正確**」或「**最適**」選項，又稱為「**選擇測驗**」（selection tests），或「**固定選項測**

驗」（fixed-choice tests）。「**固定選項測驗**」在學習評量中使用很多，但也引發幾個特別受學者關心的議題：(1) 它容易過分強調事實性的知識和低層次的技能，很難測量高層次的問題解決及概念性技巧能力；(2) 此類測驗引導的教學方式與教學場域對認知和學習理解的學理不相符，前者強調片段事實知識的累積及程序性技能，後者強調學生投入知識建構與自己對知識的理解應用（Linn & Gronlund, 2000, p.39）。

(二)主觀測驗

　　指測驗的評分或分數的給予會受到評分者不同而有差異，此種類型測驗稱爲「**複雜表現評量**」（complex-performance assessments），測驗分數高低受到評分者主觀意識或看法的影響，此種測驗的作答要求受試者提供答案（例如申論題、填空題），又稱爲「**補給測驗／供給測驗**」（supply tests，提供給予答案內容），題目性質又稱爲「**建構反應試題**」（constructed response items）。主觀測驗的計分過程中，分數的評定會受到評分者意見或判斷的影響，而客觀測驗的分數評定不會受評分者影響。

　　建構反應題目的分數評定一般要建立「**計分規準**」（scoring rubrics），一個「**好的**」規準建構要考量三個要件（Frey, 2014）：

　　1.確認評量的目的：評量目標若相對簡單或是低階次的認知歷程，不用建立計分規準，評量複雜或高階次的學習規準的設計才有其實用性，測量較多技能與能力，或是評量深度理解，或是學習目標較爲抽象等，設計與建立計分規準才有實質意義。

　　2.規準能有效反映成功的準則：準則設計會受到教師對成績期望、學生認知複雜性、學生發展情形、教師哲學信念與學科內容等影響，能反映成功的準則條件是可觀察與能公平評量的，可測量的行爲必須是能具體被定義的。

　　3.設計評分的系統：評分系統的價值是評量結果能提供學生與教師回饋，評分的系統要根據評量任務及作品屬性，決定是否將其分割爲較小的元素或特徵，整體計分法與分析計分法均可採用，前者是單一向度的分數

評定法，後者是多個面向的分數評定法。

建構反應題項採用規準的優點有以下幾點（Frey, 2014, p.149）：

1. 採用規準評定者可以快速計分與迅速回饋：規準可以提供教師及學生經常的形成性回饋作用，讓學生能夠監控與調整他們的學習，也可以讓教師花費較少時間用於分數評定，有更多時間用於教學規劃與教學活動進行。

2. 採用規準評定分數可以改善教學：規準發展過程需要教師分析與辨認其主要教學目標，一個良好的規準系統確定高品質表現的特徵，與策略教學的有效運用，讓教師能更精確地評鑑自己的教學與監控學生學習的情況及表現。

3. 規準系統有助於學生後設認知與批判思考技能的成長與精進：學生參與規準準則發展與應用，可促使學生思考他們自己的學習，發展判斷自己工作或任務之品質程度的能力，培養其批判思考技能。

4. 採用規準可以將學生表現資料與他人進行有意義的分享：教師能夠與學生及家長分享分數評定的規準，完備良好的規準系統可以將學習目標轉化為具體技能、元素或具品質的準則，讓學生更有清楚的學習方向。

班級評量程序的描述摘要如下表（Linn & Miller, 2005, p.41）：

分類基礎	評量類型	評量功能	工具舉例
測驗本質	最大表現	決定個人所「能做」的最佳表現。	性向測驗、成就測驗。
	典型表現	決定個人在自然狀態下「會做」的表現。	態度、興趣、人格量表、觀察技術、同儕評定。
測驗形式	固定選項測驗	知識、技能的有效測量，是一種間接的指標。	標準化選擇題測驗。
	複雜表現評量	測量在脈絡情境的表現，以及學生自身能力評估問題的表現。	實驗室實作、專題計畫、論文式測驗、口頭報告。

分類基礎	評量類型	評量功能	工具舉例
用於班級教學的使用	安置性評量	決定先備技能、課程目標的精熟度與最佳學習狀況。	準備度測驗、性向測驗、課程前測、自陳量表、觀察技術。
	形成性評量	決定學習進展、提供回饋，以增強學習及修正學習錯誤。	教師自編測驗、出版社測驗、觀察技術。
	診斷性評量	特定持續性學習困難的原因（例如心智、生理、情緒、環境等）。	已出版的診斷測驗、教師自編診斷測驗、觀察技術。
	總結性評量	分派等第以決定課程結束時的成就，或目標達成之精熟度的認證。	教師自編調查測驗、表現評分量表、產品量表。
解釋結果的方法	標準參照測驗	以定義清晰之學習任務（作業）範疇來描述學生的表現（例如個位數的加法）。	教師自編測驗、出版社測驗、觀察技術。
	常模參照測驗	依據某個已知團體的相對地位（相對位置）來描述學生表現。	標準化性向測驗及成就測驗、教師自編調查測驗、興趣量表、適應量表。

其他測驗的分類形式如「**非正式測驗**」（informal tests）與「**標準化測驗**」（standardized tests）：「**非正式測驗**」指的是由任課教師自行編製的成就測驗，「**標準化測驗**」則由測驗專家與教師共同設計，經預試、試題分析、修訂、大規模施測建立常模等標準化程序的測驗。「**個別測驗**」（individual tests）與「**團體測驗**」（group tests）：「**個別測驗**」施測一般採一對一的口頭問答方式進行（例如個別智力測驗），可以同時段以群體施測者為團體測驗（例如態度量表）。「**精熟測驗**」（mastery tests）與「**調查測驗**」（survey tests）：成就測驗若是測量一組特定學習結果的精熟程度，稱為「**精熟測驗**」，一般使用「**效標參照**」解釋；如果成就測驗是在測量學生廣泛結果的一般成就水準，稱為「**調查測驗**」，傾向採用「**常模參照**」解釋，在特殊情況下，調查測驗也可能採用「**效標參照**」解釋（Linn & Gounlund, 2000）

評定分數比較的類型

　　班級評量實施中，學生學習表現之班級評定分數比較的方式有五種：(1) 與其他學生表現進行比較；(2) 與預先界定之優劣表現標準進行比較；(3) 與學生自己能力水準進行比較；(4) 與學生先前表現（改善情況）進行比較；(5) 與國家評量標準進行比較。前二種比較方式在於給予學生分數或等第，第三種與第四種評分根據學生自己能力或改善情形，在於提供問題診斷與回饋，每位學生的比較標準會有所差異。依據評分比較不同，有四種型態評量：「**常模參照評分**」（norm-referenced grading）、「**效標參照評分**」（criterion-referenced grading）、「**與學生能力比較評分**」、「**和學生進步情形比較評分**」（Airasian & Russell, 2008; McMillan, 2011）：

一　常模參照評分

　　常模參照的評分稱為「**相對評分**」（relative grading），或「**在曲線上評分**」（grading on the curve），一個高的等第，表示學生分數高於班上多數同學，採用常模參照評分法，一個有 50 道選擇題的試題，只答對 40 題也可能是班上分數最高者。常模參照評分法教師會採用「**評分曲線**」（grading curve）來評定學生等第，「**評分曲線**」一般會採用百分比（percent），例如考試前 20% 的學生給予「**A**」、次 30% 的學生給予「**B**」，之後 30% 的學生給予「**C**」，再之後 10% 的學生給予「**D**」，最後 10% 的學生給予「**E**」。在班級常模評分情境中，沒有單一最佳的評分

曲線，此種方法可以降低班級成績前段同學間的競爭，此種分數評定採用的是「**區間**」分類，但實施結果也可能降低同學間合作與相互依賴幫忙的態度。常模參照評分法主要功能在於說明哪位學生的表現為最高或最佳，對於學校排序學生提供概念性的基本原則；另外，此種相對評分法運用得當可以培養學生間良性競爭，但班級內實施不當，可能讓班級學習成為惡性競爭環境，對應的是對於學生個人努力、動機強弱、學生間人際關係與師生間溝通有負向影響。

 效標參照評分

　　效標參照評分又稱為「**標準本位**」（standards-based）、「**標準參照**」（standards-referenced）、「**準則參照**」（criterion-referenced）評分法。學生成績比較的參照點是教師事先界定的表現，「**表現標準**」（performance standards）定義水準或分數是學生必須達到特定的等第，達到某個水準等第的人數沒有限制，此種表現標準評分為「**通過**」與「**未通過**」，或「**達到**」與「**未達到**」，學校紙筆測驗實施中，常以答對率為表現標準，例如答對 70% 以上者皆算「**精熟**」。效標參照評分採用的是題目正確回答的「**百分比本位量尺**」（percentage-based scale），此為簡單的形式；比較複雜的是採用詳細的規準，此規準可呈現學生進步的情況，使用一系列具體的內容表現標準。標準本位評分在學校或班級的情境中已成為評量主流，廣泛為教育者採用。

　　效標參照評分系統傾向於指出學生已經學會多少教學內容，若是教學不良、測驗型態評量無效、評量無法含括完整的教學內容，則傳遞給學生學習的評量訊息是一種不正確的資訊。效標參照評分有以下類型：

　　（一）「**實作本位準則**」（performance-based criteria）

　　指班級某些特定學習的學生，其實作表現必須達成師生協商訂定的標準，包含作業的品質與分量，根據實作屬性決定時程的長短，每位學生的等級評定均不與其他同學比較，而是依事先訂定的標準（或量規）來判斷。

(二)「百分比本位準則」（percentage-based criteria）

以百分比的切割分數判別，百分比指的是學生正確答對試題的比例，例如答對率 90% 以上的等第為「**優**」（或「**A**」）、答對率介於 80% 至 89% 間等第為「**甲**」（或「**B**」）、答對率介於 70% 至 79% 間等第為「**乙**」（或「**C**」）、答對率介於 60% 至 69% 間等第為「**丙**」（或「**D**」）、答對率小於 60% 者等第為「**丁**」（或「**E**」）。百分比臨界分數對應等第決定時，教師應會根據任教班級學生能力、學科性質、成功達成程度等綜合判斷，才能達適當合理與公平性。

常模參照評分與效標參照評分（標準本位評分）的差異摘要如下表（Airasian & Russell, 2008, p.265; Linn & Gronlund, 2000, p.45; Linn & Miller, 2005, p. 39; McMillan, 2011, p.373）：

比較項目	常模參照評分	效標參照評分
進行的比較	學生與班級其他學生。	學生與教師預先定義標準。
解釋	分數為個人表現與其他學生表現相比較決定的結果。	分數與事先界定標準及準則比較決定的結果。
分數性質	百分等級；標準分數；評定分數曲線；區間分數的人數有限制。	答對的百分比；描述的表現標準；特定等第沒有人數限制。
作業（任務）範疇	通常涵蓋較大領域的學習任務（作業），每項作業僅以少數題目來測量。	通常集中於有限範圍的學習任務（作業），每項作業以相當多數的題目來測量。
測驗試題的困難度	使用中等難度題目，讓得到的分數有寬廣性；不會使用非常簡易與十分困難的題目。	使用平均較為簡易的試題，以讓學生正確回答試題的百分比可以提高。
作業（任務）屬性	偏好採用平均難度的試題，忽略簡單及困難的作業任務。	試題難度配合學習任務性質，不會改變試題難度，或排除容易與困難的試題。

比較項目	常模參照評分	效標參照評分
評分內容的描述	學生表現的優劣與班級中其他學生進行比較判斷；以學習的相對水平強調個體間的差異。	學生對課程目標精熟的程度，以個人答對百分比量數表示；強調個人所能完成與不能達成之學習作業的描述。
分數的使用	給予等級及排名。	描述表現精熟或達到的水準。
動機的效果	依賴比較的群組而定；有競爭性。	讓學生有挑戰性，達到指定的學習目標。
特別評分的效益	受到評分曲線的限制，不是所有學生都能得到等第 A（或優）。	不會受到評定分數曲線的限制，所有班級學生也可能全部得到等第 A（或優）。
優點	較多困難評量的結果讓學生更有挑戰性；為排序學生學習成就的有效方法。	學生的表現能和明確界定的學習目標相匹配；評量過程及結果較少競爭性。
缺點	與其他學生進行比較決定評定等第，某些學生總是殿後（或排名在後面）；須以明確界定的團體做解釋。	要明確地界定學習目標與設定精熟標準並不是十分容易的事情；須以清楚定義及明確的成就範疇做解釋。

三 與學生能力比較

「**與學生能力比較**」是一種「**能力本位評分方法**」（ability-based grading approach），高能力學生在作業有優異表現，可得到高的等第；教師知覺低能力學生期待能達到他們的潛能就好，此種評分法會有「**超乎預期**」（overachiever）與「**未能充分發揮潛能**」（underachiever）的情況，較好或較差學生的學習表現，可能與教師原先期待他們能做的任務（作業）間有所落差。此種評分法多數學者不建議採用，其原因有：

1. 此方法依賴教師對每位學生能力有正確了解，教育場域中，多數教師都是根據期初評量與學生班級表現而形成的知覺，但這些資訊推估學生真正能力高低不全然精確。

59

2. 教師對某位學生能力的判斷可能來自學生其他特性，例如自我信心、動機與責任感，這些多元能力或多元智能可以促進學生學習，學生能力面向無法聚焦。

3. 以表現與期望進行比較易讓家長混淆，例如一位高能力學生答對 80% 得到等第 C，一位低能力學生只答對 60% 卻得到等第 A（超過教師預期很多），家長收到的訊息是低能力學生精熟較多的課程內容。

四 與學生進步比較

學生等第給予是學生表現與期初評量，或開學後評量表現進行比較而決定，學生有較多進步或成長就能得到高的等第，學生有較少進步或成長得到的等第較低。此種評分法對於開始有良好表現的學生不公平，因為之後他們進步空間或改善幅度較少，很難得到良好等第。根據學生改善情況給予成績評定，會混淆真實表現與被期待表現間的差別，跨時間表現均得到 A 等第的同學，可能是被評定行為都是高表現，也可能是進步很多情況，在成績評分系統中，能力與進步是二種不同評分型態。

第9講

形成性評量

　　根據教學時程階段，評量可以教學前、教學中、教學後實施，教學前實施的稱為**「預先評量」**（pre-assessment）；教學中實施的稱為**「形成性評量」**（formative assessment）；教學後實施的稱為**「總結性評量」**（summative assessment）。形成性評量在於評量學生進步情形，提供師生回饋，決定進一步的教學活動及學習狀態的調整；總結性評量主要在評量學生於教學後知道什麼、了解什麼及能夠做什麼（McMillan, 2011）。當學習正在進行當中，學生觀念與知識仍然在發展時，形成性評量提供的回饋最為有效，它不是總結性，不會根據學生表現與原始分數給予排序或等第；當教學持續進行時，形成性評量給予學生的資訊是最直接的，形成性評量是**「教學場域中藉由觀察與回饋，來改變及改善學習活動」**，它對教師及學生均能提供有效回饋功能（Frey, 2014）。

　　形成性評量不同定義舉例如下表（Frey, 2014, p.63）：

- 就教師而言,可以查證學生的學習概念與技能是否已學會或跟上大家。
- 形成性回饋範例強調教師於學習期間對學生的觀察,有時學生不會察覺出來教師在觀察他們。
- 提供教師回饋以導引教學。
- 評量發生於教學期間,決定教師教學是否成功,有需要時教師能夠調整教學。
- 教師與學生從參與活動中自我評量,提供資訊作為回饋之用,進而調整教學與學習活動。
- 監控與改善教學及學生學習表現。
- 使用評量資訊支持學生學習;學生可以根據評量資訊評鑑其作業(功課),提升學生為自己學習負責的責任心,評量內涵與建構主義學習模式一致。

教師使用形成性回饋來調整教學策略

教師使用形成性回饋來調整學習行為

　　形成性評量為教師採用正式評量與非正式評量,蒐集學生學習的資訊,以作為學生學習的回饋,以及教師教學策略調整與學習活動安排改進的參考,目的在於促發學生學習動機、提升學習的成就表現,形成性評量有時也被稱為「**改善性的評量**」(corrective assessment)(McMillan, 2011)。正式形成性評量如小考、測驗、實作評量等,非正式形成性評量如觀察、問答、傾聽、功課檢核等。形成性評量是一種「**教學進行中的評量**」(assessment during instruction),也是一種「**為學習而評量**」(assessment for learning)的歷程,它是一種「**初步的診斷階段**」(preliminary diagnostic stage),對學生有立即特定的回饋功能,可幫助學生自我導向學習(謝廣全、謝佳懿,2016)。

　　形成性評量與總結性評量主要差別有以下幾點:(1) 形成性評量可同時提供教師及學生作為回饋,總結性評量的回饋對象主要為教師;(2) 形成性評量直接地影響到教學及學習活動,總結性評量間接地影響到教學及

學習活動；(3) 形成性評量使用效標參照計分，總結性評量則採用常模參照計分；(4) 形成性評量結果不給予等第（或排名），總結性評量結果給予等第（或排名）；(5) 形成性評量是一種低風險評量，總結性評量則是一種高風險評量，或「**高風險的測驗**」（high-stakes test）（Frey, 2014）。

形成性評量的循環圖如下（修改自 McMillan, 2011, p.100）：

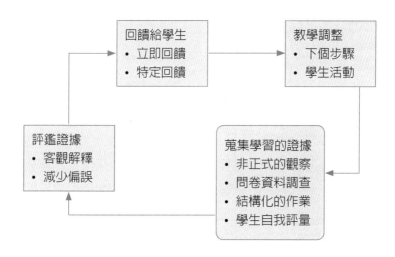

形成性評量的內涵與「**促進學習的評量**」（assessment for learning）意涵接近。促進學習的評量以具體技術性觀點界定評量用語，主要描述初步診斷性階段，師生共同投入與經常配合形成性評量使用，它也是一種以「**學生中心**」（student-centered）的回饋系統，允許學生修改及控制自己的學習。有效的形成性評量可以幫助學生成為「**自我導向**」（self-directed）學習者，自我導向學習者有三大特質，分別為「**自我管理**」（self-managing）、「**自我監控**」（self-monitoring）、「**自我修正**」（self-modifying）（Frey, 2014, pp.66-67）：

（一）自我管理

學生能夠接近任務，了解任務相對的重要性與可能的結果，自我管理者會善用自己的經驗與才能。形成性評量能精確地提供結構化與有意義性資料，因而可以讓學生成為自我導向學習者，從過往經驗的學習，可以培

養學生成為自我管理者。

（二）自我監控

自我監控的學生能夠使用後設認知策略。自我監控者會知道自己的優缺點、技能與工作型態，當一個策略無法有效運作時，他們會告知自己規劃新的策略或方法。藉由獲得有關學習表現之經常性與適切性資訊，學生可以經由學習歷程成為自我監控者。

（三）自我修正

學生能夠反思自己的經驗，調整策略，經由反思，自我修正者能夠應用所學於未來的問題上。學生經由獲得形成性評量的定期實施，能夠解釋他們的學習，進而修正行為以發展必需的技能。

班級中正式與非正式的形成性評量所得到的資訊都可以作為教師與學生的回饋，非正式形成性評量在學生學習過程中均可使用，常見的方法為教師觀察與問卷，證據可作為立即性回饋；正式形成性評量是一種有計畫性評估活動，例如測驗、報告或結構性作業等，它主要的功能為延宕回饋（相較於立即回饋）與教學改善。非正式與正式形成性評量的特徵差異如下表（McMillan, 2011, p.102）：

元素	非正式形成性評量	正式形成性評量
證據的性質	• 課室觀察 • 採用問卷	• 回家功課 • 小考與測驗 • 課堂作業 • 結構化的活動 • 標準點的測驗
證據的蒐集	• 自發性的 • 持續性的 • 緊密地監控	• 已計畫的 • 跟隨教學
回饋	• 立即性	• 延宕性
教學調整	• 立即性	• 延宕性

　　形成性評量中的非正式觀察常使用的方法為「**軼事觀察法**」（anecdotal observations）或「**筆記法**」（notes），因為沒有經多次的觀察記錄，會造成教師對事實行為的解釋錯誤或不正確。非正式觀察的錯誤來源如下（McMillan, 2011, p.113）：

非正式觀察的錯誤來源摘要表

誤差內容	誤差內容描述
寬大和慷慨	教師作為觀察者需要傾向於寬大和慷慨。
首要效應	教師的初步印象會對以後產生扭曲的影響。
新近效應	教師的解釋受到他或她最近觀察結果的過度影響。
邏輯概括錯誤	教師假設某些非語言行為會影響到其他領域（例如數學上的沒信心就意味著對英語也沒信心）。
不承認自己	教師沒有考慮他或她對學生的影響。
非代表性採樣	教師錯誤地解釋以至於不能準確反映學生的行為或行為頻率，因此不足以提供可靠的測量。
觀察者的偏見	教師過分偏見和刻板印象扭曲了所觀察到的意義。
未能考慮學生的觀點	教師沒有允許學生解釋以澄清教師的印象和想法。
被觀察的學生之反應	一些學生在被教師觀察時會感到緊張或不安（例如如果觀察的教師不在場時，學生的行為會有所不同）。
缺乏迅速採取相關行動的考慮	由於課堂上發生的事情速度很快，教師可能會缺少批判行為。
缺乏同時採取相關行動的考慮	教師可能無法解釋學生同時發送的多個訊息。
學生的假象	教師可能沒有意識到學生在假裝（例如眼神交流和點頭並不總是表示課堂參與度）；隨著學生變得愈來愈老練，他們會制定策略使自己看起來像是在執行任務。

　　形成性評量與總結性評量差異比較摘要如下表（謝廣全、謝佳懿，2016，頁 205；McMillan, 2011, p.157）：

特性或類別	形成性評量	總結性評量
目的	教學中提供回饋與教學改進。	給予學生精熟的文件，判斷教學結束後是否成功。
運用時機	教學進行中。	教學結束後。
教師角色	立即診斷、提供回饋與對未來學習活動做出建議。	計畫、管理與記錄實作成果，作為隨後的教學使用。
學生投入	鼓勵。	未鼓勵。
學生動機	內在的、精熟導向。	外在的、實作導向。
學習強調	理解、應用、深度了解與推理。	知識、理解與應用。
特定性層次	高特定性、個別導向。	普通、群體導向。
結構	彈性的、有適應性的、可改變的、非正式的。	嚴密僵化的、有結構性的、正式的。
回饋對象	教師、學生或師生兩者。	教師。
影響方式	直接地影響教學與學習。	間接地影響教學與學習。
計分標準	標準參照計分型態。	常模參照計分型態。
等第排名	無關成績等第或排名。	影響成績等第或排名。
風險程度	低風險。	高風險。
學習促進	可以。	不明顯。
評量類型	非正式觀察、臨時測驗、家庭作業、小考、課堂作業。	正式測驗、期末報告、計畫、學期考試或學習檔案。

　　正式的形成性評量的使用技巧很多，課堂中最常見的是小考與小單元測驗，此外還包括教學前結構化作業（例如書寫功課、口語表達情況、群體工作）、家庭功課（從學生額外練習中了解學生理解、應用知識及技巧能力）、課堂中的功課練習（例如學習單，從學生座位工作與個人化活動的完成情況，提供特定、立即的回饋給教師）、「**課堂反應系統**」（classroom response systems）（利用數位化及資訊科技立即互動特性，檢核學生是否精熟學習內容）、非正式的問卷調查（問卷可獲得學生了解與進步的資訊）（McMillan, 2011）。

　　形成性評量成功與失敗的證據對應的二種回饋類型為「**正向回饋**」（positive feedback）與「**負向回饋**」（negative feedback）。正向回饋提供的訊息是學生學習有改善或進步；負向回饋提供的訊息是學生尚未精熟技能，或是學習未達深度理解的程度。課堂上為學習設計的形成性評量有三種意涵（謝廣全、謝佳懿，2016；Frey, 2014, p.68）：

　　1. 從形成性評量獲得的回饋應該可以知曉具體的任務達成度，這樣的形成性評量系統才可以創造一個增進學習動機的環境。

　　2. 設計的回饋若只用於告知學生一般能力或是廣泛目標的達成程度，其效果通常不彰，且可能會干擾特定任務的表現。

　　3. 因為有效的回饋可能是負向或正向的，教師可以採用具體詳細的「**評分規準**」（scoring rubrics）之自我計分評量方法。當形成性評量聚焦於特定任務時，任何表現水準（任一分數）都可視為有效的回饋，學生不需要特別關注自己的優缺點，他們只需要對特定任務表現展現具體的回饋行為就可以。

課堂形成性評量方法

　　形成性評量是一種「**教學評量**」（instructional assessment），不是「**計畫性評量**」（planning assessment），計畫性評量的特徵為：(1) 運用於教學之前或教學結束；(2) 可於課室外實施；(3) 作為反思性決定；(4) 關注於確認目標、內容及活動的達成程度；(5) 根據許多非正式及正式的證據決定。教學評量的特徵則為：(1) 於教學期間實施；(2) 在課室內進行；(3) 需要即時的決定；(4) 關注於學生對呈現內容及活動的回應；(5) 主要根據非正式的學生線索與反應。教學期間的觀察、解釋與決定需要教師有足夠的「**實踐知識**」（practical knowledge），「**實踐知識**」包含教師的信念、洞察力、知覺與習性，它促進教師於學校及班級中有效地推展各項工作，它與「**理論知識**」（theoretical knowledge）不同，它有「**時間跳躍性**」（time-bound）與「**情境特殊性**」（situation-specific），因而會隨學生特性與班級改變而調整（Airasian & Russell, 2008）。

　　教學期間之評量階段，可能因客觀性不足，或教學過程指標不適切，或是樣本數代表不夠等，會有信度與效度問題。教學評量過程要提高評量信、效度的做法如下（Airasian & Russell, 2008, pp.109-110）：

　　1. 評量教學時使用大樣本的班級學生，避免只觀察或只點名班級高成就學生的行為或回應情況，就誤認個人教學是成功的，教師應關注低成就學生的學習行為或對問題的回應。

　　2. 以更多有關學生學習的正式評量資訊以補足非正式評量訊息的不足，正式評量訊息例如家庭功課、報告、各章及課堂複習作業及工作表學

習單等，正式評量資訊可以讓教師了解學生精熟課程目標的程度，並確認學生誤解或問題所在。

3. 使用適當提問技巧與策略評估學生學習情況。受限於時間及進度，每節課均實施小考或測驗有其困難，此時蒐集有關學生學習資訊最簡便有效的方式為口頭提問，口頭提問是大多數班級教師最主要的教學評量技巧，好的提問方式可以激發學生思考，強化對重要概念的理解及探究能力。

課堂中形成性評量的運用有很多種不同方式，有效的方法要根據理論與經由實證研究建立，方法包括（Frey, 2014）：

1. 小考或臨時測驗：當考試與學生技能或所教的內容息息相關，且由學生個人打分數是最有效的形成性評量，任何錯誤的答案給予學生的回饋都十分有用。

2. 工作計畫與可討論的策略會議：會議採用一對一方式，學生與教師共同討論，以確認有用的方法、特定任務與目標計畫。

3. 作業流程圖：以數字標準訂定作業完成的期程，師生協調想要達成的目標，目標是一種成長或進步，資料可以在布告欄公告，或教師與個別學生間的約定，以尊重學生隱私。

4. 教科書中的作業練習：作業練習是最古老與最傳統的正式形成性回饋方法，包括課堂作業與家庭作業。

5. 學生的導引式晤談：此方法與會議相同，但目的不同，設計的導引式晤談用以探究學生對概念的理解，協助修正學生的迷失觀念。

6. 學生自我省思工作表：工作表在於讓學生確認努力程度與困難所在，學生自問：哪些內容我完全理解？哪些內容我還有問題？我還需要進一步練習的內容為何？

7. 特定學業目標的書寫陳述：學生根據蒐集的資料與書寫目標進行比較，以察知進步情形，目標可以導引學生學習動機，但訂定的目標必須是學生個人有機會達到的。

8. 對品質、技巧與能力的自我評定規準表：學生可以根據發展的評量規準表來評量實作任務，如果目標已達成，進一步學生可發展作品、書寫

草稿或完成其他實務工作。

9. 寫信給父母：知識的真實使用是向他人解釋你已學會什麼或正在學什麼，要求寫信給父母是要求學生與父母分享他們正在研讀什麼，教師可以從信中評鑑學生的理解程度。

10. 目標檢核表：檢核表選項如有或沒有，從檢核表勾選中學生可以知道自己的進步情況，是否有朝向學習目標前進。

有效的形成性評量方法應是能讓學生了解學習目標、採用學生自我評量，以及提升學生的反思。形成性評量品質的評量規準如下表（Frey, 2014, p.84）：

特性			
評量角色	0 總結性	1 導引教師	2 導引學生
評量目標	0 增加知識	1 增加理解	2 提升理解與自我評量技巧
評量焦點	0 工作的量	1	2 工作的品質
回饋的特定性	0 對任務沒有特定性	1 對任務有特定性	2 對次任務有特定性
實作解釋	0 常模參照	1	2 標準參照
成績評定貢獻度	0 高	1 低	2 沒有
次數	0 少	1	2 多

下表為形成性評量可能性特性與不同程度的形成性屬性。形成性評量只要包括學生學習的證據與提供學生回饋，有意義的回饋包括不同程度的學生自我評鑑、教師教學調適等。「**低層次**」（low-level）形成性評量

反映的是基本的與自然的，指的是學生參與簡單的測驗，接受到簡要的回饋而已；「**高層次**」（high-level）形成性評量則為完整地統合一系列的蒐集證據，給予師生回饋與教學調整，增列許多額外的元素（McMillan, 2011, p.101）。

形成性評量特徵摘要表

特徵／特性	低程度形成性的	← →	高程度形成性的
學生學習的證據	大多是客觀的、標準化的。	部分標準化，部分軼事紀錄。	各種評量，包括客觀的、建構的反應和軼事紀錄。
結構	大多是正式的、有計畫的、預期的。	非正式的、部分時候是自發性的。	正式與非正式兼具。
參與者	教師	學生	教師與學生
回饋	大多延遲（像是進行測驗，並在第二天給學生反饋）與普遍的。	部分延遲，也有即時和特定性的。	即時且特定。
完成時	主要是在教學和評量之後（一個單元）。	某些在教學過程中或教學過後。	大部分在教學過程中。
教學調整	主要是有規定的、有計畫的（步調根據教學計畫調整）。	部分是規定的，也有部分為彈性及沒有計畫的。	大多是彈性及沒有計畫的。
任務的選擇	大部分由教師決定	部分由學生決定	師生一起共同決定
師生互動	主要是基於正式角色的互動。	有些互動是基於正式角色。	廣泛的、非正式的、信任和誠實的互動。
學生自我評估動機的角色	沒有	表面的	完整的
成功的歸因	外在的（通過能力測驗）；外在因素（教師、運氣）。	同時包含內在動機及外在動機；內在穩定因素（能力）。	內在的、不穩定的因素（例如學生適度的努力）。

課堂中的問題提問也是形成性評量的使用，有效的提問應是：(1) 和特定的學習目標或信念有關；(2) 有助於學生察覺到其他人的觀點或看法；(3) 發掘「迷思概念」（misconceptions）或「灰色區域」（gray areas）；(4) 扮演先行的組織者（教學初始時對知識或想法即展現積極主動行為）；(5) 問題有一定難度；(6) 包含誘答選項以陳述共同的錯誤；(7) 允許「**我不知道**」或「**我無法確定**」選項說明。此種非正式形成性評量也可以蒐集許多有用資料，不僅可回饋給教師知道，也可讓學生知道自己答案與其他學生間的差異，此種類型提問與資料蒐集程序稱為「**聽眾反應系統**」（audience response system, ARS）或「**手按計數器**」（clickers）（老師知道，學生也知道）。班級中的師生互動的功能之一為強化形成性評量，當師生對話聚焦於學生的作品或表現時，師生互動更會影響學生學習或其動機。

課堂形成性評量的機會對照表如下（Frey, 2014, p.78）：

師生互動	潛在學生效益
當學生做工作時，教師觀察學生	提升學習動機
教師檢核學生的工作	提升學習動機
教師與學生協商作品品質標準	提升自我監控技巧
教師提問重要的問題，學生接著回應	理解的複述；理解的銜接
教師要求澄清一個程序的步驟	提升反思、深思熟慮與自我覺知
教師詢問學生，他們解決問題時，為什麼要採用特定步驟或特定的選擇	提升後設認知與深度性的理解
教師批判學生作品	品質標準的銜接；提升自我監控技巧
教師邀請學生共同批判他們自己完成的作品	品質標準的銜接；提升自我監控技巧
教師與學生協商下一個步驟要做什麼	過程的深度性理解

教師提問的問題應該和學習目標有關，雖然多數教師想要學生從教學中同時達到低層次與高層次學習結果，但教師在教學與班級問題中卻傾向聚焦於低層次問題，因而學生無法或較不易以自己的話語解釋想法；在

不熟悉情境中應用知識；分析一個看法、事件或故事的元素；綜合不同片段訊息成爲一般陳述或結論；判斷特別行動進程的過程與結果等。課堂中低層次問題之所以較被強調的因素有五：(1) 記憶目標在課程計畫中發生頻率很高；(2) 低層次問題學生較易回答，因爲答案內容通常是教師已教過的，此類型問題給予學生正確回應的最好機會，提高教學成功的感覺；(3) 教師本身對於低層次問題的答案較爲熟知，較有信心提問此類型的問題；(4) 低層次問題較高層次問題容易設計；(5) 對低層次問題答案的思考時間甚短，允許教師保持教學進程與進而快速轉換（Airasian & Russell, 2008, p.113）。

第11講
總結性評量

　　總結性評量一般與標準化及學習目標緊密結合，它實施的次數少於形成性評量，其施測時間為系列教學單元結束後，試題由教師團隊編製，以對學生成就提供正確有效的檢核，總結性評量又稱為「**形成性後評量法**」（formative post assessments）（McMillan, 2011）。總結性評量決定學生能否畢業、成績與等第、學習安置、升級與升學、獎學金申請與各項資格申請等；教育行政人員根據總結性評量結果進行學生篩選，因而總結性評量對之後學習有重大影響，是故總結性評量也稱為「**高風險評量**」（high-stakes assessment）（Russell & Airasian, 2012）。

　　傳統紙筆測驗方式的使用多數用於總結性的目的，此部分為學校定期考查或段考，此種紙筆測驗的題項計分可能為客觀的，也可能是主觀的；試題類型可能為「**選擇試題**」（selection items）或「**補給試題**」（supply items），補給試題常見者如填空題、簡答題或申論題等。總結性評量中的「**選擇試題**」常見的試題類型有「**選擇題**」（multiple-choice items）、「**是非題**」（true-false items）、「**配對題**」（配合題）（matching items）等（Russell & Airasian, 2012）。學校的定期考查、段考、模擬考等都是一種總結性評量。

　　總結性評量有以下幾個特性：(1) 它於教學一段時間結束後評量學生學習表現；(2) 典型的型態為採用測驗命題規則及計分程式，它是一種非常正式的評量；(3) 根據學生知道、了解，或能夠做的情況給予獎賞；(4) 評量提供的資料主要受惠於教師；(5) 評量主要目的在於決定等第（或

名次）（Frey, 2014）。

計畫總結性評量時關鍵考量的事項如下表（McMillan, 2011, p.164）：

考量事項	關鍵要素
是否為高品質的評量結果？	• 適當的學習目標。 • 評量方法能與學習目標相契合。 • 良好的信度。 • 優良的效度。 • 符合公平與公正性。
內容抽樣的適當性為何？	• 根據測驗藍圖（雙向細目表）編製。 • 編製足夠的測驗題目。 • 為重要的學習結果。
題目數目與測驗長度是否適當？	• 避免變成速度測驗，寧多給學生作答時間。 • 題目數多寡考量到學生年齡。 • 採用較多短的評量或較少長的評量。
是否使用教科書／出版社／測驗公司的評量內容？	• 檢核題目的品質。 • 檢核與教學目標的匹配情況。 • 檢核評量的認知層次。 • 謹慎選用題目。 • 結合教學自編的題目。
學生準備程度為何？	• 教導學生測驗的應答技巧。 • 學生考前熟悉題目型態的範例。 • 測驗前的複習。
何時實施評量或測驗程序？	• 避免學生考前分心（避開重大活動）。 • 建構教學或評量地點（公布考試範圍）。 • 提前公布測驗日期。
何時編製評量的題目？	• 考試日期前編製好。 • 教學之前確定所需的證據。 • 施測之前全部完成。

Frey（2014, pp.106-107）認為「**傳統紙筆式測驗**」（paper-and-pencil test）是學校總結性評量最常見且最客觀有效的評量方式，測驗試題型態

為「選擇題」（multiple-choice）、「配對題／配合題」（matching）、「是非題」（true-false）、「填空題／填充題」（fill-in-the-blank）與「簡答題」（short answer）。這些題目在編製與命題時有其基本「規則」（rules），Frey 整理測驗專家所提題目編寫導引原則後，統整歸納為以下 40 條規則：

---

1. 「以上皆是」不應作為答案選項。
2. 「以上皆非」最好不要作為答案選項（儘量少使用或不要使用）。
3. 所有答案選項看起來都應該是合理的。
4. 答案選項的順序應該有其邏輯性（最短到最長），或是隨機排列。
5. 題目應涵蓋重要的概念和目標。
6. 不要使用否定或負向的字詞（必要時標註為粗體字或加底線）
7. 答案選項應僅包含一個正確答案。
8. 答案選項在語法上應與題幹保持一致。
9. 不應使用特定的限定詞（例如總是、從不）。
10. 答案選項間應該具備同質性型態。
11. 題幹不可以模稜兩可，能清楚說明問題。
12. 正確的選項不能是最長的答案選項（選項長度最長或字數最多者）。
13. 答案選項不得長於題幹（題幹陳述字詞要多於選項）。
14. 題目應使用適當可了解的詞彙。
15. 在填空題中，單一空白格的使用應置於題目最後面。
16. 題目間應彼此獨立。
17. 在配對題中，答案選項總數應比題幹數多。
18. 考題選項或練習題的部分，都應顯示在同一頁面上。
19. 是非題應具有簡單的結構。
20. 是非題應完全為真或完全為假。
21. 選擇題應該有三到五個答案選項。
22. 答案選項不應有重複的措辭或字詞出現。
23. 選項的評分數值應該呈現。
24. 題幹和示例不應直接來自教科書。
25. 配對的題目方向應包括配對的基礎（易於學生作答）。
26. 答案選項在邏輯上應彼此獨立。
27. 作答的指示應包含於測驗之中。
28. 使用相同格式的問題應該放在一起。

---

29. 不使用含糊的頻率術語（像是通常、經常）。

30. 選擇題題幹應為完整句子。

31. 是非陳述句應該為相等的數量（是非題是與非答案數約略相同）。

32. 正確或錯誤的選項敘述長度應相等。

33. 個別題目陳述應簡短。

34. 在配對題中，答案選項應該可多次使用。

35. 配對題測驗類型中，小學生的選項數量應少於 7。

36. 配對題測驗類型中，中學生的選項數量應少於 17。

37. 不應使用複雜的項目格式（像是 a 與 b 而非 c）。

38. 所有試題均應有編號。

39. 考卷複印版應清晰、易讀且非手寫。

40. 題幹應在左側，答案選項應在右側（配合題）。

在預先評量、形成性評量與總結性評量三種不同評量型態，於教學歷程中教師對自己提問問題的範例與決定評量資訊的範例如下表（McMillan, 2011, pp.6-7）：

決策和評量資訊的問題範例

何時做決策	問題	評量資訊
教學前	1. 我的學生知道多少？ 2. 我的學生有動力去學習嗎？ 3. 有特殊需求的學生嗎？如果有，我應該為他們計畫什麼？我應該規劃哪些教學活動？這些活動對於這些學生來說實際嗎？ 4. 我應該準備何種家庭作業？什麼事項可以證明學生有達到期望的熟練程度？	預先評量： 1. 學生先前的成就；考試成績；學生表現的觀察。 2. 觀察學生參與和提問意願。 3. 學生紀錄；與特殊教育教師對談的會議。 4. 學生的整體優勢和需求；根據之前教師的評論；根據之前教學的評價。 5. 學生進步和理解水準。 6. 確定哪些評量方法可提供所需要的證據。

何時做決策	問題	評量資訊
教學中	1. 我應該給學生什麼樣的反饋？ 2. 我應該問什麼問題？ 3. 學生應如何回答問題？ 4. 哪些學生需要我個人的關注？ 5. 對學生注意力不集中或中斷干擾時，最好的反應是什麼？ 6. 我應該什麼時候停止講課？	形成性評量： 1. 學生作品的品質；學生類型。 2. 觀察學生理解。 3. 這個學生知道答案的潛力。 4. 家庭作業成績；課堂作業觀察。 5. 學生對他人的影響。 6. 學生注意力觀察。
教學後	1. 我的學生對教材的掌握程度如何？ 2. 學生們準備好上下一個單元了嗎？ 3. 學生應該獲得什麼成績（等第）？ 4. 我應該書寫或運用什麼評語給父母？ 5. 我應該如何改變教學？	總結性評量： 1. 成就測驗結果與指定能力相關。 2. 對已學習過知識的分析。 3. 測驗；定期考查；家庭作業；班級參與。 4. 改進；行為觀察。 5. 學生學習的診斷；學生評鑑。

　　總結性評量可以讓教師就教學關注目標、學生達成程度情況做出決定，與期初評量及教學評量不同，總結性評量是基於正式的、有系統地蒐集教學結束後的證據。總結性評量工具的主要類型是教師編製的測驗、教科書的測驗和標準化高風險的測驗。總結性評量用於幫助教師做出學校正規教育要求他們所做出的決定時，這個評量就成為「**官方性評量**」（official assessments），例如成績的給予、推薦學生升學、將學生分組、將學生推薦給特殊教育服務。「**官方性評量**」是一種定期評量，評量日期會排入學校行事曆，於開學時公告，學生、家長、教師與行政人員等都非常重視「**官方性評量**」（段考或月考）（Airasian & Russell, 2008）。

　　良好的總結性評量具有以下三個特徵：(1) 期望學生表現出老師設定的教學目標和教學中所講述的內容；(2) 問題為學生學習內容提供了具代表性的示例；(3) 問題、指導說明和計分程序明確且適當。總結性評量的目的是為學生提供一個公平的機會，此機會可以展示他們從教學中所習得

的知識，因而評量應該能夠反映出學生之前受教的重要知能。蒐集有關學生學習資訊的方法取決於所提供的「**目標**」和「**教學**」。當學生被指導如何選擇答案時，使用選擇題、配合題和是非題較爲適切；教導學生解釋、建構或辯護答案時，使用簡短問答或申論題；教導學生演示或展示時，則使用實際演練（實作）最佳。總結性評量的試題編製必須配合雙向細目表，才能確保測驗題目品質與反映特定目標，至於測驗長度取決於學生的年齡、注意力幅度及所使用的測驗問題類型而定（Airasian & Russell, 2008）。

總結性評量一般會採用以下不同測驗型態試題，這些試題各有其優劣點。不同測驗型態試題的優缺點比較摘要表如下（Airasian & Russell, 2008, p.150）：

測驗型態	優點	缺點
選擇題	• 短期間內可以編製出大量試題。 • 高階與低階目標都能評量。 • 評分通常十分快速與客觀。 • 猜題的影響較少。	• 編製試題實質花費時間很長。 • 若要展現學生作品時，試題缺乏此功能。 • 要找出合適選項通常有其困難。
是非題	• 在短時間內可以編製出很多題目。 • 評分通常十分快速與客觀。	• 猜題或真實作答的問題無法得知。 • 明確「真」或「假」的陳述句敘寫不容易。
配對題	• 以有效方法獲得大量的資訊。 • 題目容易編製（建構）。 • 評分通常十分快速與客觀。	• 題目主要聚焦於低層次的學習結果。 • 需要同質性的主題內容。
簡答題	• 猜題機率減少，學生必須建構答案。 • 題目容易回答且書寫。 • 評量的知識範圍廣泛。	• 計分可能花費較長時間。 • 對於複雜或延展性結果較難測量。

測驗型態	優點	缺點
申論題	• 可直接評量複雜高階的結果。 • 與其他試題型態相較之下，題目編製（或建構）花費時間較少。	• 分數評量較為困難且花費時間較長。 • 就學生表現提供深度展現但樣本行為較小。 • 愚弄及書寫的品質都可能影響分數高低。
解釋練習題	• 評量綜合的與解釋的結果。 • 評量高階層次的結果。 • 評分通常十分快速與客觀。	• 學生作答情形會受到其閱讀能力的影響。 • 適切題目的建構困難。

評鑑班級評量檢核表如下（鄒慧英譯，2004；Linn & Miller, 2005, pp.349-350）：

一、評量計畫的適當性檢核	是	否
1.評量計畫是否適切地描述教學目標及所要測量的學習內容？	☐	☐
2.評量計畫是否明確地指出每個目標與每項內容所強調的相對重要性？	☐	☐
二、測驗及評量作業的適當性檢核	**是**	**否**
3.每道試題與作業的型態是否適合所想要測量的學習結果（適當性）？	☐	☐
4.每道試題或作業是否要求學生展示具體學習結果描述之表現（相關性）？	☐	☐
5.每道試題或作業是否呈現一個清楚的、明確的任務等待執行（清晰性）？	☐	☐
6.每道試題或作業是否以簡單、具可讀性的語言呈現，且沒有過多的贅述語（簡潔性）？	☐	☐
7.每道試題或作業是否提供適當程度的挑戰性（理想的難度）？	☐	☐
8.每道試題或作業是否有專家看法一致的答案（正確性）？	☐	☐
9.多元計分的試題或作業是否有明確的基準給予部分的分數（評分規準）？	☐	☐

	是	否
10. 每道試題或作業是否沒有技術上的瑕疵與無關線索（技術完美）？	☐	☐
11. 每道試題或作業是否沒有種族、族群與性別的偏誤（文化公平）？	☐	☐
12. 測驗中的每道試題或作業是否相互獨立（獨立性）？	☐	☐
13. 每項學習結果是否有適當數量的測驗試題（取樣適當性）？	☐	☐
三、測驗型態及說明的適當性	是	否
14. 相同類型的測驗試題在測驗安排上是否歸類在一起，或在測驗的同一位置中？	☐	☐
15. 測驗各部分之中與整個測驗的試題安排是否都從簡單到比較困難？	☐	☐
16. 測驗試題是否依照順序編號？	☐	☐
17. 答案位置是否清楚標示（在測驗卷上或分開的答案卷），每個答案作答空間是否與對應的測驗試題有關？	☐	☐
18. 正確答案的分配情況是否沒有可偵察的組型？	☐	☐
19. 測驗材料的版面是否設計良好、字跡清晰無印刷錯誤？	☐	☐
20. 測驗的每個部分與全測驗是否都有作答說明？	☐	☐
21. 作答說明是否清晰簡潔？	☐	☐

教育目標分類
──認知領域教學目標

一 布魯姆認知目標分類

布魯姆（Bloom）等人於 1956 年提出之認知目標分類系統分為兩大部分，一為「**知識**」（knowledge），二為「**知識的能力與技巧**」（intellectual abilities and skills）。「**知識**」是指學生在單元教學之後，對於基本學習內容的回憶或確認，例如背誦或熟記。於「**知識的能力與技巧**」，是指學生能夠把握學習內容（教材知識）的意義，進而將之內在化（internalize）、系統化（systematic），成為本身獨立習得並能加以充分運用的能力和技巧，此面向的能力和技巧包含五個類別層次：「**理解**」、「**應用**」、「**分析**」、「**綜合**」和「**評鑑**」，連同「**知識**」基本學習內容，共有六個類別（陳豐祥，2009）。

布魯姆等人（1956）提出的認知領域教學目標之「**知識**」（knowledge）、「**理解**」（comprehension）、「**應用**」（application）、「**分析**」（analysis）、「**綜合**」（synthesis）、「**評鑑**」（evaluation）等六個層次的內涵如下（李茂興譯，2002；柳玉清等譯，2000）：

（一）知識

具體化的事實、術語、日期或人物，評量學生的是記憶或回想，測驗試題要求學生回憶或確認事實、專有名詞、問題解決策略或原則。

【範例 1】
學生能正確寫出畢氏定律的公式。
【範例 2】
學生能說明登革熱的病媒源為何種。
【範例 3】
「先天下之憂而憂，後天下之樂而樂」出自何人所說？

（二）理解

了解或融會貫通的程度，測驗試題要求學生改變表達的型態（轉化），或重述所知道的資料，觀察到訊息中各部分的關聯，或是從資料中得出結論或結果。

【範例 1】
能舉例說明畢氏定律公式的意涵。
【範例 2】
能以換句話說方式改寫一段獨立研究的參考文獻內容。

（三）應用

要求學生利用先前習得的資訊在一個不同的情境中，將所學的事實性知識應用於生活問題的解決，測驗試題要求學生使用先前學過的資訊來解決問題。

【範例 1】
能應用面積公式算出三角形花園的面積多少。
【範例 2】
利用學過長方形的面積求法導出平行四邊形的面積公式（底 x 高）。

（四）分析

要求學生指出邏輯上的錯誤（例如矛盾或錯誤推論之處），或是從許多事實、意見、假設或結論中區分其間的差異。分析層次的試題通常需要學生在概念間建立關係或者加以比較與對比。

【範例 1】
從一份候選人的演講稿中，指出其所講述的內容何者才是個人政見。
【範例 2】
能以圖解說明凹透鏡的原理。

（五）綜合

要求學生將所有的元素及部分集合組合在一起，以製造出具有獨特性或原創性的東西。綜合層次的試題需要學生用獨特的方法解決不熟悉的問題，或者結合部分以形成新奇的整體。

【範例 1】
提供一段導引文要求學生能在 50 分鐘內寫出一篇與導引文有關的文章。
【範例 2】
能根據老師提供的積木塊於 20 分鐘內組合成一個物件。

（六）評鑑

要求學生對價值、方法、意見想法、人，或是對具有特定目的作品作判斷，問題的回答也是以學生的判斷為基礎。評鑑層次之試題需要學生提出他個人的評斷依據。

【範例 1】

提供一篇文章，學生能夠根據課堂討論的準則來評斷文章的優劣。

【範例 2】

班級辯論比賽後，學生能依據所觀察的結果，評斷正反方組別的論點何者較具說明性。

不論是總體目標、教育目標、教學目標，這些目標的陳述有一些共同特徵：(1) 全部根據學生從教學中習得的內容來陳述；(2) 目標陳述的是學生學習活動，而非教學期間、教師學習或教學活動，教學活動雖是課程計畫的重要面向，教案中必須描述，但「**教學活動不是目標**」；(3) 每個目標具體指出要期待學生發展的學習內容與技能，並描述學生如何預期使用或應用這些內容或技能，目標陳述時的內容一般使用「**名詞**」，「**歷程**」採用動詞，目標動詞陳述必須是可以檢驗的（例如摘要、補充、記得、分類、解釋等），因而會以較狹窄的、更特定具體的、可觀察的「**認知動詞**」（cognitive verbs）來描述（Airasian & Russell, 2008, p.71）。

布魯姆教育目標分類學之明確的動詞術語範例如下表（摘錄自 Airasian & Russell, 2008, p.72）：

知識	理解	應用	分析	綜合	評鑑
計數	分類	計算	拆解	安排	評價
界定	比較	建構	繪圖	創造	做出結論
列出	對比	論證	區分	統整	評論
背誦	討論	說明	區別	組織	給等第
選擇	區別	解決	分開	分組	建議
引用	推論		概要	組合	支持
重做	舉例		細分	摘要	

修訂的布魯姆認知目標分類

新版布魯姆認知目標的知識向度結構分為「**事實性知識**」（factual knowledge）、「**概念性知識**」（conceptual knowledge）、「**程序性知識**」（procedural knowledge）、「**後設認知知識**」（meta-cognitive）等四個層面。事實性知識指學生學科學習或進行問題解決時應知道的基本元素。概念性知識指在較大的結構下，學生的基本元素能適切的運作，以與較大的結構共同發揮功能的互動關係。程序性知識指知道如何做事與探究方法的知識，為一系列或有步驟的流程，以及使用技能、運算、技巧和方法的規準。後設認知知識為個體認知的知識與有關自我認知的覺知和覺察，包含對知識的監控與調整等（Anderson et al., 2001）。

安德生等人（2001）修正之四個「**知識向度**」摘要如下表（涂金堂，2009，頁 26-27；Anderson et al., 2001, p.29）：

1. 事實性知識	1.1. 術語或專有名詞的知識 ⇨特定語文與非語文的標記與符號（例如文字、數字、記號或圖片等）。 1.2. 特定細節與元素的知識 ⇨指有關事件、場所、人物、日期、訊息來源等精確或約略的知識。
2. 概念性知識	2.1. 分類與類別的知識 ⇨使用在不同學科的特定分類、種類、區分和排列的知識。 2.2. 原則和通則化的知識 ⇨指透過觀察結果所摘述的摘要內容與現象總結，包括特定抽象概念的知識。 2.3. 理論、模式和結構的知識 ⇨包含原則、通則，以及相互關係的知識，此種知識能針對複雜現象、問題、主題等呈現清楚、完整而有系統的觀點。
3. 程序性知識	3.1. 學科特定的技能及規則演算知識 ⇨包括特定學科中較有固定順序、步驟的技能與規則的知識。 3.2. 學科特定技術與方法的知識 ⇨對結果獲得藉由共識、協議與學科規範的知識。

	3.3. 決定何時使用適當程序的規準知識 ⇨幫助學習者決定何時、何地使用不同類型的特定程序性知識之規準。
4. 後設認知的知識	4.1. 策略的知識 ⇨指用於學習、思考和問題解決的一般性策略知識，此一般性策略知識可跨領域應用（應用於不同學科中）。 4.2. 認知作業的知識（包括掌握適當脈絡與情境的知識） ⇨指面對不同認知情境與認知作業時，該採用何種適宜的認知策略之知識，知道「何時」與「為何」要適當的運用。 4.3. 自我的知識 ⇨針對自己的認知與學習，了解自我優勢與不及之處的知識。

　　安德生修正的認知領域教育目標與原布魯姆之架構對照圖如下（Anderson et al., 2001, p.268）：

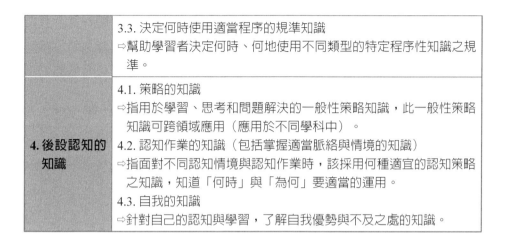

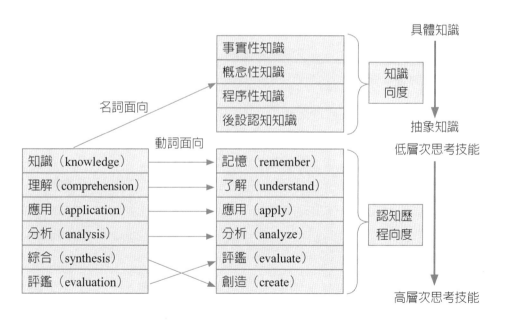

　　在「**認知歷程向度**」部分，修訂版分為較低層次的「**記憶**」（remember）、「**了解**」（understand）、「**應用**」（apply）和「**分析**」

（analyze），以及較高層次的「**評鑑**」（evaluate）與「**創造**」（create），其中記憶和學習保留具密切關聯，而另五種則與學習遷移有關。修訂版也有「**階層**」（hierarchy）結構，但不像過去是「**累積階層**」（cumulative hierarchy），即指前一類是下一類的基礎；而是「**漸增複雜性階層**」（increasing complexity hierarchy）（鄭蕙如、林世華，2004；Krathwhol, 2002）。從低階知識至高階知識的六種認知歷程向度的內涵如下（吳明隆、蘇素美，2020；鄭蕙如、林世華，2004）：

（一）記憶

記憶認知歷程是指從長期記憶中提取相關知識，認知歷程包括：再認、回憶等。

1. 再認（recognizing）：搜尋長期記憶，找出與呈現材料一致或近似的知識。

2. 回憶（recalling）：當提示（問題）出現，從長期記憶中提取相關知識。

（二）了解

了解認知歷程係指從課堂、書本的口語、書面與圖形等教學訊息中建構意義，進而將所學新知識與舊經驗進行連結。認知歷程包括：詮釋、舉例、分類、總結（摘要）、推論、比較、解釋等。

1. 詮釋（interpreting）：在不同知識表徵（例如文字表徵、圖畫表徵、數字表徵等）間從事表徵型態的轉換。

2. 舉例（exemplifying）：給予一個特定的例子，或是舉例說明一般概念或原則。

3. 分類（classifying）：指認出某物（特定的例子）隸屬於某一特定類目（概念或原則）。

4. 摘要（summarizing）：對所呈現的資訊，能提出單一陳述來表徵，包括摘要或重點。

5. 推論（inferring）：從一系列的示例找出一個組型，得出一個具邏輯性的結論。

6. 比較（comparing）：指認二個或多個實體（物件、事件、想法、問題或情境）間的異同。

7. 解釋（explaining）：能建構及使用現象系統中的因果模式。

（三）應用

應用認知歷程係指在特定情境下，善用程序來執行作業或解決問題，認知歷程包括：執行、實行等。

1. 執行（executing）：將一個工作程序運用到熟悉的作業上。

2. 實行（implementing）：將一個工作程序運用到不熟悉的作業上，學生需要了解問題，從所學過的程序中選擇是否修改。

（四）分析

分析認知歷程指的是將物件整體拆解成數個局部，指出局部之間與對整體結構或目的間的關聯，分析的認知歷程包括：辨別、組織、歸因等。

1. 辨別（differentiating）：能從一個完整結構中，根據關聯性與重要性，區辨出局部或部分來；能區別相關與不相關，或是重要的與不重要的部分。

2. 組織（organizing）：在特定結構之內，如何讓元素統整在一起並和諧運作。

3. 歸因（attributing）：明確指出溝通情境中的觀點、偏見、價值、意圖。

（五）評鑑

評鑑認知歷程指的是根據「**規準**」（criteria）或「**標準**」（standards）作判斷的歷程，評鑑認知歷程包括：檢查、評論等。

1. 檢查（checking）：考驗一組運作或產品的內部矛盾與邏輯謬誤。

2. 評論（critiquing）：根據外在規準與標準作判斷，探查產品與外在

效標的一致性，或探查特定問題的適切性。

（六）創造

創造指的是將各個元素組合在一起，形成一個完整且具功能的整體，即將各元素重組成一個新組型或結構物，目標是要學生能透過在心智上重組元素或重組局部產出新的組型或結構。創造認知歷程包括：產生、計畫以及製作等歷程。

1. 產生（generating）：以效標為基礎提出多種可能性結果或不同的假設。

2. 計畫（planning）：規劃能滿足問題規準的解決方法或程序，用以完成特定的工作。計畫為可執行方法步驟的規劃。

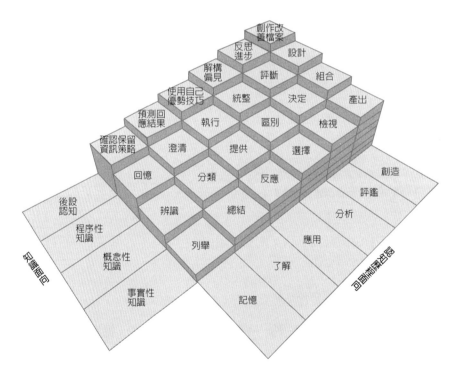

資料來源：Heer（n.d.）（取自 https://www.celt.iastate.edu/wp-content/uploads/2015/09/RevisedBloomsHandout-1.pdf）

3. 製作（producing）：發明一個產品。

學者 Heer（n.d.）將認知歷程面向與知識面向二者間的學習目標繪製如上頁階梯圖表示，學習目標的描述為動詞（行動），動詞指向行動與期待認知過程能連結，目標本身為名詞，描述預期學生習得或建構的知識，其中學習目標不是學習活動，每個具體目標意謂著學生將能夠做什麼。

安德生等人（2001）修正的架構有以下幾個改變：

1. 原六個認知領域教學目標都以**「名詞」**型態來界定，修訂的**「認知歷程向度」**六個認知領域教學目標都改以**「動詞」**型態界定，此結果符應了認知學習的動態歷程，也更清楚說明了教育目標的分類系統。

2. 布魯納編製的教學目標為一個向度，修正版採用類似雙向細目表的二個向度型態，二個向度分別為**「知識向度」**（knowledge dimension）和**「認知歷程向度」**（cognitive process dimension）兩部分，前者指的是學生學到了何種知識；後者可讓教育者知道學生對於習得知識的學習遷移程度，以及如何思考。

3. 原版架構之認知歷程將**「知識」**納為其中一個類別，修訂版則將**「知識」**類別獨立為一向度，此向度知識又細分為四種知識類型：事實性知識、概念性知識、程序性知識、後設認知知識。

4. 原版架構之**「知識」**教學目標層次由修訂版之**「記憶」**層次取代，詞性由名詞詞態變更為動詞詞態；**「綜合」**層次教學目標修改為**「創造」**教學目標，並與原來**「評鑑」**層次的位置對調，作為認知歷程向度中複雜度最高層次的教學目標；舊版的**「應用」**、**「分析」**層次位置在修訂版中未加以調整。

對應於 Anderson 等人修正的**「知識」**（knowledge）與**「認知歷程」**（cognitive process）二個面向，Marzano 和 Kendall 新分類表的二個面向為**「知識領域」**（domains of knowledge）與**「認知處理層次」**（levels of processing）。**「知識領域」**面向包括**「資訊」**（information）、**「心智程序」**（mental procedures）、**「心理動作程序」**（psychomotor procedures）三個次類別，任一學科的知識描述都包含這三種型態。**「資**

訊」（描述性知識）包念「**語彙術語**」、「**事實**」、「**時間次序**」、「**原則**」與「**概化**」；「**心智程序**」為「**程序性知識**」，例如行動或解決問題的步驟；「**心理動作程序**」包含「**生理活動**」，例如靈巧的用手指彈奏樂曲、姿態展現、力道強弱等。

「**認知處理層次**」為「**認知系統**」，包括四個認知運作的層次：「**檢索**」（retrieval）、「**理解**」（comprehension）、「**分析**」（analysis）、「**知識運用**」（knowledge utilization）。「**檢索**」為簡單的「**回憶**」或「**再認**」；理解為對知識的了解，可能是「**轉譯**」、「**分類**」與「**解釋**」；分析包含知識精緻化與知識擴展、通則化與應用；知識運用包含「**做決定**」、「**問題解決**」、「**實驗**」與「**調查**」等四個要素。「**後設認知**」包含「**目標確定**」、「**過程監控**」、「**監控明確**」、「**監控精準**」等四個認知處理要素；「**自我系統**」包含「**檢視重要性**」、「**檢視效能**」、「**檢視情感反應**」與「**檢視動機**」等四個要素（McMillan, 2011）。

Marzano 與 Kendall 的教育目標新分類學

處理層次	資訊	知識領域	
		心智程序	心理動作程序
檢索			
理解			
分析			
知識運用			
後設認知系統			
自我系統			

Marzano 等人使用「**學習模式**」（learning model）的類型，發展七個向度的學習目標分類（Nitko & Broolhart, 2007, pp.29-30）：

1. 陳述性知識（declarative knowledge）：詢問學生學習事實、概念、通則與主題的理論，例如學生能陳述學校社區目前最關注的社會議題。

2. 程序性知識（procedural knowledge）：詢問學生說出做事情的過程或方式，例如進行研究期間，學生能適度應用訪談技術法。

3. 複雜思考（complex knowledge）：詢問學生如何應用他們的知識或使用不同推理策略型態，例如研究探究時，學生能使用蒐集資料支持研究結論。

4. 資訊處理（information processing）：詢問學生就特定目的，需要蒐集、組合或評鑑不同資訊方法的說明，想了解的是學生對特定目的所需要資訊的辨識，例如學生從訪談的所有資訊中，擷取部分適切資訊作爲專題研究分析使用。

5. 有效的溝通（effective communication）：詢問學生證明他們的溝通技巧，如何配合面部表情與手勢發展最適切的溝通方式，就研究結果內容，學生能對同儕成員做有效而清晰的口語表述。

6. 協同與合作（collaboration and cooperation）：詢問學生證明他們的群組技能，例如小組的工作目標、使用人際互動技巧、維持小組正常運作的適切活動爲何，小組活動中的角色扮演等，例如學生能與其他成員合作設計專題計畫，有效地進行訪談或田野調查，以蒐集完整資訊。

7. 心智習性（habits of mind）：詢問學生證明自我調整能力、批判思考與創造思考能力，例如學生能有效組織與統整蒐集訪談，或田野調查蒐集的資訊進行分析與詮釋。

從學習目標選擇正確評量方法，才能期待產生精確的評量結果，評量方法選擇的內涵摘要如下表（Chappuis, Chappuis, & Stiggins, 2009, p.18）：

學習目標	評量方式			
	選擇性的回應	延展性的書寫回應	實作評量	個人的溝通
知識精熟	很適合（十分匹配），可評量知識元素的精熟程度。	適合用於評量知識元素之間各種關係的理解。	不太適合，因為太耗時而無法含括所有內容。	如果施測者提出問題、評鑑答案及推估精熟情況可以使用，但這是一個耗時的選擇。
推理熟練	僅適合用於測驗情境脈絡外某些推理組態的了解。	複雜問題解決的書面描述，可以提供一個了解推理能力的窗口。	評量者可以看著學生解決一些問題，並推斷他們的推理熟練能力。	如果評估者要求學生放聲思考，或詢問後續問題以探討推理，則可以使用。
技能	可以評量學生需要表現良好技能之知識的精熟，但無法衡量技能本身，二個方法均不適合。		很適合。當學生正在實作時，評量者可以觀察和評鑑他們的技能。	當口語表達技巧能力強時，非常適用，否則不適合使用。
創造作品的能力	不適合使用。可以評量學生對創造高品質作品所需要的學習知識，但無法評量作品本身的品質。	僅適合用在書寫形式的作品上面，不適合用在非文字作品。	很適合，可以評量作品本身的屬性與品質。	不適合使用。

配合題的命題原則

「**配合題**」或稱配對題,又稱「**配合練習**」(matching exercises),由二個主要欄位構成,一邊是陳述句或說明語,稱為「**前提**」(premises),另一邊是匹配的答案,稱為「**反應項**」(responses),「**前提**」即是簡要題目語句,「**反應項**」或選項則是正確的答案,學生的任務在於將每個前提配對正確的反應選項。為便於受試者作答,前提語句一般置放在左邊欄,答案選項置放於右邊欄,配合題實施時,如何作答必須明確告知學生,是要以直線連結前提語句與正確答案,或是將正確答案的編碼寫在前提語句前空白處或畫線處(Kubiszyn & Borich, 2007; McMillan, 2011)。

傳統配合題型態包含二個平行的欄位,一欄為字詞、數字或符號;配對的另一欄為字詞、句子或措詞,作為陳述說明的欄位為「**前提**」,供作選擇的欄位為「**反應**」。配合題的功用主要在於測量以簡單連結為基礎的「**事實性訊息**」(factual information),其優點為建置編製簡易,可於相當短的時間內測量大量相關聯的事實性材料,此情況過度強調會造成配合題只測量記憶性的簡單關係。其實一個良好的配合題也需要高度的命題技巧,每個前提的正確反應也必須是其他前提的合理反應,否則「**反應**」選項的功能完全失效。配合題限制之一為多侷限於測量反覆記憶學習為基礎的事實性訊息;限制之二為從目標與學習結果的觀點而言,要找到同質性的前提材料與反應項目不容易。若無法同時找到同質材料命題時,最好改用「**選擇題**」(multiple-choice items)(Linn & Gronlund, 2000)。

配合題作答時,學生的任務在於確認有邏輯相關的事物發生關聯,這

使得配合作業的使用限制在小範圍領域的學生成就，但此方法對於測量簡單知識結果既簡潔又有效率。學習素材中，重要前提與反應欄位的關聯範例如下（Linn & Miller, 2005, p.181）：

前提	反應
人	成就
日期	歷史事件
專有名詞	定義
規則	範例
符號	概念
作者	書名
外國文字	對等的英文字
機器	用途
植物或動物	分類
原則	說明
物體	物體的名稱
零件	功能

【配合題的範例】

說明：甲欄為各種行為主義論點，請於乙欄中找出對應的正確答案，並將答案寫在甲欄每個題目前空格之內，每個題目只有一個正確答案（乙欄中的項目可使用一次、一次以上或完全不使用）。

甲欄（語句陳述說明）	乙欄
（　）1.以白鼠迷津實驗說明潛在學習意涵。	A. 桑代克（Thorndike）
（　）2.以狗流唾液實驗提出古典制約。	B.涂爾門與洪齊克（Tolman & Honzik）
（　）3.以迷籠中貓的實驗，提出練習、預備、結果三條學習律。	C.巴夫洛夫（Pavlov）
（　）4.以白鼠壓桿實驗倡導後效強化學習原理。	D. 班度拉（Bandura）
	E.斯肯納（Skinner）
	F. 華生（Watson）

　　配合題的編製原則（Kubiszyn & Borich, 2007; Linn & Gronlund, 2000; Linn & Miller, 2005; McMillan, 2011）：

　　1. 儘量讓題幹的描述語句與回答選項內容簡短與同質，並且出現在同一頁上，作答指導語要說明完整：配對題的前提不要包含不同課程的內容或太廣泛，例如陳述科學家、美國總統、發明家等，前題選項的同質性愈低，學生從正確答案的反應選項中猜題的機率愈高。例如要測量學生對發明事件的知識，左欄的事件全部為發明物或東西，右欄反應選項全部為發明家；左欄陳述句為美國總統事蹟或在任時發生事件，右欄反應選項全部為美國總統。為了提高前提項目的同質性，選項列以四到八個前提敘述較為合適。

　　2. 對每一個題幹的敘述語而言，確認所有的答案選項都是具有說服力的誘答項，以確保所列項目的同質性：範例中為行為主義論點或要義，乙欄答案選項的代表人物應都是行為主義心理學者，如列舉馬斯洛（人本主義）、佛洛依德（精神分析學派），則不具誘答功能。一個好的「**反應**」欄位列舉的回應選項，對「**前提**」每個陳述都具有合理的反應功能，但此種合理性會降低可能反應選項的數量。

　　3. 前提或題幹敘述句或陳述應較長，答案選項（反應）欄位的語句應簡短，可以為字詞或符號：前提或題幹若出現在左邊，反應選項最好呈現在右邊；前提或題幹若出現在上面，反應選項最好呈現在下面。其中以「**提問句或敘述句在左，反應項選單在右**」最符合閱讀習性。保持簡單的配對試題項目，對教師而言，容易維持同質性，也較可能以平衡的方式測量各式學習結果及學科主題；對學生而言，可讓學生快速理解前提項目意義，快速閱讀反應。

　　4. 前提或題幹陳述時應有序號或標號，答案選項欄位應標出字母代號：如果反應項目有邏輯順序規則，要依照邏輯規則排列，例如依數值大小、字母次序、發生年代或筆畫多寡等，有邏輯性的反應選項讓學生的答案有更多正確性。

5. 答案選項（反應）列的個數要比前提或題幹數為多：較多的反應選項個數較能包含較多的知識內容，成為較佳的知識指標；若是反應選項個數與前提項目個數相同，學生較容易靠刪除法而猜題，一般反應選項個數最好多於前提項目數三個以上。

6. 說明作答中若前提或題幹陳述對應的正確答案有可能超過一個時，要特別說明清楚：例如乙欄反應選項中的正確答案可能只使用一次、一次以上或完全不會使用到。每個前提項目的正確答案數（反應）最好不要超過二個，否則會造成評分者的困難，此外，也失卻配合題的內涵，常見的配合題為每個前提項目只有一個正確答案或反應選項。

7. 以邏輯順序安排反應選項，以字母順序或數字依序安排字詞：此種排列有助於學生瀏覽反應後搜尋正確答案，也可以預防學生從反應的安排中偵測可能的線索。

配合題命題之簡要檢核表如下（Linn & Miller, 2005, p.180; McMillan, 2011, p.188）：

配合題的檢視項目	是	否
1. 使用配合題是否為最適當的試題類型？	☐	☐
2. 前提欄與反應欄二邊的材料是否同質？	☐	☐
3. 反應表列項目數是否較前提表列項目數多？	☐	☐
4. 反應項目是否簡短並置於右側？	☐	☐
5. 反應欄項目是否依字母或數字順序進行邏輯性排序？	☐	☐
6. 作答說明語是否指出配對的基礎？	☐	☐
7. 作答說明是否指出每個反應的選填次數（一次或一次以上）？	☐	☐
8. 前提欄各項是否只有一個最可能的答案？	☐	☐
9. 反應欄的陳述是否比前提欄陳述短？	☐	☐
10. 是否避免文法或語句線索出現？	☐	☐
11. 所有配對題目是否皆在同一個頁面？	☐	☐
12. 修正過後的試題是否仍與預期學習結果有關聯？	☐	☐
13. 試題檢查前是否已做過適度的調整？	☐	☐

第 **14** 講

選擇題的命題原則

「**選擇題**」（multiple-choice forms）被認為是應用性最廣與最有效的客觀式測驗試題，它可以有效測量出簡單的學習結果，也可以測量知識、理解與應用範疇中的複雜結果，試題有較高品質與彈性。選擇題主要由二個部分組成：一個問題及一個建議解決方式的列表清單，問題可能使用「**直接問題**」（direct question）或一個敘述未完整的陳述句呈現。問題一般稱為「**題幹**」（stem，或稱試題的題幹）；建議的解決方案清單可能為字詞、符號、數字或片語等，此部分稱為「**選項**」（alternatives，試題選項——item alternatives），或「**選擇項**」（choices or options）。題項中正確或最佳的選項一般稱為「**答案**」（answer），其他選項稱為「**誘答項**」或「**干擾項**」（distracters/decoys/foils），不正確選項的功能在於引誘對正確答案有困惑或無法決定學生的選答，減少學生猜對的機會（Linn & Gronlund, 2000, p.193）。

選擇題只有一個正確答案者稱為「**正確答案型態**」（correct-answer type），但並非所有知識均能以精確方式加以敘述，而僅有一個「**絕對的**」正確反應，例如「**為何**」（why）問題容易出現許多不同可能原因，部分原因會優於其他原因；陳述數種可能程序的「**如何**」（how）問題，部分程序比其他程序更為理想，選項的答案都可能是正確的，但由於是單選題，只能選取一個最好的答案選項，此種類型稱為「**最佳答案型態**」（best-answer type），此種類型的試題在測量理解、應用或事實訊息解釋的學習結果時特別有用，成就測驗在選擇「**最佳答案**」（最適答案）

（best answer），而非唯一正確答案。「正確答案」為「絕對選項」，表示選項是題幹所描述的唯一正確答案（其餘選項都是錯誤的）；「最佳答案」為「相對選項」，表示所有選項都是「對」的選項，但所有選項相較之下，「最佳答案」的選項最好，表達的內涵最為完整，也最為適切（Linn & Gronlund, 2000; Linn & Miller, 2005）。

選項中不是「正確答案」或「最佳答案」的選項稱為「干擾選項」或「誘答選項」（distractors），「誘答選項」基本上就是不正確選項。一個有品質的選擇題錯誤的選項要有「誘答力」或「似真性」（好像是正確的選項）。試題題幹包含直接的問題與不完全的敘述，對於低年級學生，以直接的問題敘述作為題幹較為合適，不論題幹表達型態為何者，選擇題題幹必須能讓學生明白，讓學生可以從選項中選擇一個「正確答案」（correct answer）或「最適答案」（最佳答案，best answer）（Kubiszyn & Borich, 2007; McMillan, 2011）。最佳答案形式的選擇題通常比正確答案形式的選擇題更為困難，其緣由是需要有更細緻的區辨力，此種試題測量的內容傾向為較複雜的學習結果（Linn & Gronlund, 2000; Linn & Miller, 2005）。

選擇題是測量成就應用最廣的測驗試題之一，屬於客觀式測驗，其優點有以下幾點（Kubiszyn & Borich, 2007; Linn & Gronlund, 2000; Linn & Miller, 2005; McMillan, 2011; Popham, 2008）：

1. 可以評量各種知識歷程層次的學習目標，除低層次的了解、應用外，高層次或複雜認知層次也可評量。

2. 選擇題也可以使用圖畫、插畫與表格等作為題幹，評量學生高層次認知過程，此種題幹有時會採用多個試題形式出現。

3. 計分更為客觀省時與經濟，成績評定與答案批改可以直接使用電腦批閱，分數評定不會有評分者不同而發生不一致情況。

4. 出題範圍比申論題更為多元廣泛，提高內容取樣的「代表性」，評量的學習成果較完整。

5. 選擇題因為選項有較好的結構情境，與簡答題相較之下，可避免模

糊不清與語意曖昧不明的情況。

6. 與是非題相較之下，反應的選項通常爲四至五個，學生無法因爲僅知道一個敘述爲不正確而得到分數，能免於作答猜測的影響，提高測驗的「**信度**」，也更能有效評定出學生的學習效果。此外，選擇題能測量許多學科領域的學習結果，這些領域的問題解答沒有「**絕對的**」對或錯，而是不同程度的差別，例如「**最佳方法**」、「**最佳理由**」、「**最佳解釋**」。

7. 與配合題相較結果，可避免系列同質性材料的要求，配合題的前提與反應需要系列同質性的概念或事件來建構，選擇題每個試題僅測量一個概念，能測量學科領域內一種或多種關係。

8. 配合錯誤答案的「**誘答**」選項更能發揮試題診斷的功能，偵察出學生學習的迷失或錯誤觀念，作爲教師訂定與補救教學的依據。

9. 可避免類似是非題題型之作答「**反應心向**」（response set）的出現頻率，多個誘答選項的判斷推估，可激發學生用心作答的動機。

10. 選擇題包含題幹與選項內容二個部分，題幹結合生活化情境與結構完整性，可讓題目更爲靈活，試題面向更爲多元。

不同語詞之間關係類比的試題，不僅可測量學生對語詞意涵的了解，也可測量學生對語詞關係的理解。

【範例】
公斤對應於體重如同平方公尺（m^2）對應於下列哪一項？
(A) 長度　(B) 面積　(C) 體積　(D) 身高

選擇題的限制有以下幾項（王文中等，2006）：

1. 題目的難度如果較高，則無法排除受試者隨機猜測行爲，能力較差的受試者也會儘量作答，但無法避免作答猜測情況。

2. 具誘答力的選項或似眞性的選項編製不容易，尤其是測驗試題型態全部爲選擇題時，好的誘答選項很難周延。

3. 愈高層次的認知能力愈不容易從選擇題試題中評量出來，即使雙向

細目表對應的是高層次的認知向度，答對受試者的能力反映的並非是複雜認知能力。

4. 題幹與選項用語理解與受試者語文或閱讀能力有密切關係，對於閱讀素養不佳、非母語，或文化弱勢學生可能較為不利。

5. 生活情境中的問題解決能力、知識組織統整能力、延伸創作能力等無法測量或評量。

6. 相對於實作評量，選擇題為限制反應測驗，測驗分數無法真正反映學生的實作能力。

7. 相對於建構反應測驗，評鑑與創作之認知歷程層面較不易評量。

選擇題中的誘答選項為不正確答案或非最佳答案選項，但在選項中扮演重要地位。一個高品質的試題，所有誘答選項對於題幹或問題而言，都有其合理性與似真性，其目的可以困惑作答者偏離勾選正確選項的反應，若是選項具有「**同質性**」（homogeneity），誘答選項比較可以發揮預期功能。此外，應避免題幹與正確答案間的文字關聯性，而提供作答的線索，為了讓選項的相對長度大致相同，在無法縮短正確答案選項長度時，可將誘答選項延長至理想的長度，加以限定詞或比較明確的詞句以增加其合理性（Linn & Gronlund, 2000）。誘答選項應能干擾無知者作答，減少他們猜對的機會，但不應作為陷阱題，誤導知曉答案或理解問題的學生作答。編製具合理且似正確的誘答選項宜把握以下原則（鄒慧英譯，2004；Linn & Gronlund, 2000, p.210; Linn & Miller, 2005, p.204）：

1. 採用學生最常發生的錯誤作為選項。

2. 使用與試題題幹相關、重要且引人注意的字詞（例如顯著的、正確的），但這些字詞不能過度使用。

3. 使用與試題題幹有文字相關聯的字詞（例如學者、專家、政治家）。

4. 使用教科書語言或其他表現看起來似真的措辭。

5. 使用由於學生沒有理解（或誤解），或不小心可能導致的不正確答案（例如未理解單位間的換算關係）。

6.使用同質且與正確答案內容相似的誘答選項（例如所有選項都是發明家或類似事件）。

7.使用與試題題幹形式措辭且文法一致的誘答選項，以增加其似真性。

8.讓誘答選項的長度、字彙、句子結構及想法的複雜性等與正確答案類似。

9.所有選項的語法盡可能與題幹語法類似，以免明顯暴露正確答案或不正確答案的位置。

為了提升選擇題的品質，可根據下列選擇題的命題原則檢視（Popham, 2008; McMillan, 2011）：

1.題幹本身敘述是否盡可能地明確、直接與簡易？（試題題幹本身要有意義，敘述的語句要明確。）

2.問題或主要概念是否被包含於題幹描述之中？

3.題幹陳述的是否為重要的學習目標？（題幹避免為不重要的或瑣碎的事實與知識，字詞避免直接抄教科書或講義內容。）

4.是否以正向語句描述題幹意涵？（否定字詞的敘述只能用於必須且是重要的學習結果；若題幹的敘述為否定，宜在負向字詞加底線或加粗以提醒學生注意。）

【範例】
桑代克（E. Thorndike）根據「迷籠中貓」的實驗，提出三條學習律，下列哪一個<u>不是</u>桑氏所提的學習律之一？
(A) 練習律　(B) 預備律　(C) 制約律　(D) 效果律

5.每個問題是否只有一個正確答案或最適答案？（答案是領域專家一致同意的。）

6.所有答案選項是否有相似的文法結構、長度與複雜性？

7.選項的敘述句是否簡短、敘述完整？

8. 數量或順序性選項是否依照邏輯次序排列呈現？

9. 誘答選項對不知道正確答案的學生是否具有似真性與混淆功能？

10. 正確答案或最適答案的選項是否隨機分派於整份測驗中？

11. 所有題項之正確答案或最適答案選項的個數是否大致相等？

12. 特殊選項「**以上皆是**」是否被排除在選項中？學生知道任二個選項是正確的，「**以上皆是**」（all of the above）即為最適選項或正確答案，選擇題的選項最好不要使用「**以上皆是**」。

13. 有無慎選「**以上皆非**」特殊選項？適度使用「**以上皆非**」（none of the above）選項可以增加題目難度，但盡量避免。「**以上皆非**」選項的使用只限制在「**正確答案類型**」（correct-answer type）的選擇題，因而能應用於具絕對正確標準之事實性知識；但「**以上皆非**」選項不適用於「**最佳答案類型**」（best-answer type）的試題，此種試題是告知學生數個正確程度不一的選項來選出最佳的選項。

14. 題幹情境是否配合受試者的生活經驗？

15. 選項內容或表達是否為正向的敘述？

16. 題幹中是否出現頻率形容詞或副詞？（例如經常、有時、偶而、典型、通常等，這些字詞學生的解讀可能會有很多差異，不宜出現在題幹中。）

17. 題目與題目之間是否相互獨立，有無出現「**互相關聯的題目**」（interrelated items）？

選擇題命題之簡要檢核表如下（謝廣全、謝佳懿，2016；Linn & Gronlund, 2000, p.214; Linn & Miller, 2005, p.207）：

選擇題的檢視項目	是	否
1. 使用選擇題是否為最適當的試題類型？	☐	☐
2. 每個題幹呈現的問題是否有意義（有價值性）？	☐	☐
3. 題幹敘述是否出現無關的材料（或資料）？	☐	☐
4. 題幹是否盡可能以肯定語詞來陳述？	☐	☐
5. 題幹是否只包含一個主要概念（或問題）？	☐	☐
6. 題幹倘若使用否定字詞，是否有特別強調（例如劃底線或粗體字等）？	☐	☐
7. 所有選項的語法是否與題幹一致？	☐	☐
8. 所有選項答案的陳述是否簡潔易懂？	☐	☐
9. 所有選項的長度與形式是否相似？	☐	☐
10. 題目是否只有一個正確答案或最佳答案？	☐	☐
11. 誘答選項對低成就受試者是否具有合理性與似真性？	☐	☐
12. 試題是否沒有提供作答的線索？	☐	☐
13. 語詞選項是否依照字母或筆劃順序排列呈現？	☐	☐
14. 數值選項是否依照數字大小由小而大順序排列呈現？	☐	☐
15. 是否避免使用「以上皆是」作為選項？	☐	☐
16. 是否盡可能少用「以上皆非」作為選項？	☐	☐
17. 試題正確答案（最佳答案）的選項位置是否隨機排列？	☐	☐
18. 每個選項正確答案（最佳答案）數是否大致相等？	☐	☐
19. 修正過後的試題是否仍與預期學習結果有關聯？	☐	☐
20. 試題檢查前是否已做過適度的調整？	☐	☐

第**15**講

是非題的命題原則

「是非題」（true-false items）是一種只有二個反應類別（對或錯）的題目，又稱為「二元選擇題目」（binary-choice item）、「二擇一反應題」（alternative response/alternate response）、「二擇一選擇題」（alternate choice）。最常見的二元選擇題形式為「**真／假**」的問題，選項型態可能是「**對或錯**」、「**正確或不正確**」、「**是或非**」、「**事實或意見**」、「**同意或不同意**」等，任何情況下，學生只能從二個可能答案選擇一個答案。是非題是從有關知識命題敘述中建構編製而來，命題為關於知識內容或知識內容間關係的陳述句子，若是陳述句敘述清楚完整，可以表達重要的想法或概念，可作為好的測驗試題。是非題可以評量知識與理解能力，也可測量深度理解、推理能力與應用能力。是非題的優點有以下幾點：(1) 班級學生對於此種題目型態的作答非常熟悉；(2) 學生於短時間內可以回答許多題目，擴展知識內容取樣的代表性；(3) 試題編製容易，題項可以簡短、容易理解的句子敘述；(4) 相對於選擇題，是非題的分數評定更為客觀與快速（McMillan, 2011）。

學者 Ebel 和 Frisbie 認為在同一時間內，學生回答二題選擇題時間大致可以作答三題是非題，評量採用是非題最大的優點在於題型的「**效率**」（efficient），其主張語文知識是教育成就的核心，且「**所有語文知識皆可以命題表示**」為真或假的判斷形式（Linn & Miller, 2005, pp.175-176）。

是非題最嚴重限制之一在於可測量的學習結果類型，知識領域外的學習結果採用是非題不會特別有其效用；限制之二為對猜測的敏感性，極易

猜答的是非題，每個試題的信度很低，因而須有許多試題才能獲得可靠的成就測量；其次，此種測驗的實際診斷價值性為零，因為分析學生在每道試題反應是沒有意義的（Linn & Miller, 2005, p.176）。是非題的否定暗示效果（即錯誤答案對學生的負面影響），以及猜題機率二項，被視為是非題的最大限制。雖然選擇題的信效度比是非題高，設計精良的是非題也會有不錯的信效度（Hopkins, 1998）。

　　是非題通常包括一個敘述字，詢問學生此敘述表達的內容或意涵為真或假、對或錯、正確或不正確、是或非、同意或不同意、事實性問題或意見性問題等二種可能性的判斷，一般以「**真假測驗試題**」（true-false test item）最常見。是非題最常見的用途在於測量事實陳述、名詞界定、原則敘述等正確性的辨識能力。為了測量簡單的學習結果，通常採用一個獨立的敘述句；此外是非題也用以測量區辨事實性問題與意見性問題的能力，以及確認因果關係能力的理解層面，此種題目為敘述句中包含二個真的命題，要求學生判斷二個命題間關係的真或假（Linn & Miller, 2005）。

　　是非題編寫原則有以下幾點（Hopkins, 1998; McMillan, 2011）：

　　1. 題目為一個概念或事實，避免包含「**雙概念**」的題目：題目包含二個以上的概念或理念，容易造成學生作答困擾，除非要學生辨認「**因果關係**」，否則不應融合多個概念於題目中。

　　2. 避免使用暗示作答線索的特殊字詞或限定字詞：聰敏的學生作答會從特定字詞中判別哪個選項是錯誤的，字詞選項如「**從未有**」、「**所有**」、「**每位**」、「**總是**」與「**絕對**」等通常是錯誤的，對於量化的中性字詞如「**很多**」、「**有時候**」、「**通常**」等要謹慎使用。

　　3. 正確與否的陳述句避免與真／假問題混淆，重視陳述的邏輯性：沒有事實根據的資料或網路傳言的資料是一種「**真／假**」問題，此種問題並不是取自教材內容，不宜作為「**正確／錯誤**」的題目。

　　4. 句子儘量簡明，避免使用長的句子或複雜的句子結構：題目的陳述句及字彙要配合學生的教育階段，避免艱澀，這樣才能讓學生理解題目意義，並可編製較多的測驗題項，減少模稜兩可的可能性，才不會讓閱讀理

解能力好的學生較為有利。

5. 避免不重要或瑣碎的事實或字詞：編製測量瑣碎事實性的是非題甚為容易，評量出重要學習目標才是評量所期待的。

6. 避免使用負向的陳述句，尤其是雙重否定的描述語：否定或負向的用語會誤導學生作答，尤其是雙重否定更易誤導學生對題目的意義解讀，例如「沒有」⋯⋯就「不會」⋯⋯。

7. 若要使用負向語句測量知識，負向語句處要特別標記：是非題編製原則為「**負向陳述題目最少化**」、「**正向敘述題目最大化**」，如果知識只能使用負向陳述句才能測量，則負向字詞必須以明顯的「**粗體**」或「**底線**」型態提示。

8. 不要嘗試哄騙或愚弄學生：選項內容避免將概念中的一個字詞改變，造成意義不同，或是穿插一些瑣碎的事實，這會降低知識測量的效度與可信度，增加學生的挫折感。哄騙或愚弄學生的題目是一種陷阱題，偏離評量的目的。

9. 陳述表達中避免出現頻率形容詞或副詞：頻率形容詞或副詞如經常、有時、偶而、典型、通常等，這些字詞學生的解讀可能會有很多差異，這些型態的字詞不宜出現。

10. 正確答案的陳述句長度與錯誤答案的敘述應大致相等：若是正確與錯誤的敘述長度差距很大，則會提供學生答案線索，正確題目為了準確完整說明，通常敘述會較為詳盡，命題時也應將錯誤題目的長度擴增到與正確題目長度差不多。答案為假的試題，可透過與真敘述類似的限定措詞，加長假的敘述句長度，以減少學生猜題的線索。

11. 正確答案的題數序號應隨機分派：正確答案試題隨機分派於所有是非題題目中，才符合命題原則，減低學生猜測程度，若有規則出現易被聰穎學生發現。

12. 正確答案與錯誤答案的題項數應大致相等：「**Cronbach 研究發現，許多不知道正確答案的受試者，會有默從反應類型，而選「對」的傾向。**」並非正確題項數與錯誤題項數要各占一半，由於「**對**」或「**錯**」的

題目為隨機排列，可以減少猜題作答情況，編製時正確答案題項數稍多於（／稍少於）錯誤答案題項數，這樣可以防止固定心向作答反應學生的分數膨脹，是非題題型中答案為「**是**」或「**真**」的比例最好控制在 40% 至 60% 之間，比例不要剛好為 50%。

13. 盡可能用最簡單的方法讓學生標示答案：若不能分開使用答案紙，應讓學生在題目對應的空格中打圈叉，或從「**對**」（T）或「**錯**」（F）二個選項中圈選一個。範例說明語如下：

> 說明：仔細閱讀下列各題的敘述，若敘述為正確或為真，請在各題括號內畫上「○」；若敘述不正確或為假，請在各題括號內畫上「X」。

> 說明：仔細閱讀下列各題的敘述，如果敘述是正確的，請在「T」字上面畫上圓圈圈；如果敘述是不正確的，請在「F」字上面畫上圓圈圈。

根據是非題編寫或設計的檢核表檢視試題，可以提升試題品質。是非題命題之簡要檢核表如下（Linn & Miller, 2005, p.180; McMillan, 2011, p.183）：

是非題的檢視項目	是	否
1. 對於成就測驗而言是否為最適當的題型？	☐	☐
2. 每一題的敘述是否能清楚地判斷真假或對錯？	☐	☐
3. 是否避免使用明確的限定詞（例如通常、總是）？	☐	☐
4. 是否避免瑣碎細節的陳述？	☐	☐
5. 是否避免否定的敘述（特別出現雙重否定用語）？	☐	☐
6. 是否以簡單、清晰的措詞敘述題目？	☐	☐
7. 意見的敘述是否歸因於某些來源？	☐	☐
8. 真／假試題的敘述長度是否大致相等？	☐	☐
9. 真／假試題的題項數是否大致相等？	☐	☐

10. 是否避免可偵察出答案的線索（答案依特定規定排列）？	☐	☐
11. 題目是否只包含單一命題或概念？	☐	☐
12. 題目是否採用正向的敘述？	☐	☐
13. 是否有出現故意愚弄學生的試題？	☐	☐
14. 修正後的試題是否仍與期待學習結果有關？	☐	☐
15. 在檢查試題前是否已先做修改調整？	☐	☐

第 16 講

填空題的命題原則

　　「填空題」（填充題，completion items）與「簡答題」（short-answer items）皆為「補充形式測驗題」（supply-type test items），簡答題與填空題試題十分類似，學生根據問題呈現提問的方式加以回答。簡答題呈現的問題格式為「直接問題」（direct question），例如「請寫出第一個踏上月球之太空人的名字？」將簡答題直接問題改成不完整句子的型態，或需要標記出的圖片、地點、圖表即成為填空題，例如「第一個踏上月球之太空人是（　　）。」不論是簡答題或填充題，學生都需要供給（補給）出自己的答案。簡答題比較容易建構，減少學生猜對答案的機率，試題形式主要在評量事實性知識與理解力（Airasian & Russell, 2008）。

　　「填空題」試題型態為學生從一個不完整的敘述中反應，空白處填入適當的字詞、措辭（片語）、數值、短句或符號等，學生作答不是使用選擇型態的反應。填空題如果編製良好，可以測量學生記憶性資訊的回憶能力，其優點有以下幾項：(1) 填空題測驗題目容易編製；(2) 簡短的反應時間適合編製包含不同事實的抽樣內容；(3) 比起是非題與選擇題，猜題的可能性很低；(4) 有高的評分者信度；(5) 比簡答題或申論題計分更為快速；(6) 相等題項數之下，比選擇題的測量結果更具有效度。填空題試題型態有幾個主要限制：(1) 與選擇題相較結果會花費更多評定分數的時間；(2) 句子的陳述句若沒有表達完整，可能會出現一個以上的正確答案；(3) 不適合測量複雜的學習結果；(4) 編製不佳時可能只限於瑣碎事實性的知識記憶（McMillan, 2011）。

填充題的命題原則如下（McMillan, 2011）：

1. 題目句子的語詞要簡單明確，要填入的空格只能有一個正確答案。

【範例】
不良試題：哥倫布首次登陸「美洲」_____（題目過於籠統，可以填入多個不同答案）。
修正試題：哥倫布首次登陸「美洲」在_____（答案可能為地點或年代等）。
較佳試題：哥倫布首次登陸「美洲」在西元_____年（只有一個正確答案）。

2. 為避免斷章取義或純背誦，題幹詞句勿直接從教科書及補充教材中直接摘錄抄襲。

【範例】
不良試題：（   ）及（   ）為臺灣傳染登革熱的主要病媒蚊。
修正試題：登革熱傳染方式主要是被帶有登革病毒的病媒蚊叮咬而受到感染，臺灣主要的病媒蚊為哪二種？（   ）、（   ）。

3. 為讓陳述內容能表達完整，待作答的空格位置儘量放在題目的最後面（採用直接問句的題目比不完整的陳述句更適切）。

【範例】
不良試題：（   ）是中國第一部長篇歷史章回小說《三國演義》的作者。
修正試題：中國第一部長篇歷史章回小說《三國演義》的作者為何人？
（   ）。

4. 每題待作答的空格以一至二個最爲適切，否則會讓題目的敘述無法連貫。

【範例】
不良試題：（　　　）題型比（　　　）題型評分較不客觀。
修正試題：補充題題型比（　　　）題型評分較不客觀。

5. 作答內容與數字單位有關時，直接將單位標示在題目中。

【範例】
不良試題：小明爸爸買了一個周長爲 37.68 公分的圓形蛋糕，請問圓形蛋糕的直徑爲多長？（　　　）。
修正試題：小明爸爸買了一個周長爲 37.68 公分的圓形蛋糕，請問圓形蛋糕的直徑爲多少？（　　　）公分。

6. 每個空白處或底線劃線處的長度要相同，否則會「**不經意的提供作答內容**」。

7. 題目中避免透露出正確答案的線索，以免讓擅於作答學生快速塡入正確答案。

8. 明確的告知學生每個空格的計分方式與錯別字的扣分情況。

9. 空白答案爲數字型態時，具體說明數字表示的精確程度（例如四捨五入到小數第二位或以分數表示等）。

第17講

申論題的命題原則

「論述題」（essay questions）或稱「申論題」、「論文題」，是由學生根據開放式題項，應用已學的知識與能力等，組織、統整、論述自己的觀點。「論述題」是以口說方式展現為「口試」（oral exam），以書寫方式型態出現時為紙筆測驗（筆試）的一種題目類型，它們均是由受試者「建構反應型態」（construct-response type）的試題。申論題最具區辨性的特徵是「反應的自由度」（freedom of response），學生可以用自己的話語建構、關聯與呈現個人想法與觀點。申論題主要用於測量無法以客觀式測驗試題測量的學習結果，這些學習結果通常用以測量概念化、建構、組織、統整、關聯及評鑑想法等能力；此外，要呼應較廣泛的教學目標與具體目標，而非呼應間斷的事實知識問題，採用申論題題型特別適合（Linn & Gronlund, 2000, p.236）。

論文題的形式主要有二種：一為「限制反應型態」（restricted response type）題目，一為「擴展反應型態」（extended response type）題目，限制反應試題只能根據特定主題或範圍內容作答；擴展反應試題則是讓學生能依據自己的認知完全自由發揮作答。「限制反應論述」（restricted-response essay）或稱「簡短論述」（short essay）只需要受試者簡短回答，一般用於評量知識及簡單理解能力（McMillan, 2011）。申論題所給予學生反應自由度是一個程度問題，而非全有或全無的限制。「限制反應申論題」（restricted-response essay questions）通常會就「內容」與「反應」二個面向加以限制，內容通常限定所反應的主題範圍；反

應形式的限制一般會在問題中加以明確說明。限制反應申論題的第二種形式與客觀式「**解釋型作業**」（interpretive exercises）題型類似，試題形式以申論題取代選擇題或申論題（Linn & Miller, 2005）。

【範例】
許多教師認為有些學生很難管教，不用體罰會嚴重影響班級紀律及干擾教學活動順利進行，因而他們贊成對這些學生<u>可以採用體罰方式</u>？
(A) 請指出你對於畫線部分贊成與否？
(B) 請說明你贊成與否的原因？

　　限制反應申論題能夠測量各種複雜的學習結果，其功能類似由客觀式「**解釋型作業**」測量的學習結果，限制反應申論題與客觀式解釋型作業題型的差異在於前者需要學生提供（供給）答案，後者只需要學生選擇答案。相較之下，延展反應申論題型測量的較多是一般性的學習結果，例如組織、統整、評估與表達想法等能力。客觀式解釋型作業、限制式反應申論與延展式反應申論題，三種評量類型所測量的複雜學習結果比較表如下（鄒慧英譯，2004，頁 291；Linn & Miller, 2005, p.232）：

評量試題的類型	可測量的複雜學習結果範例
客觀式解釋型作業	可測量的能力： • 確認因果的關係。 • 確認原則的應用。 • 確認論述的相關性。 • 確認暫時性的假設。 • 確認有效的結論。 • 確認未明說的假定。 • 確認限制的限制。 • 確認程序的適當性。 （以及依據學生選擇答案能力的類似結果）

評量試題的類型	可測量的複雜學習結果範例
限制式反應申論題	可測量的能力： • 確認因果的關係。 • 確認原則的應用。 • 確認論述的相關性。 • 確認暫時性的假設。 • 確認有效的結論。 • 確認未明說的假定。 • 確認限制的限制。 • 確認程序的適當性。 （以及依據學生提供答案能力的類似結果）
延展式反應申論題	可測量的能力： • 產出、組織和表達想法。 • 統整不同領域的學習。 • 創造原始的形式（例如設計一個實驗）。 • 摘要（例如書寫一個故事的摘要）。 • 建構創造性的故事（例如敘述性的論文）。 • 解釋概念或原則（例如說明性論文）。 • 說服讀者（例如說服性論文或說說性論文）。 （以及依據學生為特定目的書寫論文能力的類似結果）

　　課堂評量時，教師對於申論題的計分方式有二種：一為「**整體評分法**」（holistic scoring），一為「**分析評分法**」（analytic scoring）。前者為教師對於整體申論內容給予一個綜合結果，每道試題給予一個分數或等第；後者為根據申論題內容的不同元素給予不同分數，再將這些分數組合為試題分數，分析的元素如正確性、組織性、支持性論點、文法及拼字等。分析評分法可提供學生較詳盡回饋，給予學生更具體的激勵作用，但由於將回應內容切割為數個元素，可能會造成計分混淆與費時問題，教師要採用何者評分方法最好根據評量目的決定（Airasian & Russell, 2008）。申論題的題型由於題項數限制，會有試題內容範疇代表性不夠問題，因為考量到作答時間與題項數目，有時會遺漏重要的學習結果。在限制上有以下幾點：

　　1. 它是一種「**主觀性分數評定**」（subjective scoring），較欠缺「**客觀性**」（objective），同一份測驗，不同時段之同一評分者，或同時段不同評分者評定的分數可能都不一致。

　　2. 評閱與計分十分費時，也無法採用電腦閱卷，若是受試者愈多，分數評定時間所需時間更長，特別是評閱後又要給學生有意義而忠實的回饋，所需的時間更長。

　　3. 正確答案或不正確答案的判斷內容，會受到評閱者主觀信念影響，若沒有評量準則或評分要點供評定者參考，分數評定標準間的落差會較大。

　　4. 沒有受過寫作技巧訓練與申論題作答指導的學生，無法將所認知的內容或觀念有效組織、分析、評鑑或進行創作。

一　書寫式申論題命題原則

　　申論題的主要優點為可以評量學生深度理解、複雜思考與推理技能，題目型態可以促進學生更好的讀書習慣，更有彈性提供學生他們希望如何回應的內容，學生書寫的反應讓教師可以更有效評估其推理展現的程度。此外，與反應建構題型相較之下，申論題題型的建構較為容易，花費時間較少（其實，一個優質的申論題目也需要深思熟慮考量後才能編製出來）（McMillan, 2011）。書寫式申論題在命題時應把握以下幾個原則（余民寧，2011；李茂興譯，2002；Hopkins, 1998; McMillan, 2011, p.209-212）：

（一）建構申論題所要測量的推理技能要與學習目標相呼應

　　申論題適用於較高認知歷程向度層次（例如分析、評鑑、創作）的學習結果，答案不應為記憶、背誦的知識，論文試題能真實反映學生複雜或高階的認知能力，才能發揮論文題的試題型態功能。此外，申論題試題只用於那些無法以客觀式測驗試題測量的學習結果，編製題目之計分準則要能反映學習目標所要測量的目標推理能力。

（二）書寫的試題要能讓學生清楚了解他們所要完成的特定任務

題目用語要具體明確，讓學生能完整明白試題所表述的內容，以了解自己的作答任務為何，以免讓學生有錯誤的解讀或誤會試題所要傳達的訊息。學生閱讀申論題後，想知道的是：「**老師想要我作答的內容是什麼？**」評量題目陳述任務若是含糊不清，學生作答十分困難，許多學生的作答內容可能與期待目標差異很大，此種情況，教師無法得知學生目標技能或推理能力是否真的需要加強。

（三）論文試題的編製與實施有其價值性與必要性

無論是「**限制反應型態**」或「**擴展反應型態**」題目，所要測量的是重要的學習目標或單元內容，唯有論文試題最能發揮效用時，才須作為成就測驗來使用。若是選擇反應評量可以達成教學目標，直接採用選擇反應評量，以提高測驗的客觀性與時效性。

（四）避免讓學生可自行挑選申論題題目作答

不要讓學生使用「**自選部分題目作答**」，以免影響分數評定的公平性與測驗結果的效度，因為題目之間未具有複本特性，每個題目的難度不同，可能變成每位學生採用的是不同的測驗，同時段參加不同測驗的考試，計分結果有較多問題，對學生能力的推估效度會大為降低。從多個申論題試題中挑選少數幾個試題作答，學生會挑選其事前準備充分的題目作答，如果學生事前知道可以挑選題目，學生只會限制於閱讀教材的部分內容，而不會全面的準備或複習。

（五）估計每個申論題試題學生作答需要的時間並給予足夠時間

盡可能讓學生有充分的作答時間，並提示學生每一題作答時間的分配，以讓學生能妥善規劃作答時程，作答完全部試題，以提高測驗實施的精確度。限制反應題目學生需要的時間較短較易估計，擴展反應題目作答時間較難估計，教師命完題後，可根據先前的期望答案模擬書寫一遍，以

估計花費時間,再考量班級學生的書寫能力,以估算每題所需的時間。申論題在於「**評量學生推理能力而非書寫速度**」,給予較多時間才能達到評量效益。

(六)盡可能多採用「**限制反應題型**」以提高學習內容代表性

就一般成就測驗而言,爲了能有效評定學習後的學習結果,盡可能採用「**多題短答**」的限制反應題目取代「**少題長答**」的申論題型,以避免內容範疇抽樣誤差及提高測驗的效度。擴展反應題型的回應作答內容多需要長篇大論,在固定時段內不可能出太多題目,因而對於教材內容的代表與完整性稍嫌不足。

 書寫式申論題評分原則

爲提高申論題測驗分數評定的信度,評分原則要掌握以下幾點(Airasian & Russell, 2008, pp.188-189; Mcmillan, 2011, pp.212-215):

(一)申論題實施前要先界定組成良好答案(或作答回應)的內容是什麼

申論題聚焦的範圍愈小,學生回應的寬廣性與差異性愈大,計分準則更爲重要。試題編製完成後,要同時編擬出一份評分準則或分數給予的參考要點,以作爲評分時的評分依據,此優點有二:一爲幫助教師檢視學生回應與其期待間的準確性;二爲書寫能精確指出良好答案的內容,提高計分的公平。良好或可接受的答案內容在實施或評定學生作答回應分數之前就應完成,評分準則或概要也可作爲教師修正題幹或問題的陳述方式。

(二)根據學習目標決定要採用何種評分方法

申論題的評分方式有「**整體評分法**」與「**分析評分法**」。「**整體評分法**」是教師根據學生作答內容給予單一分數或等第,是教師根據數個特定計分準則或一般印象評定;「**分析評分法**」爲評分者對每個申論題根據不

同元素要點給予分數，因而對學生任務可提供具體的回饋。整體評分法較適用於擴展反應申論題，分析評分法較適用於限制反應試題，在實施運用上，分析型態的特徵或元素以三至四項較爲適切。

（三）決定並告知學生筆跡、標點、拼字與組織是如何計分

教師要讓學生事前知道申論題表面效度對分數的影響程度，教師也要事先決定是否要將這些元素納入作爲評分標準。申論題的評分儘量避免作答表面效度等與學習結果無關因素的影響，例如字體工整、書寫內容的長短、課堂學習態度等，以讓測驗分數能眞正反映學生學習結果的成就表現。

（四）多個申論題試題的測驗，先評定所有學生第一道試題的答案，再評定第二題

在多道申論題評閱時，連續評定同一位學生在每個題目的作答回應，較無法客觀，盡可能每次只評定同一個試題，等到所有受試者該試題的分數評定完畢，再評定第二個試題的作答情況。同一時間只評閱同一申論題的作答回應內容，較能避免「**延滯效應**」（或遺留效應，carryover effect）的發生（對同一學生申論題的分數評定，因前一題給予的分數或評閱印象，影響到之後題目評分的客觀性）。

（五）盡可能採用匿名式的評閱

申論題採用匿名式的評閱方式，可以排除教師對學生課堂學習及其他測驗表現的印象影響，它可消除教師對學生努力、能力、興趣與過去表現的知覺印象，造成主觀因素影響分數或等第評定。評閱時盡可能將學生姓名隱匿，以免因月暈效應影響分數評定的客觀性，簡單的做法就是將姓名之位置處以白紙遮蓋，將全班試卷釘起來，或是請學生將姓名寫在作答處的背面。

(六) 避免於多個不同時間或地點評定試卷

不同時段或不同情境地點，個人的身心狀態不會完全相同，因而申論題評分時，最好在同一個時段內評定完所有試卷，以免因身心狀態或個人情緒等因素干擾，影響分數評定的一致性與公平性。

(七) 使用相同準則閱讀二次作答回應內容或由多人獨立評閱

人力或財力等許可下，可以由二位以上評定者獨立評定測驗分數，如果分數或等第差距過大，可以再聘請第三者獨立評分，二位以上評分者分數評定一般採用平均數較為簡易。時間許可，若只由同一位教師評閱，教師可閱讀二次再給予分數，或計算總分前再檢視每道題目評閱的適切性。

三 書寫式申論題評分時常見的效應

論文題評閱時最重要的是分數評定準則的一致性，測驗評量實施時，高效度的測驗分數不應依評分者不同而不同，測驗分數高低應取決於「**答案本身**」，不應取決於評分者，論文題題目如果試題範圍明確、結構適當、表達清楚，要達到高評分者信度並不難。論文題評分時常見的效應有以下幾個（李茂興譯，2002；Hopkins, 1998）：

(一) 月暈效應

「**月暈效應**」（halo effect）指的是論文題評分時，若是未採用匿名方式評定，評分者在評定分數時可能受到受試者之前行為表現，或人格特質主觀印象，而影響分數給予的公平性，例如學業成績優異的學生或平時學習認真的受試者有較好的印象或知覺，看到其作答回應內容即自動給予較高的分數。

(二) 題項間的遺留效應

「**題項間的遺留效應**」（item-to-item carryover effect）指的是評分者評閱試題時，若同時評定同一份測驗中的題目，後面題目的評定會受到前

面題目分數高低的干擾，前一個試題給予的分數高低會影響後一個試題的評分。

（三）試卷間的延滯效應（或遺留效應）

「試卷間的遺留效應」（test-to-test carryover effect）指的是前一份測驗試題作答的品質，會影響到後一份測驗試題的評分。相同作答水準或作答品質的試卷於高品質試卷或低品質試卷後面，會造成不同的評分結果。

（四）次序效應

「次序效應」（order effect）為評分者評定的分數會有所謂**「溜滑梯效應」**（slide effect）出現，**「溜滑梯效應」**指的是評分者在評定論文題試卷時，較早批閱評定的試卷通常會比稍晚批閱評定者有較高的分數。

（五）文字操作效應

「文字操作效應」（language mechanics effects）指評分者在評定論文題時，會受到作答者書寫的字體工整性、排列型態或錯別字等影響，此外，也會受到作答內容的「量」（寫得多少的程度）影響。但若是將作答的深度及廣度，與作答表達的完整性向度納入評分準則，論文題作答內容的「質」與「量」都很重要，「質」表示的是內容精確性與完整性、「量」表示的是回應建構試題所書寫的文字數與範圍。

（六）個人偏誤效應

事前沒有評分準則情況下，有些教師的評分標準非常嚴格，其評閱的申論題試卷分數均偏低，稱為**「嚴苛偏誤」**（severity error）；相對的，有些教師評閱的標準較寬鬆，給予受試者的分數偏高，此種分數評定的誤差稱為**「慷慨偏誤」**（generosity error）。另外一種評閱者是學生在試題的差距分數不明顯，集中於某個分數區間，在有時間壓力的分數評定下，此種傾向較明顯，稱為**「趨中偏誤」**（central tendency error）。

第**18**講

解釋練習題的命題原則

　　「**解釋練習題**」（解釋型作業，interpretive exercises）又稱「**分類作業**」（classification exercise）、「**關鍵類型試題**」（key-type-item）、「**精熟列表試題**」（master-list-item），此種試題本質包括一系列根據同一組資料延伸而來的客觀式試題，這些資料可能是書面素材、表格、圖表、地圖或照片等形式，系列性的相關測驗試題可能有不同類型，但主要以選擇題或是非題二種客觀式測驗型態最常見，尤其是選擇題。因為呈現給所有學生的是一組共同常見的資料或材料，可控制給予學生的事實訊息量，測量學生面對相同的作業時，確認資料中的關係，或辦識有效的結論，或評鑑假定與結論，或偵測適當的資料應用等，因而「**解釋練習題**」（解釋型作業）可以測量許多不同的複雜學習結果（Linn & Gronlund, 2000, p.218）。

一　解釋練習題的優點

　　「**解釋練習題**」（解釋型作業）是給予學生某些資訊或資料，之後要學生根據給予訊息回答一系列的選擇型態問題。「**解釋練習題**」是一種常見的選擇題（multiple-choice item），可以評量學生高階層次思考能力，給予學生的資訊或資料包括地圖、短文、圖或表、故事、資料表格、圖片等，問題形式可能評量解釋、分析、應用、批判、思考及其他推理技巧，也可評量理解能力，若受試者無法看懂及理解所有資訊，則無法進行

思考及推理。與其他型態題目相較之下，解釋練習題有四個優點（Linn & Miller, 2005, pp.218-219; McMillan, 2011, p.188）：

（一）能夠測量推理技巧與複雜學習結果

因為數個問題均取自相同資訊，較有可能測量較多推理技巧與較複雜的學習結果，而題目也會較有深度與廣度。前言的內容可以測量學生解釋以下幾種素材的能力：書面材料、圖表、圖形、地圖、圖片及日常情境遭遇到的其他溝通媒材。

（二）能得知學生對事實資訊真正理解程度

因提供了資訊，較有可能區分推理技巧的評量與學科內容知識的差別，如果沒有提供相關資訊，學生答案錯誤無法得知是知識不夠，或推理技巧能力不足，若是學生理解資訊內容，可以更明確地應用與使用資訊，回答問題。依據一組共同資料所設計編排的系列相關測驗試題，對於學生心智技能的測量結果會有更佳的深度與廣度。

（三）資訊素材接近學生生活情境脈絡

資訊取自於學生生活周遭的媒介或素材，符合學生情境脈絡，包括時勢文章、新聞報導、各種圖表、地圖等。這種評量和建構主義學習理論相呼應，新奇而有興趣的素材可提高評量的意義性與適切性。

（四）測量結果的可靠性更高

解釋練習題為全部學生提供標準化結構，給予學生相同的訊息或圖表，評量的結果更為可靠，學生無法只選擇一種其擅長的推理技巧來回答所有問題。解釋型練習題（解釋型作業）可以將無關事實訊息對測量複雜學習結果的影響降到最低，藉由前導型材料內容，可以提供學生展現理解、思考技巧及問題解決能力等所需的共同訊息背景。

解釋練習題的限制

　　解釋練習題可以評量學生理解能力、應用能力、深度了解與推理能力，可以反映學生現實生活情境、文化脈絡與時事議題；解釋練習題也能測量資訊間的關聯，以及圖表資料的分析、推論與錯誤數據判讀。若提供的介紹素材對學生而言有新奇感且不會太長，則解釋練習題的評量結果是有效與可靠的。在使用上，解釋練習題有以下幾個限制（謝廣全、謝佳懿，2016；Airasian & Russell, 2008, p.153; Linn & Gronlund, 2000, p.226; McMillan, 2011, p.189）：

（一）編寫困難且花費時間較長

　　要找到或發展建構新奇或創新的資訊，資訊內容又要與教學目標有關，並不是簡易之事，許多現有素材都要經過修改或編輯才能符合；此外，從單一資訊或素材中同時編製多個不同題目有時也有困難。試題建置困難最可能是解釋型練習題的最大限制，要能選擇就學生而言新穎的前導內容，且此內容又是與教學結果相關的已出版素材，需要相當長的搜尋時間與人力，之後還需要經過編修與加工才能更適合於測驗的目的，而測驗試題的建置必須與所欲測量學習結果的明確行為相呼應，整個過程所需時間較長、試題編製需要更多的技巧。

（二）無法測量學生對問題解決的思路

　　解釋練習題可以測量學生推理能力，但無法測量學生解決問題時，如何組織其想法與觀念，或無法測量在沒有線索的情況下，學生如何產出他們的答案，因而與論文題或其他實作評量題型相較之下，無法明確提供解決問題能力的診斷功能。

（三）資訊素材不利於閱讀能力較差的學生

　　許多解釋練習題的文義了解需要依靠學生閱讀理解能力，對閱讀能力快及理解能力佳的學生相對有利，而閱讀能力較差或閱讀技巧欠佳的學

生，會因爲材料閱讀困難而占用太多時間，尤其提供的素材愈長，他們對資訊的理解愈困難，評量程序對他們愈不利。當前言內容爲書面形式時，閱讀能力不佳的學生在閱讀材料的困難度，以及每項作業所需的閱讀時間皆顯得十分不利。受試學生群體若年齡較小，或多數閱讀能力不好，前言內容可改爲圖表或插圖材料，或以簡要短文表示更爲適切。

（四）選擇題型只能測量認識層次知能

有關測量學生界定問題、形成假設、組織資料與獲致結論能力，解釋練習題的效益不如實作評量，對於學生實作能力的測量效度並不高，但對於測量複雜學習結果方面，是一種有效的技術。

三 解釋練習題的編寫原則

解釋練習題的資訊可以由教學者編製創作，或引用修改已經出版或刊登的資料，但均要與學習目標有關，材料選取、編訂或自行建構十分重要，之後再根據提供的材料資訊，編寫一系列相關的測驗題目，題型可以爲選擇式試題或建構式試題。編寫解釋練習題時重要的檢核要項如：(1) 書寫練習題題材前是否明確界定教學目標；(2) 介紹材料是否簡短；(3) 圖表資料的繪製是否清楚易懂；(4) 介紹材料對學生而言是否爲新奇素材；(5) 是否能從介紹材料中建構多個試題；(6) 介紹材料是否與學生生活經驗或情境脈絡相符合；(7) 編寫的試題是否能測出學生深度理解與推理能力（而非是簡單的淺度理解）。要確保解釋練習題爲高品質的題目，宜把握以下原則（謝廣全、謝佳懿，2016；Airasian & Russell, 2008, p.153; McMillan, 2011, pp.189-190）：

（一）選擇或發展解釋練習題素材要能測量理解與推理技巧——適切性

引用的介紹材料要與學習目標有緊密關聯，根據學習目標選取材料資訊，選取材料要能測量出不同概念化程度的思考與推理技能，教師需要

先界定測量的具體學習表現為何，才能選擇或發展適合學習目標的材料資訊。若是選取的介紹材料與提供給學生的教學完全沒有關聯，不應作為介紹材料。

（二）介紹的素材資訊盡可能簡短，容易閱讀 ── 精簡性

引用的介紹素材資訊要符合學生生活經驗，並長度儘量簡短，以免學生因閱讀能力程度影響而不理解文義或內容，無法測量其深度理解與推理技巧。材料資訊長短除配合學生教育階段外，材料或圖表內容要足以讓學生可以正確回應問題。

（三）選擇與課堂學習內容類似但新穎的素材資訊 ── 相似性

選擇引用的素材最好與課程教材或學習內容有些相似，其格式與內容有些微差異，但也不是截然不同，對多數學生而言是新穎而未接觸過的。可行的策略是學生曾涉獵過的教材、範例或資料等，再經過詳細修訂。

（四）每個解釋練習題要編寫數個測驗題目 ── 多個問題

要求學生分析或閱讀長篇大論的素材或圖表，之後只要求學生回答一個問題，無法突顯解釋練習題的用意，對於每個素材資訊之後的提問問題至少要有一個以上，並給予學生足夠時間，這樣才能測量學生理解與精熟的推理技巧。

（五）建構的題目需要能測量學生理解與推理能力

編寫的試題必須經由閱讀介紹素材資訊後才能回答，若是學生沒有仔細閱讀介紹素材也能依據普通知識正確回答題目，則題目與介紹素材資訊就沒有緊密關聯，此種題目不符合解釋練習題的特性，無法有效測量學生對介紹素材的理解情況。

（六）試題的正確答案不能直接由介紹素材內找到

像論文題一樣，解釋練習題主要在於測量高階思考能力，編製試題的

正確答案不能直接由提供的介紹素材中找到，正確答案的作答要能讓學生使用到解釋、應用、分析與理解能力。

解釋練習題（解釋型作業試題）命題之簡要檢核表如下（Linn & Miller, 2005, p.225; McMillan, 2011, p.189）：

解釋練習題（解釋型作業試題）	是	否
1. 使用解釋練習題是否為最適當的試題類型？	☐	☐
2. 挑選出的解釋材料內容是否與預期學習結果有關？	☐	☐
3. 挑選出的解釋材料內容是否適合學生課程經驗與閱讀水平？	☐	☐
4. 所要解釋的圖片素材或圖表是否適當？	☐	☐
5. 所要解釋的材料內容是否具有新奇特性？	☐	☐
6. 所要解釋的材料內容是否簡要、清晰且富有意義？	☐	☐
7. 測驗試題是否直接依據介紹的前言內容延伸出來且要求學生詮釋（非僅再憶或簡單閱讀技巧測量）？	☐	☐
8. 每個解釋型練習題包含的測驗試題數量是否合理？	☐	☐
9. 每個解釋型練習題是否包含數個問題？	☐	☐
10. 測驗試題是否與有效試題的效標符合？	☐	☐
11. 當使用關鍵類型試題時，題目（類別）是否同質且沒有重疊？	☐	☐
12. 作業測驗是否測量深度理解與推理能力？	☐	☐
13. 修正過後的試題是否仍與預期學習結果有關聯？	☐	☐
14. 試題檢查前是否已做過適度的調整？	☐	☐

第**19**講

常模參照分數

　　「**常模參照測驗**」（norm-referenced test）分數的解釋是一個個體與其他接受相同測驗的受試者群體比較起來，表現情況為何，班級評量中最常見的型態就是段考或定期考查成績的「**排名**」或「**名次**」。以原始分數進行簡單排序在班級測驗中是有效用與易懂的，但此種根據原始分數排序的方法在某些情境脈絡中的實質意義不高，為了讓常模參照分數能有「**普遍性架構**」（general framework），以展現分數的特徵與常模的意義，一般會將原始分數轉換為其他量尺分數──「**衍生分數**」（derived scores）。常見的衍生分數如「**年級等量**」（年級當量分數，grade equivalents）、「**百分等級**」（percentile ranks）、「**標準分數**」（standard scores）等（Linn & Miller, 2005）。

　　年級常模之測驗常模對應的衍生分數為「**年級等量**」，年級群體量尺即是學生原始分數的「**平均**」；百分等級常模之測驗常模對應的衍生分數為「**百分等級**」或「**百分位數**」（percentile scores），量尺為參照群體中低於學生原始分數的學生數之「**百分比**」；標準分數常模之測驗常模對應的衍生分數為「**標準化分數**」，測驗表現的意涵為以標準差為單位比較的結果，學生原始分數在參照群體平均數以上或以下的距離（離平均數上下多少個標準差位置處）（Linn & Gronlund, 2000, p.480）。

一 年級當量量尺

「**年級當量量尺**」（grade equivalent scale）是一種「**發展分數**」（developmental scores），指的是一個年級階層上原始分數的平均水準，分數估算方法爲計算每個年級兒童所得到原始分數的平均數，此種分數僅使用於教育成就測驗上，用以表示受試者在學習成就上所達到的水準。此種年級常模被廣泛運用於標準化成就測驗，尤其是小學教育階段，從年級等量對應的特定原始分數，可以確認獲得該原始分數之典型學生表現的等第水準，年級等量是以常模群體在二個或二個以上年級的表現爲基礎，量尺分數以二個數字表示，第一個數字表示的是「**年**」、第二個數字表示的是「**月**」，例如六年級的年級等量分數範圍從 6.0 至 6.9，也可表示爲 60 至 69。年級等量分數一般會使用「**內插法**」（interpolation）或「**外插法**」（extrapolation）計算求得（Linn & Miller, 2005, p.465）。

「**年級當量量尺**」的測驗會對「**標的年級**」（target grade）（例如五年級）加減一個年級施測（例如四年級與六年級），「**年級當量分數**」（grade equivalent score）根據標的年級與其加減一個年級所得的平均分數，之後經由估計建立常模，此種發展量尺以學校年級及月份表示學生的成就，例如年級當量分數爲 8.5 表示的是學校八年級又五個月，年級當量分數 10 代表的起始年級爲 10 年級，在某些測驗上，會省略年級當量分數的小數點，表示爲 85、105（第十年級又五個月）（Airasian & Russell, 2008, pp.312-313）。

年級當量分數或年級等量分數並不表示當事者具有對應年級的能力，例如五年級小強在數學測驗的年級當量分數爲 7.5，並不是指小強的數學能力已達七年級學生的水準，或是小強能做好七年級數學作業，或是小強能學好七年級的數學課程，只能解釋爲就一個五年級學生而言，小強的數學表現高於平均水準，即小強和其他五年級學生而言，小強的數學表現在平均值「**之上**」（above）。學校不能根據學生年級當量分數作爲安置學生年級的依據，比平均數過高或過低的年級當量反映的是一種表現

水準的相對程度，而非是相關知能或技巧的精熟或不足的程度。此量尺常用於成就測驗上，且是學習多年的領域或學科，它是一種跨時間的發展情況評估，評估學生的學習是否有常態性的進步（Airasian & Russell, 2008, pp.312-313）。

年級當量量尺常見的錯誤解釋如：(1) 分數的同等差異並不代表現有水準或成就上的同等差異，例如閱讀理解測驗分數 2.5 至 3.5 間的差異與 6.5 至 7.5 間的差異意義並不相同；(2) 除非學科每個年級都有學習，否則年級當量沒有意義；(3) 年級當量是平均數，常被誤解爲「**標準**」而非「**常模**」，大約各有一半的學生得分會高於或低於年級當量；(4) 不同學科間的年級當量不能直接進行比較，因爲學生在不同學科的成長速率不同；(5) 把年級當量量尺視爲等距量尺，結果常被錯誤解讀。年級當量分數常用於小學階段，可比較學生相對的成長情況（黃德祥等譯，2011；Kubiszyn & Borich, 2007）。

年級當量分數多數用於解釋學生閱讀及數學等基本技能，其假定爲學科跨年級的教學是相當一致的，對許多家長與教師而言，常會對年級當量分數做不正確的解讀。年級當量原始分數是以相同測驗施測於數個不同年級，以建構一條趨勢線，用以反映每個年級水準原始分數的增加情形，這條趨勢線假定測驗的學科範圍在每個年級都是相等的，但教育現場並非如此。此外，多數年級當量分數是經由估計所得的量數，並非是實際測驗分數資料，因爲抽樣與估計誤差，年級當量分數的可信度令人質疑，只能作爲學生在發展連續體的平均值，不能作爲安置學生在哪個年級層的量數（Popham, 2008）。

教師及家長在年級當量解釋上常出現以下錯誤（鄒慧英，2004；Linn & Miller, 2005, pp.466-468）：

（一）不應將常模與應該是如何的標準混淆

對任何一個特定年級等量的群體而言，有 50% 的學生會高於該常模、50% 的學生會低於該常模，不應將一個特定的年級常模解釋成所有

學生皆該達到的水準，常模只是標準化群體的「**平均分數**」，它代表的是一般學校平均學生的典型表現。

(二) 不應將年級等量解釋為學生應當安置於哪個年級的預估

假設一個四年級學生在語言技巧測驗獲得 6.0 的年級等量分數，表示的是學生對之前四年級學過的語言技巧十分精熟，對於四年級語言試題做得更快更正確，而不是指學生可以完成六年級的語言作業，或此學科範疇學習可以跳級至六年級。

(三) 不應期待所有學生每年都應成長 1.0 年級等量分數

常模和標準不同，每年成長 1.0 僅限於得分接近該年級平均數的典型學生。平均而言，得分在常模之上的學生每年成長會超過 1.0 等量分數，得分在常模之下的學生每年成長會少於 1.0 等量分數，因此參與補救教學方案的學生在一年內平均成長 1.0，他們的表現事實上優於起始分數低的學生。

(四) 不能將量尺不同部分的單位視為是等同的

數學成就測驗 3.0 到 4.0 間的間距與 5.0 到 6.0 間的間距是不同的，二者進步的幅度不同，以年級單位觀點而言，超前或落後在年級量尺的不同部分其意義不同，年級等量分數高於學生就讀年級之數個年級，可以證明學生有極佳的成就表現，或表現稍高於平均數而已。

(五) 不同測驗分數之年級等量分數不可以進行比較

不同出版社編製出版的相同學科領域測驗之年級等量分數不可以進行比較，同一出版社編製的不同學科領域測驗之年級等量分數也不可以進行比較，因為各年級等量分數有其獨立性，例如一位五年級學生在閱讀與數學測驗的年級等量分數分別為 5.8、6.5，不能解讀為學生的數學能力優於閱讀能力，也許這二個分數和其他五年級學生比較，結果代表的是相同的優秀表現。

（六）不能將極端分數解釋為學生表現水準的可靠估計值

高於或低於學生實際就讀年級數個年級的年級等量分數，與一般測驗採用的年級水準都是依據外推而來（內插法或外插法），由於年級等量分數是估算所得，其分數並不代表那些年級學生的實際表現。

二 年齡當量量尺

「**年齡當量量尺**」（age equivalent scale）是指某一個年齡階層學生在測驗原始分數的平均值，例如要獲得 10 歲的年齡當量，會施測 9 歲、10 歲、11 歲的學生，根據三個不同年齡層學生的原始分數，計算出平均數，再建立年齡常模。年齡當量量尺分數適用於會隨著年齡進步的特質（例如身高、體重等生理特質；識字、語文、數理等認知特質），由於過了青少年階段，各項特質的發展較為穩定而緩慢，年齡當量量尺比較不適用。年齡當量量尺在學校中沒有被廣泛的使用，與年級當量量尺一樣較適合用於小學階段，年級當量量尺的潛在問題同樣在年齡當量量尺中也有（陳新豐，2015；黃德祥等譯，2011）。

三 百分等級

「**百分等級**」（percentile rank）的等級範圍從 1 至 99，百分等級表示的是參照團體有百分之多少的學生低於百分等級對應的原始分數，例如七年級學生在數學標準化測驗中，原始分數為 40 分，對應的百分等級是 65，表示參照團體中有 65% 的學生，數學成績分數低於 40 分，即數學成績 40 分的學生，在測驗中的表現優於 65% 的學生。百分等級可解釋為得分「**等同**」（equal）或「**低於**」（lower）某個特定分數的人數百分比，此種特殊性的解釋取決於當時分數轉換時的計算方法，就所有實用性目的而言，其意義是相同的。百分等級 P_{99} 表示 100 位受試者中，當事者的原始分數高過 99 位受試者，百分等級 P_{99} 對應的名次為第 1 名；百分等級 P_{98} 表示 100 位受試者中，當事者的原始分數高過 98 位受試者，百分等

級 P_{98} 對應的名次為第 2 名。百分等級的建立是根據特定常模群體而來，相同分數在每個測驗的百分等級對照也不同，因而不同測驗與不同群體之百分等級不能相互推估或應用；此外，百分等級量尺本身是「**不等距的**」（not equal），百分等級的差異量不能進行比較。使用百分等級常模，適用的平均數是第 50 個「**百分位數**」（percentile），第 50 個百分位數點稱為中位數，或是計數平均數（Linn & Miller, 2005）。

原始測驗分數轉換為百分等級後，百分等級的尺度為「**次序變項**」，次序變項的單位之間是「**不等距的**」的，因而百分等級的差異量數間不能直接進行比較，例如 P_{99} 與 P_{97} 的百分等級差異為 2；P_{49} 與 P_{47}，以及 P_{29} 與 P_{27} 的百分等級差異也為 2，這三個差異 2 對應的原始分數間之差異分數意涵有很大不同，使用者不能將三個百分等級差異均為 2 視為意涵相同。由於百分等級為「**次序尺度變項**」而非「**等距尺度變項**」，變項本身未具加減乘除的運算功能。百分等級也是一種常模分數，表示的是「**相對地位量數**」而非「**絕對地位量數**」，受試者原始分數要與常模中的其他受試者測驗分數相比較，因而一位考生在推理測驗分數的原始分數（例如 70 分）高於其在語文測驗分數的原始分數（例如 65 分），轉換為百分等級常模分數後，語文測驗分數的百分等級（例如為 P_{55}）可能高於推理測驗分數的百分等級（例如為 P_{52}）。

第**20**講
情意領域的教學目標

「**情意領域**」（affective dimension）並非描述認知或思想的複雜性，而是在描述反映情緒、感情或者價值觀的目標。學生「**情意**」（affect）多數包含情緒與認知信念，學校教育目標在培養學生正向情意特質與信念，達到以下幾個目標：(1) 進行有效的學習活動；(2) 熱心參與社會事務，成為富生產性的社會成員；(3) 為職業、生涯滿意度與生產性做準備（例如工作習慣、學習意願、人際關係技巧）；(4) 讓目前及未來的學習動機最大化；(5) 預防學生中途輟學；(6) 增進學生自信及正向信念，相信自己是有能力的學習者（McMillan, 2011, p.286）。

「**情意**」被視為是一種「**非認知**」（noncognitive）特質，它多是「**技術性**」（technical）意義而非「**限制性**」（restrictive）意涵，指人們對某事件或事物的感受或情緒，廣義而言，它包括態度、價值、自我概念、品德行為等。McMillan（2011, p.287）將情意特質定義統整如下表：

特質	定義
態度	對特定情況、概念、目標、機構或人員做出有利或不利反應的傾向。
興趣	個人對某些活動的偏好。
價值	重要性、價值、行為或模式的有用性和生存的最終目的狀態。
觀點	關於特定事件和情境所持的信念。
喜好	傾向於選擇某一個對象而不是其他對象。
動機	行為活動參與的渴望及意願與參與的力度。

135

特質	定義
自我效能	對自我學習能力的覺察。
自尊	對自我的態度、自尊程度、值得尊重感受，或自我概念的可取性。
控制信念	對於成功與失敗是由學生控制，還是受到外部影響的自我知覺。
情緒發展	感知情緒（情緒提升、改變、覺知），調節情緒上表達的能力。
社會關係	人與人之間互動的性質與在群組情境中的功能運作。
利他主義	樂於助人的意願。
道德發展	達到導引決策和行為的道德（倫理）原則。
教室環境	課堂上自然的氣氛與人際關係的情況。

　　情意領域教學目標由簡單、具體到複雜、抽象的分類層次，一般採用Krathwohl 等人（1964）所提出的目標分類：「**接受**」（receiving）、「**反應**」（responding）、「**評價**」（valuing）、「**組織**」（organization）、「**價值觀的形成**」（characterization by a value or value complex）：

　　1. 接受：接受爲對刺激的覺知，學生對於某個刺激會察覺或傾聽，才能引發學生選擇性的注意。

　　2. 反應：此層次的學生不只是被動的傾聽或注意，會主動的參與，學生會對事物勉強反應（同意反應），之後會願意參與活動（願意反應）並滿足反應。

　　3. 評價：此層次的學生會評斷活動的價值性，持續活動的進行，接受價值、想法與態度，確認想法有意義後，會堅信該想法，進而勤奮追求該想法或目標。評價爲個人價值觀的建立與接納，學生重視自己選擇的價值觀，之後會堅持投入，展現主動行爲。

　　4. 組織：學生藉由分析想法間的關係並且對想法加以評價，之後將價值概念化，將有價值的想法組成一致性的調和系統（組織價值系統）。組織強調的是個人建立價值觀間的比較、評鑑及統合，學生間由於哲學信念、人格特質、文化背景與生活經驗等的不同，價值觀概念的形成及組織也會有所差異。

5. 價值觀的形成——品格的形塑：學生個體根據內化的價值系統對特定情境接受、處理及反應（一般態度的養成）；個體的思想與行為展現一致（言行一致），形成個體的特質。從價值系統的組織，個人會將其類化成心理傾向，心理傾向是一種持久而一致的反應或態度，之後此種反應或態度會形塑成個人的品格。

教育目標情意領域分類摘要如下表（McMillan, 2011, p.295）：

類別 （層次）	定義	範例
接受、 參加	發展意識，能表現接受的意願，也能表現出受控或選擇性的注意。	• 學生想要透過閱讀得到額外的獎勵。 • 學生專注於教師課堂中關於抽菸的授課內容。
反應	表現出有意願的回應，並找到初始水準而滿意的回應方式。	• 學生詢問關於不同書籍的問題。 • 運動時感到愉悅。
評價	表現出物件、人物或情境的價值（是有價值的）。 對某些事件認為其具有正向的價值，願意做出承諾。	• 學生持續閱讀並要求更多書籍。 • 尋求更多精進寫作的技巧。 • 花費很多時間於練習運動上。
組織	將一組複雜的價值觀組合在一起，並以一種有序且內部和諧的關係來組織它們。	• 學生發展一個關於融合閱讀和運動的計畫。 • 重視政府不同規模事件的社會正義議題。
表徵（價值觀的形成）	有組織的價值系統成為人們的生活觀與個人生活哲學的基礎。	• 學生發展出一致性的生活哲學觀。 • 閱讀是學生生活中大部分的日常事件型態。

除了需要典型紙筆測驗評量程序外，採用不同評量的代表性行為與對應學習結果如下表，學習結果包括「**技巧**」（skill）、「**工作習慣**」（work habits）、「**社會態度**」（social attitude）、「**科學態度**」（scientific attitude）、「**學業自我概念**」（academic self-concept）、「**興**

趣」（interests）、「**欣賞**」（appreciations）、「**調適**」（adjustments）
等（Linn & Miller, 2005, p.306）：

結果	代表性行為
技巧	演講、寫作、聆聽、口語閱讀、做實驗、畫圖、玩樂器、舞蹈、體操、工作技能、研究技能和社會技能。
工作習慣	計畫的有效性、時間的運用、設備的使用、資源的利用、原創力、創造力、堅持及可信任度等特質的展現。
社會態度	對他人福利的關懷、尊重法律、尊重他人財物、對社會議題的敏感性程度、對社會機構的關心、想做社會改善的工作。
科學態度	開放的心靈、暫緩判斷的意願、對因果關係的敏感性與探究的心靈。
學業自我概念	展現對特殊學科（例如數學、閱讀）學習的自我覺知，學科學習中願意嘗試新的問題。
興趣	表達對不同類型教育、機械、運動、科學、社會、娛樂、職業活動的感覺。
欣賞	對自然、音樂、藝術、文學、身體技巧、傑出的社會貢獻等表現出令人滿意的感覺及樂趣。
調適	與同儕的關係、對讚美與批判的反應、對權威的回應、情緒的穩定性、社會的適應力。

　　班級環境的目標在於能營造一個舒適的、愉悅的、友善的與有生產性的情境，能讓學生願意學習、快樂學習、積極投入學習與認真努力學習；對應的負向班級情境是冰冷的、拒絕的、有敵意的、沒有生產性。此種班級環境的特性稱為「**班級氣氛**」（classroom climate）或「**班級文化**」（classroom culture），正向的班級氣氛可以促發學習活動，合理的情意目標可以培養學生正向感受、關係與信念，提升整體學習表現。班級環境作為情意領域的目標時，其元素包括（McMillan, 2011, pp.293-294）：

　　1. 聯繫：學生喜愛與接受同學的程度。

　　2. 投入：學生對學習活動的興趣與參與程度。

3. 工作取向：班級活動聚焦於學業任務完成的程度。

4. 凝聚：學生遵守規範與期待的程度。

5. 競爭：學生彼此間競爭的程度。

6. 偏愛：學生是否被相同對待的程度。

7. 影響：學生影響班級決定的程度。

8. 爭執：學生間互相爭吵的程度。

9. 正規：強調增強規則的程度。

10. 溝通：班級學生與教師間真誠一致溝通互動的程度。

11. 溫暖：學生間彼此關心與表現同理心的程度。

　　情意領域的態度目標，主要包含三個元素：情感、認知與行為，正向態度在於讓學生培養正向情感、了解事物或活動的價值性、對特定活動有參與意願。價值目標在於培育學生是完全值得稱讚與不會受爭議的人，其元素為「**誠實**」、「**正直**」、「**公正**」與「**自由**」，不會受爭議特質還包括仁慈、堅持、忠誠、尊敬、勇氣、熱情與容忍等。動機目標在於培養學生能有目的投入學習活動，以精熟其知識與技能，學生能認真地學習並把握學習機會，讓學生相信自己有能力學習（自我效能或期望），也相信學習活動對他們而言是重要的（價值）。學業自我概念目標在於讓學生從活動中，經驗不同程度的成功。社會關係目標之合作技能需要從小組合作中習得，其四個基本元素為：(1) 與同儕進行基本互動；(2) 與人學習上有進展；(3) 能獲得他人的教導；(4) 實現特定角色（McMillan, 2011）。四個合作技能元素的分類摘要如下表（McMillan, 2011, p.293）：

元素	定義	技能
基本互動	學生喜歡並互相尊重	傾聽 眼神交流 回答問題 用適當的音量 有道理 道歉
相處	學生維持尊重也善待他人	輪流 分享 順從規則 協助他人 尋求幫助或詢問喜好 使用有禮貌之字眼
指導	學生能給予和接收到正確的回饋和鼓勵	動作及活動建議 給予或接收意見和讚美 具體化 給予建議 修改和保持正確
角色滿足	履行特定角色和個人責任	簡述者 檢查者 研究員 參加者 記錄員 支持者 麻煩解決者

情意領域的評量方式

　　情意領域評量主要在得知當事人的感受、情緒與態度，常見的評定為「**自我陳述法**」。自我陳述法為「**學生自我報告**」（student self-report），自我報告法包括學生晤談、問卷與調查法、建構反應形式問題、建構自我報告題目等。特別有效類型的自我報告為「**學生自我評量**」（student self-assessment），學生自我評量為學習進行時，學生監控與評估其學習與表現的歷程。就形成性評量而言自我評量是有效策略，學生可給予自己立即的回饋，根據標準與準則，了解自己表現具體面向的實踐情況。研究發現在接受直接教學的自我評量程序中，自我評量的確有助於學業成就的提升（McMillan, 2011）。

　　自我評量程度直接受到學生「**後設認知**」（metacognition）能力的影響，透過自我評量可以讓學生建立正向「**自我效能**」（self-efficacy）。「**自我效能**」是學生相信他能夠學習特定任務的信念，學生學習會較有信心，自我省思他們的能力與把握學習機會。自我評量可以強化學生「**自我反思**」（self-reflection），將成功同時歸因於能力與努力，對於學習及未來生活更有正向的自我經驗，此種歷程稱為「**反省性評量**」（reflective assessment），反省性評量可以讓學生習得後設認知能力的應用，展現高階認知技能（McMillan, 2011）。

　　自我評量的一個關鍵要素為學生反思的習慣與技能的發展，教師應該讓學生非常明確地知道教師對他們的期望，如此學生才能監控他們的工作與思考及反省他們的工作情況。自我評量簡要方式如教師問學生問題的答

案是否正確，若學生回應了，再問學生爲什麼。自我評量目標的增能賦權能導引學生學習，在判斷成功時能將準則形成內在化。學生後設認知技能的檢核表項目如：(1) 開始前，我確定我知道判斷表現的準則；(2) 當我不了解某些事項時，我有意願與他人及教師討論；(3) 我會從錯誤中學習；(4) 爲了有更多學習我會更積極把握；(5) 避免錯誤與完成進度，我會檢核工作；(6) 我知道如何評鑑其他同學的工作或任務；(7) 爲了有更好表現，我會仔細思考需要做什麼（McMillan, 2011, p.314）。

後設認知（自我監控、自我調整、自我管理）的規準示例如下表（McMillan, 2011, p.313）：

規準	4	3	2	1
設定工作目標	• 獨立設定的工作目標，使其切合實際且適合手頭上的任務。	• 需要提醒來設定工作目標。 • 目標切合實際且適合手邊的任務。	• 需要提醒。 • 設定工作目標，包括對即將完成的任務不切實際的期望。	• 需要提醒。 • 設定最低目標，表明對手頭任務的最低期望。
監控實現目標的進度	• 在整個工作的過程中獨立修改和調整時間管理計畫。	• 需要提醒來調整工作流程。	• 必須繼續提醒以維持平衡的工作流程。	• 需要經常提醒並顯示時間管理不佳的證據。
監控明確性和認知性	• 獨立修改工作的深度涵義。 • 徵求外部讀者以確認溝通的清晰性。	• 需要修改工作的建議。 • 回應有關外部讀者確認溝通清晰的建議。	• 需要繼續所有提醒以修改工作並檢查是否理解。	• 需要經常提醒並收到修訂和反饋，以使內容更清楚，更有意義。
監控準確性	• 獨立檢查準確性。	• 需要建議以檢查準確性。	• 需要不斷提醒以檢查準確性。	• 需要經常提醒並且拒絕檢查準確性。

李克特量表

「**李克特量表**」（Likert Scale）常用於當事者態度的測量，它是目前應用最廣的態度測量技術，其形式爲受試者在每個敘述句的下方選項，勾選一個最符合自己感受或看法的選項，受試者在所有敘述句（題項）的加總爲受試者對事件或意見的態度。李克特量表法又稱爲「**總和評定法**」（method of summated ratings）。

敘述句：我喜愛英文課。
選項：□非常同意　□同意　□無意見　□不同意　□非常不同意。

李克特量表是一種測量態度簡單而被廣泛使用的「**自我報告**」（self-report）方法，它主要是清楚地列出喜愛或不喜愛的描述語，再問學生對描述語詞的反應，「**五點量表**」（five-point scale）的選項詞如「**非常同意**」（strongly agree, SA）、「**同意**」（agree, A）、「**無法決定**」（undecided, U）、「**不同意**」（disagree, D）、「**非常不同意**」（strongly disagree, SD）。用於班級學生之態度量表的測量時，正向與負向的陳述語可以混合並用，題數不要差距太多，題項數穿插出現，不論是正向陳述句或負向陳述句，敘述內容必須清楚、明確與簡要，若是採用負向陳述句要避免雙重負向的敘述，若是要強迫所有學生對每個陳述句反應，可以將「**無法決定**」或「**無意見**」選項欄刪除（Linn & Miller, 2005）。

李克特量表的計分通常爲每個正向敘述句根據「**非常同意**」選項至「**非常不同意**」選項分別給予 5、4、3、2、1 分；負向陳述句分別給予加權分數爲 1、2、3、4、5 分，學生在量表的得分愈高表示有較喜愛的態度。學生喜愛與否的程度是一種自我報告的方式，此種自我報告方式所呈現的態度並不等於學生實際課堂活動行爲，教師應再參考學生行爲表現或課堂活動等資訊加以綜合解釋。

教師於班級中編製李克特調查表的系列步驟如下（Popham, 2008,

p.223）：

1.選擇想要評量的情意變項，包括態度、興趣或價值等，一份調查表可以編製不同類型情意變項的題目。

2.有關情意變項中產生多個令人喜愛及不喜愛的描述語句，愈低年級學生題項數要較少，正向與負向敘述語句數最好差不多。

3.讓同仁或他人確認每個敘述語句為正向或負向，以免產生模稜兩可情況。

4.決定每個敘述句回應的反應選項個數及選項用語，例如強烈不同意（SD）、不同意（D）、沒有意見（NS）、同意（A）、強烈同意（SA）等。

5.準備自我報告調查表讓學生作答，學生如何作答要有完整的指導語，調查表型態是否採用匿名方式，可依調查表用途而決定。

6.盡可能教師自己施測，作答完要學生檢核是否有遺漏題目。

7.編製的題目詞句要讓學生看得懂，學生可以理解題目意義。

8.調查表的計分，若是五點量表，題目有 10 題則全距為 10 分至 50 分。若是要了解個別學生情意態度，調查表要有學生姓名或座號。

9.以題目及總分相關的量數刪除部分未達統計顯著的題目，或是檢視無效調查表。

10.李克特量表是一種加總量表，同一類型的情意態度題項可以加總，以加總的分數表示受試者的情意態度或知覺。

 語意區別量表

「語意區別法」（semantic differential）的正式用法是用三種意義面向（三維語意空間）來描述觀念並加以測量，三個面向分別是「**評價**」（evaluative）（好／壞）、「**力量**」（potency）（強／弱）、「**活動**」（activity）（快／慢）。每個向度接續以數題兩極化形容詞讓受試者勾選，每個面向的兩極化量表題項得分的加總平均數，為每個向度的分數。由於三維語意空間法較為複雜，加上教育關注的重點是個人對某個概念

或事物的態度，語意區別法在教育上的應用，已經從傳統三維轉變為「評價」一個向度（李茂興譯，2002）。

例如下表為評定學生對班級導師班級經營的感受程度（學生可於底線上畫圈圈或勾選）：

				教師				
	1	2	3	4	5	6	7	
壞	___:	___:	___:	___:	___:	___:	___	好
慢	___:	___:	___:	___:	___:	___:	___	快
寬鬆	___:	___:	___:	___:	___:	___:	___	嚴厲

人格測驗或相關量表的實施程序是一種「自我陳述」，受試者若是不用心填寫或作答，則資料分析的準確性就大幅降低，受試者作答行為產生的系統性偏差包括「默許偏誤」（acquiescence bias）、「極端作答偏誤」（extremity bias）、「社會期許偏誤」（social desirability bias）、「詐病偏誤」（malingering bias）、「不用心或隨機作答偏誤」（careless or random responding bias）、「猜題偏誤」（guessing bias）（余民寧，2020；Furr, 2011）：

（一）默許偏誤

當測量題目敘寫複雜或不夠明確時，施測情境易使受試者分心，受試者由於看不懂題目，作答時不會認真思考題目表達意涵，會固定傾向的勾選「同意」或「不同意」選項。

（二）極端作答偏誤

當題目要受試者表達其行為頻率、強度或密度等情況時，無論題目表達意涵為何，受試者傾向作答「非常同意」或「非常不同意」二極端選項。例如「你每星期都有運動三次以上嗎？」

（三）社會期許偏誤

社會期許行為如「**高中階段時，你考試是否作弊過？**」「**你同意大學生有婚前性行為嗎？**」受試者的作答或回應一般會朝向社會多數人期許、認可的方向，而非根據個人真實想法或經驗來作答。

（四）詐病或偽裝作答偏誤

當受試者發現某種特定作答或回應有助於個人福利時（例如職務調動、加分機制等），會傾向做出偽裝的作答行為，此種情況會影響蒐集資料的精確度，甚至影響教學決策判斷的正確性。

（五）不用心或隨機作答偏誤

受試者不好意思拒絕，又不想作答題目情況下，會做出敷衍了事的作答行為，隨便勾選題目或不看題目亂勾選。

（六）猜題偏誤

當量表為成就測驗，答錯又沒有倒扣分時的情況下，受試者對於不會的題目，會出現猜題的行為，由於人格或態度量表題目沒有對錯，猜題偏誤在此類型測驗工具發生的情況較少。

三 軼事紀錄法

「**軼事紀錄法**」（anecdotal recording）主要經由與學生有密切接觸的教育人員直接觀察學生的行為事件，將事實簡短記錄，做成事實性的描述，形成累積性的紀錄，之後根據軼事紀錄的內容，分析與評估學生的社會適應與情緒適應問題。軼事紀錄的事件是學生生活的特殊或不平常的行為，記錄的內容是事實性的描述，而非觀察者對學生行為的解釋或評論。此種觀察偏向於非正式的觀察，觀察的情境為真實的學習場域（例如課堂的分組活動情形）。軼事紀錄法一般只用於少數特殊有意義的行為，Linn 和 Gronlund（2000）提出軼事紀錄法的觀察範圍限定於三個方面：(1) 其他方法無法評估學生的行為時；(2) 僅適用於觀察學生少數類型的行為時；

(3) 僅對少數需要特殊幫助的學生做全面性的觀察時。軼事紀錄可用於獲得各種學習結果,以及許多個人和社會發展面向有關的資料,從軼事紀錄中希望得到的是具有相當代表性的學生行為樣本。

軼事紀錄最大的優點是能對自然情境下的「**眞實行為**」(actual behavior)加以描述,眞實行為的記錄提供班級中其他評量方法的檢核,也讓教師知道學生典型行為模式的改變程度。軼事紀錄除了可蒐集與描述學生最具特色的行為外,也有助於蒐集異常且需要重要事件的證據資料,例如平時一位溫順同學突然出手打同學、一位對學習無動於衷的學生顯現出一絲興趣等,這些個別的重要行為很容易在班級評量中被其他評量技術所忽略。軼事紀錄在無法使用或有限的紙筆測驗、實作評量、自陳報告技術及同儕評量時特別有用,就教育階段而言,由於年幼學童的行為比較自然及不受約束,他們的行為較易觀察,資料結果解釋更為可信及眞實(Linn & Miller, 2005)。

(一)軼事紀錄法使用限制

軼事紀錄法可以評量異常或特殊行為,但在使用上有其限制(謝廣全、謝佳懿,2016;Linn & Gronlund, 2000, pp.320-321):

1. 持續觀察記錄所需的時間較長:軼事紀錄需要教師持續觀察與記錄資料,可能增加教師的工作負荷,有效的解決方法是經由與當事者接觸的所有教師記錄,事後決定軼事紀錄之軼事或資料的合理範圍與數量,並作成合理的解釋,如此可減少個別教師的工作負擔。

2. 觀察與報告學生行為難以全保持客觀:軼事紀錄希望教師以一系列簡短語詞精確表示學生的眞實行為,但每位教師對個別學生有不同的期待,事件記錄過程中不免摻雜教師個人的偏誤、先入為主看法與認知,容易從喜愛或好學生身上看到較好的行為特質,從不喜愛或劣等學生身上看到較差的行為特質,此種認知扭曲有些教師只能減少至最低,但無法完全避免。

3. 適當合理的行為樣本不多，其解釋代表性有時不足：軼事紀錄所記載的是特異而具有意義的行為表現，學生個體的行為表現會隨著課堂情境及時間有很多的不同，因而要蒐集學生典型的行為模式，必須觀察一段時間，並於不同情境或學習脈絡中觀察，以獲得學生行為的可靠圖像，尤其是有關學生行為適應或調適的解讀與建議，更應蒐集更多元完整的不同行為樣本資訊。

（二）軼事紀錄法使用基本原則

軼事紀錄法從自然教育情境觀察學生的行為，描述的事件是學生的真實行為，因而可以抵銷「**月暈效應**」的影響。使用時的基本原則如下（歐滄和，2002；鄒慧英譯，2004；Linn & Gronlund, 2000, pp.321-333）：

1. 事先決定所要觀察的是什麼，但同時要留意不尋常的事件：如果要觀察所有學生，必須聚焦於少數特定行為；若是進行全面性的觀察，只要針對需要特別協助的少數學生即可。軼事紀錄之直接觀察是獲得學生學習資訊的重要證據，但絕不能忽略學生獨特或不尋常的行為，許多細微或獨特行為對於學生學習或典型行為模式有特別的意涵。

2. 避免過度的推論，將記錄與資料詮釋分開：觀察者要能信實地記錄事件發生的狀況，避免加入個人主觀意識與判斷字語，要將「**事件行為事實**」與「**事件行為解釋**」分開，觀察者要能從多個情境進行多次觀察，才能蒐集有意義的資料。軼事記載的事件一般是較特殊、對某些個別學生具特殊意義的事件，資訊未蒐集完整前不宜評斷或做出結論，這即是要有足夠的行為樣本，才可能做出學生典型行為之「**可靠的圖像**」（reliable picture）判讀。

3. 觀察與記錄應於不同情境中進行：事件記錄時，要客觀忠實，描述的事件盡可能精確與客觀，勿使用批判性或判斷性字詞；此外，不論是學生正向或負向的行為均須加以詳實記錄，如此才能真實地反映當事者的行為意義。除非二件軼事間有密切關聯，否則每件軼事紀錄最好就單一學生的單一事件情節簡要描述。

4. 觀察後儘速將事件行為或事件加以記錄：記錄本身能提供日後行為解釋的完整訊息，記載的事件為具意義的特殊事件，當累積足夠的軼事紀錄後，對行為的解釋才不會有偏頗。延宕記錄觀察的時間愈長，愈可能有記憶扭曲及遺漏重要的細節。

5. 每件軼事僅限於單一事件的簡要描述，盡可能排除月暈效應：教師觀察記錄時應盡可能排除對學生學習及行為的初始印象或第一印象，減少刻板印象，以讓偏誤最小化。對於觀察到的特殊事件簡單扼要描述，每個敘述最好僅限於一個事件，同時簡化書寫、使用，以及解釋記錄的工作。

（三）軼事紀錄法的優缺點及記錄要領

軼事紀錄法的優點：

1. 能夠了解學習者於自然情境的真實行為表現，此種真實表現是情意評量特別重視的面向。

2. 使用上有很大的彈性，當其他評量方法無法實施時，軼事紀錄法格外重要，低年級及缺乏溝通技巧的孩童也可適用。

3. 有助於教師對學生行為的觀察更仔細，並注意到班上不尋常而有意義的事件，有助於學生學習或行為的輔導。

4. 消弭教師對學生月暈效應的影響效果。

軼事紀錄法在班級場域中較少為教師採用，其緣由為：

1. 軼事紀錄費時費力，持續記錄事件行為對教師而言也是工作量增加的一項工作。

2. 教師先前主觀印象與先入為主的看法，會影響軼事紀錄的客觀性，因而相同事件行為發生在不同學生身分，之後教師都可能有不同解讀與評斷（王文中等，2006）。

教師若未經訓練，多數教師採用軼事紀錄時，對於如何選擇重要事件、如何正確觀察事件、如何客觀描述事件等會有一些困難。技巧熟練應用可於從平時練習著手，開始練習時只記錄簡單一件事，之後檢討省思。書寫軼事紀錄的要領如下（鄒慧英譯，2004；Linn & Miller, 2005, p. 312）：

- 撰寫簡要的、具體的描述語句。
- 包括簡明的描述學生所說的、所做的，與事件發生的情境（例如今天在遊戲場，小強與小明正在選擇加入棒球隊的哪一隊，而小明說：「我想在小強那一隊，並守二壘，否則我就不參加。」
- 請勿書寫一般性的描述性軼事，只是用一般性話語描述行為，就把其視為學生的典型行為（範例：今天在遊戲場，小明又表現出他自己總是堅持的方式）。
- 請勿撰寫評鑑型的軼事，涉入判斷學生行為可接受或不可接受、好與壞（範例：小明今天在遊戲場的行為表現是自私的與愛搗亂的）。
- 請勿撰寫解釋型的軼事，擴大解釋行為的原因，每項軼事最好僅以一項一般原因解釋（範例：小明無法和他人玩得很好，因為他是被過度保護的獨生子）。

第**22**講
社交測量法
──情意特質評量法

　　同儕評量或獲得同儕判斷一個簡要方法稱為「**猜猜是誰的技術**」（guess who technique，又稱知人測驗──guess-who tests），此技術是呈現一系列簡要的行為描述給班級學生，讓學生寫出每個與描述語最適配或最能代表的同學姓名，描述語可以為正向或負向，但儘量以正向的描述語句較適切。每項描述語句為獨立、明確的行為表述，之後可以寫出的同學姓名個數是否限制，由教師自行決定，主要方法有二種：一為「**強迫選擇法**」（force choices），一為「**自由選擇法**」；前者為每位學生要書寫足夠的姓名數，後者可以只限少數幾位。若同時有正向與負向描述語，行為特徵次數統計為正向與負向被書寫或被提名的次數相減，計分時若提名有其順序之別，次數可以採計加權，被書寫在第一格者為 3 分、第二格者為 2 分、第三格者為 1 分；或是採用一般計次法，只要姓名於正向敘述中被書寫一次，則計 1，總次數最多者，該學生最符合正向敘述特質描述語（鄒慧英譯，2004；Linn & Gronlund, 2000, p.322）。

　　「**猜猜是誰的技術**」也是一種「**同儕相互評定法**」，此法可以彌補教師對全部學生所有行為觀察的不足，補充有關學生行為特徵的訊息。技術運用是呈現一系列簡要的行為描述語句，並請學生就每個描述語句的行為寫出最適配的同學姓名或座號，簡短的描述語句要同時包括正向行為特質與負向的行為特質，每項描述語句書寫的同學人次可以限制或不限，學生書寫的內容不能讓其他人知道，以讓學生能安心誠實的回答。行為描述語句如下表：

---

1. 最樂意協助他人的同學？
(1)（　　　　　　）；(2)（　　　　　　）；(3)（　　　　　　）；(4)（　　　　　　）
2. 非常正直的同學？
(1)（　　　　　　）；(2)（　　　　　　）；(3)（　　　　　　）；(4)（　　　　　　）
3. 最友善並能與大家和睦相處的同學？
(1)（　　　　　　）；(2)（　　　　　　）；(3)（　　　　　　）；(4)（　　　　　　）
4. 非常害羞的同學？
(1)（　　　　　　）；(2)（　　　　　　）；(3)（　　　　　　）；(4)（　　　　　　）
5. 常常易怒生氣的同學？
(1)（　　　　　　）；(2)（　　　　　　）；(3)（　　　　　　）；(4)（　　　　　　）

「**猜猜是誰技術**」調查表計分時，計算每位學生在正向行為特質及負向行為特質的總次數，將正向行為特質的次數減掉負向行為特質的次數，表示學生在班級同儕中的名聲，例如小明的正向特質的次數有 10 次、負向行為特質有 6 次，行為特質的總分為 10 + (−6) = +4，若是差異值為負數或總得分很低，表示學生在班級同儕中的評價較差，或風評較不好，或人際關係待加善。「**猜猜是誰技術**」的調查結果有些可能與教師的平時觀察不一致，這些不一致之處正可以協助教師深入察覺平時無法觀察到的學生行為特質。此方法的主要優點在於其可用性很高，實施程序簡易，可以在很短的時間內對所有年齡層學生施測，計分也很簡單，只要計算每位學生行為特質被提名的次數；它的主要缺點為害羞退縮的學生常為他人所忽略，因為在班級各種學習活動中他們是靜默的一群。書寫負向特質行為時，若資料為第三者知道，可能會造成同學之間的人際關係衝突，教師在使用時要特別小心（Linn & Miller, 2005）

「**社交測量法**」（或稱社會測量法，sociometry）也可以評估學生在班上的人際關係及被接受的程度，可揭示團體結構的型態為何。其測量方法為以某特定活動或工作為例，讓學生挑選「**較喜歡**」與誰同一組，或「**較不喜愛**」與誰一起完成。此方法應用時敘述句的用語不宜採用負向字詞（例如討厭與誰同組）或負向選擇，若是一定要使用，可改寫為中性詞句，例如「**戶外教學時你不想和哪些人同組，可以寫下他的名字。**」「班

級學期獨立研究分組，你較喜愛跟哪些同學同一組，請寫下他的名字。」
社會測量法與猜猜是誰測驗一樣，僅限用於成員相互熟識的小團體，Linn
和 Miller（2005）指出**「社會測量技術」**（sociometry technique）五個使
用原則：(1) 班級活動是自然情境，學生的選擇是真實的選擇；(2) 選擇的
基礎、方法與限制應該說明清楚，讓學生完全知曉；(3) 班級所有學生應
有相同的自由與權限參與活動的機會；(4) 每位學生的選擇結果應予以保
密；(5) 選擇應真的被應用於群體組織或重組團體，當學生知道他們的選
擇會於活動中使用時，會出現更自然與真實性的反應（p.322）。

　　社交測量法主要在探究群體中的社會關係及社會結構特徵，測量結果
特別適合於小團體研究。社交測量法使用時要注意以下原則（王文中等，
2006）：

　　1. 所敘寫的情境或活動是班級活動中的真實情境或活動，而非是虛構
或假定的。

　　2. 指導語須清楚說明可供選擇的對象是誰，每個活動可選幾個同伴或
組員。

　　3. 若是要求學生對不同活動選擇同伴，必須說明每個不同活動也可挑
選相同的人作為同伴。

　　4. 每位學生回答的結果或書寫的內容應予保密，不能將結果給其他同
學知道。

　　5. 明確告知學生其選擇的結果會作為班級活動的分組之用，讓學生的
填答更為真實反應班級團體的情況。

　　6. 必要時直接書寫同學班級座號，節省時間。

　　社交測量法資料的結果呈現可以採用二種方式，一為**「社會矩陣」**
（sociomatrix），一為**「社會關係圖」**（sociogram），社會關係圖又稱
為**「靶的社會圖」**（target sociogram）。「社會矩陣」為一個 N×N 的
方形表格，邊緣橫列或直行為學生姓名（或座號），細格中的數值序號
（1、2、3……）為學生挑選的次序，有互選者的數值以不同形體表示，
常用的方法為左方直行列出選擇者的姓名或座號，上方橫列列出被選擇

者的姓名或座號。被選擇者依其選擇次序（1、2、3）填在適當的空格上，最後計算各個人的被選次數及互選次數。「**個人社會測量指數**」＝ $\dfrac{個人被選次數}{N-1}$，其中 N 為團體成員人數，分母用 N-1，表示每個人選擇時不能選自己，此公式可以估算出團體中每位成員的社會測量指數，了解每個個體在團體結構中所處的位置。成員間相互選擇的情況可以說明團體凝聚力的程度，其指數稱為「**團體社會測量指數**」，成員互選的次數愈多，表示團體凝聚力愈高。

　　社交測量技術已實際用於學校場域中，其使用目的通常為：(1) 組織班級小組（活動分組）；(2) 改善個別學生的社會適應；(3) 改善群組的社會結構；(4) 評量學校實務活動或教學對學生社會關係的影響。社交測量法中的「**社會關係圖**」（社交圖，sociogram）可以描繪群組的社會關係現況，但無法解釋為何會發展此種特定的社會結構，也沒有指出應該要做什麼才能改變此種社會結構。「**社會關係圖**」只是一個起點，若能配合觀察、猜猜是誰的技術及多種評量方法，可以得到更多群組關係間的計量資料（鄒慧英譯，2004；Linn & Gronlund, 2000, p.332）。

【範例】
八位學生在獨立研究分組時選擇比較喜愛同組活動的三個人選。
敘述句：班級獨立研究活動，你最喜歡與哪幾位同學同組，老師會儘量根據同學的作答期待來安排組別，請同學要誠實填答：
(1)＿＿＿＿＿＿　　(2)＿＿＿＿＿＿　　(3)＿＿＿＿＿＿

　　由於團體有 8 位學生，社會矩陣大小為 8×8。細格中的數值 1、2、3 表示學生選擇次序，以座號 1 選擇者而言，她選擇的次序分別為 3 號、7 號與 8 號同學。以座號 3 選擇者而言，她選擇的次序分別為 1 號、4 號與 6 號同學，座號 1 號同學有選擇 3 號同學、3 號同學也有選擇 1 號同學，她們二者是一種互選結果。5 號同學被選擇的總次數為 0，表示其在團體

中是一位人緣較差，或獨立特異者，此種人稱之為「**孤立者**」（isolate）、「**被排斥者**」或「**被忽視者**」。座號 7 與座號 8 被選擇的次數較多，二位可能是班上明星。班級群體組織一般會有數位明星，明星之間會有連結，形成「**網狀**」（network）脈絡，由於有數位明星，因而會有數個次級團體（小團體）或非正式組織出現。

			被選擇者座號							
			女生				男生			
			1	2	3	4	5	6	7	8
選擇者座號	女生	1	*		1				2	3
		2	2	*	3					1
		3	1		*	2		3		
		4	3			*			2	1
	男生	5			3		*		2	1
		6	2					*	3	1
		7				3		2	*	1
		8		3				1	2	*
被選次數			4	1	3	2	0	3	5	6

　　根據社會計量矩陣繪製的社交測量圖（社會圖）如下：

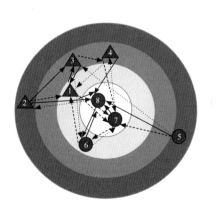

社會測量圖

加上圖名、圖例，就完成囉！

圖例
座號 5 號的男生　⑤
座號 1 號的女生　▲
被選為第一順位　——▶
被選為第二順位　- - -▶
被選為第三順位　……▶

社會關係圖的繪製過程如下：

1. 畫四個至六個同心圓，常見者爲繪製四個同心圓。

2. 根據學生被選的次數多寡將其分配至四個圓圈中，被選次數最多者（約四分之一）座號繪製在最內圈，被選次數最少者（約四分之一）繪製在最外圈，其餘繪製在中間二個圓圈中。

3. 若團體是男女混合班級，同一生理性別的學生繪製在同心圓的同一邊（例如男生在左邊、女生在右邊），便於區別，同一性別的學生使用同一符號（例如三角形、圓形或方形等）。

4. 學生不同的順位選擇使用不同的箭號，通常選擇第一順位者用實線箭號，第二、第三順位者用不同虛線箭號。

5. 互選者使用雙箭號表示。

社會圖範例圖示符號如○爲男生；△爲女生；→單選；←→互選等。

依據上述步驟予以繪製的社交測量圖如下：

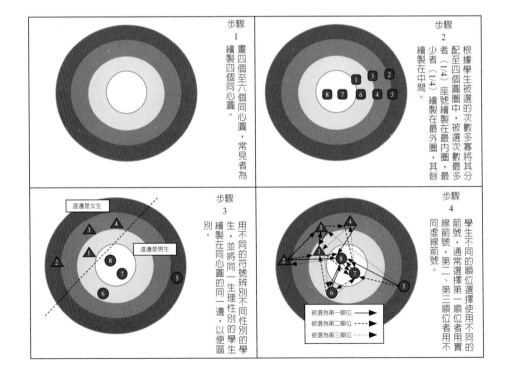

　　美國學者柯伊二人（Coie & Dodge）根據被討厭程度面向與被喜歡面向二個維度，將班級學生的社會關係分為五種類型：受歡迎（popular）、被忽視（neglected）、被拒絕（rejected）、受爭議（controversial）、普通（average）等五種。

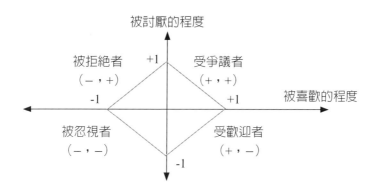

　　社會測量技術之社會測量圖雖然無法得出如何改善群體的社會適應，但方法確實有助於教師確認班級組織中難以適應同儕群體的學生。班級中被孤立及被拒絕的學生在缺乏特定協助與支援下，是很難改善他們在班級組織中的社會狀態（所處的位置）。教師要進一步察覺其可能原因，協助同儕關係的改善。例如新轉進而被孤立的學生，可以安排其社會接觸的機會；其他被孤立學生，可以協助學生改善個人的外觀、社會技巧，與對小組的實質貢獻價值性等。社會計量測量有助於從二個面向改善團體的結構，第一為它協助指出班級組織之小群組團體為何，其間分裂及相互關係情況為何；第二為它提供基本學生關係資料，作為重新安排團體或分組活動的依據，讓班級組織有更佳的社會型態與凝聚力（鄒慧英譯，2004；Linn & Miller, 2005）。

第**23**講

猜測的校正計分

「**猜測**」（guessing）是認知測驗的主要測量誤差來源之一，它如同人格測驗中的「**不誠實作答**」（faking）一樣，測驗時由於受試者會有「**猜測**」作答情況，因而測驗得分並無法眞實反映受試者的能力高低。猜測校正法運用的主要目的在於防止作答的猜測行爲，使學生的作答行爲更爲誠實與一致，以使學生的測驗分數能眞實反映其能力。學生不知道答案的猜測作答是造成傳統紙筆測驗信度不高的原因之一，此種猜測稱爲「**有經驗的猜題**」（educated guessing）。爲將「**猜測**」誤差因素從測驗分數中排除，學者建議使用二種「**猜測校正公式**」（correction for guessing）（郭生玉，2004；Frey, 2014, p.115）：

（一）消極校正公式

$S = R - \dfrac{W}{k-1}$，其中 S 爲校正後的分數、R 爲答對的題目數、W 爲答錯的題目數（未包含空白未作答的題目數）、k 爲試題的選項個數。題目爲是非題型態，k 的數值爲 2；有三個選項的選擇題，k 的數值爲 3；有四個選項的選擇題，k 的數值爲 4。校正分數將學生機遇答對的情況排除。

（二）積極校正公式

消極校正公式一般只是在防止受試者作答時盲目猜測而已，眞正要達到測驗分數校正的目的，採用下列公式更爲適切：

$S = R + \dfrac{o}{k}$，其中 S 爲校正後的分數、R 爲答對的題目數、o 爲空白未作答（omit）的題目數、k 爲試題的選項個數。

受試者在 55 題是非題的作答情況（總分 50 分）			
k（選項數）	R（試題答對數）	W（試題答錯數）	o（未作答數）
2	35	15	5
消極校正後測驗分數：$S = 35 - \dfrac{15}{2-1} = 20$			
積極校正後測驗分數：$S = 35 + \dfrac{5}{2} = 37.5$			

受試者在 55 題選擇題（四個選項）的作答情況（總分 50 分）			
k（選項數）	R（試題答對數）	W（試題答錯數）	o（未作答數）
4	35	15	5
30			
消極校正後測驗分數：$S = 35 - \dfrac{15}{4-1} = 30$			
積極校正後測驗分數：$S = 35 + \dfrac{5}{4} = 36.25$			

客觀式測量中是非題猜測答對的機率爲 50%；四個選項之選擇題猜測答對的機率爲 25%。客觀式測驗題型學生選擇正確答案，到底是「**機遇**」造成或是學生個人知道正確答案無從得知，因爲題目沒有提供反應的資訊，此種情況測驗的可靠度可能下降。爲了減少正確猜題的機會，選擇題的設計必須符合其要領編製，讓題目似眞的答案選項都具有合理性，例如：(1) 選擇題所有答案的選項都應是合理的；(2) 在配對上（配對題），答案選項數應比題幹數還多；(3) 選擇題的選項數最好在三個至五個之間；(4) 配對題之測驗類型，小學教育階段的答案選項數最好少於七個，中等教育階段稍多一些（Frey, 2014, p.111）。

學者反對測驗分數採用猜測校正公式的理由為（余民寧，2011；郭生玉，2004）：

（一）猜測校正公式假定的證據支持度不完整也不完全正確

公式基本假定為受試者答錯之題項都是亂猜的，或是部分答對題項也是僥倖猜對的，此種假定沒有根據也並非完全正確。受試者答對或答錯的因素很多，例如有些猜題是根據已學過的「**部分知識**」（partial knowledge）結構猜測，並非全是亂猜的結果，運用校式公式會產生「**低估校正**」（undercorrect）情形，若是題幹不清或選項的似真性而答錯者反而會有「**過度校正**」（overcorrect）情況。

（二）猜測校正公式的運用效果受到受試者人格特質的影響

猜測校正的運用會因學生個體人格特質傾向不同而有不同效果，例如深思熟慮作答者與大膽冒險作答者在猜題行為上即有很大差異，前者作答較為保守，因而即使採用也無防止受試者盲目猜測的行為。人格特質為「**內向而低自尊**」類型的學生，傾向於留下較多未作答試題，這些空白試題有許多是他們會的題目。

（三）猜測校正公式運用的價值性不高

作答時間若是足夠，且測驗本身具有不錯信效度時，受試者的測驗分數在群體中的相對地位不論有無校正均相同，猜測校正公式使用的價值性不大。

（四）猜測校正公式運用的周延性不足

積極猜測校正公式原使用目的在於獎勵不亂猜答的行為，但若是受試者全部空白不作答也可以得到一半的分數，此種結果甚為不合理。例如 50 個是非題的測驗，受試者均空白，受試者答對題項數 R = 0，選項量數值 k = 2，使用積極猜測校正公式，得出受試者新的測驗分數：$S = 0 + \dfrac{50}{2} = 25$。

　　在學校教室場域內，多數學者傾向不建議使用猜測校正公式，若要使用一般僅限於以下情況：(1) 速度測驗；(2) 測驗的試題非常困難時；(3) 受試者有不同的猜測傾向時；(4) 選項個數少於五個之選擇題測驗類型；(5) 空白未作答的部分會因學生能力不同而產生很大差異時（余民寧，2011）。

第 **24** 講

測驗變項型態與集中趨勢量數

 變項型態

　　根據史帝文斯（S. S. Stevens）的看法，變項（variable）／尺度（scale）屬性有四種：

變項屬性	意涵	舉例	特徵	統計圖形
名義變項／類別變項（nominal variable）	表示類別或辨識事物特徵而已	例如宗教、職業、性別、班級、血型、號次、婚姻狀態等	只能計算類別的次數及百分比	圓餅圖、長條圖
次序變項（ordinal variable）	有大小、高低、優劣、次序的關係，類別（水準）間可作系統性排序	例如班級名次、排序、馬拉松第幾站、社經地位等	能計算類別的次數、百分比及排序（較高或較大的判別）	圓餅圖、長條圖
等距變項（interval variable）	類別間有相同距離但沒有絕對零點（0）	例如智力、溫度、分數	可以計算平均數、標準差	直方圖、莖葉圖、盒形圖
比率變項（ratio variable）	類別間有相同距離且有絕對零點（0）	例如高度、收入、重量、兄弟姐妹數	可以計算平均數、標準差、倍數是有意義的	直方圖、莖葉圖、盒形圖

　　名義變項與次序變項為間斷變項或「**離散變項**」（discrete variable），間斷變項一般的表示量數為次數、百分比。等距變項或比率變項稱為「**連續變項**」（continuous variable）或「**計量變項**」，計量變項可以進行加減乘除的運算，代表的量數為平均數與標準差。

　　「**長條圖**」（bar graph）與「**圓餅圖**」（又稱餅狀圖）適用於間斷變項（名義變項與次序變項）。長條圖的每個長方形條狀高低表示組別或類別的次數，其中長方形條狀間必須間隔分開。圓餅圖以扇形區域大小表示類別或組別的比例（百分比）。「**直方圖**」（histogram）與「**莖葉圖**」適用於連續變項（等距變項與比率變項，例如考試成績），直方圖中的長方形（長柱）的高度及寬度分別表示各組分數的次數及組距，組距表示的是分數的上下限，長條與長條間緊密相連，長柱高度表示分數區間內的人數，直方圖的長柱排列順序有數字式的邏輯性，一般從最低分至最高分。直方圖中的組距若為 80 分至 89 分，分數點真正的下限值為 79.5 分、真正上限值為 89.5 分，組中點為 $= \dfrac{(79.5 + 89.5)}{2}$，將所有組中點（長方形頂端）連接起來，所繪製的圖形稱為「**次數多邊形**」。直方圖加上常態曲線分配，可以協助教師判別群組成績的分布是否接近常態分配。

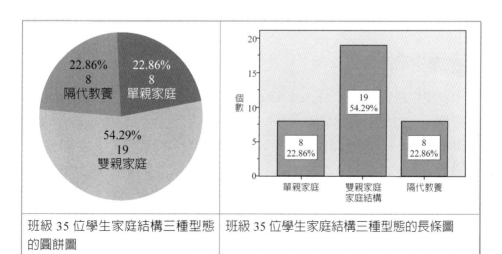

班級 35 位學生家庭結構三種型態的圓餅圖	班級 35 位學生家庭結構三種型態的長條圖

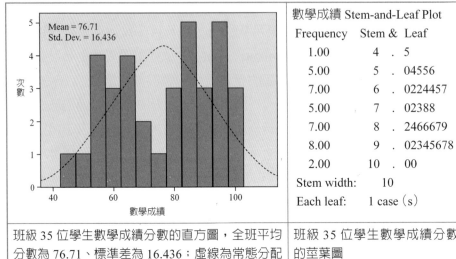

| 班級 35 位學生數學成績分數的直方圖，全班平均分數為 76.71、標準差為 16.436；虛線為常態分配曲線圖。 | 班級 35 位學生數學成績分數的莖葉圖 |

「莖葉圖」（stem-and-display）為一種分組的次數分配圖，圖中的第一欄為次數（人次），第二欄「莖」（Stem）為十位數、第三欄「葉」（Leaf）為個位數，以第四列數據為例，「**5.00、7.02388**」，表示數學成績有五位同學的分數介於 70 至 79 分，五位同學分數分別為 70、72、73、78、78，十位數為 7（70 分）。

二 集中趨勢量數

「**集中趨勢量數**」（measures of central tendency）表示群體中數值的集中情況，常見的集中量數為平均數（mean）、中位數（median）、眾數（mode）。眾數是類別中次數或事件出現最多的數值，通常用於「**名義變數**」，例如班級中調查學生宗教信仰的情況，次數最多者為眾數，因而名義或類別資料的集中趨勢量數為「**眾數**」，求出類別的次數分配表即可得到眾數。眾數特性為不受兩極端值量數大小影響，其缺點為數列中可能沒有眾數或二個以上眾數存在，此外，對其他資料發生變動時，眾數的敏感度較差，不一定會跟隨著變動。

進行中位數求法必須將數值排序，對於奇數個數值時，最中間的數值為中位數；對於偶數個數值時，最中間兩個數的平均為中位數，中位數位置位於數列 $\frac{N+1}{2}$ 處。由於中位數是一組分數的中間點，因而其百分等級為 50，或是「**第 50 個百分位數**」。中位數不受極端值影響，若資料有極端值，中位數比平均數更具代表性。若一列數值中，要找出一個量數，得到觀察值與量數間的距離和為最小，則此量數為中位數，中位數是將分數分成二半，50% 的分數會在中位數之下、50% 的分數會在中位數之上，中位數是落在系列分數分配的中間位置。

	S1	S2	S3	S4	S5	S6	S7	S8	中位數	平均數	眾數
閱讀素養	2	3	6	6	8	9	11	12	7	7.13	6
數學知能	45	54	67	78	85	85	96	----	78	72.86	85

閱讀素養 8 位學生之分數的中位數位於 $\frac{N+1}{2}=\frac{8+1}{2}=4.5$ 位處，4.5 位即第 4 位與第 5 位受試者之間，2 位受試者對應的分數分別為 6 分、8 分，中位數為二個分數的平均值 $=\frac{6+8}{2}=7$ 分。7 位學生在數學知能分數的中位數位置為第 4 位學生（$\frac{N+1}{2}=\frac{7+1}{2}=4$），對應的分數為 78 分。求系列數值的中位數時一定要將數列由小（最低分）而大（最高分）排列。不論群體分數的分配型態為正偏態（中位數在平均數左邊），或是右偏態（中位數在平均數右邊），中位數都不受極端分數影響，但平均數的量數高低則會受到每個量數值的影響。

受試者	原來分數	極端分數 1	極端分數 2
S1	30	5	2
S2	34	34	5
S3	35	35	35
S4	40	40	40
S5	56	56	56
S6	60	60	60
S7	70	70	70
S8	72	90	100
中位數	48	48	48
平均數	49.63	48.75	46.00

中位數 =
(40 + 56)/2 = 48

以對應四分位數（quartiles），中位數為第二個四分位數：

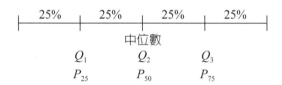

平均數指的是算術平均數（arithmetic mean），為所有數值的加總除以總人數（總次數）。算術平均數有幾個特性：

1. 個別分數與平均數之差的總和等於 0。

2. 個別分數與平均數之差的「**平方和**」為最小值。

3. 群體中的每個分數都有相同重要性，平均數是一個有效而不偏的代表值。

變項尺度常用的集中量數對照表如下：

變項尺度	集中量數
名義變項	眾數
次序變項	眾數、中位數
等距 / 比率變項	眾數、中位數、平均數

【範例】

八年忠班學生家庭結構調查中，分為「單親家庭 A」（只與母親居住）、「單親家庭 B」（只與父親居住）、「雙親家庭」、「隔代教養家庭」（祖父 / 祖母照顧）、「其他家庭類型」等五種，其中要說明八年忠班學生的家庭型態最適切的集中量數為「眾數」，各類型的型態以「人次」表示，圖形以長條圖或圓餅圖表示較清楚。若八年忠班學生數共有 35 位，家庭結構調查如下：

家庭結構類型	單親家庭 A	單親家庭 B	雙親家庭	隔代教養家庭	其他家庭類型	總計
人數	6	3	18	6	2	35
百分比	17%	9%	51%	17%	6%	100%

167

測驗分數之變異量數

「**變異量數**」（measures of variation）表示的是群體的分散程度，它是群體「**個別差異**」大小的指標，量數數值愈大，表示群體愈分散，群體的異質性愈高，個別差異情況愈大；量數數值愈小，表示群體分散程度愈小，群體的同質性愈高，個別差異情況愈小。常見的變異量數有「**全距**」（range）、「**平均差**」（average deviation）、「**變異數**」（variance）/「**標準差**」（standard deviation）、「**四分差**」（quartile deviation）、「**變異係數**」（coefficient of variation）。

全距＝數值最高分 − 數值最低分＝最大值 − 最小值。一般而言全距量數愈大，群體分數間的分散程度愈大，量數只能粗略知道群體分數的分散程度，且容易受到兩個極端分數的影響。當二個資料單位相同且全距也相同，二個資料的分散程度也不一定相同，因而全距量數無法精準反映群體分數的變異情形。

平均差＝群體中各分數與平均數差異值（離均差）之絕對值的總和再除以總人數，以公式表示為：平均差絕對值的總和 / N。

「**離均差**」（deviation from the mean）＝群體中個人分數減掉算術平均數。離均差的總和等於「**0**」，離均差有正有負，取其絕對值全部為正數，絕對值總和再除以總人數即為「**平均差**」，平均差值愈大，表示群體的分散程度愈大。「**離中差**」為各數值與群體中位數的差值。

學生	分數	分數 – M （離均差值）	|分數 – M| （離均差絕對值）	（分數 – M）² （離均差平方值）	分數 – M （離中差值）
S01	2	-4	4	16	-4.5
S02	5	-1	1	1	-1.5
S03	10	4	4	16	3.5
S04	1	-5	5	25	-5.5
S05	7	1	1	1	0.5
S06	8	2	2	4	1.5
S07	6	0	0	0	-0.5
S08	9	3	3	9	2.5
總和	48	0	20	72	-4
平均數 （M）	6	0	2.5 〔平均差值〕	9	-0.5
變異數	9				
標準差	3				
中位數	6.5				

試算表變異數函數 VARPA、標準差函數 STDEVPA、平均數函數 AVERAGE、中位數 MEDIAN，範例排序後第 4、第 5 個數值為 7 與 6，平均值為 6.5。

四分位差＝內四分位數全距（第三個四分位數 – 第一個四分位數）除以 2 ＝（第 75 百分位數 – 第 25 百分位數）／ 2 ＝ $(Q_3 - Q_1)/2 = Q$。四分位差為群體中最中間 50% 個體的數值範圍，$(Q_3 - Q_1)$ 的距離稱為內四分位數全距，簡稱為 IQR。將系列數值依順序分成四個等份數值的分位數，四個等份切割點量數值稱為 Q_1、Q_2、Q_3，分別稱為第 1 個四分位數、第 2 個四分位數、第 3 個四分位數，而第 2 個四分位數就是中位數。

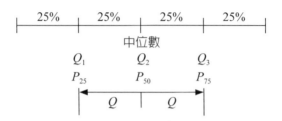

　　就次序變項而言，若以「**中位數**」作為集中量數，則其變異量數一般採用「**四分位差**」；就等距／比率變項而言，常以平均數作為集中量數、變異數或標準差作為變異量數。

　　變異數的平方根稱為標準差，變異數是離均差平方的總和再除以總個數，公式 $= \dfrac{\Sigma(X - \mu)^2}{N}$ 或 $\dfrac{\Sigma(X - \overline{X})^2}{N}$，標準差的平方為變異數，變異數與標準差量數均不可能為負值。如果是抽樣推論，由於抽取的樣本數都遠小於母群體全部的個數，上述變異數公式計算出來的量數會低估，因而若是推論統計，從抽取數據資料來推估母群體變異數，原公式的分母要改為 N − 1，$S^2 = \dfrac{\Sigma(X - \overline{X})^2}{N - 1}$，其中 $\overline{X}$ 為抽取樣本資料計算所得的平均數、N 為抽取的有效樣本個數。如果數據資料不進行推論，例如計算班級段考英文成績的平均數與變異數，此時想知道的是班級英文總平均成績多少，與班級英文成績的分散程度，量數不推估到其他班級，變異數的分母直接除以班級學生人數 N 即可。

　　變異數的特性：

　　1. 群體中個體的分數都加（減）一個常數 C，則群體新平均數＝原平均數加 +（−）常數 C，新的變異數等於原變異數（變異數沒有改變）。

　　2. 群體中個體的分數都乘（除）一個常數 C，則群體新平均數＝原平均數加乘（除）常數 C，新的變異數等於原變異數乘（除）常數 C 的平方倍。

　　3. 變異數的數值大於等於 0，量數值為 0 時，表示所有的分數（或觀察值）都相同，群體沒有變異情況。

4. 變異數（或標準差）量數愈大，表示群體分數間的變異程度或分散情形愈大。

變異係數為群體標準差與平均數的比值乘於 100，即標準差占平均數多少百分比，又稱為「**相對差**」，它是一個沒有單位的比值，適用時機：一為比較測量單位相同，平均數差異很大的分布資料；二為比較測量單位不相同的分布資料。變異係數又稱為「**相對差異量數**」（relative dispersion），是絕對差異量數除以群體平均數的百分比值，它是一個無名數，變異係數值愈小，表示群體的分散程度較小。例如甲班中數學成績分數與體適能分數二種成績個別差異的比較，或比較班級身高與體重的個別差異（二個變項均有平均數及標準差量數），由於二種分數的比較基準不同且單位換算不同，因而不能直接以標準差大小作為個別差異指標，個別差異指標最佳的量數為「**相對變異係數**」（coefficient of relative variation, CRV）或「**變異係數**」。

測驗分數之相對地位量數

相對地位量數表示個體所得分數在群體中所占的位置。常見的相對地位量數為「**百分等級**」（percentile ranks, PR）與「**百分位數**」（percentile points, P_p）與「**標準分數**」（standard score）。百分等級與標準分數均可用來表示個別分數在某特定群體中的相對地位，也稱為相對地位分數，其性質有排名、名次的意涵存在。百分位數並非是集中量數，第 50 個百分位數剛好是中位數，百分位數的計算與中位數的計算十分類似，都要將分數排序（由大到小或由小到大），百分位數是把分數分為一百等份，代表符號為 P_1、P_2……P_{99}，P_{10}（第 10 個百分位數）表示有 10% 的分數低於（落後）對應分數（該分數）；P_{70}（第 70 個百分位數）表示有 70% 的分數低於（落後）對應分數（該分數），例如 $P_{70} = 85$ 分指的是群體中有 70% 的分數低於 85 分或落後在 85 分下面；P_{50}（第 50 個百分位數）表示有 50% 的分數低於（落後）對應分數（該分數），此量數即為中位數。

百分等級 PR 指的是群體中得分「**低於**」（below）個體分數者所占的比率（百分比），是根據群體中所有人的分數按大小排序進行比較，範圍從 1 到 99，百分等級並不是學生在測驗正確作答的百分比（答對率）。例如甲生考試分數是 74 分，百分等級 PR = 99，表示甲生的分數在 100 位受試者當中贏過 99 人（排名第 1 名）；乙生 68 分，百分等級 PR = 87，表示甲生的分數在 100 位受試者當中贏過 87 人（排名第 13 名）。某人想要在考試中位居百分等級 PR = 87 的位置，其百分位數（考試分數）必須達 68 分，符號表示為：$P_{87} = 68$。群體中原始分數最高個體排名第 1 名，

百分等級 PR=99；原始分數最低個體排名最後 1 名，其百分等級 PR=1，表示在 100 位受試者中，贏過個人分數的受試者有 99 位。百分等級的平均沒有意義（一般求平均數是採用原始分數）。從名次 R 與學生總數 N，計算百分等級的公式：$PR = 100 - \dfrac{(100R - 50)}{N}$。

　　z 分數（z-score）是最基礎的「**標準分數**」（standard score），它是將原始分數轉換爲「**標準值**」（standard value）的一種方法。z 分數是個體分數減去平均數，再除以標準差 $= \dfrac{X - \mu}{\sigma} = z = \dfrac{原始分數 - 總平均數}{標準差}$。z 分數是原始分數與平均數的差異值，再判別差異值是標準差的多少倍，二組不同單位的數值資料，化爲標準值後可以進行加減並比較。群體原始分數轉換爲 z 分數後，標準分數值 z 分數的平均數等於「**0**」、標準差等於「**1**」，若是 z 分數爲負值，表示原始分數低於群體平均數；z 分數爲正值，表示原始分數高於群體平均數，百分等級 PR = 50 的 z 分數剛好爲 0。例如小強此次數學定期考查的 z 分數爲 2，表示小強數學定期考查的原始分數高於年級平均數 2 個標準差，假設年級平均數 62、標準差 10，則小強的原始分數 = 62 + 10×2 = 82 分，年級每位同學的數學定期考查分數轉換爲標準分數後，年級標準分數總平均值爲 0。

受試者	原始分數	z 分數	T 分數
S1	30	-1.42	35.75
S2	45	-0.67	43.25
S3	50	-0.42	45.75
S4	25	-1.67	33.25
S5	60	0.07	50.75
S6	55	-0.17	48.25
S7	70	0.57	55.75
S8	75	0.82	58.25
S9	95	1.82	68.24

受試者	原始分數	z 分數	T 分數
S10	80	1.07	60.75
平均數	58.5	0	50
標準差	20.01	1.00	10.00

　　將 z 分數進行直線轉換，為心理測驗常見的標準分數 = M + SD×(z)，M 為標準分數量表的平均數、SD 為標準分數量表的標準差。常態化標準分數，都是經由 z 分數直線轉換而來，常見的「**常態化標準分數**」（normalized standard score）如：

　　T 分數 = 50 + 10×(z) [平均數 50、標準差 10]

　　斯比智力量表離差智商 = 100 + 16×(z) [平均數 100、標準差 16]

　　魏氏兒童智力量表離差智商 WISC = 100 + 15×(z) [平均數 100、標準差 15]

　　美國陸軍普通分類測驗 AGCT = 100 + 20×(z) [平均數 100、標準差 20]

　　美國教育測驗服務社之「**學術性向測驗分數**」SAT = 500 + 100×(z) [平均數 500、標準差 100]

　　大學入學考試委員會之「**大學入學測驗**」ACT = 20 + 5×(z) [平均數 20、標準差 5]

　　國家教育研究院舉辦之「**臺灣學生學習成就評量資料庫**」TASA = 250 + 50×(z) [平均數 250、標準差 50]

　　「**常態曲線等值**」（或常態曲線等分，normal curve equivalents, NCE）= 50 + 21.06×(z)，NCE 也是一種常態化標準分數，它的採用是避免「**年級等量分數**」應用的缺失，此標準化分數的平均數為 50、標準差為 21.6，NCE 的分數介於 1 至 99。NCE 分數（等距變項）的 1、50、99 對應的百分等級（次序變項）剛好也為百分等級 PR = 1、PR = 50、PR = 99，除此三個分數點外，其餘 NCE 分數與對應的百分等級是不同

的數值。與百分等級相較之下，NCE 在極端分數更爲分散（例如 NCE 分數 90 到 99 區間對應的百分等級區間範圍僅爲 97 至 99），接近中央部分的分散程度較小（50 到 75 的 NCE 分數差異對應的百分等級差異爲 50 到 88）。百分等級與常態曲線等値之對應關係如下表（Linn & Gronlund, 2000, p.493）：

NCE 分數	對應的百分等級	百分等級	對應的 NCE 分數
99	99	99	99
90	97	90	77
75	88	75	64
50	50	50	50
25	12	25	36
10	3	10	23
1	1	1	1

標準九（stanine）是將所有受試者的原始分數，依分數高低區分成九個區域，其內涵與 z 分數類似，每個區域恰好爲 1.5 個標準差。九個區域中的分數 1 表示最低的表現，分數 9 表示最高的表現。標準九分數於班級評量運用的判別爲：標準九分數中的 1、2、3 代表學業成就低於平均數；7、8、9 代表學業成就高於平均數；4、5、6 代表接近平均數。標準九分數不像百分等級（percentile ranks）那樣精確，相同的測驗型態在不同學科成績的標準九分數，也可判別學生學科表現的優劣。標準九與百分等級範圍對照如下表：

近似百分等級	標準九	成積百分比
4 以下	1	4%
4-10	2	7%
11-22	3	12%

近似百分等級	標準九	成積百分比
23-39	4	17%
40-59	5	20%
60-76	6	17%
77-88	7	12%
89-95	8	7%
96 以上	9	4%

　　標準九的平均數為 5、標準差為 2，每一個標準九單位為 1.5 個標準差。說明時以「**第幾個標準九**」來解釋受試者的測驗分數，例如「**第三個標準九**」、「**第八個標準九**」。標準九量表和 T 分數、z 分數及常態分配的關係圖如下（李茂興譯，2002，頁 72）：

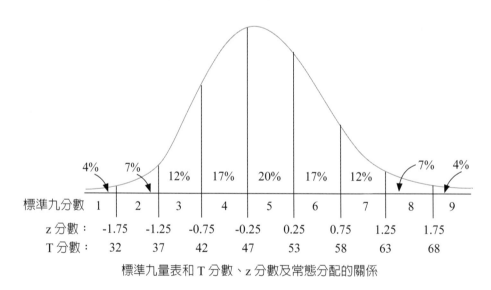

標準九量表和 T 分數、z 分數及常態分配的關係

　　將原始分數轉換化為標準九分數時，要將所有受試者分數從最高分至最低分依序排列，最右邊 4% 的分數對應的標準九分數為 9 分，次等級分數受試者對應的標準九分數為 8 分，人數為 7%；最左邊 4% 得分者的標準九分數為 1 分，標準九分數愈小，表示受試者原始分數愈低。標準九

量表分數採用的是「**區間**」而非數值點測驗分數，任何正常學生的測驗分數都可以採用標準九分數，測驗分數結果的假定為常模化，當有缺陷的測驗分數所構成的分配曲線非常模化時，常模狀態會調整；但若是分配是以樣本的能力為主所構成的非常態分配，則採用標準九常模化分數並不恰當（李茂興譯，2002；Hopkins, 1998）。

標準九分數主要限制是無法呈現今年至次年學生的成長情形，若是學生的進步與常模群體相匹配，學生在群體中會保持相同的位置，給予的標準九分數也會相同。如果要決定學生學習成長情況，必須檢視原始測驗分數的增加量，或學生在發展性量尺分數的變化情形。標準九分數的主要優點有以下幾項（鄒慧英譯，2004；Linn & Miller, 2005, pp.475-476）：

1. 標準九使用「**九點量尺**」（nine-point scale），最高值為 9、最低值為 1、平均值為 5，此種量數很容易讓學生與家長理解，量尺介於 1 至 9 之間，學生測驗表現可以快速地以視覺化方式呈現。

2. 標準九是常態化的標準分數，就相同的標的群體而言，可以比較學生在不同測驗上的表現，如果測驗的信度足夠，二個標準九分數間的差異表示測驗間表現的顯著差異，因而，若是受試個體在數學的標準九分數為 7、在英文的標準九分數為 5，大概可以說明此學生在數學表現較為優異。

3. 因標準九的計算類似百分等級，只是形式以標準九分數表示，因而標準九系統很容易整合不同類型的資料（例如測驗分數、評分等第、等級資料等）。標準九的轉換程序相當簡單，其分數的特徵讓此量數可以將來自不同測量的標準九分數加總，以獲得一個總體分數或「**複合分數**」（composite score），簡單加總之標準九的複合分數中每個測量權重是相同的。

4. 標準九分數使用單一數值分數（個位數數字），不僅容易記錄，而且比其他分數使用更為簡易。

【自我練習】（修改自 Popham, 2008, pp.303-304）

T（是）、F（非）

1.（　　）大多數標準化的能力測驗除檢視受試者測驗的原始分數，一般會根據「量尺分數」（scale scores）解釋測驗結果（轉換原始分數後的新分數）。（T）

2.（　　）變異性指標量數全距的缺點之一是大約僅從二個原始分數所延伸得出。（T）

3.（　　）如果測驗分數分布的異質性特別明顯，則與具同質性測驗分數分布時的情況相較之下，前者有較大的標準差量數。（T）

4.（　　）「ACT」（學生大學入學測驗）從根本上來說是一種「性向測驗」（aptitude test），而「SAT」（學生學術性向測驗）基本上為一種「成就測驗」（achievement test）。（F）

5.（　　）學生在標準化測驗考試表現中，「百分位數」（percentiles）是最常用來描述學生考試表現的方式。（T）

6.（　　）解釋標準化測驗結果上，「百分位數」表示的是一種「相對方案」（relative scheme）；年級等量分數在解釋標準化測驗結果則是一種「絕對方案」（absolute scheme）。（F）

7.（　　）根據「SAT」（學生學術性向測驗）或 ACT（學生大學入學測驗）成績，可將一位大學生大約 50% 的成績連結反推到該學生在高中時的成績。（F）

8.（　　）就「年級等量分數」（grade-equivalent scores）的適當性功能而言，可以假定已施測主題領域所強調的是每個施測年級水準大致相等。（T）

9.（　　）一位五年級學生的年級等值分數（年級等量分數）為 6.2，所表示的是五年級學生的表現比預期超出六個月又二個星期。（F）

10.（　　）雖然「量尺分數」（scale scores）愈來愈多被用於描述標準化測驗的結果，但很難只透過量尺分數單獨解釋所有測驗結果。（T）

11.（　　）標準化性向測驗量尺分數的結果解釋幾乎都是根據平均分數量數等於 500 來詮釋。（F）

12.（　　）從試題反應理論延伸出的量尺分數之優點之一，是當使用不同的測驗形式時，它們的使用可根據學生能力呈現有難度的挑戰試題。（T）

13.（　　）雖然「年級等量分數」很容易溝通，但與其他量數相較之下，它們常常被家長做出錯誤的解釋。（T）

14.（　　）實證研究顯示，學生測驗準備活動（測驗前練習）與學生參與「SAT」及「ACT」測驗分數結果間的關聯程度不高。（T）

第 **27** 講

常態分配

常態分配指的是一個夠大的樣本數的心理特質或行爲表現的分配會呈左右對稱的鐘形曲線，它是一個平滑勻稱的單峰曲線，完全地對稱，以「**平均數**」爲中點，平均數對應的曲線高度最高。標準分數 z 分數繪製的常態分配曲線圖中的曲線最高點對應的 z 分數值爲 0，大部分的分數會位於 +3 個標準差與 -3 個標準差範圍之內。

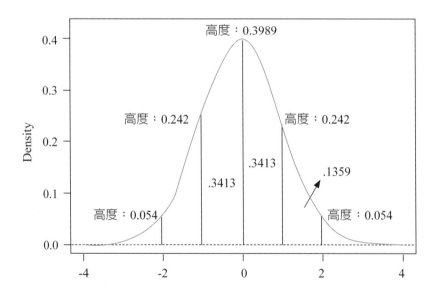

常態分配曲線以下的面積假定爲 1（100%），則特定標準差間的面積爲：

-3σ 以下的面積（或 +3σ 以上）為 .0013。

-3σ 至 -2σ 間的面積（或 +2σ 至 +3σ）為 .0215。

-2σ 至 -1σ 間的面積（或 +1σ 至 +2σ）為 .1359。

-1σ 至平均數（0）間（平均數至 +1σ）的面積為 .3413。

得分在平均數上下一個標準差間的人數約占總人數的 .6826。

得分在平均數上下二個標準差間的人數約占總人數的 .9544。

得分在平均數上下三個標準差間的人數約占總人數的 .9974。

　　就實用目的而言，常態分配的分數會落在測驗平均數負三個標準差與正三個標準差之間（-3 至 +3）。每個測驗的平均數與標準差量數值均不相同，從二個不同測驗之原始分數中，無法進行受試個體的比較，若把原始分數轉換為「**標準差單位**」（standard deviation units），就可以直接比較受試個體在二個不同測驗的表現。原始分數轉換成標準差單位時，就不再需要使用原始分數。假定測驗 A 的原始分數平均數為 55 分，其標準差為 5，則 -3、-2、-1、0、+1、+2、+3 個標準差值量數分別為 40、45、50、55（平均數）、60、65、70，小明在測驗 A 的原始分數為 70 分，其量數值的點在常態分配平均數以上三個標準差位置。假定測驗 B 的原始分數平均數為 60 分，其標準差為 10，則 -3、-2、-1、0、+1、+2、+3 個標準差值量數分別為 30、40、50、60（平均數）、70、80、90，測驗 B 平均數以上三個標準差單位之原始分數需要高達 90 分，若小明在二個測驗的原始分數得分均為 70 分，則小明在測驗 B 的表現顯著較差。此種標準差單位的轉換比較時，常模群體必項是一個共同的群體（Linn & Gronlund, 2000, p.488）。

　　在常態分配下，平均數 = 中位數 = 眾數。

　　常態曲線基準線上的每一點都能轉換為「**百分等級**」（percentile ranks），平均數以下二個標準差對應的百分等級約為 2%；平均數以下一個標準差對應的百分等級約為 16%；0 個標準差對應的百分等級為 50%；平均數以上一個標準差對應的百分等級約為 84%、平均數以上二個標準差對應的百分等級約為 98%。

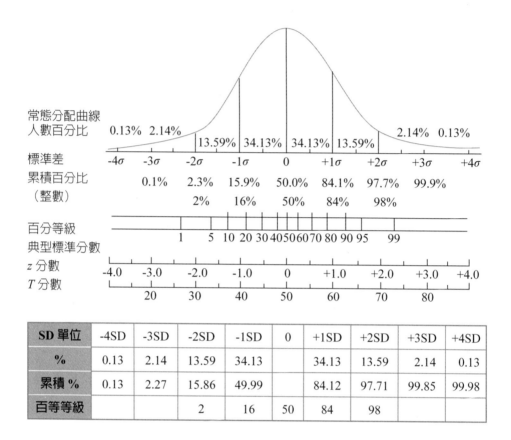

SD 單位	-4SD	-3SD	-2SD	-1SD	0	+1SD	+2SD	+3SD	+4SD
%	0.13	2.14	13.59	34.13		34.13	13.59	2.14	0.13
累積 %	0.13	2.27	15.86	49.99		84.12	97.71	99.85	99.98
百等等級			2	16	50	84	98		

　　九年級群體數學測驗分數中，數學測驗的平均數為 68，標準差為 11，上下一個標準差的分數值為 [68 − 9, 68 + 9] = [59, 77]，表示群體受試者的數學分數約有 68.26% 的學生介於 59 分至 77 分之間；上下一個標準差的分數值為 [68 − 9×2, 68 + 9×2] = [50, 86]，表示群體受試者的數學分數約有 95.44% 的學生介於 50 分至 86 分之間。小強的分數為 86 分，分數數值點剛好位於平均數之上二個標準差，小強考試分數贏過 97.72% 群體受試者；小明的測驗分數為 77 分，分數點位於平均數上面一個標準差處，小強考試分數贏過 84.13%（= 50% + 34.13%）群體受試者，如果群體考生有 100 位，小明的考試分數約高過 84 位受試者；小雄的考試分數只有 59 分，分數數值點位於平均數以下一個標準差處，小雄的考試分數

只贏過 15.87% 群體受試者（= .50 − .3413 = .1587），即小雄的考試分數與群體受試者比較之下，大約只高於 16% 的受試者。

　　測驗或評量中的群體分數型態因題目難易度不同，會有二種偏態情形出現：

 負偏態

　　「**負偏態**」（negative skewness）或「**左偏態**」，個體分布的主體集中在右側，此時眾數 > 中位數 > 平均數，由於多數分數高於平均數，表示分數高分者較多，此種情況可能題目較為簡易或群體學生的能力較佳。

> 【範例說明】
> 八年級第二次定期考查，年級所有學生的英文成績平均數為 68 分，中位數為 74 分，眾數為 79 分，請問八年級學生第二次定期考查的英文成績分布型態為何種類型？
> 說明如下：
> 群組分數型態分布：眾數大於中位數，中位數大於平均數，眾數與中位數都在平均數的右側，群體成績的分布型態為負偏態。

 正偏態

　　「**正偏態**」（positive skewness）或「**右偏態**」，分布的主體集中在左側，此時眾數 < 中位數 < 平均數，由於多數分數低於平均數，表示分數低分者較多，此種情況可能題目較為困難或群體學生的能力較差。在負偏態的分布中，中位數在平均數的右側，表示班級學生有 50% 以上的學生高於平均數，多數學生學習的精熟度較佳；正偏態剛好相反，眾數及中位數在平均數的左側，表示班級學生有 50% 以上的學生低於平均數，多數學生學習的精熟度不佳。

【範例說明】

八年級第二次定期考查，年級所有學生的數學成績平均數為 49 分，中位數為 44 分，眾數為 38 分，請問八年級學生第二次定期考查的數學成績分布型態為何種類型？

說明如下：

群組分數型態分布：平均數大於中位數，中位數大於眾數，眾數與中位數都在平均數的左側，群體成績的分布型態為正偏態。

　　一般而言，當難度指標值 P ≦ .30 時，測驗分數的分配型態會接近正偏態（測驗分數集中在低分的一端，多數受試者的分數都偏低）；當難度指標值 P ≧ .80 時，測驗分數的分配型態會接近負偏態（測驗分數集中在高分的一端，多數受試者的分數都偏高）。

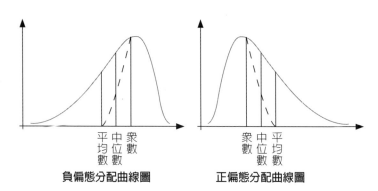

負偏態分配曲線圖　　　　　正偏態分配曲線圖

　　從「**峰度**」（kurtosis）的圖示檢視，峰度指的是次數分配曲線的高度，若是所有受試者測驗分數集中於平均數附近，則與常態分配的峰度相較之下，分配曲線較為陡峭，此種分配圖示稱為「**高狹峰**」；相對的，若曲線的高度比常態分配曲

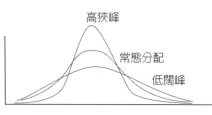

線還扁平者，此種分配圖示稱為「**低闊峰**」，曲線分配為平坦形狀，資料結構呈現低闊峰分配，表示受試者測驗分數的分布較為均勻，平均數上下標準差區間的面積差距不像常態分配那麼大。

第**28**講

推論統計

推論統計的圖示如下：

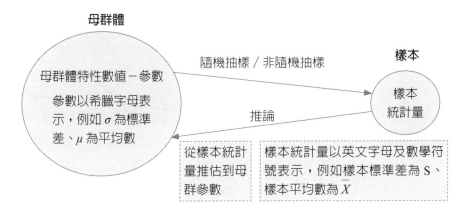

母群體

母群體特性數值－參數
參數以希臘字母表示，例如 σ 為標準差、μ 為平均數

隨機抽樣／非隨機抽樣

樣本

樣本
統計量

推論

從樣本統計量推估到母群參數

樣本統計量以英文字母及數學符號表示，例如樣本標準差為 S、樣本平均數為 $\bar{X}$

　　學校體適能檢查中，七年級學生共有 18 班，體育老師只隨機抽取其中六個班級施測，施測結果的統計量再推論至全校七年級學生的體適能參數，由於未全面施測，因而只能根據六個班級學生的施測結果「**推論**」，此即為「**推論統計**」，六個班級施測結果計算的量數稱為「**樣本統計量**」；18 個班級學生的體適能量數稱為「**母體參數**」。從「**母群體**」（population）抽取代表性樣本最簡單的方法為「**隨機抽樣**」（random sample），抽取的樣本若無法有效代表母群體的屬性，二者之間的差異稱為「**抽樣誤差**」（sampling error）；抽取樣本中的施測程序發生的誤差值（例如記錄有誤、施測不精準、資料填寫錯誤等）稱為「**非抽樣誤差**」

（non-sampling error）。

　　從母群體中每次抽取 p 個樣本，p 個樣本可計算其平均數、變異數，反覆此種程序，總共抽取 N 次，則當 N 很大或無限大時，可得到 N 個樣本平均數（$\overline{X}_1$、$\overline{X}_2$、$\overline{X}_3$……$\overline{X}_N$）與變異數，樣本平均數會形成一種新的次數分配表，此種分配稱爲「**抽樣分配**」（sampling distribution）。抽樣分配有以下三種特性：

　　1. N 個樣本平均數所構成的次數分配接近常態分配（與原來母群體的次數分配是否爲常態分配無關）。

　　2. N 個樣本平均數的總平均值會等於母群體的平均數 μ（此統計定理稱爲中央極限定理）。

　　3. N 個樣本平均數所得的標準差（在推論統計中稱爲標準誤）會等於母群體標準差除以 N 的根號：$\sigma_{\overline{X}} = \dfrac{\sigma}{\sqrt{N}}$。

　　樣本統計量推估母群體參數方法有二種，一爲「**點估計**」（point estimation）、二爲「**區間估計**」（interval estimation）。點估計爲以抽取樣本計算所得的不偏估計值的數值推估母群體的參數並做成決策，例如以樣本統計所得的平均數（$\overline{X}$）推估母群體的總平均數（μ）。區間估計爲以抽取樣本計算所得的平均數（$\overline{X}$）與標準差的上下限區間值來推估母群體參數。「**信賴區間**」（confidence interval）表示法通常會增列「**信賴水準**」（confidence level），常用的「**信賴水準**」爲90%、95%、99% 三種，信賴水準指的是區間估計值推估母群體參數有多高的可信度或信賴度。以95%「**信賴水準**」爲例，區間估計值若爲 [65, 78]，表示母群體平均數包含區間估計值（介於 65 至 78）量數的機率有 95%；區間估計值不包含母群體平均數的機率爲 5%。

常見的統計方法運用時機摘要表

統計方法	主要功能	範例
卡方適合度（test of goodness-of-fit）檢定	考驗單一變項上各選項的百分比間是否有顯著差異。	• 學生喜愛課外讀物類型的百分比是否有顯著不同？A. 科學類、B. 小說類、C. 文學類、D. 漫畫類、E. 歷史類。
卡方百分比同質性考驗	考驗二個間斷變項構成的交叉表之百分比是否有顯著差異。	• 不同社經地位（高、中、低）學生每個月到圖書館借書的百分比是否有不同？
皮爾森積差相關	考驗二個計量變項間的相關。相關係數值介於 -1 到 +1，相關係數值大於 0 稱為正相關、小於 0 稱為負相關。	• 學生的智力與學業成就間的關係。 • 學生數學焦慮與數學成就間的關係。
斯皮爾曼（Spearman）等級相關／肯德爾（Kendall）等級相關	考驗二個次序變項的關係，可作為評分者一致性信度指標值。此類型的評審者一般為二位，如果等級相關係數很高，表示二位評審者的看法很接近，評分者一致性良好。	• 學校朗讀比賽中二位評審老師對 12 位比賽學生評定「等級」的關聯性。 • 校慶寫生比賽中二位評審老師對 20 件作品評定名次的一致性。
肯德爾（Kendall）和諧係數（Kendall's coefficient of concordance）	評審者有三人以上的等級評定。	• 學校書法比賽中四位評審老師對 20 件作品評定等級的關聯性。 • 語文競賽之演講比賽中，五位評審老師對 15 位參賽者評定名次一致性的看法。
單一樣本 t 檢定	考驗單一樣本平均數與常模／大群體間平均數的差異（常模或大群體標準差未知）。	• 隨機抽取忠明國中一年級 100 位學生的體適能成績，和建構的常模進行比較。

統計方法	主要功能	範例
		• 隨機抽測忠明國小五年級四個班（80 位學生）的閱讀素養，與教育局建構的全市閱讀素養進行比較。
獨立樣本 t 檢定	考驗二個獨立群體的平均數間是否有顯著差異。自變項為二分類別變項（二個群組）、檢定變項為可以估算平均數的計量變項。	• 考驗單親家庭與完整家庭之國中學生的學習成就間的差異。 • 考驗國小六年級學生不同性別（男生、女生）在閱讀素養分數的差異。
相依樣本（成對樣本）t 檢定	二個平均數估測是來自同一群體，並不是分別來自不同的群體，例如甲班前測（第一次施測）、後測（第二次施測）。	• 行動研究程序中林老師對班上閱讀學習動機於第一週施測、再於第六週施測，比較班上學生二次閱讀學習動機的差異。
單因子獨立樣本變異數分析（one-way ANOVA）	考驗三個以上獨立群體的平均數間是否有顯著差異。自變項為三分類別變項以上（三個群組以上）、檢定變項為可以估算平均數的計量變項。	• 考驗不同年級（一年級、二年級、三年級）國中生在數學學習焦慮的差異。 • 考驗不同地區（北區、中區、南區、東區）國小六年學生在閱讀素養分數的差異。
共變數分析法──以統計控制法排除干擾變項的影響，常用於準實驗設計	實驗組：前測⇨實驗操作⇨後測。 控制組：前測⇨未進行實驗操作⇨後測。 實驗過程無法完全做到隨機抽取與隨機分派的實驗設計。	• 行動研究採用準實驗設計，甲班採用翻轉教學、乙班採用傳統講述法，以共變數分析法排除二班前測的差異，探究不同教學法學習成效的差異。

第**29**講

積差相關

　　積差相關為二個計量變數間的相關，二個變項間的相關程度量數值為「**相關係數**」（coefficient of correlation）。例如國中一年級學生的智力與其學業成就間的相關；高中生的畢業成績與學測分數間的相關；高職學生的生活壓力與其自殺意念間的關係；國中學生的身高與體重間的關係等。積差「**相關**」（correlation）之二個變項均必須為連續變項，每個變項可以計算出其平均數與標準差值，積差相關也稱為「**簡單直線相關**」（simple linear correlation）。

　　相關係數的「**強度**」（strength）表示二個變項間的相關程度，絕對值愈接近，二個變項間的相關程度愈高；相關係數的「**方向**」（direction）表示二個變數間相關方向是否相同。相關係數的數值介於 $-1 \leqq r \leqq +1$，當相關係數值等於 -1 時稱為「**完全負相關**」（perfect negative correlation）、當相關係數值等於 $+1$ 時稱為「**完全正相關**」（perfect positive correlation）。「**完全負相關**」或「**完全正相關**」在理論上是存在的，但在社會科學領域（尤其是心理與教育範疇）除非是人為操控，否則量數值是不存在的。相關係數值等於 0 時，表示二個變項是完全獨立，它們之間沒有任何相關，一般稱為「**零相關**」（zero correlation）。相關係數值 r 的大小表示的是二個變項間關聯性的程度，絕對值愈接近 1，二個變項間的關聯性愈高；絕對值愈趨近於 0，二個變項間的關聯性愈弱，絕對值介於 0 至 1 之間，顯示變項間有不同程度的相關。相關係數值 r 的正負符號表示的是二個變項間關聯程度為順向或逆向，順向關係的二個變項

稱爲「正相關」（positive correlation）、逆向關係的二個變項稱爲「負向關」（negative correlation）。

積差相關係數的絕對值愈接近 1，表示二個變項間的關係愈密切，其圖形可用「散布圖」（scatter plot）表示，正相關圖形的迴歸線爲「／」、負相關圖形的迴歸線爲「＼」、零相關圖形的散布圖一般呈現「〇」，無法看出二個變項分數間一致性的變化情況。二個變項有相關「不一定」有因果，因爲二個變項有相關，可能有三種意涵：一爲二個變項都是「因」（例如智力與學習動機，其真正的果變項爲學習表現或學業成就）；二爲二個變項都是「果」；三爲二個變項中一爲「因」一爲「果」（例如智力和學業成就有相關，智力是導致學生高成就的因）。例如國中學生數學成績和理化成績有正相關，二個變項可能是果，真正的因變項爲學生的智力或努力程度、成就動機或家庭文化資本導致。

二個相同變項間若有中高度相關，若特別選取同質性的個體，這些個體的個別差異較小，則所得的相關係數會減小，例如假定國一學生（一般群體）的智力與數學成績的相關係數爲 .49，研究抽取的樣本改爲國一資優班學生，則資優班學生的同質性較高（異質性較小），則智力與數學成績的相關係數可能只降爲 .35。因而以小區域或單一學校爲樣本求得的相關係數，通常會小於以大區域或多個學校爲樣本所求得的相關係數。就智力商數與學業成就的相關而言，由於大學生較高中生的異質性較低、高中生又較國中小學同質性較高（國中小學生班級均爲常態編班），因而以大學生爲母群體所求出的相關係數通常會是三個教育階段別中最低的。

下表爲 31 位學生的閱讀素養與成就測驗分數：

	S1	S2	S3	S4	S5	S6	S7	S8	S9	S10	S11	S12	S13	S14	S15	S16	S17
閱讀素養	1	2	5	3	6	4	6	7	7	8	9	10	11	11	12	12	13
成就測驗	10	30	65	53	42	55	69	62	80	64	45	71	78	74	86	78	79

	S18	S19	S20	S21	S22	S23	S24	S25	S26	S27	S28	S29	S30	S31
閱讀素養	15	16	17	18	20	21	22	23	24	26	27	28	29	30
成就測驗	76	80	66	82	87	78	76	86	89	92	94	86	95	91

　　31位學生閱讀素養分數與成就測驗分數間的積差相關係數 r = 0.786。閱讀素養分數低於 10 分受試者之閱讀素養分數與成就測驗分數間的積差相關係數 r = 0.639。閱讀素養分數高於、等於 20 分受試者之閱讀素養分數與成就測驗分數間的積差相關係數 r = 0.688。相關係數計算標的樣本只取低閱讀素養或高閱讀素養的學生，求受試學生間的閱讀素養分數與成就測驗分數間積差相關係數，係數的強度會比採用全體樣本（或全部資料）計算的積差相關係數還小（或還低）。

　　31 位學生閱讀素養分數與成就測驗分數間的散布圖如下：

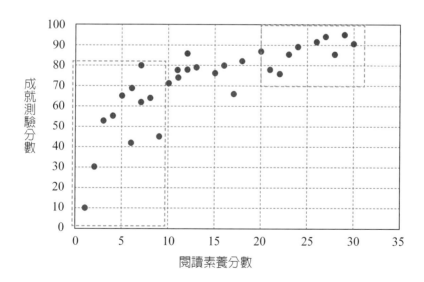

		平均數	標準差	相關係數
全部受試者	閱讀素養分數	14.29	8.60	0.786
	成就測驗分數	71.58	19.21	
閱讀素養分數 ≥ 20 分受試者	閱讀素養分數	25.00	3.32	0.688
	成就測驗分數	87.40	6.00	
閱讀素養分數 <10 分受試者	閱讀素養分數	5.27	2.42	0.639
	成就測驗分數	52.3	18.81	

在教育與心理評量實務工作上,完全正相關或完全負相關之「**完美相關**」(perfect correlations)很少出現,完美相關也意謂著「**完美預測**」(perfect prediction)。完美相關情況之所以很少出現的原因有以下幾個:(1) 每個評量都包含測量隨機誤差;(2) 測量的單位並不是完全相等的;(3) 評量結果分數的分配形狀並非都會相同;(4) 二個評量結果呈現的關係並非都是簡單線性型態(Nitko & Brookhart, 2007, p.54)。相關係數高低與樣本大小有關,測驗與評量中要得到高相關係數的原則如下(Nitko & Brookhart, 2007, p.55):

1. 評量的二個特質必須相似:評量的二個特質愈相似,所得的相關係數愈高,例如語文性向測驗與閱讀理解測驗間分數的相關係數,會高於語文性向測驗與數學性向測驗間分數的相關係數。

2. 二個評量結果分數要有高的信度:評量結果分數的信度愈低,所得的相關也愈小。性質相同的評量內容,客觀式測驗間所得到的相關通常會高於主觀式測驗間的相關。

3. 二個評量分數的範圍要廣或全距要大:測驗分數分布的範圍(或廣度)愈大,愈可能得到較高的相關。全校七年級學生在數學性向測驗與數學學期成績間的相關,會高於只計算一個班級數學性向測驗與數學學期成績間的相關。

4. 二個評量結果分數的分布型態要相似:二個評量結果分數的分布型態差異愈大,所得的相關係數愈小。就特定群組學生而言,一個難度非常

難與非常容易的成就測驗間的相關，會小於二個難度適中的成就測驗結果分數間的相關。

　　5.二個評量實施的時間間距要短：二個評量實施的間距愈短，測驗結果分數間的相關愈高。

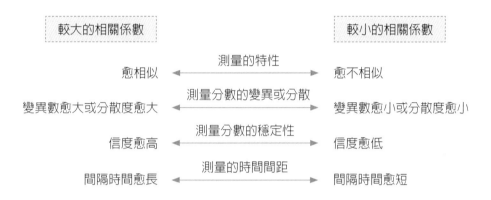

資料來源：修改自 Linn & Miller（2005, p.89）。

　　積差相關係數的平方值稱為「**決定係數**」（coefficient of determination），決定係數值是一個變項的總變異量中（100%）可以被另一個變項解釋的變異量，例如智力與學業成就的積差相關係數為 .60，決定係數為 .36，表示智力變項可以解釋學業成就的變異量為 36%，學業成就 64% 的變異量是智力變項無法解釋的（可能的變因如努力程度、投入時間、讀書策略等）。二個變項間有相關，就可以進行「**預測**」，此種預測在統計方法上稱為「**迴歸分析**」，例如以學校畢業學業總成績預測學測分數，其中在校成績稱為「**預測變項**」（或自變項／解釋變項）、學測分數稱為「**結果變項**」（或依變項／效標變項）。

　　學習評量中使用一份信度不高的測量工具時，會因為測驗本身低信度關係導致測驗分數本身有較大的測量誤差，致使之後應用該工具時得到的相關係數統計量，達到統計顯著性的結果大幅降低，讓測驗結果變得不具價值性，此種情況稱為讓潛在的相關係數被測量誤差給減弱或萎縮了（余

民寧，2020）。「**萎縮相關係數校正公式**」（the correction for attenuation formula）可以校正改善此種情況，此公式是統計上為估計二個測量間真實分數的相關所衍生而來的，它表示的是假設同時排除二個測量間的測量誤差後的相關。在發現測驗本身有較大的測量誤差時，此公式可以改善二個測量分數間的相關，公式為（李茂興譯，2002；Hopkins, 1998）：

$r'_{12} = \dfrac{r_{12}}{\sqrt{r_{11} \times r_{22}}}$，符號中 r_{12} 為未校正前測量 1 與測量 2 的觀察分數間相關、r_{11} 為測量 1 的信度係數、r_{22} 為測量 2 的信度係數；r'_{12} 為估算測量 1 與測量 2 真實分數間的相關（校正萎縮後的相關係數）

例如測量 1 的信度係數為 .60、測量 2 的信度係數為 .60，測量 1 與測量 2 間觀察分數間的相關係數 r_{12} 為 .30，校正萎縮後的相關係數的量數為：

$r'_{12} = \dfrac{r_{12}}{\sqrt{r_{11} \times r_{22}}} = \dfrac{.30}{\sqrt{.60 \times .60}} = \dfrac{.30}{.60} = .50$，經校正萎縮後的相關係數為 .50。

又如數學推理能力測量的信度係數為 .70，由於數學成就測驗為教師自編，根據測驗分數估算的信度係數只有 .50，數學推理能力測量與數學成就測驗間觀察分數間的相關係數 r_{12} 為 .40，校正萎縮後的相關係數的量數為：

$r'_{12} = \dfrac{r_{12}}{\sqrt{r_{11} \times r_{22}}} = \dfrac{.40}{\sqrt{.70 \times .50}} = \dfrac{.40}{.59} = .68$，經校正萎縮後的相關係數為 .68。

如果原來二個測量工具的信度都很低，則經校正萎縮後的相關係數會提升很多；相對的，若是原來二個測量工具都有不錯的信度，則經校正萎縮後的相關係數變化不大，例如 r_{12} 為 .40、r_{11} 與 r_{22} 均為 .90，則：

$$r'_{12} = \frac{r_{12}}{\sqrt{r_{11} \times r_{22}}} = \frac{.40}{\sqrt{.90 \times .90}} = \frac{.40}{.90} = .44$$

【補充說明】

相關係數的符號一般以 r 或 ρ 表示，其原始的計算公式為：

$$\rho = \frac{\Sigma XY - \dfrac{\Sigma X \Sigma Y}{N}}{\sqrt{\Sigma X^2 - \dfrac{(\Sigma X)^2}{N}} \times \sqrt{\Sigma Y^2 - \dfrac{(\Sigma Y)^2}{N}}}$$，其中 X 爲受試者在測驗一的分

數、Y 爲受試者在測驗二的分數、N 爲受試者的總人數。將上式簡化
如下：

$$\rho = \frac{N\Sigma XY - \Sigma X \Sigma Y}{\sqrt{N\Sigma X^2 - (\Sigma X)^2} \times \sqrt{N\Sigma Y^2 - (\Sigma Y)^2}}$$

$$r = \frac{\Sigma[(X - \overline{M_X}) \times (Y - \overline{M_Y})]}{N \times SD_X \times SD_Y} = \frac{\Sigma(x \times y)}{N \times SD_X \times SD_Y}$$

或 $\rho_{XY} = \dfrac{\Sigma[(X - \mu_X) \times (Y - \mu_Y)]}{N \times \sigma_X \times \sigma_Y} = \dfrac{\Sigma(x \times y)}{N \times \sigma_X \times \sigma_Y}$

其中 x 爲測驗分數一的離均差 $(X - \mu_X)$、y 爲測驗分數二的離均差
$(Y - \mu_Y)$，SD_X (σ_X) 測驗分數一的標準差、SD_Y (σ_Y) 爲測驗分數二的標準差。

在統計分析時相關係數也可以由二個測驗分數的「**共變數**」
（covariance）求出，共變數同時除以二個測驗分數的標準差即爲相關
係數：

$\rho_{XY} = \dfrac{COV_{XY}}{\sigma_X \times \sigma_Y}$，其中共變數爲二個測驗分數的離均差之交叉乘積（相

乘）的總和再除以總人數，公式爲：

$$COV_{XY} = \frac{\Sigma[(X - \mu_X) \times (Y - \mu_Y)]}{N}$$

二個測驗分數變項之離均差交叉積的總和 $\Sigma[(X - \mu_X) \times (Y - \mu_Y)]$ 稱爲
「**CP**」（cross product），CP 值愈大，變項間的相關程度也會愈大。

若是測驗分數轉換爲標準分數（Z 分數），二個測驗分數的積差相關
係數也可以由標準分數估算其公式爲：

$$\rho = \frac{\Sigma(Z_X \times Z_Y)}{N}$$

【範例 1】

下表為 10 位學生在二題多元計分申論題的作答結果，每題申論題的最低分為 0 分、最高分為 10 分，請問受試者在二題申論題的評量分數間之相關性為何？

受試者	X	Y	X^2	Y^2	X×Y	Z_X	Z_Y	Z_X×Z_Y
S1	6	4	36	16	24	0.16	-0.40	-0.06
S2	5	4	25	16	20	-0.16	-0.40	0.06
S3	8	6	64	36	48	0.80	0.49	0.39
S4	7	8	49	64	56	0.48	1.37	0.66
S5	6	3	36	9	18	0.16	-0.84	-0.13
S6	1	3	1	9	3	-1.43	-0.84	1.21
S7	10	8	100	64	80	1.43	1.37	1.97
S8	0	3	0	9	0	-1.75	-0.84	1.48
S9	3	2	9	4	6	-0.80	-1.29	1.02
S10	9	8	81	64	72	1.12	1.37	1.53
總和	55	49	401	291	327	0	0	8.12
平均數	5.5	4.90						
標準差	3.14	2.26						

上述數據中，$N \times \Sigma XY = 10 \times 327 = 3270$、$\Sigma X \times \Sigma Y = 55 \times 49 = 2396$、$\Sigma X^2 = 401$、$\Sigma Y^2 = 291$、$\Sigma X = 55$、$\Sigma Y = 49$，代入相關公式：

$$\rho = \frac{N\Sigma XY - \Sigma X \Sigma Y}{\sqrt{N\Sigma X^2 - (\Sigma X)^2} \times \sqrt{N\Sigma Y^2 - (\Sigma Y)^2}} = \frac{3270 - 2396}{\sqrt{10 \times 401 - (55)^2} \times \sqrt{10 \times 291 - (49)^2}}$$

$$= \frac{575}{31.38 \times 22.56} = \frac{575}{708.07} = 0.81$$

以標準分數 Z 求二個測驗分數的相關係數，公式為：

$$\rho = \frac{\Sigma(Z_X \times Z_Y)}{N} = \frac{8.12}{10} = 0.81$$。相關係數值為 0.812，表示受試者在二道申論題作答分數間為正相關。

【範例2】

下表為受試者在學業成就測驗分數（X）與學習焦慮分數（Y），求出受試者在學業成就分數與學習焦慮分數間的相關情形。

受試者	X	Y	X^2	Y^2	X×Y	$X-\mu_X$	$X-\mu_Y$	$(X-\mu_X)\times$ $(X-\mu_Y)$
S1	9	2	81	4	18	3	-2.9	-8.7
S2	8	1	64	1	8	2	-3.9	-7.8
S3	3	7	9	49	21	-3	2.1	-6.3
S4	2	9	4	81	18	-4	4.1	-16.4
S5	7	5	49	25	35	1	0.1	0.1
S6	6	3	36	9	18	0	-1.9	0
S7	5	3	25	9	15	-1	-1.9	1.9
S8	4	7	16	49	28	-2	2.1	-4.2
S9	6	8	36	64	48	0	3.1	0
S10	10	4	100	16	40	4	-0.9	-3.6
總和	60	49	420	307	249	0	0	-45
平均數	6	4.90						
標準差	2.45	2.59						

積差相關係數改以共變數求出：

$$COV_{XY}=\frac{\Sigma[(X-\mu_X)\times(Y-\mu_Y)]}{N}=\frac{-45}{10}=-4.5$$

$\rho_{XY}=\dfrac{COV_{XY}}{\sigma_X\times\sigma_Y}=\dfrac{-4.5}{2.45\times2.59}=-0.71$。相關係數值為 -0.71，表示受試者的學業成

就測驗分數與學習焦慮測驗分數為負相關。

直接代入標準差與離均差量數值的公式求出相關係數：

$$r=\frac{\Sigma(x\times y)}{N\times SD_X\times SD_Y}=\frac{-45}{10\times2.45\times2.59}=-0.71$$

SP 表（學生問題表）分析

　　所謂「**SP 表**」（student-problem chart）即爲 S 表與 P 表合併的表格，其中的 S 代表學生（Student），P 代表問題（Problem）。SP 表分析法（學生問題表法，Student-Problem Chart Analysis）爲日本學者佐藤隆博（Takahiro Sato）所創。SP 表分析是以試題爲單位，每一個試題均被看成相同的權重，分別針對學生的得分情形（S 表）以及問題的答題情形（P 表）排序，將二者排序整理後所呈現的 S 曲線與 P 曲線合併，即得 SP 曲線圖。SP 表是將學生在紙筆測驗上的作答「**反應組型**」（response pattern），予以「**圖形化**」表徵出來，從圖形化反應組型中可以得知每位學生的學習診斷資料，以及試題分析的診斷訊息，作爲後續進行補救教學或學習輔導措施之參考。根據所繪製的 SP 曲線圖可以分析學生的學習情況、試題適當與否，作爲學習診斷與學習輔導的改進，進而作爲命題改進參考（余民寧，2015）。

　　SP 表可用來診斷學生的作答反應組型，作答反應組型不僅反應出受試者的作答結果，也可以反應出當事者的思考模式。SP 表的判別中可以「**差異係數**」（disparity coefficient）、「**同質性係數**」（homogeneity coefficient）、「**試題注意係數**」（item caution index），以及「**學生注意係數**」（student caution index）等指標，來診斷學生學習或試題命題有無產生不尋常作答反應組型的狀況，並藉此提供診斷訊息供命題者或教師參考（余民寧，2015）。SP 表具有以下幾個使用特點：(1) 較適合形成性評量的資料分析與診斷，但不宜作爲排名之用；(2) 較適合用於班級

人數在 40 至 50 位，試題總個數在 20 至 30 題間的評量資料分析與診斷；
(3) 最適合採用圖形視覺式判斷的分析法；(4) 最適合只具初等統計學知能
的教育者使用；(5) 最適合用於了解學生之學習反應傾向時使用（陳騰祥，
1986）。

一　差異係數

SP 表中，S 曲線「**左邊**」所包圍之面積必定等於 P 曲線「**上邊**」所
包圍面積，此面積與全圍面積之比例為「**平均答對率**」。當 S 曲線與 P
曲線並未完全一致而有分離時，表示試題間含有異質性的項目，或學生反
應組型有特異的狀況。S 曲線與 P 曲線愈分離（二條曲線間圍成的面積愈
大），表示異質程度愈高，其分離程度的差異程度量數稱為「**差異係數**」
（disparity coefficient）。所謂差異係數是指實際所得的 SP 表（學生數 N、
試題個數 n、平均答對率 p）的 S、P 曲線所夾面積，與隨機 SP 表的 S、
P 曲線所夾面積的差距，加以標準化的數值。差異係數的公式以符號表示
（何英奇，1989）：

$D^* = \dfrac{S(N,\ n,\ p)}{E[S_R(N,\ n,\ p)]}$，其中 N 為學生數、n 為試題數、p 為平均答對
率，S( ) 為面積、E[ ] 為期望值。$E[S_R(N,\ n,\ p)]$ 在學生數 N、試題數 n 及
平均答對率 p 的條件下，S 及 P 二條曲線所圍的面積之二項分布可用
$S_R(N, n, p)$ 取代，差異係數可簡化為：

$D^* = \dfrac{S(N,\ n,\ p)}{S_B(N,\ n,\ p)}$

由於此差異係數公式的計算過程過於複雜，差異係數值可由 S 曲線
與 P 曲線的分離情形算出：

$D^* = \dfrac{C}{4Nn\overline{p}(1-\overline{p})D_B(M)}$，其中 C 為 S 曲線與 P 曲線包圍區域中 1 與 0
的個數總和；$M = [\sqrt{Nn} + 0.5]$，符號 [ ] 為計算括號內高斯（Gauss）整數
值，M 對應到 $D_B(M)$ 的數值，佐藤隆博有提供表格供查詢；N 為學生人
數、n 為試題個數、$\overline{p}$ 為平均答對率。

　　「**差異係數**」用來表示 S 曲線與 P 曲線的分離程度的大小。當差異係數等於 0 時（$D^* = 0$），反應組型最完美，差異係數值介於 0-1 間時，S 曲線與 P 曲線會有某種程度的分離；差異係數等於 1 時（$D^* = 1$），表示 SP 表爲隨機造成的反應組型。常模參照測驗的 D^* 值會較高，其標準值爲 0.5 左右，當 $D^* > 0.6$ 時，測驗便有相當多的異質因素成分。效標參照測驗或練習測驗時，其標準值爲 0.4 左右，當 $D^* > 0.5$ 時，測驗便有相當多的異質因素成分。不完美量尺的反應組型中，S、P 二曲線不會重疊在一起，會有不同程度的分離狀態，適當的分離是標準情形，但分離情況太大或太小都不適當，至於其分離程度的標準必須根據經驗綜合判斷，依科目、測驗內容、測驗種類及方式等都不會相同（何英奇，1989）。

 注意係數

　　「**注意係數**」（caution index）主要爲個別學生與試題異常的量數，包括二種量數：「**學生注意係數**」（caution index for students, CS）與「**試題注意係數**」（caution index for items or problems, CP）。「**CS**」或「**CP**」二個量數功能在於用來作爲判斷「**學生**」或「**試題**」在反應組型中是否有異常現象的指標，教師可利用注意係數指標了解「**學生**」或「**試題**」的狀況與問題所在。「**試題注意係數**」（CP）除可以檢視試題適當性外，也可以藉由受測者注意係數，將受測者學習成果區分成不同的學習類型（許天維等，2013）。

　　「**注意係數**」指的是以 SP 表中的區分爲界限，並以表中的「**1**」與「**0**」作爲完全反應組型之基準，表示實際組型（模式）與完美反應組型（模式）之相差程度的數值，定義的公式求法爲（何英奇，1989）：

注意係數 = $\dfrac{實際反應組型與完美反應組型間的差異}{完美反應組型的最大差異}$

注意係數的簡化公式如下：

注意係數 = $1 - \dfrac{實際反應組型與基準變量的共變數}{完美反應組型與基準變量的共變數}$

　　注意係數值爲非負值的指標值（量數大於等於 0），注意係數值等於 0，表示變量爲完美反應組型；注意係數值接近 1，表示變量爲隨機反應組型，實際的反應組型都是介於 0 至 1 之間，注意係數值愈大，表示反應組型爲異常或不尋常情況愈嚴重，不尋常的反應組型即 S 曲線左邊或 P 曲線上方得「**0**」者，以及 S 曲線右邊或 P 曲線下方得「**1**」者愈多。注意係數值愈小，表示反應組型爲不尋常的情況較不嚴重，還在容忍的誤差範圍內。

　　對於注意係數的判斷準則，佐藤隆博提出以下看法：注意係數介於 0 至 .50 時，試題或學生的反應組型爲不尋常的情況不嚴重；注意係數大於 .50 小於 .75 時，試題或學生的反應組型爲不尋常的情況很嚴重（使用一個星號 * 表示）；注意係數大於 .75 時，試題或學生的反應組型爲不尋常的情況非常嚴重（使用二個星號 ** 表示）（余民寧，2011）。

第**31**講

SP 表的繪製

SP 表為學生數（m 個）× 試題數（n 題）的 m×n 矩陣，試題資料鍵入數值 0 為答錯、數值 1 為答對。

 SP 原表資料

編號	1	2	3	4	5	6	7	8	9	10	總分
S01	0	1	0	0	1	0	0	1	0	0	3
S02	0	1	1	1	0	0	1	0	0	0	4
S03	1	1	1	1	1	1	1	1	1	1	10
S04	1	1	1	1	1	0	0	1	1	0	7
S05	1	1	0	1	1	0	0	0	1	0	5
S06	1	1	1	1	1	1	0	1	1	0	8
S07	1	0	0	1	1	0	1	1	0	1	6
S08	0	1	1	1	0	1	1	0	1	0	6
S09	0	1	1	1	1	1	1	1	1	1	9
S10	1	1	0	0	1	1	0	0	1	0	5
S11	1	0	0	0	1	0	0	0	0	0	2
S12	0	1	0	0	0	0	0	0	0	0	1
答對次數	7	10	6	8	9	5	5	6	7	3	

　　m×n 矩陣中橫列為學生編號，範例共有 12 位學生，學生編號為 S01、S02……S12；直行為試題編號，範例共有 10 題，試題編碼為 1、2……10，最右邊一欄總分為學生在試題答對的題項數，編號 S01 學生在 10 個試題中共答對 3 題，總分 3 分；最下面一列為每個試題的答對人數，12 位學生中答對第 1 題的人數共有 7 人。

 依學生總分遞減排列

　　第二個步驟為依學生在總得分的情況作遞減排序（橫列排序），由總分最高者依序排列至總分最低者。

編號	1	2	3	4	5	6	7	8	9	10	總分
S03	1	1	1	1	1	1	1	1	1	1	10
S09	0	1	1	1	1	1	1	1	1	1	9
S06	1	1	1	1	1	1	0	1	1	0	8
S04	1	1	1	1	1	0	0	1	1	0	7
S07	1	0	0	1	1	0	1	1	0	1	6
S08	0	1	1	1	0	1	1	0	1	0	6
S05	1	1	0	1	1	0	0	0	1	0	5
S10	1	1	0	0	1	1	0	0	1	0	5
S02	0	1	1	1	0	0	1	0	0	0	4
S01	0	1	0	0	1	0	0	1	0	0	3
S11	1	0	0	0	1	0	0	0	0	0	2
S12	0	1	0	0	0	0	0	0	0	0	1
答對次數	7	10	6	8	9	5	5	6	7	3	

三 根據試題答對次數進行直行排序

直行排序的標的變項為試題編號，答對最多人次（試題難度指標值最大者／試題較簡易）的試題排列在最左邊，答對最少人次（試題難度指標值最小者）的試題排列在最右邊。此部分乃將試題依答對人次由多至寡從左至右排列，範例中試題 2 答對的人次有 10 位、試題 10 答對的人次只有 3 位。

此矩陣的橫列為依學生得分的高低從上到下排列，再依試題被答對的次數從左至右排列，此矩陣表稱為「**SP 表**」（學生問題表）。

編號	2	5	4	1	9	3	8	6	7	10	總分
S03	1	1	1	1	1	1	1	1	1	1	10
S09	1	1	1	0	1	1	1	1	1	1	9
S06	1	1	1	1	1	1	1	1	0	0	8
S04	1	1	1	1	1	1	1	0	0	0	7
S07	0	1	1	1	0	0	1	0	1	1	6
S08	1	0	1	0	1	1	0	1	1	0	6
S05	1	1	1	1	1	0	0	0	0	0	5
S10	1	1	0	1	1	0	0	1	0	0	5
S02	1	0	1	0	0	1	0	0	1	0	4
S01	1	1	0	0	0	0	1	0	0	0	3
S11	0	1	0	1	0	0	0	0	0	0	2
S12	1	0	0	0	0	0	0	0	0	0	1
答對次數	10	9	8	7	7	6	6	5	5	3	

四　繪製 S 曲線

　　根據學生的總分（或答對總題數）從最左邊的試題算起，數出和總分相同的答對題數，在其右邊畫一條直線（分界線），之後在直線下方增列橫線將所有直線連結起來，以形成一個階梯式的曲線，此曲線稱為 S 曲線。

　　就每一位學生而言（橫列資料），S 曲線左邊答錯的試題數（0）與答對的試題數會相同，以學生 S09 橫列為例，S 曲線左邊 0 的個數為 1、S 曲線右邊 1 的個數為 1；以學生 S07 橫列為例，S 曲線左邊 0 的個數為 3、S 曲線右邊 1 的個數為 3。就 S 曲線準則而言，左邊答錯個數與右邊答對個數是呈「**對稱的**」（symmetric）分布。

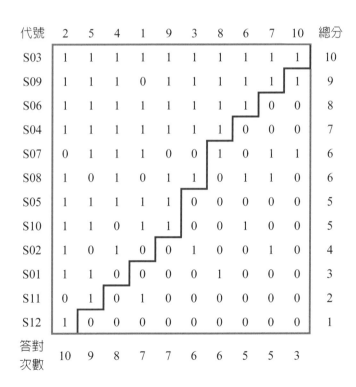

代號	2	5	4	1	9	3	8	6	7	10	總分
S03	1	1	1	1	1	1	1	1	1	1	10
S09	1	1	1	0	1	1	1	1	1	1	9
S06	1	1	1	1	1	1	1	1	0	0	8
S04	1	1	1	1	1	1	1	0	0	0	7
S07	0	1	1	1	0	0	1	0	1	1	6
S08	1	0	1	0	1	1	0	1	1	0	6
S05	1	1	1	1	1	0	0	0	0	0	5
S10	1	1	0	1	1	0	0	1	0	0	5
S02	1	0	1	0	0	1	0	0	1	0	4
S01	1	1	0	0	0	0	1	0	0	0	3
S11	0	1	0	1	0	0	0	0	0	0	2
S12	1	0	0	0	0	0	0	0	0	0	1
答對次數	10	9	8	7	7	6	6	5	5	3	

五 繪製 P 曲線

　　根據每個試題答對的人次（1 的個數）從最上面的學生算起，由上往下數，數到答對的人次時在其下面畫一條分界線，之後再將所有分界線連接起來，此曲線也是階梯狀，稱為 P 曲線。S 曲線是指學生得分的累加分布曲線，是用來區分學生答對與答錯的分界線；P 曲線是指試題答對人數的累加分布曲線，是用來區分試題答對與答錯人數的分界線。排列在 SP 表左上方者，代表能力較好之學生與較簡單之試題，大多數是被期望答對的試題，因而這個區域出現的數值 1 應該為多數（許天維等，2013）。

代號	2	5	4	1	9	3	8	6	7	10	總分
S03	1	1	1	1	1	1	1	1	1	1	10
S09	1	1	1	0	1	1	1	1	1	1	9
S06	1	1	1	1	1	1	1	1	0	0	8
S04	1	1	1	1	1	1	1	0	0	0	7
S07	0	1	1	1	0	0	1	0	1	1	6
S08	1	0	1	0	1	1	0	1	1	0	6
S05	1	1	1	1	1	0	0	0	0	0	5
S10	1	1	0	1	1	0	0	1	0	0	5
S02	1	0	1	0	0	1	0	0	1	0	4
S01	1	1	0	0	0	0	1	0	0	0	3
S11	0	1	0	1	0	0	0	0	0	0	2
S12	1	0	0	0	0	0	0	0	0	0	1
答對次數	10	9	8	7	7	6	6	5	5	3	

　　以試題 2 為例，試題 2 答對的人次有 10 位，對應直行從上往下數 10 位學生，第 10 位剛好為 S01 學生，在橫列 S01 下方畫一條橫線；試題 3 與試題 8 答對人次均為 6，從二個試題直行從上往下數，第 6 個學生的編

號爲 S08，在 S08 橫列對應的直行數值下方畫上橫線。就每一道試題而言
（直行資料），在 P 曲線上方答錯的人次（0 的個數）與下方答對的人次
（1 的個數）也是相等的，因而對 P 曲線而言，上方答錯個數與下方答對
個數也呈「**對稱的**」分布。以試題 1 爲例，P 曲線上方 0 的個數爲 2，P
曲線下方 1 的個數也爲 2；就試題 3 而爲例，P 曲線上方 0 的個數爲 1，P
曲線下方 1 的個數也爲 1。

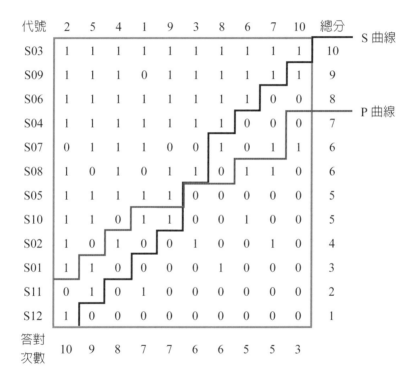

當 S 曲線左邊或 P 曲線上方的數值全部出現爲「**1**」（全部答對）；
同時 S 曲線右邊或 P 曲線下方的數值全部出現爲「**0**」（全部答錯），這
樣的反應組型稱爲「**完美量尺**」，完美量尺的 S 曲線與 P 曲線會完全重
疊在一起。完美量尺的反應組型只是理論模型，在學生實際作答情況中很
少會出現（Guttman, 1944）。

第**32**講

SP 表分析結果解釋

　　根據 SP 表分析的結果，以試題注意係數為橫軸，答對試題的學生人數百分比為縱軸，可以將試題診斷分為四種結果：A（優良型試題）、A'（A-，異質型試題）、B（困難型試題）、B'（B-，拙劣型試題）。試題診斷分析圖如下（許天維等，2013，頁 18）：

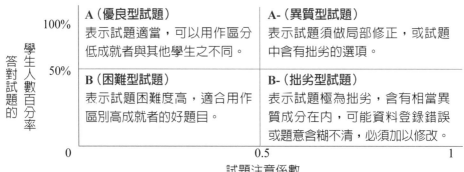

	A（優良型試題） 表示試題適當，可以用作區分低成就者與其他學生之不同。	A-（異質型試題） 表示試題須做局部修正，或試題中含有拙劣的選項。
	B（困難型試題） 表示試題困難度高，適合用作區別高成就者的好題目。	B-（拙劣型試題） 表示試題極為拙劣，含有相當異質成分在內，可能資料登錄錯誤或題意含糊不清，必須加以修改。

縱軸：學生人數答對試題的百分率（100%、50%、0）
橫軸：試題注意係數（0、0.5、1）

（一）優良型試題

　　試題難度低且差異性小。試題適當，適合學生的測驗程度，可以用作區分低成就者與其他學生之不同。教學正常情況下，根據雙向細目表及命題原則編製的試題，多半會落入此區域。

（二）異質型試題

試題難度低且差異性大。由於學生答對率尚高，試題沒有嚴重問題存在，但試題中可能含有不佳的選項，必須根據命題原則或邏輯判斷，進行小部分的修改。

（三）困難型試題

試題難度高且差異性小。由於對應答對試題的人次百分比比較低，表示試題困難度高，適合用作區別高成就者的好題目。但由於注意係數值也低，對於基本學力程度不足的學生甚為不利。

（四）拙劣型試題

表示試題極為拙劣，含有相當異質成分在內，可能資料登錄錯誤或題意含糊不清，或違反命題編製原則，題目必須加以大幅修改。

根據學生注意係數與學生正確反應百分比（得分百分比）可以診斷學生學習表現，以學生注意係數為橫軸、學生正確反應百分比為縱軸，學生的學習類型可以分為六大類（余民寧，2011），其圖示如下（許天維等，2013，頁 18）：

	A（學習穩定型） 學習良好，穩定性高，在班上程度好，學習成就較高，考試表現亦屬穩定、正常	A-（粗心大意型） 稍欠穩定，能力好，但考試卻粗心大意，不細心造成錯誤，有搶當第一個交卷的衝動與習慣
75%	B（努力不足型） 學習尚稱穩定良好，需要再用功一點，能力屬中上程度	B-（缺乏充分型） 偶而粗心，準備不充分，學習漸趨不穩定，努力也不夠
50%	C（學力不足型） 基本能力不足，學習不夠充分，努力亦不足，學習成就偏低	C-（學習異常型） 學習極不穩定，具有隨性的讀書習慣，對考試的內容沒有充分準備，考試成績時好時壞

學生答對試題的百分率　學生注意係數　0　0.5　1

（一）類型 A（學習穩定型）

學生有良好的學習表現與高度的測驗穩定性，此類型的學生多半是班級學生程度較佳者。

（二）類型 B（努力不足型）

學生有中度的穩定性，學習狀況尚稱良好，能力為中上程度，與類別 A 學生相較之下，努力程度稍欠不足，需要更加用功。

（三）類型 C（學力不足型）

學生的學習能力不佳，無法精通學習內容，基本學力不足，努力用功程度也不及類別 A 與類別 B 學生，因而學習成就偏低，若是老師忽略，學生的學習成就很難提升。

（四）類型 A’（A-，粗心大意型）

學生雖有良好的測驗表現，但會因粗心偶而造成錯誤反應，學習狀況稍欠穩定，在班上仍屬程度中上的學習者，考試行為特徵為欠缺細心，不會仔細檢查，急著交卷。

（五）類型 B’（B-，缺乏充分型）

只有中度精熟學習內容，學習準備度不足，偶而會因粗心造成錯誤反應，學習漸趨不穩定，努力也較不夠。此類型學生的特徵為兼具努力用功不足與偶而粗心大意。

（六）類型 C’（C-，學習異常型）

學生學習極不穩定性，具有隨興讀書習慣，考試成績時好時壞，對考試不太在乎，不僅沒有充分準備，考試時可能投機取巧（盲目猜題或隨便作答）或作弊，作答的反應組型十分奇特。

SP 表中 S 曲線左邊的區間或 P 曲線上面的區間面積與整體 SP 表總面積的比值為測驗的平均答對率，因而 S 曲線愈接近 SP 表的左邊（或 P 曲線愈接近 SP 表的上方）表示平均答對率愈低；相對的，S 曲線愈接近 SP 表的右邊（或 P 曲線愈接近 SP 表的下方）表示平均答對率愈高。S 曲線為學生得分的累加分布曲線，曲線的形狀與位置反應學生學習成就達成的程度；P 曲線為試題答對人次的累加分布曲線，曲線的形狀與位置反應每道試題的答對人數多寡。

下圖範例圖示中，測驗的難度為 .29，表示測驗試題偏難，SP 表中的 S 曲線位置靠近表的左邊，表示受試學生作答反應的總分偏低，沒有達成預定學習目標；P 曲線位置靠近表的上方，表示試題答對率偏低，測驗的試題偏難。受試學生中得分較高者在第 2 道試題答錯，反而得分較低的學生 S09 此題答對，這是一種異常的反應組型。

試題　　學生姓名	3	6	10	9	4	1	5	8	7	2	總分
S06	1	0	1	0	1	0	1	1	0	0	5
S03	0	1	1	0	0	1	0	1	1	0	5
S01	1	1	1	1	0	0	0	0	0	0	4
S05	0	0	1	0	1	0	1	0	0	0	3
S08	1	0	0	1	0	1	0	0	0	0	3
S09	0	1	0	0	0	0	0	0	0	1	2
S02	0	1	0	0	1	0	0	0	0	0	2
S10	1	1	0	0	0	0	0	0	0	0	2
S07	1	0	0	1	0	0	0	0	0	0	2
S04	1	0	0	0	0	0	0	0	0	0	1
答對次數	6	5	4	3	3	2	2	2	1	1	29

下圖範例圖示中，測驗的難度為 .80，表示測驗試題偏易，SP 表中的 S 曲線位置靠近表的右邊，表示受試學生作答反應的總分偏高，大多數達成預定的學習目標；P 曲線位置靠近表的下方，表示試題答對率較高，測驗的試題較為簡易。

學生姓名＼試題	3	9	1	8	5	6	10	4	7	2	總分
S06	1	1	1	1	1	1	1	1	1	1	10
S03	1	1	1	1	1	1	1	1	1	1	10
S01	1	1	1	1	1	1	1	1	0	1	9
S05	1	1	1	1	1	0	1	1	1	1	9
S08	1	1	1	1	1	1	1	0	0	1	8
S09	1	1	1	1	1	1	0	1	1	0	8
S02	1	1	1	1	0	1	1	1	1	0	8
S10	1	1	1	1	0	1	1	0	1	0	7
S07	1	1	1	0	1	1	0	1	0	0	6
S04	1	1	1	1	1	0	0	0	0	0	5
答對次數	10	10	10	9	8	8	7	7	6	5	80

佐藤隆博經由經驗法則歸納出六種基本類型（陳騰祥，1988；魏明通，1987；余民寧，2011）：

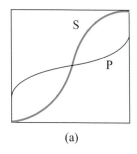

(a)

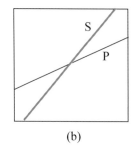

(b)

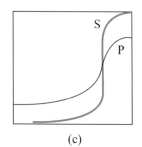

(c)

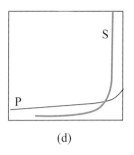

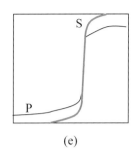

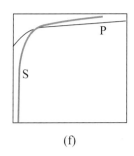

(d)	(e)	(f)

（一）標準化測驗曲線 ── 圖 (a)

　　從 S 曲線與 P 曲線的位置分布，可知試題的平均答對率大約爲 50%。從 P 曲線的形狀來看，試題答對率大致分布在 20% 到 80% 之間；S 曲線則呈現「**S 字**」形狀，中間答對率爲 50% 的學生最多，接近零分或滿分的較少，此種曲線在標準化成就測驗的類型最多。

（二）常模參照測驗曲線 ── 圖 (b)

　　平均答對率大約爲 50%，P 曲線呈現右上斜的直線分布，S 曲線也呈現向右上角分布的傾斜直線，表示試題答對率（或學生答對率）依高至低呈現均匀分布，此種曲線表示試題與學生均具有同質性，適合學生學習成就差異間的鑑別。

（三）能力陡降分布測驗曲線 ── 圖 (c)

　　平均答對率大約在 70% 到 75% 之間，從 P 曲線來看，少數試題的答對率有急降的現象；從 S 曲線來看，多數學生的答對率都集中在平均數量數附近，只有少部分學生的答對率偏低。

（四）編序教學後測驗曲線 ── 圖 (d)

　　平均答對率約爲 80% 左右，除極少數學生達成度偏低外，其餘學生的成績良好，有不錯的達成度。

（五）二極化試題分布測驗曲線 —— 圖 (e)

平均答對率約爲 60% 左右，但從 P 曲線的形狀分布來看，其形狀特異，測驗試題的答對率不是很高就是很低，試題被答對情況分爲二個群組，代表試題的命題不太合理。

（六）教學前測驗曲線 —— 圖 (f)

平均答對率僅 25% 左右，P 曲線形狀反應每道試題的答對人次都偏低；S 曲線反應除少數學生外，多數學生的答對率都偏低。教學前的學習狀態顯示的是學生尚未學習，知識領域知能不足，多數題目無法正確回應。

【自我練習】

10 位學生在 10 個題目的得分情況如下表，其中直行欄位的試題依答對的反應組型從左到右排序；橫列學生依其在試題的得分高低反應組型由上到下排列。

試題 學生姓名	2	5	4	1	9	3	7	8	6	10	總分
王名可	1	1	1	1	1	1	1	1	1	1	10
林小美	1	1	1	0	1	1	1	1	1	0	8
陳石化	1	1	1	1	1	0	1	0	1	0	8
陳觀泰	1	1	1	1	1	0	1	0	1	0	7
吳三江	1	1	1	1	1	1	0	1	0	0	7
黃雅淇	1	1	1	1	0	0	1	0	0	1	6
柯克昌	1	1	1	1	1	0	0	0	0	0	5
涂水雄	1	1	0	1	1	0	0	0	0	0	4
黃明太	1	0	1	0	0	1	1	0	0	0	4
陳明雅	1	1	0	0	0	0	0	1	0	0	3
答對次數	10	9	8	7	7	5	5	5	4	2	62

（一）繪製 S 曲線

根據每位學生答對的題數（1 的個數加總分數）從左向右數起，數到與總分相同的題項數，例如第一位學生（王名可）總分為 10 分，對應的題項數為 10 題，在第 10 題欄位的右邊畫上一條直線。第二位學生林小美總分為 8 分（答對試題數為 8），從左至右數起，試題個數共有 8 題，直行右邊畫上一條直線，依此類推。

學生姓名＼試題	2	5	4	1	9	3	7	8	6	10	總分
王名可	1	1	1	1	1	1	1	1	1	1	10
林小美	1	1	1	0	1	1	1	1	1	0	8
陳石化	1	1	1	1	1	1	0	1	1	0	8
陳觀泰	1	1	1	1	1	0	1	0	1	0	7
吳三江	1	1	1	1	1	1	0	1	0	0	7
黃雅淇	1	1	1	1	0	0	1	0	0	1	6
柯克昌	1	1	1	1	1	0	0	0	0	0	5
涂水雄	1	1	0	1	1	0	0	0	0	0	4
黃明太	1	0	1	0	0	1	1	0	0	0	4
陳明雅	1	1	0	0	0	0	0	1	0	0	3
答對次數	10	9	8	7	7	5	5	5	4	2	62

在直線的下方畫上橫線將線條串聯，形成階梯形狀的曲線，此曲線為 S 曲線。

試題 學生姓名	2	5	4	1	9	3	7	8	6	10	總分
王名可	1	1	1	1	1	1	1	1	1	1	10
林小美	1	1	1	0	1	1	1	1	1	0	8
陳石化	1	1	1	1	1	1	0	1	1	0	8
陳觀泰	1	1	1	1	0	1	0	1	1	0	7
吳三江	1	1	1	1	1	1	0	1	0	0	7
黃雅淇	1	1	1	1	0	0	1	0	0	1	6
柯克昌	1	1	1	1	1	0	0	0	0	0	5
涂水雄	1	1	0	1	1	0	0	0	0	0	4
黃明太	1	0	1	0	0	1	1	0	0	0	4
陳明雅	1	1	0	0	0	0	0	1	0	0	3
答對次數	10	9	8	7	7	5	5	5	4	2	62

（二）繪製 P 曲線

根據每道試題答對的人次，從上往下數起，數出答對人次的學生個數，在此學生的細格下方畫上橫線（分界線），例如試題 2 共有 10 位學生答對，從上往下數到第 10 位學生處（陳明雄），於第 10 位學生與試題 2 交叉細格的下方畫上橫線；試題 6 答對的人次有 4 位，從上往下數到第 4 位學生處（陳觀泰），於第 4 位學生與試題 6 交叉細格的下方畫上橫線，依此類推。

試題 學生姓名	2	5	4	1	9	3	7	8	6	10	總分
王名可	1	1	1	1	1	1	1	1	1	1	10
林小美	1	1	1	0	1	1	1	1	1	0	8
陳石化	1	1	1	1	1	1	0	1	1	0	8
陳觀泰	1	1	1	1	1	0	1	0	1	0	7
吳三江	1	1	1	1	1	1	0	1	0	0	7
黃雅淇	1	1	1	1	0	0	1	0	0	1	6
柯克昌	1	1	1	1	1	0	0	0	0	0	5
涂水雄	1	1	0	1	1	0	0	0	0	0	4
黃明太	1	0	1	0	0	1	1	0	0	0	4
陳明雅	1	1	0	0	0	0	0	1	0	0	3
答對次數	10	9	8	7	7	5	5	5	4	2	62

將圖示中的橫線右方以直線串聯，形成階梯形狀的曲線，此曲線為 P 曲線。

試題 學生姓名	2	5	4	1	9	3	7	8	6	10	總分
王名可	1	1	1	1	1	1	1	1	1	1	10
林小美	1	1	1	0	1	1	1	1	1	0	8
陳石化	1	1	1	1	1	1	0	1	1	0	8
陳觀泰	1	1	1	1	1	0	1	0	1	0	7
吳三江	1	1	1	1	1	1	0	1	0	0	7
黃雅淇	1	1	1	1	0	0	1	0	0	1	6
柯克昌	1	1	1	1	1	0	0	0	0	0	5
涂水雄	1	1	0	1	1	0	0	0	0	0	4
黃明太	1	0	1	0	0	1	1	0	0	0	4
陳明雅	1	1	0	0	0	0	0	1	0	0	3
答對次數	10	9	8	7	7	5	5	5	4	2	62

（三）合併 S 曲線與 P 曲線

將二條階梯形曲線同時繪製在一起，可以看出二條曲線的分離程度。圖示的藍線為 S 曲線；黑線為 P 曲線。

試題 / 學生姓名	2	5	4	1	9	3	7	8	6	10	總分
王名可	1	1	1	1	1	1	1	1	1	1	S 曲線 10
林小美	1	1	1	0	1	1	1	1	1	0	8
陳石化	1	1	1	1	1	1	0	1	1	0	P 曲線 8
陳觀泰	1	1	1	1	1	0	1	0	1	0	7
吳三江	1	1	1	1	1	1	0	1	0	0	7
黃雅淇	1	1	1	1	0	0	1	0	0	1	6
柯克昌	1	1	1	1	1	0	0	0	0	0	5
涂水雄	1	1	0	1	1	0	0	0	0	0	4
黃明太	1	0	1	0	0	1	1	0	0	0	4
陳明雅	1	1	0	0	0	0	0	1	0	0	3
答對次數	10	9	8	7	7	5	5	5	4	2	62

第33講
常模參照的難度與鑑別度

　　試題分析主要在改善測驗的品質，了解題目的難度是否適當、題目有無鑑別度與選擇題選項誘答功能為何，對於班級教師而言其重要性有以下幾項（Linn & Miller, 2005, pp.351-352）：

（一）試題分析資料為班級討論測驗結果提供有效重要訊息

　　試題分析結果可與學生討論試題或作業是否有技術性瑕疵，或模糊不清、敘述不明確之處，澄清學生迷思概念或誤解之處，提高評量的教學價值。

（二）試題分析資料可為補救教學工作提供關鍵訊息

　　試題分析可以發覺多數學生學習表現與學習技巧的困難點、學生需要再精熟的技能，與建議需要複習的重要概念或主題，發覺學生更多的學習缺失。

（三）試題分析資料為一般班級教學改善提供基礎訊息

　　試題分析結果可以知悉學生對學習內容的精熟程度，讓教師可以採取更有效的教學程序，調整教學方法，轉移教學重點，減少學生思考錯誤，對於發覺教學弱點與改善教學提供具體的線索。

（四）試題分析程序為提高測驗編製技巧提供有用訊息

　　試題分析可以知悉每個試題的品質、難度與鑑別度及誘答項的誘答情

形，從分析學生對試題的反應，也可察覺編製技術的缺失，作為修改試題與日後測驗編製的參考。

 難度

「**試題難度指標**」（item difficulty index）表示的是每一道試題的難易度，其常見的方法為計算全體受試學生在每個試題的「**答對**」人次百分比，以公式表示為：$P = \dfrac{R}{N}$，其中 R 為個別試題答對人次、N 為受試學生的總人數，此種方法採用的是「**答對率法**」（number correct ratio）。假設受試者總人數有 200 位（N = 200）、第一題答對的人數有 162 位，則第一題的難度 $P = \dfrac{162}{200} = .81$（81%）。當所有受試者答對某個試題，則試題答對率為 100%，P = 1；相對的，沒有一位受試者答對試題，則試題的答對率為 0%，P = 0。因而難度指標值的數值範圍大小介於 0 至 1 之間，數值愈接近 1，表示試題愈簡單，數值愈接近 0，表示難度愈高。以班級定期考查學科或領域而言，難度指標值為 .70 的試題比難度指標值為 .40 的試題容易，因為難度指標值為 .70 的試題全班答對的百分比有 70%，後者只有 40%。

$P = \dfrac{R}{N}$ 答對率方法適用於「**答對**」、「**答錯**」之二元計分方式，若是多個分數的計分法（例如 1 分至 5 分），答對率的難度公式為：$P = \dfrac{\overline{X} - X_{最小值}}{X_{最大值} - X_{最小值}}$，其中 $\overline{X}$ 為所有受試者在個別評量試題的平均數，$X_{最小值}$ 為個別試題給予的最低分、$X_{最大值}$ 為個別試題給予的最高分，當個別試題的最低分為 0 分（全部答錯或未予作答者），難度公式為：$P = \dfrac{\overline{X} - X_{最小值}}{X_{最大值} - X_{最小值}} = \dfrac{\overline{X} - 0}{X_{最大值} - 0} = \dfrac{\overline{X}}{X_{最大值}} = \dfrac{S_T}{X_{最大值} \times N}$，其中 S_T 為所有受試者的總得分、N 為所有受試者的總人次。例如五位學生在簡答題的作

答,教師給予的分數最低為 1 分,最高為 5 分,五位學生的分數分別為 4、5、1、3、3,五位受試者的總得分為 16 分、平均分數為 3.2 分,則試題的難度指標值 $P = \dfrac{\overline{X} - X_{最小值}}{X_{最大值} - X_{最小值}} = \dfrac{(3.2 - 1)}{(5 - 1)} = \dfrac{2.2}{4} = 0.55$。上例中的評分標準最低分若為 0 分、試題分數的範圍介於 0-5 分,則試題的難度 $P = \dfrac{S_T}{X_{最大值} \times N} = \dfrac{16}{(5 \times 5)} = 0.64$。

　　與難度指標類似的一個分類決策概念為「**基準比率**」(base rate),基準比率指的是群組中工作成功者或達成學習目標的百分比,若是群組中所有成員工作都成功(指派作業太簡單),或是所有成員都失敗(指派作業太艱難),則設定的作業均沒有價值,因為無法突顯指派作業的目的。當基準比率接近 .50 時(作業難易適中),測驗的預測愈正確,基準比率過高(作業太容易)或過低(作業太困難),測驗的預測正確度都不佳。此外,測驗的難易度也應考量決策的「**選擇比率**」,選擇比率值愈低(被選取出來的成員愈少),設定測驗的決斷分數點會愈高;選擇比率值愈高,設定測驗的決斷分數點會愈低(郭生玉,2004),不論決斷分數點為何,都可能發生錯誤決策或錯誤分類情況。有效度的測驗在於增加正確決策(減少錯誤決定)的目標。

　　以全體群組樣本作為分析的標的樣本之難度求法如下表:

難度指標值	二元計分法	多元計分法
全體群組樣本	$P = \dfrac{R}{N} = \dfrac{題項答對人數}{受試學生總人數}$	$P = \dfrac{\overline{X} - X_{最小值}}{X_{最大值} - X_{最小值}}$

二　鑑別度

　　試題分析時除了估算試題的難度外,也要估算試題的「**鑑別度**」(item discrimination index),以得知高分組與低分組二個極端群組在試題答對的百分比是否有差異。一個優良試題,高分組答對百分比應大於低

分組答對百分比，或是高能力受試者在試題的答對率應大於低能力受試者在試題的答對率。全部受試者中的高分組與低分組的求法，一般程序為將所有受試者依總分排序，前 27% 比例的人數為高分組（higher group, HG）、後 27% 比例的人數為低分組（lower group, LG）。如果測驗分數的分配比常態分配平坦，最適宜的百分比可比 27% 大一些，改採用前後 33% 作為高低分組的切截點。對大部分測驗而言，當受試樣本數夠大，介於 25% 至 33% 的分組結果估算所得的鑑別度指標值的差異不大（游恒山譯，2010）。

1. 分別以高分組 HG、低分組 LG 的總人數為分母，求出群組中答對試題的百分比 P_H、P_L，高分組答對百分比為 $\frac{R_H}{N_H} = P_H$、低分組答對百分比為 $\frac{R_L}{N_L} = P_L$，其中 R_H 為高分組答對人次、N_H 為高分組總人數；R_L 為低分組答對人次、N_L 為低分組總人數。

2. 依下列公式求出難度：$P = \frac{P_H + P_L}{2}$，如果高分組與低分組的人數不相等，難度指數公式改為：$P = \frac{R_H + R_L}{N_H + N_L}$，此公式中的高分組與低分組人數若是相等，假設高、低組別人數均為 N，則公式變為：$P = \frac{R_H + R_L}{N + N} = \frac{R_H + R_L}{2N}$ $= \frac{1}{2}\left(\frac{R_H}{N} + \frac{R_L}{N}\right) = \frac{1}{2}(P_H + P_L)$。

如果試題不是二元計分法（對或錯二個選項），而是多個分數計分法，採用高分組、低分組方法計算的難度指標值為：$P = \frac{S_H + S_L}{X_{最大值}(N_H + N_L)}$，其中 S_H 為高分組受試者在試題的總得分、S_L 為低分組受試者在試題的總得分；N_H 為高分組受試者人數、N_L 為低分組受試者人數、$X_{最大值}$ 為試題給予的最高分（試題分數的上限值，例如申論題每題 10 分，最高分為 10 分、最低分為 0 分，$X_{最大值} = 10$）。

試題難度指標值是一種「**次序量尺**」（ordinal scale）而非「**等距量尺**」，次序量尺量數為大小、排序或等級間關係；等距量尺量數間具有連

續性、單位相等特性，因而可以進行四則運算。由於次序量尺間未具有單位相等及連續性特性，量數間不能進行四則運算，因而試題間的難度指標值（答對率），不能以難度差異值表示試題間的差異大小情況，例如成就測驗中試題 1、試題 2、試題 3 的難度指標值分別為 .75、.50、.25，難度指標只能表示試題 1 最簡單、試題 2 難易適中、試題 3 難度較大，但不能表述為試題 1 與試題 2 的難度差異值（.75 － .50 = .25），等同試題 2 與試題 3 的難度差異值（.50 － .25 = .25）。使用答對率方法計算的難度指標，因為單位不相等又不具連續尺度特性，只能說明測驗中試題難易度的相對情況。

排除猜題等外在變因，試題最適宜的難度指標值在 .50 附近；考量到受試者猜題率變因的影響，最適宜難度指標值須納入猜題效應的校正值。就是非題而言，猜對答案的機率為 .50，當受試者只靠猜題就能產生 .50 的難度指標，二元選項類型的是非題題目，最適宜的試題難度指標值為 .75（.50 至 1.00 中間）；若是參數 G 為「**機率成功水平**」（chance success level），則題目難度最適宜的指標值公式為 $\frac{(1.0+G)}{2}$，是非題機率答對水平（猜答機率）為 .50，最適宜難度指標值為 $\frac{(1.0+G)}{2} = \frac{(1.0+0.5)}{2}$ = 0.75；四個選項選擇題試題類型，猜對的機率值 G = 0.25，最適宜難度指標值為 $\frac{(1.0+G)}{2} = \frac{(1.0+0.25)}{2} = 0.625$。若是測驗施測目的是想根據切截分數來甄選極端團體（例如參與學習扶助或補救教學、資優班級學生甄試等），測驗試題的難度最好為 [0.30，0.70] 區間以外的題目，尤其是想知道班級哪些學生必須再參加學習扶助方案時，測驗的題目必須是基本簡易的試題才可以（游恒山譯，2010）。

以受試學生得分之高低二組（前 27% 為高分組、後 27% 為低分組）作為分析的標的樣本之難度求法如下表：

難度指標值	二元計分法	多元計分法
二組人數相等	$$P=\frac{P_H+P_L}{2}$$ P_H 為高分組答對百分比 P_L 為低分組答對百分比	$$P=\frac{S_H+S_L}{X_{最大值}(N_H+N_L)}$$ S_H 為高分組受試者在試題的總得分 S_L 為低分組受試者在試題的總得分
二組人數不相等	$$P=\frac{R_H+R_L}{N_H+N_L}$$ R_H 為高分組答對人次 N_H 為高分組總人數 R_L 為低分組答對人次 N_L 為低分組總人數	N_H 為高分組受試者人數 N_L 為低分組受試者人數 $X_{最大值}$ 為試題給予的最高分

3. 依下列公式求出鑑別度：$D = P_H － P_L$。當高分組在試題的答對率為 100%（全部答對）、低分組在試題的答對率為 0%（全部答錯），則試題的鑑別度 $D = 1 － 0 = 1$；相對的，如果當高分組在試題的答對率為 0%（全部答錯）、低分組在試題的答對率為 100%（全部答對），則試題的鑑別度 $D = 0 － 1 = -1$，因而試題鑑別度的數值範圍介於 -1 至 +1 之間。試題的鑑別度指標值期待的量數為正值，且最佳的量數介於 .30 至 .80 之間，一個試題的鑑別度指標值若為負值或量數值小於 .20，試題的品質並不佳，可能有鍵入錯誤或其他問題存在（Airasian & Russell, 2008）。

若是試題太簡單，全部高分組與低分組學生都答對，則試題的鑑別度 $D = 1 － 1 = 0$，或是試題過於艱難，全部高分組與低分組學生都答錯，則試題的鑑別度 $D = 0 － 0 = 0$。試題鑑別度 $D = 0$，表示試題完全沒有鑑別度，其原因可能：(1) 試題太簡單，高分組與低分組每位受試者都全部答對，此種題目為百分之百的送分題；(2) 試題太困難或超出學習內容，高分組與低分組學生全部都答錯，此種試題在評量過程中完全無法反映出評量或測驗的功能，此外也可能是題幹描述不精準導致。

試題的鑑別度指標值愈接近 1，表示高分組在試題的答對率愈高於低分組在試題的答對率，此種情況表示試題愈有鑑別度，試題愈有區別力。根據美國學者霍布金斯（Hopkins, 1998, p.260）觀點，鑑別度的評鑑標準如

下表：

鑑別度指標值 D	試題評鑑結果
.40 以上	試題非常優良
.30 至 .39	試題優良或良好，但可能需要小修改
.20 至 .29	試題尚可，但可能需要局部修改
.10 至 .19	試題劣等，需要大幅修改
< .00（負值）	試題很差需要刪除，可能是題意不明或題幹描述錯誤

試題挑選原則，可以先挑選鑑別度 D ≧ .25 以上的題目，再從這些題目中挑選難度指標值 P = .50 附近的試題。難度指標值 P 的數值範圍介於 .40 至 .80 之間（也有學者主張介於 .40 至 .70 之間），其中試題難度 P 在 .50 附近的題項數要最多，較難（P = .40 附近）或較易（P = .80 附近）兩極端的試題數較少，以符合試題難易適中原則。

一個鑑別度指標值若為負值，可能試題本身有問題，此種試題完全沒有鑑別度，一定要捨棄不能再使用。

若是反應試題不是二元計分法而是採用多元計方法，則試題鑑別公式為：$D=\dfrac{\overline{X}_{高分組}-\overline{X}_{低分組}}{X_{最大值}-X_{最小值}}$，其中 $\overline{X}_{高分組}$ 為高分組受試者的平均分數（平均數，$\dfrac{S_{高分組}}{N}$）、$\overline{X}_{低分組}$ 為低分組受試者的平均分數（$\dfrac{S_{低分組}}{N}$）、$X_{最大值}$ 為個別試題可獲得的最高分、$X_{最小值}$ 為個別試題可以給予的最低分，如果最低分為 0 分（未作答或全部答錯者），則公式可以簡化為：$D=\dfrac{\overline{X}_{高分組}-\overline{X}_{低分組}}{X_{最大值}-0}$ $=\dfrac{\overline{X}_{高分組}-\overline{X}_{低分組}}{X_{最大值}}=\dfrac{S_{高分組}-S_{低分組}}{X_{最大值}\times N}=\dfrac{1}{X_{最大值}}\times\dfrac{(S_{高分組}-S_{低分組})}{N}$，其中 $S_{高分組}$ 為高分組在試題的總得分、$S_{低分組}$ 為低分組在試題的總得分、N 為高分組或低分組的人次。

以受試學生得分之高低二組（前 27% 為高分組、後 27% 為低分組）作為分析的標的樣本之鑑別度求法如下表：

鑑別度指標值	二元計分法	多元計分法公式 1	多元計分法公式 2
二元計分法：與測驗總分或外在效標間關係：點二系列相關 多元計分法：題項分數與測驗總分的關係：積差相關	$D = P_H - P_L$ P_H 為高分組答對百分比 P_L 為低分組答對百分比	$D = \dfrac{\overline{X}_{高分組} - \overline{X}_{低分組}}{X_{最大值} - X_{最小值}}$ $\overline{X}_{高分組}$ 為高分組受試者的平均分數 $\overline{X}_{低分組}$ 為低分組受試者的平均分數 $X_{最大值}$ 為個別試題可獲得的最高分 $X_{最小值}$ 為個別試題可以給予的最低分	最低分為 0 分 $D = \dfrac{\overline{X}_{高分組} - \overline{X}_{低分組}}{X_{最大值}}$ $= \dfrac{S_{高分組} - S_{低分組}}{X_{最大值} \times N}$ $S_{高分組}$ 為高分組在試題的總得分 $S_{低分組}$ 為低分組在試題的總得分 N 為高分組（或低分組）的人數

【範例練習】

1. 教務主任施測一年級英文成就測驗，其中測驗分數高分組有 28 位、低分組有 20 位，第 1 題試題中高分組有 21 位同學答對，低分組有 9 位同學答對，請問第 1 題的難度指標值、試題鑑別度為多少？

   計算如下：

   由於高分組與低分組的人數不同，不能使用高分組答對率與低分組答對率的平均值，宜使用總體答對率來作為難度指標值 $P = \dfrac{21+9}{28+20} = \dfrac{30}{48} = 0.625$。

   高分組答對率 $\dfrac{R_H}{N_H} = \dfrac{21}{28} = 0.75$；低分組答對率 $\dfrac{R_L}{N_L} = \dfrac{9}{20} = 0.45$。

   試題鑑別度 D 值 $= 0.75 - 0.45 = 0.30$。

   錯誤求法：因為高分組與低分組的人數不相等，不能直接以高分組答對率與低分組答對率的平均值作為試題難度指標值：試題難度 $P = \dfrac{0.75+0.45}{2} = \dfrac{1.20}{2} = 0.60$。

2. 數學成就測驗施測結果，第 5 題試題高分組的答對率為 75%，若是試題的難度指標值量數值為鑑別度量數值的 2 倍，假定高分組與低分組的人數相同，則低分組的答對率為多少？試題的難度指標值與鑑別度指標值各為多少？

   計算如下：

   $(0.75 + P_L) \div 2 = 2D \rightarrow (0.75 + P_L) = 4D$

   $(0.75 - P_L) = D$

$$二個方程式相加 \rightarrow 1.6 = 5D \rightarrow D = \frac{1.5}{5} = 0.30 \text{（鑑別度指標值）}$$

$$P_L = 0.75 - D = 0.75 - 0.30 = 0.45 \text{（低分組答對率或答對百分比）}$$

$$P = \frac{0.75 + 0.45}{2} = \frac{1.2}{2} = 0.6 \text{（試題的難度指標值）}$$

三　鑑別度指標分析法

鑑別度指標的分析方法有二種：

（一）內部一致性分析法

「**內部一致性**」（internal consistency）分析法採用的公式為 $D = P_H - P_L$，這個方法的假定在於測驗總分和個別試題間具有某種程度的效度或關聯，總分高分群體若是在試題答對率高於總分低分群體的答對比例，則試題有良好鑑別度，此種鑑別度在於檢核試題的「**內容效度**」與「**建構效度**」（construct validity）。當個別題項所測得的特質與測驗總分間有正向相關，鑑別指標值是題項在二個群體（高分組與低分組）之難度指標量數的差異量。

◎**項目分析**
態度量表的項目分析為高分組、低分組二個群體在個別試題平均數差異量的 t 值統計量，使用的統計方法為獨立樣本 t 檢定。

（二）外在效度分析法

「**外在效度**」（external validity）分析法為探討試題答錯情況與外在效標（測驗總分或成就測驗分數）間的相關，試題答錯型態為二分類別變項（對或錯、錄取或不錄取）、總分為連續變項，採用「**二系列相關**」（biserial correlation）或「**點二系列相關**」（point-biserial correlation）求

出二分變項（試題答錯情況）與測驗總分計量變項間的相關係數，此相關係數值即爲鑑別力指標值，相關係數值愈接近 +1，表示試題的反應傾向與效標間（測驗總分）反應傾向愈一致，試題的鑑別度愈大。

在實務應用上，外在效度分析法多採用點二系列相關，點二系列相關的公式爲：$r_{pb} = \dfrac{\overline{X_p} - \overline{X_q}}{S_t} \times \sqrt{pq}$，其中 $\overline{X_p}$ 爲答對受試者在測驗或效標上的平均得分、$\overline{X_q}$ 爲答錯受試者在測驗或效標上的平均得分、s_t 爲所有受試者在測驗或效標上得分的標準差、p 爲受試者答對百分比（答對率）、q 爲受試者答錯百分比（答錯率）。外在效度分析法的資料範例如下表，數值 1 爲受試者答對、數值 0 爲受試者答錯，效標分數爲受試者測驗的總得分：

受試者	S1	S2	S3	S4	S5	S6	S7	S8	S9	S10
對或錯	0	1	1	1	0	0	1	0	1	1
效標分數（總分）	60	65	70	72	64	70	85	55	80	95

教育者若是只想了解個別試題在整個評量或測驗上的適切性，鑑別度的分析採用內部一致性分析法或點二系列相關分析法較爲適當及簡易；若是教師自編測驗想探究其效度，可以標準化成就測驗或學生學年（學期）學習成就表現等爲外在效標，探討教師自編成就測驗與外在效標高分組、低分組二個群體間的（點）二系列相關情況。

【二元計分法實例】
二元計分的試題分析實例如下表：

八位高分組受試者在四個測驗題項的作答				八位低分組受試者在四個測驗題項的作答			
受試者	第 1 題	第 2 題	第 3 題	第 4 題	受試者	第 1 題	第 2 題	第 3 題	第 4 題
H01	1	1	1	1	L01	0	0	0	0
H02	0	1	1	0	L02	1	1	1	1

H03	1	0	1	0	L03	0	1	0	0
H04	1	1	1	1	L04	1	0	1	0
H05	1	1	1	1	L05	0	1	1	1
H06	1	1	1	0	L06	0	0	1	0
H07	1	0	1	1	L07	1	0	0	0
H08	1	1	1	0	L08	0	0	1	0
答對人次	7	6	8	4		3	3	6	2
答對率 P_H	0.875	0.750	1.000	0.500	答對率 P_L	0.375	0.375	0.750	0.250
	試題分析結果的量數								
難度	0.625	0.563	0.875	0.375					
鑑別度	0.500	0.375	0.250	0.250					

計算如下：

難度指標值公式：$P = \dfrac{P_H + P_L}{2}$、鑑別度指標值公式：$D = P_H - P_L$。

此題的 $P = (0.875 + 0.375)/2 = 0.625$、$D = 0.875 - 0.375 = 0.500$。P 值也可

使用公式：$P = \dfrac{R_H + R_L}{N_H + N_L}$ 求出，$P = (7 + 3)/(8 + 8) = 0.625$。

【多元計分法實例】

範例數據的高分組受試者有五位、低分組受試者有五位，多元計分的分數每題最低分為 0 分、最高分為 5 分，測驗內容中的前四題均為簡答題，每題配分為 5 分。

高分組五位學生在前 4 題的得分情形				低分組五位學生在前 4 題的得分情形			
學生	第 1 題	第 2 題	第 3 題	第 4 題	學生	第 1 題	第 2 題	第 3 題	第 4 題
H01	5	4	5	3	L01	2	3	1	2
H02	4	4	3	4	L02	0	2	3	1
H03	5	5	5	2	L03	3	0	3	4

H04	5	3	4	4	L04	1	2	3	2
H05	3	4	3	5	L05	3	3	2	0
總分	22	20	20	18	總分	9	10	12	9
平均	4.4	4.0	4.0	3.6	平均	1.8	2.0	2.4	1.8
P	0.62	0.60	0.64	0.54					
D	0.52	0.40	0.32	0.36					

計算如下：

多元計分方法的難度採用以下公式：$P = \dfrac{S_H + S_L}{X_{最大值}(N_H + N_L)}$，其中 $X_{最大值} = 5$、

N_H 與 N_L 的數值均為 5，S_H、S_L 為總分列的數據，分別表示高分組（低分組）人數在該試題的總得分。

第 1 題的 P 值 = (22 + 9)/{5*(5 + 5)} = 31/25 = 0.62。
第 2 題的 P 值 = (20 + 10)/{5*(5 + 5)} = 30/25 = 0.60。
第 3 題的 P 值 = (20 + 12)/{5*(5 + 5)} = 32/25 = 0.64。
第 4 題的 P 值 = (18 + 9)/{5*(5 + 5)} = 27/25 = 0.54。

試題鑑別力（鑑別度）採用以下公式計算：$D = \dfrac{S_{高分組} - S_{低分組}}{X_{最大值} \times N}$

第 1 題的 D 值 = (22 − 9)/{5*(5)} = 13/25 = 0.52。
第 2 題的 D 值 = (20 − 10)/{5*(5)} = 12/25 = 0.48。
第 3 題的 D 值 = (20 − 12)/{5*(5)} = 8/25 = 0.32。
第 4 題的 D 值 = (18 − 9)/{5*(5)} = 9/25 = 0.36。

等距量尺分析法

假定試題所測量的特質成常態分配，則試題的難度可根據常態分配表，使用相等單位的「**等距量尺**」（interval scale）來表示，以解決難度指標值為「**次序量尺**」，無法進行試題間答對率之數學四則運算的限制（難度指標值 P 的量尺為「次序量尺」，不是「等距量尺」）。

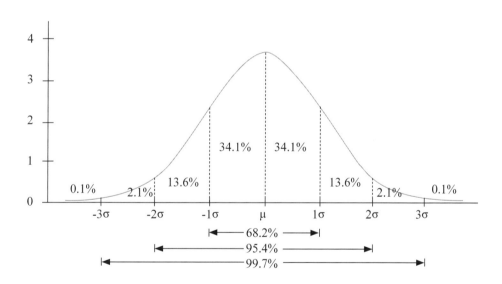

從常態分配圖來看，平均數以上的答對率為 50.0%，此時的難度指標值 P = .50，平均數以上一個標準差 +1σ 的答對率為 .500 − .341 = .159（約 16%），平均數以下一個標準差向右的面積約為 .341 + .500 = .841（約 84%），表示試題答對人數的百分比約為 84%（P = .84），表示其位

置位於平均數以下一個標準差位置（-1σ）。就平均數等於 0、標準差等於 1 的標準分數而言，答對率較低者（試題較難），標準差的數值為正；答對率較高者（試題較易），標準差的數值為負。由於以常態曲線的 σ 值來表示難度會有負值和小數情況出現，一般會採用美國教育測驗服務社（Educational Testing Service）的轉換公式：Δ = 13 + 4*z，其中 Δ 表示難度指標值、13 與 4 為常數項、z 代表 σ 數值，此種方法稱為「**范氏試題分析表法**」（Fan's item analysis table）。

試題答對率或難度與對應的 Δ 值如下：

z 值 = +3 時，曲線右邊的面積為 .0013：

P = .0013；Δ 值 = 13 + 4*(+3) = 25

z 值 = +2 時，曲線右邊的面積為 .0215 + .0013 = .0228：

P = .0228；Δ 值 = 13 + 4*(+2) = 21

z 值 = +1 時，曲線右邊的面積為 .1359 + .0215 + .0013 = .1587：

P = .1587；Δ 值 = 13 + 4*(+1) = 17

z 值 = 0 時，曲線右邊的面積為 .5000(= .3413 + .1359 + .0215 + .0013)：

P = .5000；Δ 值 = 13 + 4*(0) = 13

z 值 = -1 時，曲線右邊的面積為 .3413 + .5000 = .8413：

P = .8413；Δ 值 = 13 + 4*(-1) = 9

z 值 = -2 時，曲線右邊的面積為 .1359 + .3413 + .5000 = .9772：

P = .9772；Δ 值 = 13 + 4*(-2) = 5

z 值 = -3 時，曲線右邊的面積為 .0215 + .1359 + .3413 + .5000 = .9987：

P = .9987；Δ 值 = 13 + 4*(-3) = 1

z 值	難度指標 P 值	Δ 值
+3	0.0013	25（試題愈難）
+2	0.0228	21
+1	0.1587	17
0	0.5000	13（平均值）
-1	0.8413	9
-2	0.9772	5
-3	0.9987	1（試題愈簡易）

　　難度值 P 為答對率或答對百分比，轉換為 Δ 值時，Δ 值的大小介於 1 至 25 間，難易適中的題目，答對率為 50%（Δ 值等於 13），Δ 值愈高，臨界數值點愈靠近常態分配的右邊，數值右邊的面積愈小，答對百分比值愈少，題目愈難；相對的，Δ 值愈小，表示臨界數值點愈靠近常態分配的左邊，數值右邊的面積愈大，答對百分比值愈大，題目愈簡單。

效標參照測驗的試題分析

效標參照測驗（或稱標準參照測驗）的試題分析與常模參照測驗的試題分析不同，其緣由主要在於教學目標或期望水準的設定不同。效標參照測驗主要在評量學生是否達到精熟程度，就教學者立場而言，希望的是所有學生都能學會，都可以達到精熟目標，因而就難度指標值而言，教學者通常能達到 80% 以上（約八成以上的學生都能答對試題）或 85% 以上，因而就效標參照測驗而言，難度指標值均很大，指標值反應的現象是教學品質的優劣多於試題本身的品質好壞。就鑑別度指標值而言，希望學習者在學習後的學習表現比學習前更好，接受教學的受試者在學習表現上優於未接受教學的受試者，因而鑑別指標值可作為「**教學效能**」（instructional effectiveness）指標，此指標又稱為「**教學敏感度指標**」（instructional sensitivity index）或「**教學效果敏感度指標**」（sensitivity to instructional effects）（余民寧，2011）。

效標參照測驗的鑑別度指標值一般可從下列三個方面求得：

（一）教學前後學習結果的差異比較

教學前後同一組學習者在測驗結果的差異：$D = P_{教學後} - P_{教學前}$，$P_{教學後}$ 為教學後學生的答對率、$P_{教學前}$ 為教學前學生的答對率，教學前後的差異分析，有時後測會受到前測的影響，即後測的測驗結果可能是「**教學本身**」與「**前測**」兩者交互作用結果導致。

（二）接受教學與否的差異比較

「接受教學」（instructed group）的學習者群組與「未接受教學」（uninstructed group）之學習者群組在測驗結果的反應差異：$D = P_i - P_u$，其中 P_i 為接受教學組在試題的答對率、P_u 為未接受教學組在試題的答對率。

（三）精熟與否二組的差異比較

「精熟組」（mastery）與「未精熟組」（nonmastery）二組學生在試題反應的差異，精熟學習的標準是教學者事先設定一個「**標準**」或「**效標**」，測驗總分達到教師設定的期望水準，表示學生為「**精熟組**」，相對的，「未精熟組」表示的是學生未通過教師設定的標準，此二組答對率的差異為：$D = P_m - P_n$，其中 P_m 為精熟組學生的答對率、P_n 為未精熟組學生的答對率。

效標參照測驗的測驗結果，由於教師設定的標準是期待每位同學都學會，因而試題的難度指標值會較大（希望多數同學都能達到精熟程度）。與常模參照測驗對照之下，效標參照測驗的 P 值較高，對應的鑑別指標值 D 會較低。在常模參照測驗中最期待的難度指標值 P 是接近 .50 附近，此時試題會有最佳的鑑別力；但在效標參照測驗中，期待的難度指標值 P 則希望在 .80 以上，甚至 .90 以上。

例如某國民中學 28 名參加教師自編數學成就測驗，其中達到精熟的學生共有 18 名、未達到精熟的學生有 10 名；第一個試題中，精熟組共有 14 名學生答對、未精熟組共有 5 名學生答對，此試題的鑑別指標值 $D = P_m - P_n = \dfrac{14}{18} - \dfrac{5}{10} = 0.78 - 0.50 = 0.28$。此種試題的鑑別力指標值雖小於 .30，但就效標參照測驗而言，也應視為適切的試題。

下表資料為 8 位學生在 5 個試題的測驗結果，資料數據中 0 為答錯、1 為答對，5 個題目試題分析的詮釋如下：

學生	第1題		第2題		第3題		第4題		第5題	
	教學前	教學後	教學前	教學後	教學前	教學後	教學前	教學後	教學前	教學後
S01	0	1	1	1	0	0	1	0	1	1
S02	0	1	1	1	0	0	1	0	0	1
S03	0	1	1	1	0	0	1	0	0	0
S04	0	1	1	1	1	1	1	0	1	1
S05	0	1	1	1	0	0	1	0	0	1
S06	0	1	1	1	1	1	1	0	1	1
S07	0	1	0	0	0	0	1	0	0	1
S08	0	1	1	1	0	0	1	0	0	0
答對人次	0	8	7	7	2	2	8	0	2	6
答對率	0.00	1.00	0.88	0.88	0.25	0.25	1.00	0.00	0.25	0.75
D 值	1.00		0.00		0.00		-1.00		0.50	

1. 就第 1 個試題而言，所有學生在教學前均答錯，教學後均答對，其鑑別指標值為 1.00，這是理想的效標參照測驗題目，表示試題內容與教學有密切關係，教學是有效的，也是教師所期待的，即所有學生都能學會。

2. 就第 2 個試題而言，試題教學前及教學後的難度指標值均為 0.88，這個試題除過於簡單外，也與教學內容關係不大，學生教學前後在試題的反應結果都相同，表示試題無法反映教學內容，也無法區別教學效果的好壞。

3. 就第 3 個試題而言，試題教學前及教學後的難度指標值均為 0.25，表示試題過於艱難；此外，教學前答錯的學生，教學後也答錯，表示教學本身不是很適當，試題無法反映教學的效果。

4. 就第 4 個試題而言，教學前學生的答對率為 100%，表示試題要測得的知識內涵學生已經具備。教學後學生反而全部答錯，表示的是教學方法的不當或錯誤，可能是教師表述不清楚而誤導學生正確知識，或是教師表達不完整。此種結果在教學實務現場很少發生，因為真實情況是教學效

果不顯著，或是教學效能不佳，不會有負向教學結果出現，若是發生的話，教師本身應加以省思檢視自己的教學方法與教學態度。

5. 就第 5 個試題而言，教學前的答對率 $P_{教學前} = 0.25$、教學後的答對率 $P_{教學後} = 0.75$，顯示教學是有成效的。教學前答錯的學生（有 6 位）教學後多數答對（有 4 位），教學前答對的學生教學後依然答對（有 2 位），表示教學對多數學生的學習是具有成效的，試題本身反映的可能是教學效果，也可能反映的是試題本身的品質。

試題分析之誘答力

 誘答選項意涵

選擇題的題型除題幹外，有一個正確選項，其餘會有二至三個錯誤選項，這些錯誤選項如果都沒有受試者選填，表示選項無法發揮「**誘答**」功能，一個具誘答力的不正確選項稱為「**誘答項**」（distracters）或「**誘惑選項**」（decoys）。「**誘答選項**」是不正確的選項，但選項對題幹問題而言是「**合理的**」（reasonable），此種選項應該能夠吸引抱持隨機猜題學生的勾選，除正確答案或最佳答案選項外，不正確選項會讓受試者愈看愈是正確選項或正確答案。若依受試者在測驗或評量上的總得分分為高分組（前 27% 受試者）與低分組（後 27% 受試者）二個群組，則誘答力判斷的主要原則為：

1. 每個不正確選項至少都有一位以上低分組受試者選答，即低分組學生在不正確選項的選答率不可以為 0，選答率為 0 表示都沒有低分組學生選答，此種選項完全沒有誘答的作用。測驗總分低分組的學生都沒有選答，表示連低能力受試者都知道選項是錯誤的或不合理的，此種選項完全沒有「**誘答**」功能。

2. 低分組受試者在不正確選項的選答人次百分比（選答率）不應低於高分組受試者選答的人次百分比（選答率），即每個不正確選項的選答情況，如果高分組與低分組人數相同，則低分組選答的人次應高於高分組選答的人次（對應正確選項高分組的選答率應高於低分組的選答率）。

假設班級定期考查數學科前三題答對情形如下（全班學生共有 20 位）（Airasian & Russell, 2008, p.192）：

第一題				
選項	選項 A	選項 B*	選項 C	選項 D
學生選填人數	2	8	2	8
第二題				
選項	選項 A	選項 B	選項 C	選項 D*
學生選填人數	2	1	15	2
第三題				
選項	選項 A*	選項 B	選項 C	選項 D
學生選填人數	5	6	4	5

1. 就學生在第一題的作答來看，學生選答 A、C 選項的人數各有 2 位；選答 B、D 選項的人數各有 8 位。選項 D 為錯誤選項，但選答 D 選項的人數與選答正確選項 B 的人數相同，此種情況顯示選項 D 也可能為正確選項。

2. 就學生在第二題的作答而言，正確選項（關鍵選項）D 只有 2 位學生選答，但錯誤選項 C 卻有 15 學生選答，班級學生選答選項 C 的人數遠多於選答選項 D 的人數。此種反應組態可能是試題的關鍵選項弄錯或題幹陳述錯誤，若是試題沒有書寫錯誤，試題檢討時最好要請學生解釋選答 C 的緣由。

3. 就學生在第三題的作答組態而言，選答四個選項的人數差不多，此種組態可能是學生對正確答案的猜測導致，學生可能不知道正確答案選項，其原因多數是措辭不完整，或是教材內容沒有學過。班級評量中若是題目沒有教過，或是措辭有錯誤，在加總學生測驗分數時，題目可以考量給予送分。

二 誘答選項範例

一個具誘答力的良好試題如下表試題 1：正確選項 C 高分組答對人次應多於低分組，其他三個不正確選項，均有低分組選答，這三個錯誤選項也有少數高分組學生選答，低分組在錯誤選項選答率均高於高分組。

試題	組別	選項					總數	答對率	P	D
		A	B	C*	D	未答				
1	高分組	2	2	15	1	0	20	0.75	0.55	0.40
	低分組	6	4	7	3	0	20	0.35		

就試題 2 的選項分析而言，低分組在錯誤選項 C 沒有人選答，表示此選項完全不具誘答功能；就錯誤選項 D 而言，低分組的選答率反而低於高分組的選答率，是否選項內容表達不完整或為正確答案，需要再加以檢視修改；錯誤選項 A 低分組的選答率高於高分組的選答率，此選項的誘答功能較佳。整體而言，錯誤選項 C 與 D 均要再加以修改，才能有效提升試題的鑑別度與誘答功用。

試題	組別	選項					總數	答對率	P	D
		A	B*	C	D	未答				
2	高分組	3	10	0	7	0	20	0.50	0.45	0.10
	低分組	6	8	0	6	0	20	0.40		

就試題 3 的選項分析而言，低分組在錯誤選項 D 均沒有人選答，此選項不具誘答作用；就錯誤選項 A 而言，低分組的選答率反而低於高分組選答率，表示此選項也不具誘答作用，因為此選項反而有更多高分組學生選答，失去選項誘答的功能。此外，正確選項 B 低分組答對率與高分組答對率相同，表示試題沒有鑑別功能（其鑑別指標值為 0.00）。就錯誤

選項 A 與正確選項 B，高分組選答人次十分接近，表示這二個選項所表達的內涵可能有重疊或混淆，造成學生的誤解，二個選項應加以修改，使選項間能區別最佳與錯誤答案。就選項誘答力分析結果，除選項 C 不用修改外，錯誤選項 A、D 均要再加以修改。

試題	組別	選項					總數	答對率	P	D
		A	B*	C	D	未答				
3	高分組	8	10	1	0	0	19	0.5	0.5	0.00
	低分組	7	10	3	0	0	20	0.50		

難度與鑑別度關係

　　當教師自編成就測驗偏難時（例如 P ≦ .25 時），大部分受試者的得分都在「**低分區**」，分數分配型態為「**正偏**」（曲線右邊的尾端比較長）；相對的，教師自編成就測驗或命題偏易時（例如 P ≧ .80 時），大部分受試者的得分都在「**高分區**」，分數分配型態為「**負偏**」（曲線左邊的尾端比較長）。正偏型態的分數分配無法區辨低分組受試者的作答差異情形（因多數受試者分數都偏低），負偏型態的分數分配無法區辨高分組受試者的作答差異情形（因多數受試者分數都偏高），因而當試題指標值接近 0 或 1 兩極端時，都無法有效區別高分組與低分組的答對率情況，即試題過於艱難或簡單，其鑑別指標值都會較小。

　　難度與鑑別度關係的圖示如下：

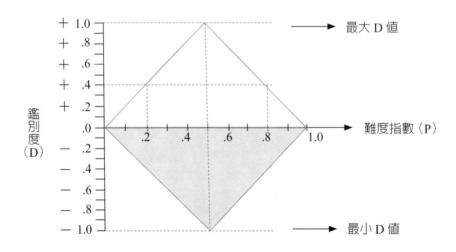

難度指標值 P	最大鑑別度指標值 D
0.00	0.00
0.10	0.20
0.30	0.60
0.50	1.00
0.70	0.60
0.90	0.20
1.00	0.00

從難度與鑑別度關係中可以看出，菱形下半部的鑑別度爲負值，鑑別度爲負值的試題完全沒有評量功能應捨棄不用，當試題難度 P = .50 時，試題的鑑別度可以達到最大值 +1。試題的鑑別度根據難度指標值而改變，難度指標值愈接近 1（試題簡易）或接近 0（試題較難），其鑑別度也會趨近於 0，表示試題太難或太簡易的題目鑑別度不佳。

難度與鑑別度二者呈現的菱形圖形中，說明試題的難度愈接近 0.50 時，鑑別度可能達到最大，但不是「**一定最大**」，因爲鑑別度量數也可能出現「**負值**」。因而不能果斷認爲「**測驗試題中的難度爲 .50 時，『一定』可得到最佳的試題鑑別度。**」而是「**在成就測驗的試題分析中想要讓試題有最佳的鑑別力，測驗試題的難度指標值最好在 .50 附近。**」

【範例練習】
國文成就測驗的試題項目分析中，高分組與低分組的人數各有 20 位，選擇題第 1 題的難度與鑑別度指標值均爲 0.4，請問高分組與低分組各有多少人答對？
計算如下：
高分組答對人數爲 H、低分組答對人數爲 L：

$$\left(\frac{H}{20} + \frac{L}{20}\right) \div 2 = 0.4 \rightarrow \left(\frac{H+L}{20}\right) = 0.8 \rightarrow H + L = 16 \ (第一個方程式)$$

$$\frac{H}{20} - \frac{L}{20} = 0.4 \rightarrow H - L = 8 \text{（第二個方程式）}$$

二個方程式相加 $\rightarrow 2H = 24 \rightarrow H = 12$，代入第一個方程 $\rightarrow L = 4$

高分組答對人數為 12 位、低分組答對人數為 4 位。

當試題難度指標值 P = .20 或 P = .80 時，試題鑑別度的指標值約為 -0.40 至 +0.40 間（一般負值出現的機率較低），因而試題難度若介於 .20 或 P = .80 之間，則試題的鑑別度指標值 D 多數會介於 +0.40 至 +1.00 之間。要讓試題的鑑別度達到最大，必須測驗試題的難度接近 .50 最有可能，這就是教學評量中試題要「**難易適中**」的緣由。難易適中試題組合的評量試卷才能讓受試者的分數分配趨近於常態分配（余民寧，2011）。試題的鑑別度與測驗的信度間也有密切關係，測驗試題的平均鑑別度愈高，測驗的信度也會愈高（郭生玉，2004）。此種難易適中的測驗常見於常模參照測驗，一個可靠的常模參照測驗或標準化成就測驗，測驗的試題應是由鑑別度高的題目所組成。至於效標參照測驗的題目，與常模參照測驗相較之下，命題內容範圍較窄，試題較為簡易，因而鑑別度會較低。

試題分析解釋注意原則為：

（一）試題鑑別度的高低與試題效度沒有必然關係

內部一致性分析法只在探究高分群組與低分群組在試題答對率的差異情況，它只能說明個別試題的反應傾向與整份評量或測驗反應傾向的一致性程度，此種方法分析時已排除中分組受試者數據資料，因而無法得知得分中間群組的測驗總分是否也能反映測量目標，除非測驗總分的確可以被證實為良好的外在效度，當測驗總分的效度被證實有效時，則試題分析的結果可作為題目的效度。

（二）試題鑑別度低不必然表示就是不良試題

試題鑑別度低的情況有時可能不是試題本身造成的，而是外在因素導致，例如教學者講述不清楚或概念意涵傳達錯誤，或被學生誤解等都有可能。在效標參照測驗中試題都會較爲簡易，學生精熟程度較高，試題鑑別度會較低，但此種試題必須保留，因爲這樣的試題才能反映教學目標。試題若能眞正與學習目標相契合，即使鑑別度低，也應保留使用。當題目的同質性愈高，試題的鑑別度愈大，因而鑑別度低也可能是題目測得的學習目標不同，就含括不同認知歷程向度而言，測驗包括這些試題才能有更好的「**內容效度**」。

（三）試題分析結果要考量到分析樣本數的多寡或大小

試題分析時的樣本數如果不夠多，則試題分析結果的量數是不穩定的，因而其指標量數是暫時的結果或是一種假設性結果，之後可能會再因樣本數不同而改變。若想得到一個穩定客觀的統計量數，分析的標的樣本必須足夠，尤其是在標準化成就測驗編製時，更需要使用常態分配型態下的大樣本資料，而抽取的樣本必須有代表性，能有效代表推估母群體的特徵。

（四）同時考量到內容效度與統計分析的結果選取試題

命題時多會根據學習目標與雙向細目表出題，測驗內容會包含有不同的認知歷程向度或知識向度的題目，如果只根據試題分析的統計量數選取具鑑別度的試題，可能會使某個向度的題目過少，而降低試題的內容效度，因而較佳的方法是同時兼顧邏輯分析效度與試題分析結果量數來篩選題目。

古典測驗理論

古典測驗理論（classical test theory, CTT）假定每位受試者都有某種潛在特質，此種潛在特質在教育領域稱為「**能力**」（ability）。潛在特質的獲得過程是受試者接受多次的測驗，從數次測驗中所得的平均值量數（稱為觀察分數——observed score），以此量數作為受試者的「**真實分數**」（true score）。受試者單獨一次測驗所得的觀察分數與其真實分數間會有些差異值，此差異值稱為「**隨機誤差分數**」（random error score）或「**誤差**」。古典測驗理論又稱為「**古典信度理論**」（classical reliability theory），其主要目的是從測驗結果估算受試者「**觀察分數**」（實得分數／所得分數）與「**真實分數**」間的關聯程度，此理論又被稱為「**真實分數理論**」（true score theory）。

古典測驗理論以公式表示為：觀察分數（X）＝真實分數（T）＋誤差分數（E），符號表示為 $X = T + E$。以「**真實分數模式**」（true score model）建構的古典測驗理論有以下幾個假定（Allen & Yen, 2001）：

1. 測驗所得的觀察分數等於受試者真實分數與誤差分數的總和，即觀察分數減掉誤差分數才是受試者的真實分數，符號表示為 $X - E = T$。

2. 觀察分數的平均數（期望值）等於真實分數，受試者的真實分數是數次測驗實得分數的平均值，此平均值是真實分數（潛在特質）的不偏估計值，經多次測量結果會比單獨一次施測結果精準，符號表示為 $E(X) = T$，即要了解學生的真實能力，要經過重複測量結果，才能排除測量誤差的結果。

3. 眞實分數（T）與誤差分數（E）二者之間並無相關，其相關係數為 0（零相關），即受試者潛在特質與測量誤差是獨立的關係，公式符號為 $\rho_{TE} = 0$。

4. 不同測驗的誤差分數（E_1、E_2）之間也沒有相關，其相關係數為 0（零相關），符號表示為 $\rho_{E_1E_2} = 0$。

5. 不同測驗中的甲測驗誤差分數（E_1）與乙測驗的眞實分數（T_2）間呈現零相關，符號表示為 $\rho_{E_1T_2} = 0$、$\rho_{E_2T_1} = 0$。

6. 假定甲、乙二個測驗，觀察分數分別為 X_1、X_2，上述五個條件均符合，對同一群體受試者而言，又滿足 $T_1 = T_2$（在二份測驗的眞實分數相同）與 $\rho_{E1}^2 = \rho_{E2}^2$（二份測驗的誤差分數變異數相等），則甲、乙二份測驗稱為「**平行測驗**」（parallel tests）或「**複本測驗**」。

古典測驗理論假定受試者潛在特質是存在的，潛在特質反應的是眞實分數（能力水準），眞實分數是一個定值，此眞實分數無法直接測量，只能間接經由測驗所得之觀察分數估算，每次測量結果都會有誤差。例如甲生物理能力的潛在特質（能力水準）為 80 分，第一次考試作答時猜對二題選擇（4 分），甲生測驗的觀察分數為 84 分，其中加 4 分為隨機誤差分數；第二次考試作答時猜錯三題選擇（6 分），甲生測驗的觀察分數為 74 分，其中減 6 分為隨機誤差分數；當甲生參加多次測驗後，其所得的觀察分數期望值（平均數）才會接近 80 分。

古典測驗理論對於受試者及測驗分數的假定較少，因而被稱為「**弱勢的**」（weakest）假定。此理論較不嚴謹或缺失之處有以下幾項（余民寧，2011；姚漢禱，1994）：

1. 能由觀察分數推算試題的信效度，但受試者眞實分數仍是未知的。

2. 以一個共同的「**測量標準誤**」（standard error of measure）或「**估計標準誤**」作為每位受試者潛在特質估計值的測量誤差指標，實際上的測量誤差是隨著測驗本身的難度及受試者的能力水準而變動，對於高低兩極端能力的受試者而言，極為不合理且不精準。

3. 因受試者之觀察分數與眞實分數隨著測驗的難度而不同，造成不同受試者接受不同測驗所得的結果無法比較。能進行有意義的比較是不同受試者要接受相同測驗或複本測驗。

4. 測驗的能力特徵不一定是單維度，反映的可能是多維向度的潛在特質，造成解釋上的困難。

5. 試題分析的難度指標值、鑑別度指標值、信度值都受到「**試題**」及「**受試者樣本**」的影響，這些指標是一種「**樣本依賴**」（sample dependent）量數，當受試者不同參數值就會不同。

6. 古典測驗的信度理論是根據「**平行測驗**」（parallel test）來界定，但「**複本形式**」（parallel forms）的測驗在教育實際場域中往往不存在，實際編製測驗時也很難做得到。

7. 忽視受試者的「**試題反應組型**」（item response pattern），二位受試者在相同測驗的總分相同，即將二位受試者的潛在特質（能力）視爲一樣。「**試題反應組型**」爲個別受試者回應或填答情形，二位測驗總分都是 85 分的學生，他們的錯誤試題與猜題情況可能有很大差異存在。

第39講

測量標準誤

古典測驗理論的「**真實分數**」（T，true scores）＝「**觀察分數**」（X）－誤差分數（E）＝「**實得分數**」（obtaind sores）與「**誤差分數**」（error scores）的差異值。每次的測驗結果受試者的測驗分數與其真實分數之間都有一個誤差值，差異分數一般稱為「**測量誤差**」（measurement error），誤差值可能為正值、負值或零，將實得分數減掉誤差分數才是學生的「**真實分數**」，測驗都有不同程度的測量誤差存在，測驗的信度愈低，測驗結果分數的變動愈大。二位學生的真實分數不同，在其他可能存在條件下，測驗結果二位學生可能得到相同的「**實得分數**」（測驗分數）；相對的，二位真實分數相同的學生，由於測量誤差因素，可能得到不同的「**實得分數**」（測驗分數）。為了改善評量以獲得學生最佳的真實分數估計值，在整體評鑑中最好採用多個測驗所獲得分數（測驗分數）的平均數量數（期望值）為依據。

假定體重計沒有故障，小明的真實體重為 68.8（公斤），在短時間內以體重計測量所得的結果如下表。小明 15 次測量的體重並沒有全部一樣，但每次測得的體重都在真實體重 68.8 公斤的上下，15 次測得的量數為觀察分數（實得分數），測量的量數與真正體重（真實分數）的誤差值可能是正值、負值或零，因而每次測得的體重量數可能高於真正體重（真實分數），或低於、等於真正體重（真實分數）。15 次測得體重的算術平均數為 68.8，標準差為 0.29，當測量的次數愈多，所有量數的算術平均數就會愈接近或等於小明的真正體重，測量誤差的總平均數為 0、標準差

為 0.29。測量誤差的標準差稱為「**測量標準誤**」量數，在學習評量或測驗實施程序中，受試者的真實分數是無法得知的。

次數	1	2	3	4	5	6	7	8	9	10	11	12	13	14	15	平均值	標準差
測得體重	68.4	68.5	68.6	68.7	68.9	68.4	69.2	69.1	69.2	69.2	69.0	68.5	68.8	68.9	68.5	68.8	0.29
真實體重	68.8	68.8	68.8	68.8	68.8	68.8	68.8	68.8	68.8	68.8	68.8	68.8	68.8	68.8	68.8	68.8	
測量誤差	-0.4	-0.3	-0.2	-0.1	0.1	-0.4	0.4	0.3	0.4	0.4	0.2	-0.3	0.0	0.1	-0.3	0.00	0.29

施測一個團體時，每位受試者都有誤差分數，所有誤差分數分配的「**標準差**」（standard deviation）一般稱為「**測量標準誤**」（standard error of measurement, SEM）。測量顯示的誤差值是受試者在「**測驗分數**」（實得分數）與「**真實分數**」間的差異量，所有差異量所構成的曲線分布為「**常態分配**」，差異量的平均數量數值（測量誤差的期望值）會為「**0**」，所有差異量的標準差即為「**測量標準誤**」，施測的次數愈多，測驗分數的平均數愈能代表受試個體的真實分數。在班級實務中無法在沒有改變評量內容情況下重複對學生進行評量，因而根據重複施測學生程序之測量結果，來計算測量標準誤量數並不可行，一般皆由群體在測驗實得分數的標準差來推估。

標準誤差值（E）愈小，真實分數（T）與觀察分數（X）的差異也愈小，觀察分數（X）也能反映真實分數（T）。一群受試者或相同的受試個體重複多次的複本測驗之平均測量誤差值是「**零**」。若是一群受試者，其中會有一半受試者的觀察分數（X）高於真實分數（T），測量誤差值為正；另外也會有一半受試者的觀察分數（X）低於真實分數（T），測量誤差值為負。觀察分數（X）高於真實分數（T）的機率等於觀察分數（X）低於真實分數（T）的機率，正負誤差值抵消，群體受試者觀察分數（X）的平均值等於真實分數（T）的平均值（Hopkins, 1998）。

　　「**測量標準誤**」可以由測驗分數的信度與實得分數的標準差量數來估算，公式為：$SE_{meas.} = SD \times \sqrt{1-信度係數} = SD \times \sqrt{1-r_{XX}}$，其中 SD 為測驗的標準差量數、r_{XX} 為測驗的信度係數。例如一個數學成就測驗的再測信度 r_{XX} 值 = .84、標準差 SD = 9，平均數 M = 78.5，則測量標準誤值 $SE_{meas.} = 9 \times \sqrt{1-.84} = 9 \times 0.4 = 3.6$。

　　1. 當測驗結果的信度係數等於 1.00 時，測量標準誤值：

　　　　$SE_{meas.} = SD \times \sqrt{1-1} = SD \times 0 = 0$

　　2. 當信度係數值為 0 時，測量標準誤值就等於標準差：

　　　　$SE_{meas.} = SD \times \sqrt{1-0} = SD \times 1 = SD$

　　測量結果的「**信度係數值愈高，測量標準誤就愈小；信度係數值愈低，測量標準誤就愈大**」。相同的信度係數情況下，標準差值愈大，測量標準誤也會愈大。

　　下表為標準差、信度與測驗結果分數之測量標準誤的關係對照表，測量標準誤利用公式 $SE_{meas.} = SD \times \sqrt{1-r_{XX}}$ 估算得出，例如測驗標準差值為 10、信度係數值為 0.7，測量標準誤：$SE_{meas.} = 10 \times \sqrt{1-0.7} = 5.5$。

測量標準誤 （細格數值）	信度係數					
	0.5	0.6	0.7	0.8	0.9	0.95
測驗標準差　2	1.4	1.3	1.1	0.9	0.6	0.4
5	3.5	3.2	2.7	2.2	1.6	1.1
10	7.1	6.3	5.5	4.5	3.2	2.2
15	10.6	9.5	8.2	6.7	4.7	3.4
20	14.1	12.6	11.0	8.9	6.3	4.5
25	17.7	15.8	13.7	11.2	7.9	5.6

　　假設上述數據都是取自同一個群體受試者之測驗結果的分數，從表中可以發現：

1. 在測驗標準差量數都相同的情況，測驗結果分數的信度指標值愈高，則測驗的測量標準誤值會愈小，例如測驗的標準差值均爲 15 時，信度指標值爲 0.6、0.7、0.8、0.9 狀態下，對應的測量標準誤分別爲 9.5、8.2、6.7、4.7。

2. 在測驗結果分數的信度量數相同的條件下，測驗本身之分數的標準差愈大，則測量標準誤量數也會愈大，以測驗信度係數值均爲 0.70 時，整體測驗的標準差值爲 2、5、10、15 時，對應的測量標準誤值爲 1.1、2.7、5.5、8.2。

3. 當測驗的信度係數值與整個測驗的標準差都大時，對應的測量標準誤值會因二個量數值而相互抵消，測量標準誤值會在可接受的小範圍之內。

測驗實施中，測量標準誤可以提供個別誤差分數的範圍，以同一測驗工具對同一受試者重複測量結果，觀察分數會落在眞實分數附近而形成一種分配，觀察分數分配的期望值（平均值）即爲受試者的眞實分數，觀察分數的標準差即爲測量標準誤。

由於測量都有誤差值，因而在解釋受試者測驗分數時，應採用「**信賴區間**」，信賴區間是受試者眞實分數「**可信的範圍**」（confidence interval）。信賴區間是以一個「**分數帶**」（band of scores）來說明受試者眞實分數的可能範圍，而不是直接以觀察分數的數值點來表示受試者眞實分數的高低。此種測驗分數的解釋類似推論統計中的「**點估計法**」與「**區間估計法**」，以受試者單一次所得的測驗分數（觀察分數）來表示受試者確切的特質或能力（眞實分數）是較不可靠的。

與信度係數相較之下，測量標準誤較不受團體異質性的影響。從異質性或變異性較大之團體測量所得的結果分數，會有較高的信度係數值，由於群體的變異程度大，因而根據群體分數所估算的標準差量數也會較大，由於測量標準誤同時受到信度係數值與測驗結果分數之標準差量數的影響（$= SD \times \sqrt{1 - r_{XX}}$），兩個量數值相互抵消結果，使得測量標準誤較不會受到團體「**異質性**」程度的影響（王文中等，2006）。

例如小強於智力測驗量表的得分為 105，測驗的信度為 .91、群體分數的標準差為 16，則測驗結果的測量標準誤為 $SE_{meas.} = 16 \times \sqrt{1 - .91} = 4.8$。根據常態分配原理，平均數上下一個標準差的機率值為 68.26%，受試者真實分數的範圍為 100.2 分至 109.8 分之間；平均數上下二個標準的機率值為 95.44%，受試者真實分數的範圍為 95.4 分至 114.6 分之間；平均數上下三個標準差的機率值為 99.72%，受試者真實分數的範圍為 90.6 分（105 − 4.8 ×3）至 119.4 分（105 + 4.8×3）之間。測量標準誤可以用來解釋受試者真實分數會有多少的機率落入此區間分數中。

【實例說明】

小明在英文成就測驗的實得分數為 78 分，班上英文測驗的標準差為 6、測驗分數的信度係數值為 .75，則根據公式可得英文成就測驗的測量標準誤為 3：

$$SE_{meas.} = 6 \times \sqrt{1 - .75} = 6 \times 0.5 = 3$$

測量標準誤等於 3，表示學生所得的分數有可能是在學生真實分數以上 3 個數值點或以下 3 個數值點位置，學生測驗分數只是其真實分數的一個估計值而已。根據實得分數與測量標準誤量數推估真實分數的可能結果如下：

實得分數	測量標準誤	常態分配的機率值	真實分數的可能範圍
78	1×SEM	68.26% 的機率	[75 分，81 分]
78	2×SEM	95.44% 的機率	[72 分，84 分]
78	3×SEM	99.72% 的機率	[69 分，87 分]

小明真實分數有 68.26% 的機率會落在實得分數上下一個測量標準誤之內，真實分數 = 實得分數加（減）一個測量標準誤量數 = 78±(1×3) = [75, 81]。
小明真實分數有 95.44% 的機率會落在實得分數上下二個測量標準誤之內，真實分數 = 實得分數加（減）二個測量標準誤量數 = 78±(2×3) = [72, 84]。
小明真實分數有 68.26% 的機率會落在實得分數上下三個測量標準誤之內，真實分數 = 實得分數加（減）三個測量標準誤量數 = 78±(3×3) = [69, 87]。

教育評量的偏誤

教育評量「**偏誤**」（bias）指的是特定評量對特定群組作不同決定時，造成不公平的現象，即某些測驗對某些族群團體而言，測驗得分具有得高分的傾向，而對其他族群團體則較爲不利，造成測驗或評量實施的不公平及不適當，此種違反測驗公平性的根本假定偏差稱爲「**評量偏誤**」（assessment bias）或「**測驗偏誤**」（test bias），因爲評量或測驗偏誤，會造成評量結果的使用及解釋有偏差，此種偏誤主要爲「**效度問題**」。當相同的測驗或量表針對不同族群受試者施測，施測結果產生系統性的差異（例如假設一律呈現對某一特定族群有利或不利），這個測驗或量表施測結果之測驗分數是不公平的。這種測驗或量表型態重複施測的結果，某些族群會成爲永遠的受害者（余民寧，2020；Nitko & Brookhart, 2007）。

教育評量的偏誤之定義類型常見者有以下幾種（Nitko & Brookhart, 2007, pp.99-102）：

 差別試題功能的評量偏誤

「**差別試題功能**」（differential item functioning, DIF）的評量偏誤，指的是二組能力或表現相當的群體或不同族群，在某些測驗試題或評量作業水準上有顯著不同（或呈現不同的特徵函數型態），個別測驗試題有利於某個群體，但整體平均的差異，表面上卻沒有突顯出來。心理計量學者對 DIF 的定義爲「**具有相同能力但族群屬性或族群特質不同的一**

群受試者，若是在某個試題上的答對機率有所不同的話，則該試題便具有 **DIF 的現象。**」以試題特徵函數的概念架構而言，DIF 為能力相等的不同受試者族群，在某個試題特徵函數的結果都不相同；若是跨越不同受試者族群的試題，其特徵函數都相同，則該試題便不具有差異試題功能的偏差。若是二個受試族群的能力原本就有差異，因能力不同導致他們在某個試題或作業（甚至整份測驗）的表現都不同，僅能稱為「**衝擊**」或「**影響**」（impact），此種現象是因為群組能力不同所造成的表現差異，不能稱為真正的 DIF 現象（余民寧，2020，頁 238-239；Nitko & Brookhart, 2007）。

 ## 平均數差異的評量偏誤

「**平均數差異**」（mean differences）的評量偏誤指評量程序對特定群組實施結果不公，造成測驗平均分數比其他同能力群組還低，此種偏誤一般是不公平或不正當的評量程序造成的，若是給予群組相同機會，評量結果可獲得相同的能力水平。在實際生活中，能力相當的群組，評量程序偏誤只是造成群組平均數差異的一個因素而已，測驗分數平均數差異也可能是群組在評量前所受的對待不公平。多數評量專家很少採用此種評量偏誤類型，因為群組表現的平均差異可能反映群組真實差異情況，此種情況是達成水平的實際差異，而非人為因素造成的結果。

 ## 分數錯誤解釋的評量偏誤

「**分數錯誤解釋**」（misinterpretation of scores）的評量偏誤為對學生評量表現結果做出不適當的推論，此種推論已超出評量內容範疇的範圍；或是根據少數特定學生，對學生相似群組受試者也進行推估解釋，例如班上一位同學對於解決二步驟算術問題有困難，將其過度類推為同性別學生的算術推理能力普遍較差，合適的解釋應指受試族群在標的評量的表現結果。

四 刻板印象 —— 表面評量偏誤

刻板印象 —— 「**表面評量偏誤**」（facial bias），指評量程序使用不適切的語言及圖形來編製評量作業或評量素材，此種先入為主的角色刻板印象在教育評量中常見者為「**種族刻板印象**」（race stereotype）、「**性別刻板印象**」（gender stereotype）。若是評量作業或試題融入這種偏見或看法，會造成評量判斷的偏誤，評量內容激進本質的偏誤又稱為「**表面偏誤**」。

五 區別效度的評量偏誤

「**區別效度**」（differential validity）的評量偏誤指預測效度的偏誤。有效的「**預測效度**」（predictive validity）是根據準則估計受試者在第二個測量的表現（效標），如果某個群體或某個人在「**預測效標**」（predict criterion）的分數相對較高，表示有差異效度的評量偏誤。公平或沒有偏誤的評量指的是對所有群組而言，預測效標分數都是同樣精確的。有效的教育選擇測驗對大多數群組預測教育成功（或失敗）大致是相當的，評量偏誤較感興趣的效標通常是受試者工作或學校的成功情況。假定二個不同族群同時施測相同的測驗（測驗具有良好信效度），若沒有區別效度偏差，則以二個族群在原始測驗分數為預測變項，以效標測驗分數為結果變項，測驗分數對效標分數所做的迴歸分析結果，二條迴歸線的斜率係數值應該相同（互相平行），迴歸線截距項（平均數）可能相同或不同，但當該測驗有偏差時，兩條迴歸線的斜率就不會相同，且其預測平均數和截距也不會一樣，預測效度也會很不理想。

六 內容與實驗差異的評量偏誤

評量作業或評量內容在學生生活經驗的特定次群組中有根本的不同，但評量結果的使用及解釋卻沒有考量到此種差異性存在，此種偏差稱為「**內容與實驗差異**」（content and experience differential）的評量偏誤。

當學生生活經驗與特定文化或評量內容間有明顯差異存在時（例如特定文化詞彙或單字），測驗分數要提供相同的構念（例如一般字詞能力）解釋是不可能的，減少此種類型偏誤的做法為評量作業及評量內容要與次群組之受試者的生活經驗相匹配，例如能同時適用於都會地區、非都會地區、偏鄉地區的學生群組。

七 採用統計模式選擇決策的評量偏誤

結合不同評量資訊所做的判斷，多數人相信要經由心理計量方式比較合理。進行資料分析時所選擇的統計程序對所有受試者是否公平，對處理所蒐集的資料是否適切，統計分析結果的解釋是否錯誤，都是統計模式可能的評量偏誤原因。使用所有評量作為選擇必須能顯示對工作成效或學校成功有正向關係，選擇及採用適切的統計方法分析資料，才能正確解釋測驗結果。

八 錯誤效標測量的評量偏誤

評量結果效度的判別中，若是選擇的效標本身就會偏誤，會造成選擇過程的偏差，稱為「**錯誤效標測量**」（the wrong criterion measure）的評量偏誤。假定測驗本身沒有偏誤，不適切的效標會造成之後評量程序的錯誤，例如技能實作作業採用成就測驗作為效標，可能無法正確了解學生實作能力；或以工作知識的紙筆測驗分數作為實際工作表現的效標，「**知道如何做**」的知識高低與「**工作表現能力**」程度好壞，實際的關係並不是十分緊密。

九 評量氛圍與情境的評量偏誤

「**評量氛圍與情境**」（atmosphere and conditions of assessment）的評量偏誤指偏誤起因於參加測驗的壓力、測驗焦慮、感覺不受歡迎、感受評量程序受到不公平的對待，或測驗情境不友善等，負向的評量氣氛會造成某些有能力的受試者，無法於測驗程序中完全展現或達成任務（作業）。

差異分數的比較解釋

測驗分數間的差異解釋一般有三種情況：(1) 比較同一受試者在二種不同測驗分數的差異，例如在多向度性向測驗之空間推理與語文推理得分的差異比較；(2) 同一受試者於不同時間點接受相同測驗後，二次時間點測驗得分的差異，例如教學前後二次英文成績分數的比較；(3) 比較不同受試者接受同一個測驗工具得分的差異比較（王文中等，2006）。要判斷測驗結果之差異分數是否反映真正特質間的差異，或是測驗分數間的差異只是隨機誤差造成的結果，可以從差異分數的測量標準誤量數大小來判別，其估算公式為：$SE_{diff.} = \sqrt{SE_{m.X}^2 + SE_{m.Y}^2}$，其中 $SE_{diff.}$ 為差異分數的測量標準誤、$SE_{m.X}^2$ 為第一個測驗（X 測驗）分數的測量標準誤、$SE_{m.Y}^2$ 為第二個測驗（Y 測驗）分數的測量標準誤（游恒山譯，2010）。由於 X 測驗的測量標準誤公式為：$SE_{m.X} = SD\sqrt{1 - r_{XX}}$；Y 測驗的測量標準誤公式為：$SE_{m.Y} = SD\sqrt{1 - r_{YY}}$，假設這是一個多向度的測驗，整體測驗分數的標準差值為 SD，X 測驗與 Y 測驗分別表多向度特質中的二個分測驗：空間推理與語文推理，則二個分測驗之結果分數差異的測量標準誤可簡化為：

$$SE_{diff.} = \sqrt{SE_{m.X}^2 + SE_{m.Y}^2} = \sqrt{(SD\sqrt{1 - r_{XX}})^2 + (SD\sqrt{1 - r_{YY}})^2}$$
$$= \sqrt{SD^2(1 - r_{XX} + 1 - r_{YY})} = SD \times \sqrt{2 - r_{XX} - r_{YY}}$$

測驗分數間的差異比較不論是不同受試者於相同測驗所得的分數，或同一受試者於二種不同測驗（例如語文測驗及空間測驗）所得的分數，**「差異分數」**（difference score）表示的是任何二個同性質分數之間的差

距，同性質分數指的是二個分數是奠基在同一個尺度上（例如標準分數、T 分數、IQ 分數等），若是不同尺度的分數必須先將其轉換為同性質的分數才能進行比較，測驗分數從常模中建立的總平均數與標準差必須相同（游恒山譯，2010）。

　　假定受試者在多向度性向測驗的平均數為 60、標準差值為 12；空間推理分測驗的信度為 .93、語文推理分測驗的信度為 .91，在空間推理分測驗的得分為 73 分、在語文推理分測驗的得分為 64 分，受試者在二個分測驗差異分數的測量標準誤為：

$$SE_{diff.} = SD \times \sqrt{2 - r_{XX} - r_{YY}} = 12 \times \sqrt{2 - .93 - .91} = 12 \times \sqrt{0.16} = 4.8$$

　　根據常態分配圖示，在 .05 顯著水準（對應的信賴區間值為 95%）時，空間推理分數與語文推理分數的差異要超過 $1.96 \times 4.8 = 9.4$ 分，二者分數的差異才有真正意義，即空間推理分數與語文推理分數間的差異值要大於 9.4 分，才能反映受試者在二個向度性向測驗分數真實差異情況，否則差異分數可能是測量誤差所造成的機遇現象而已。

第42講

試題反應理論

　　「試題反應理論」（item response theory, IRT）又稱為「試題特徵曲線」（item characteristic theory）、「潛在特質理論」（latent trait theory），是一種「電腦化的適性測驗」（computerized adaptive testing），也是一種真正的「個別化測驗」（individualized test）。此種適性化測驗的試題會根據受試者回答情況與受試者能力調整試題的難度，選擇最符合受試者能力水平的測驗試題，電腦從受試者回答正確率，綜合評估受試者的能力高低，進而調整試題的難度，以免試題太難或過於簡易。受試者每作答一個試題，都是一個估算階段過程，電腦會進行受試者能力估算的複雜運算，如此反覆進行，直到達到事先設定的標準。由於電腦會根據受試者每次回答情況調整試題的難度，因而不會出現二位受試者接受完全相同的測驗題目。電腦化適性測驗過程簡要圖示說明如下：

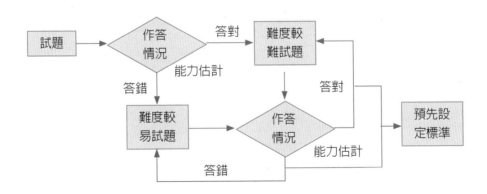

一 試題反應理論的特點

古典測驗理論有以下幾個特性（余民寧，2009）：

1. 測驗題目在於測量受試者的潛在特質（latent trait），例如能力、人格或態度等。

2. 因為潛在特質無法直接從外觀測得，因而會以多次測得的數據來作為代表。

3. 每次測量的結果都同時有誤差成分在內。

4. 潛在特質與誤差成分之間是獨立的，彼此間沒有相關，因而多次測得的數據期望值可作為受試者的潛在特質參數，但由於將每位受試者的測量誤差視為相同，無法兼顧到受試者能力的個別差異。

5. 對二次測量結果的詮釋與比較，是建立在測驗為「**複本測驗**」（parallel test）的假定基礎（但教育實務場域中此種複本測驗很難存在）。

6. 提供的指標量數如「**難度**」（difficulty）、「**鑑別度**」（discrimination）與「**信度**」（reliability）等都是一種「**樣本依賴**」（sample dependent）的指標，這些指標量數會因受試者不同而不同。

7. 無法就受試者的「**反應組型**」（response pattern）加以比較，受試者在測量得分相同，會將受試者能力視為一樣。

而試題反應理論具備以下幾項特點，正好可以補足古典測驗理論之限制（郭伯臣、吳慧珉、陳俊華，2012）：

（一）在誤差假設方面

古典測驗理論中假定所有的受試者都有相同的「**測量標準誤**」（standard error of measurement），而試題反應理論中認為具不同能力水準的每位受試者測量結果會有不同的測量標準誤，若是測驗的難易適中，理論上對於中等能力受試者而言，其測量標準誤較小，而對於高能力（或低能力）的受試者而言，對應的測量標準誤會較大。

（二）在信度方面

就信度係數估計值而言，古典測驗理論假設測驗題項數與信度有密切關係，測驗題項數愈少的測驗，其信度指數值會較小。但試題反應理論則假定信度與測驗題項數沒有關係，即使測驗題項數少，也可以得到一個很好的信度量數。

（三）在試題參數估計方面

古典測驗理論中，試題的難度指數和鑑別度指數，會因為受試者的能力分配不同而得到不一樣的估計結果，此為「**參數變動性**」，若要獲得不偏的估計值，必須有足夠的代表性大樣本。而試題反應理論具有「**參數不變性**」（parameter invariance）之特色，即試題的參數估計不會受到受試者能力分配型態的影響。

（四）在分數結果解釋方面

古典測驗理論是透過常模參照的方式解釋分數的意義，受試者只知道他贏過多少位受試者，卻無法得知為什麼。試題反應理論則是將能力與試題置放在同一個量尺，受試者可以透過能力與試題難度的差異，了解自己大概可以答對哪些題目。

（五）在題型設計方面

古典測驗理論常採混合題型的設計，例如同時有二元計分及多元計分試題，此種試題對測驗總分會有較大偏誤，但此種混合題型的設計在試題反應理論卻能得到最佳的估計效果。

（六）在作答反應組型解釋方面

就古典測驗理論而言，不管受試者作答反應組型為何，只要測驗總分一樣，即認為其能力相同。但試題反應理論即使受試者總分相同，但若是其作答反應組型不同，也可能得到不同的能力估計值。

（七）在等化方面

古典測驗理論假設唯有複本測驗（parallel test），不同的測驗分數才能進行比較，且結果是最佳的。試題反應理論則無此假設，而等化效果最佳的情況是不同測驗所使用的題目能涵蓋不同能力學生的需求。

 試題反應理論的基本假定

試題反應理論通常有以下幾個基本假定（余民寧，2009；郭生玉，2004）：

（一）單向度假定

試題反應理論與傳統測驗理論均強調所有的測驗題目都是在測量相同的特性或能力，智力與學術性向測驗最符合此條件，此種假定稱為「**單向度**」（unidimensionality）。成就測驗編製過程要根據「**雙向細目表**」（教學目標與教材內容），試題的依據為「**雙向細目表**」非試題與總分相關，因而有時會同時測得數個特質或能力（稱為多向度）。試題聚焦在測量某一特定能力上，可使測驗編製單純化，在分數的解釋上較為容易。

（二）局部試題獨立性假定

「**局部試題獨立性**」（local item independence）指的是受試者對一試題的作答情況或答對率，不會受到受試者作答其他試題的影響，此假定在確認受試者於試題間的作答反應沒有任何關聯存在。由於作答試題的題項數與答對率與受試者個人能力有關，若排除受試者能力的影響變因，試題與試題作答反應間就沒有相關（連鎖性試題、題組型試題、疲勞及身心狀態等與受試者作答的答對率間會有關聯，稱為「**試題依賴性**」──local item dependence）。單向度與局部獨立性假定間有連帶關係，一個測驗若滿足單向度假定，則一般會符合局部獨立性假定，但若是局部獨立性假定成立，未必會符合單向度的假定（姚漢禱，1994）。

（三）試題特徵曲線假定

「**試題特徵曲線**」（item characteristic curve, ICC）或稱「**試題特徵函數**」（item characteristic function）的假定是測驗過程中，受試者答對試題的機率會隨其能力的增加而提高，即受試者答對試題的答對率與受試者能力水準間有密切關係，二者之間可以用函數表示，不同函數繪出的圖形都顯示一個共同結果：受試者答對試題的機率，隨其受試者能力而緩慢上升。特徵函數曲線只和受試者能力高低有關，與受試者群體能力分配是否為常態分配無關。

試題特徵曲線表示的是受試者擁有的某種能力（例如英文能力、數學能力），與受試者在試題的反應表現（例如答對或答錯）具有一種「**非線性**」關係，此種非線性關係可透過一條連續性遞增的數學函數表示。試題特徵曲線圖的橫軸為「**θ 能力量尺**」（θ ability scale），縱軸為試題答對的機率，從圖中可以看出，低能力受試者（例如 θ 接近 -3）其試題答對機率很低，能力量尺愈小的受試者答對機率接近或等於 0；相對的高能力受試者（例如 θ 愈接近 +3），受試者試題的答對率愈高，能力量尺愈大的受試者答對機率趨近於 1。每個試題答對率與受試能力量尺間的關係均可用此非線性圖示型態表示，每個試題都有自己的 ICC。

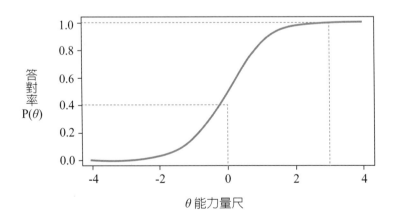

（四）非速度測驗假定

試題反應理論假定所有受試者在測驗題目的作答反應不受時間限制，它不是一個「**速度測驗**」，而是一種「**非速度測驗**」（nonspeed）。受試者在作答過程中沒有時間的限制，若有時間限制則受試者的作答回應情況無法反應其真實的能力水準，因而在有時間限制與沒有時間限制條件下，受試者的作答反應結果會有很高的重疊性或相關性。

（五）參數不變性假定

試題反應理論的能力量尺和難度量尺同樣均為標準量尺，其平均數為 0、標準值為 1，量尺為常態機率分配，但不包括受試者能力是否為常能分配，即使受試者能力呈現偏態，受試者在試題反應的試題參數也會具有不變性（姚漢禱，1994）。古典測驗理論中，試題的難度參數值（試題答對率）與鑑別度參數值（點二系列相關係數值 r_{pb}）的估算，均會因為受試者能力高低不同而得到不同的量數值，當樣本的同質性愈高，估算所得的量數通常會低於以常態分配樣本施測的受試者。試題反應理論假定試題估算所得的參數，其估計值不會受到試題間難易度不同而影響，也不會受到受試者能力間不同而改變，即參數估計值的估算所得不會因試題或受試者樣本不同而有差異，此種參數估計值的性質稱為「**參數不變性**」（parameter invariance）。

（六）最小猜測度

試題反應理論假定受試者猜測答對的機率甚低，甚至不會存在，否則無法反映受試者真實的能力水準。其檢定方法如檢視低能力組受試者於最困難試題的表現水準是否趨近於 0，若是趨近於 0 則假定得到支持。

三　試題特徵曲線的模式

試題特徵曲線的模式主要有三種：「**單參數模式**」（one-parameter model）、「**雙參數模式**」（two-parameter model）、「**三參數模式**」

（three-parameter model）（姚漢禱，1994；Backer, 1985）：

（一）單參數模式

單參數模式中只有一個「**難度參數**」（item difficulty parameter，通常以符號 b 表示），難度參數表示的是試題容易作答或很難作答的程度，難度參數值愈高，表示試題很難作答（答對試題機率很低）。此時題目的鑑別度參數（通常以符號 a 表示）是相等的，猜測度參數（通常以符號 c 表示）也是為 0，試題答對率為 50% 的那一點稱為「**轉折點**」（point of inflection），$P(\theta) = 0.50$。能力水準 $\theta \geqq 0$ 的受試者，正確反應的機率大於 .50、能力水準 $\theta \leqq 0$ 的受試者，正確反應的機率小於 .50。

（二）雙參數模式

雙參數模式的二個參數分別為「**難度參數**」與「**鑑別度參數**」（item discrimination parameter，鑑別度參數為試題特徵曲線的斜率）。鑑別度參數表示的是試題區分受試者在能力量尺的「**試題位置**」（item location），即試題是否能區別出高低受試者作答的情況。試題特徵曲線的中間愈平坦表示其鑑別度愈低；中間部分愈陡峭表示試題鑑別度愈好，在實務應用時，鑑別度的範圍數值通常設定在 -2.80 至 +2.80 之間。

（三）三參數模式

三參數模式的三個參數分別為「**難度參數**」、「**鑑別度參數**」與「**猜測度參數**」（guessing parameter），特徵曲線由此三個參數決定。此模式特徵曲線於低能力一端，若出現非 0 的概率漸近線，此點 $P(\theta)$ 即為猜測度，表示受試者答對試題的機率是由於機會造成的，即試題被低能力受試者隨機猜選而答中的程度。亦即當 θ 接近 -3（理論上為 -∞），$P(\theta) \neq 0$，$P(\theta)$（答對率）就是猜測度，表示是低能力受試者猜對試題的機率。因為所有受試者都有同樣機會猜對試題，所以猜測度不因受試者能力不同而變化，其理論參數值為 0.00 至 +1.00 之間，實務應用時參數值一般限定在 0.35 以上。

　　決定試題特徵曲線形狀的三個試題參數，分爲別「**試題難度參數**」、「**試題鑑別度參數**」、「**猜測度參數**」。試題在三參數模式曲線中，曲線的高度（垂直高度線）對應的答對率爲題目的「**難度量數**」，曲線的坡度表示的爲題目的鑑別度，愈平坦的曲線其鑑別度量數愈小，鑑別度愈低；愈陡峭型態的曲線（曲線上升很快者）試題有愈佳的鑑別度。若是能力量尺 (θ) 水平軸接近 -3 數值點，曲線的高度值不是 0（例如 P(θ) = 0.16），表示答對機率值大於 0，此量數值即爲試題猜測度參數。

　　從三個試題參數而言，對任何一道試題：(1) 受試者的能力水準值愈大，其答對試題的機率愈高；受試者的能力水準值愈小，其答對試題的機率愈低。(2) 對任何一位受試者而言，試題愈容易作答，表示試題難度參數值愈低，此時試題的鑑別度參數值也愈低，試題愈不具鑑別功能。(3) 試題愈容易作答，愈容易被受試者猜對，此時試題猜測度參數愈高，試題被答對的機率也愈高（余民寧，2009）。

　　下圖的試題特徵曲線 A 有高的鑑別度（斜率線陡峭）、中等的難度（能力量尺水準爲 .00 時，試題答對的機率值約爲 .50）；試題特徵曲線 B 有高的鑑別度（斜率線陡峭）、高的難度（能力量尺水準爲 +1.00 時，試題答對的機率值約爲 .50），試題特徵曲線 A 與 B 的斜率線大致平行，可見二個試題的鑑別度大約相同。

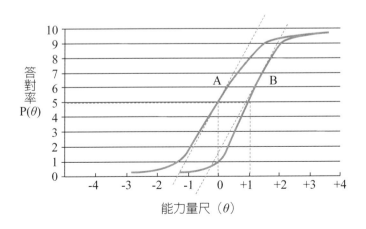

　　下圖的試題特徵曲線 A 能力水準在 -1.5 時，試題的答對機率約為 .50，能力水準在 0.0 時，答對機率約爲 .90，表示試題的難度簡易；試題特徵曲線 B，能力水準在 0.0 時，答對機率約爲 .60，表示試題難度爲中間偏易。試題特徵曲線 A 的斜率較試題特徵曲線 B 大（更爲陡峭），表示試題 A 的鑑別度大於試題 B 的鑑別度。

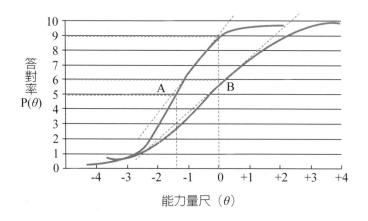

　　下圖的試題特徵曲線顯示試題爲低難度、中等鑑別度的題目，當能力水準爲 -2.0 時，試題答對機率爲 .50，當低能力水準在 -3.0 時，答對試題的機率不接近 0，約爲 .25，顯示試題的猜測度參數較高。

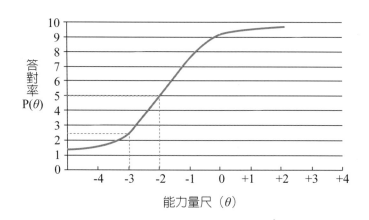

　　試題反應理論主要是用來描述試題特性（難度、鑑別度、猜測度），與受測者的能力（潛在特質）如何影響其答題反應的一種數學模式，學者 Embretson 和 Reise 認為在「**極端狀況**」下，古典測驗理論和試題反應理論的差異有以下幾項（蘇旭琳、陳柏熹，2014；Embretson & Reise, 2000）：

古典測驗理論和試題反應理論之差異一覽表

差異來源	古典測驗理論	試題反應理論
測量標準誤	對特定群體而言，所有分數的測量標準誤相同。	可類推不同群體，分數不同測量標準誤也不同。
測驗的長度與信度	題項數較多的測驗，信度較高。	信度高低與題項數多寡（或測驗長短）無關。
可交換的測驗形式	當測驗間為複本關係時才能進行測驗分數間的比較。	當題目難度是分散時，進行測驗分數間的比較才有意義。
試題屬性的不偏估計值	仰賴代表性的大群體。	不須仰賴代表性的大群體。
有意義量尺分數的建立	從常模群體中建構與比較。	採用不同題目也可以進行試題分數間有意義的相互比較。
建立量尺屬性	常態分數分配下可以獲得等距量尺屬性。	應用適當測量模式即可達到等距量尺屬性。
混合試題形式	對於測驗整體總分會產生不平衡的影響。	更能獲得可真正反映出受試者能力的測驗分數。
改變分數的意義	起始分數水準不同，改變分數不能進行有意義的比較。	即使起始分數水準不同，改變分數也能進行有意義的比較。
二元計分試題的因素分析	二元計分的因素分析可能出現非實際因素的成分。	原始資料的因素分析可以產生充分的訊息。
試題刺激特性的重要性	相較心理測量屬性，試題刺激特性顯得不重要。	試題刺激可以和心理測量屬性直接對應。

　　綜合以上所述，相較於古典測驗理論，試題反應理論的特性可歸納為以下幾點：(1) 能夠依據能力提供合理的測量標準誤；(2) 測驗的長度對於信度影響不大；(3) 參與不同測驗者的能力可以相互比較；(4) 降低樣本依賴特性和減少依據常模來詮釋試題的意義；(5) 具有等距量尺特性；(6) 試題形式對於能力估算的影響較小；(7) 對於分數改變較能進行有意義的比較；(8) 從原始資料中可以獲得較充分的試題訊息；(9) 能夠連結試題和心理測量屬性於同一量尺；(10) 透過試題和測驗訊息量的計算程序，可以根據數值估計測量的精準度，在應用層面上更為寬廣。儘管古典測驗的應用層面相對受限，但學者們仍肯定古典測驗理論的有效性（蘇旭琳、陳柏熹，2014；Embretson & Reise, 2000）。

　　以試題反應理論為基礎所建置的電腦化測驗，結合試題反應理論的理論內涵與電腦科技的特性，此種測驗的特性主要根據受試者能力高低程度來決定試題的難易度，因而是專門為受試者量身訂做的一種「**電腦化測驗**」，稱為「**電腦化適性測驗**」（computerized adaptive test, CAT）。電腦化適性測驗是一種真正的「**個別化測驗**」（individualized test）、「**適性測驗**」（adaptive test）、「**訂製的測驗**」（tailored testing）。電腦化適性測驗的試題會符合受試者的能力水準，因而可以就受試者在較少試題的作答情況評估受試者的能力。電腦化適性測驗的實施一般要建立題庫，題庫中的每個試題均有其難度、鑑別度與猜測度參數，同時從受試者作答中可以估算受試者能力水準的估計值參數，從題庫中每位受試者作答試題不會完全一樣，但受試者所得的分數可以相互比較（郭生玉，2004）。

第 **43** 講

試題反應理論的評量應用

　　試題反應理論在大型教育測驗之應用，例如「**國家教育進展評量**」（National Assessment of Educational Progress, NAEP）、國際學生能力評量計畫（Programme for International Student Assessment, PISA）、「**國際數學與科學教育成就趨勢調查**」（Trends in International Mathematics and Science Study, TIMSS），這幾個大型測驗均使用測量模式與等化設計方法（郭伯臣、吳慧珉、陳俊華，2012；國際大型教育評量評比調查網，取自 https://tilssc.naer.edu.tw/）。

　　試題反應理論衍生而得的測驗分數稱為「**量尺分數**」（scaled scores），所謂「**量尺分數**」指的是根據試題反應理論所估算出來的受試者能力或潛在特質之估計值，目前國內升學考試成績（例如國中教育會考、大學入學考試之學測與分科考試——指考）、國際大型成就測驗評比（例如 TIMSS、PISA、TIMSS、TASA、PIRLS 等），以及語言檢定考試（例如托福、多益）等，都有使用量尺分數來比較受試者間測驗分數的差異。採用「**古典測驗理論**」時，研究者會採用「**常模**」作為解釋受試者個體測驗分數的意涵，使用「**試題反應理論**」時，研究者較常採用「**量尺分數**」作為受試者測驗分數間高低的比較（余民寧，2020）。班級學習評量中，由於受試者的樣本數很少，加上教師常採用自編成就測驗，古典測驗理論中的統計量數使用更為普及。

國家教育進展評量（NAEP）

NAEP 爲「美國教育測驗服務社」（Educational Testing Service, ETS）所發展的聯邦補助計畫，主要目的爲建立學生學習成就的趨勢。從 1969 年起，NAEP 開始定期地對四年級、八年級及十二年級學生進行「閱讀」（reading）、「數學」（mathematics）、「科學」（science）、「寫作」（writing）之能力評量，是美國評量學生成就之代表。NAEP 之評量分爲「主要評量」（main NAEP）與「長期發展趨勢評量」（long-term trend NAEP）二種，其評量目的爲：(1) 分析學生在主要課程領域上應該知道和可以做的廣泛能力；(2) 探究長時間變動下的教育發展情形。NAEP 評量性質爲判定學生於學科之不同精熟程度，屬於「**標準參照測驗**」。

二 **國際學生能力評量計畫（PISA）**

PISA 測驗是由「**經濟合作暨發展組織**」（Organization for Economic Co-operation and Development, OECD）」主辦的全球性學生評量，目的在於了解個人參與社會活動的能力，PISA 評量強調學生對概念的了解、學習遷移及習得知能在不同場域的應用情形。自 2000 年起，PISA 評量每 3 年舉辦一次，評量內容涵蓋「**閱讀**」、「**數學**」和「**科學**」三個領域的基本素養，同時每次側重一項重點領域。PISA 評量性質爲判定學生於學科領域（閱讀、數學、科學）之不同精熟程度，屬於「**標準參照測驗**」。

PISA 的施測除採用評量外，也同時使用問卷工具，蒐集一系列學生、家長、教師及學校的訊息，以提供學生在家庭與學校環境中學習的資訊。經由 PISA 評量與問卷調查結果，可用以比較不同國家間學生的學習表現與學習環境。PISA 學科評量架構中，「**數學**」科目強調評量內容爲數量、空間與形狀、改變與關係、不確定性；「**科學**」科目強調評量內容爲解讀科學數據及舉證科學證據、評量及設計科學探究、解釋科學現象；「**閱讀**」科目強調評量的重點爲對文本訊息的擷取、發展解釋、省思與評

鑑文本內容、形式與特色。PISA 評量的重點不僅限於學生是否能夠提取知識，更強調學生是否能夠將習得的知識應用在新的領域，產生學習遷移，即強調了解概念、掌握歷程，以及能夠將知識應用在不同場合。

三 國際數學與科學教育成就趨勢調查

TIMSS 由「**國際教育成就評量學會**」（簡稱 IEA）所設計，主要目的為評量各國學生在「**數學**」與「**科學教育**」學習成就趨勢的發展，進行國際間的比較分析，進而幫助各國提升其數學與科學教育的學習成效與教學改進。TIMSS 測試對象為四年級與八年級的學生，施測的學科為「**數學**」與「**科學**」二科，各學科分為「**內容領域**」（content domain）與「**認知領域**」（cognitive domain），每 4 年舉辦一次，基本的評量內容分為認知、應用以及推理。相對於 PISA 評量強調實際問題解題能力的「**能力本位評量**」，TIMSS 的評量型態比較接近「**課程本位**」的成就評量。欲評估學生能否掌握參與社會所需的知識與技能，並藉由國際評比來比較參與地區或國家的教育成效。

TIMSS 的評量架構中，四年級「**數學**」（mathematics）科目強調數、幾何形狀與測量、資料呈現；六年級「**數學**」科目聚焦於數、代數、幾何、數據與機率；四年級「**科學**」（science）科目強調生命科學、物質科學、地球科學；八年級「**科學**」科目聚焦於生物、化學、物理、地球科學。TIMSS 評量性質為判定學生於學科（數學及科學）之不同精熟程度，屬於「**標準參照測驗**」。

四 課程本位評量

「**課程本位評量**」（curriculum-based assessment, CBA）是一種非正式的評量技術，課堂中教師會以直接觀察和記錄學生在學校課程中進步的情況，以作為了解學生對於課堂教材是否達到預期標準或精熟的程度，決定學生的需求，並作為教師教學決定的根據。任何以實際上課的課程內容

爲依據，來考量學生技能發展的程序，都可稱爲「**課程本位評量**」。「**課程本位評量**」有以下特性：(1)用學生於課堂習得的教材直接評量學生（有教過的技能才能測量）；(2)施測時間短暫（通常測量學業行爲，1-3分鐘）；(3)經常且重複性的評量（一星期評量1-5次）；(4)評量過程著重將學生的進步資料作成圖表，使之視覺化，以監控學生的進步（張世彗、溫雨涵，2012）。

課程本位評量本質上爲一種「**效標參照評量**」，效標是學校課程，評量資訊對於教師教學前的教學計畫、教學活動編排提供明確的方向。此外，由於評量本質是一種標準本位評量，教學後評量可以得知學生的精熟程度，評估學生的學習狀態，學生的進步情形是以提供個別學生學習的課程習得多少爲標準；定期評量實施，可以進一步就長期教學目標達成的情況有更完整的了解。課程本位評量的評量方法最能顯示學生進展情形及教學績效的檢核（張世彗、溫雨涵，2012）。

課程本位評量常用的評量方法爲觀察、教師自編測驗與非系統化的資料蒐集法等，評量模式的類型取向主要有以下三種（張世彗，2012）：

（一）流暢性取向

評量強調個人在單位時間正確反應的次數或題項數（例如5分鐘內答對10題、10分鐘內做完二個步驟），此種取向可直接測量短時間內學生的進展情況，作爲教師教學改進的依據。此種評量取向操作簡單，信效度較佳，在課程本位評量模式中以流暢性取向運用最爲普遍。

（二）正確性取向

評量取向強調答對比例（例如測驗程序中答對10題、答錯5題，或答對題數百分比60%），評量目的在於檢視教材內容對於個別學生而言的難易情況，作爲教材篩選與分組教學的參考。

（三）標準參照取向

評量取向是依照難易或教學先後將課程中所教授技能排列，提出對應

的行為目標再編擬題目，並擬定可接受的表現準則，判斷學生對學習目標的精熟程度，作為教師教學參考。

五 促進國際閱讀素養研究

「促進國際閱讀素養研究」（Progress in International Reading Literacy Study, PIRLS）是由「國際教育成就評量學會」（The International Association for the Evaluation of Educational Achievement，簡稱 IEA）主辦的全球性學生評量，透過學生閱讀表現的比較，了解各國學生閱讀理解能力的趨勢。期程為每 5 年舉辦一次，評量對象為四年級學生，評量內容為學生於故事及說明性文章中的閱讀、理解以及詮釋複雜訊息的能力。PIRLS 研究也配合問卷蒐集了一系列學生、家長、教師及學校的訊息，以提供學生在家庭與學校環境中閱讀學習的詳細資訊。評量內容與問卷調查結果可用以比較不同國家間學生閱讀理解能力的差異，以及學習環境對於學生閱讀理解能力的影響，研究的結果可以幫助各國了解國內教育體系、學校管理與教師閱讀教學可以再改善精進的地方。評量架構的科目為「文體」與「歷程」，對應的閱讀素養欄文體為故事體、說明文；歷程為直接提取、直接推論、詮釋整合、比較評估。PIRLS 評量性質為判定學生於閱讀表現之不同精熟程度，屬於「標準參照測驗」。

六 國際公民教育與素養調查研究

國際教育評比調查中的「**國際公民教育與素養調查研究**」（International Civic and Citizenship Education Study, ICCS），由國際教育成就評量學會（簡稱 IEA）主導，第二次調查以 14 歲學生為主要對象，每 7 年施測一次，調查內容為受試者公民知識、公民態度與行動，調查內容亦包含學校課程學習與校外公民參與機會等面向。研究的範圍包括學校本位的學習與校外的公民參與，主要包括：民主／公民資質、國家認同／國際關係、社會和諧／多元等三個面向。第三次國際調查為「**國際**

公民教育與素養調查研究」（International Civic and Citizenship Education Study，簡稱 ICCS）。ICCS 調查對象爲 13 歲半學生，相當於我國八年級學生，評量面向包括公民知識、情意與認知，評量四個範疇爲公民社會與體系、公民原則、公民參與及公民認同。

七 臺灣學生學習成就評量資料庫

教育部委請國家教育研究院建立「**國民中小學學生學習成就常態性之資料庫**」，進行「**臺灣學生學習成就評量資料庫**」（Taiwan Assessment of Student Achievement，簡稱 TASA）之建置規劃，其目的主要爲：

1. 建立國民中小學、高中及高職學生學習成就長期資料庫，以追蹤、分析學生在學習上變遷之**趨勢**，進而檢視目前課程與教學實施成效。

2. 提供完整、標準化的學習成就資料，作爲分析學生學習成就上差異表現的變項資料，以評估學生未來在學術方面能力之發展與社會期許。

3. 建立本國學生學習成就評量資料庫，藉以了解臺灣教育之獨特面與優缺點，利於加入國際比較行列。

施測週期爲國小、國中、高中職，每年段 3 年一輪循環測驗，測驗內容包含國文、英文、數學、社會與自然。每個學生施測二科考科及一份共同問卷，部分科目會加抽考特殊考科，例如國語文作文及英文口說及書寫測驗等。國小四年級從國語文、數學科、自然科等三科中抽測二科；其餘年級從上述五科中抽測二科。TASA 採嚴謹標準化流程進行試題編製，評量性質在於判定學生之學科精熟程度，屬標準參照測驗（取自國家教育研究院）。

第 **44** 講

測驗的信度

古典測驗理論假定之一爲：X（觀察分數）＝ T（眞實分數）＋ E（誤差分數），此公式可以導出：觀察分數的變異數＝眞實分數的變異數＋誤差分數的變異數：$\sigma_X^2 = \sigma_T^2 + \sigma_E^2$，兩邊各除以眞實分數的變異數 σ_X^2，得出：$\frac{\sigma_X^2}{\sigma_X^2} = \frac{\sigma_T^2}{\sigma_X^2} = \frac{\sigma_E^2}{\sigma_X^2} \Rightarrow 1 = \frac{\sigma_T^2}{\sigma_X^2} + \frac{\sigma_E^2}{\sigma_X^2} \Rightarrow \frac{\sigma_T^2}{\sigma_X^2} = 1 - \frac{\sigma_E^2}{\sigma_X^2}$。算式表示觀察分數的總變異量（$\frac{\sigma_X^2}{\sigma_X^2} = 1$），是由眞實分數變異量比率與誤差分數變異量比率的總和，其中 $\frac{\sigma_T^2}{\sigma_X^2}$ 爲眞實分數變異數占觀察分數變異數的百分比值，即觀察分數（實得分數）變異量中，眞實分數所占的比率值，此比率值愈大，表示眞實分數變異數愈接近觀察分數（實得分數）變異數，此量數稱爲「**信度係數**」（reliability coefficient），信度係數 $\frac{\sigma_T^2}{\sigma_X^2}$ 以符號簡稱表示爲 r_{xx}。由於信度係數與誤差總和爲一個常數，「**信度係數**」值愈大，測驗結果的誤差係數就愈小；測驗結果的誤差愈小，表示觀察分數愈接近眞實分數，若其比值爲 1，表示測驗分數有極高的精確性。大部分測驗的信度係數值介於 0 至 1 之間，信度係數值大小表示測驗分數的準確性或穩定性程度。

測驗結果的變異或不一致的型態例如：

1. 同一群受試者在不同時間點接受相同測驗時，由於個體的身心情況、注意力、情緒、疲勞、猜測、記憶或遺忘、學習經驗、作答意願等變因的影響，導致受試者在二次測驗結果的分數有變化，因而就社會科學領

域而言，二次測驗情境要完全爲相同狀況很難達成。

2.爲相同的受試者接受不同類型的測驗，由於測驗試題間的差異，導致受試者在測驗結果的分數不一致。

3.受試者接受主觀式評定測驗，由於評分者間評定準則的不同，造成不同評定者給予測驗或作品的分數不一致。測驗結果實得分數不一致的情況，即是測驗結果的變異，變異程度或一致性現象的問題，在測驗或評量的領域而言，就是「**信度**」的議題。

信度指的是測量的「**一致性**」（consistency），即一個測量與另一個測量的「**測驗分數**」，或其他評量結果的一致性程度（Linn & Gronlund, 2000）。例如相同群體的學生在相同準備度情況下，施測相同成就測驗，第一次與第二次測驗得分的相似程度如何，若是二次測驗得分類似或接近，表示測驗分數有很高的信度。信度指的是測驗或評量工具的測驗分數或結果，而不是測驗或評量工具本身，假定一個體重計沒有故障，小強於同一天不同時段測量五次體重，測量結果分別爲 69.9、70.0、70.1、70.0、69.9，小強五次體重測量結果大致相同，其測量結果的「**一致性**」很高，反映的是體重測量結果的「**信度**」很好。

測驗試題抽樣代表性的誤差、測驗實施情境或條件造成的測量誤差、受試者個人因素導致測驗分數的起伏不定、主觀式測驗評分之評分者內與評分者間的誤差等，這些不準確性的來源稱爲「**非系統性測量誤差**」，此種測量誤差是不可預測及不一致的。對應於「**非系統性測量誤差**」稱爲「**系統性測量誤差**」（systematic measurement error），此種誤差指測驗編製者於不知情的情況下，編製的測驗一致地測量到它所預定要測量標的特質之外的其他特質或事物，例如某一量表編製的試題在測量學生社交內向態度，但不經意地以一致的方式測量學生焦慮或壓力狀態（游恒山譯，2010）。

測驗的實得分數是眞實分數的估計值，但每次測驗都會有誤差，一般的測量誤差類型有四種：(1)「**受試者**」（test takers）；(2)「**測驗本身**」（the test itself）；(3)「**測驗的實施**」（test administration）；(4)「**測驗的**

計分」（test scoring）（Kubiszyn & Borich, 2007）：

　　1. 受試者個體的誤差：常見的情況為受試者本身的生理狀況，或誤看同學答案等，會影響測驗結果分數的信度及精確度。

　　2. 測驗本身的誤差：編製不良的試題或語意模糊不清的測驗，或是試題間沒有相互獨立等，都會導致實得分數與真實分數間的較大落差。

　　3. 測驗實施的誤差：測驗實施的物理環境不佳、指導語及解釋說明不一致，施測者的態度不一或不友善等，都會減低測驗分數的信度及精確度。

　　4. 計分上的誤差：計分的誤差包括評分者個人偏誤或評分者間的不一致，以及手工計分的錯誤等，是導致實得分數與真實分數間較大落差的緣由。

　　影響評量結果的誤差來源圖示如下，評量信度程度受到學生內在因素（例如心情與生理狀態等）與外在因素的影響（例如測驗的品質、計分的誤差與測驗的指導等），評量可以反映受試個體實際或真實知識、推理技巧或情感到何種程度，但評量所得的分數會受到內在與外在誤差來源的影響，因而評量得到的觀察分數等於真實分數（或實際分數）加上某種程度的誤差分數（McMillan, 2011, p.71）。

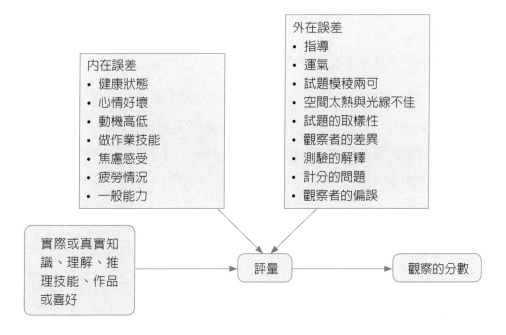

信度有以下特性（涂金堂，2009；Linn & Miller, 2005）：

（一）信度是「測驗結果」而非指「測驗工具本身」

信度是根據一群受試者在測驗或評量結果所得的「分數」估算出的量數，一份有品質的測驗或評量施測於不同群體的受試者，不同群體受試者的得分不會相同，因而根據測驗或評量分數估算出的信度係數值也會不同。因此，信度是根據受試者在試題得分估算所得的測驗結果的量數，而不是指測驗工具本身，具體而言，信度是一種「測驗結果」或「評量分數」的量數。因而信度的適切解釋為「測驗分數或評量結果的信度」，並非是「測驗或評量工具」的信度。

（二）信度的一致性有其適用的特定類型

信度（一致性）的估算來源可能針對測驗的時間（不同時間點施測相同測驗）、特定的作業試題（接受不同測驗），或接受不同評分者對測驗的評定等，因而有其特定類型存在，一份測驗結果的信度值很好，可能只針對某種類型的一致性程度加以估算而已。評量結果並不是普遍可靠的，它們可能在不同時期、不同作業樣本、不同評分者之間等是可靠的，其評量結果也可能在其中一個面向是一致的，但在另一個面向的結果是不一致的，因而將信度視為具有「普遍性的特性」會造成錯誤的解讀。

（三）信度是效度的「必要條件」，但不是「充分的」條件

一份測驗在特定類型條件下，測量結果的不一致程度愈高，愈無法有效提供測驗或評量的信賴或可靠的資訊，因而「沒有信度的測驗，一定沒有效度」，信度是構成效度的必要條件，此意涵表示的是效度高的測驗，其信度必然也高；但一份有高信度的測驗，不一定有良好的效度。而低信度的評量顯示的是效度必然不佳，但高信度的評量結果並不能確保評量結果也有高的效度。

（四）信度的估算是透過統計分析得到的量數

不同特定類型條件之信度值的估算都是經由統計分析所得的量數值，其中「**皮爾森積差相關法**」是最常使用估算信度的方法。無論關注的焦點是評分者間的一致性，或跨不同版本或作業資料的一致性，都可以使用個體在群體中的「**相對位置**」（relative standing）或個人的預測變動量程度來表示。信度係數是一種相關係數，表示的是測量相同特質的二組分數之間的相關程度，而相關係數是一種統計量數，需要透過統計方法的估算才能得出。

（五）信度為「**一致性**」程度高低，而非「**全有或全無**」的問題

在測驗或評量領域，信度等同於「**一致性**」，信度並非是可信賴或可靠的程度，其意涵為測驗或評量結果不受測量誤差影響的程度，由於測驗結果分數都可以採用統計方法估算，因而信度「**並非是全有或全無**」的問題，而是一致性程度高低的問題（王文中等，2006）。全無信度的測驗結果，其信度係數（相關係數值）等於 0；信度係數（相關係數值）等於 1（=100%），表示測量完全沒有測量誤差，此二種極端情況出現的機率值甚低。

測驗結果信度係數值的判別標準如下（涂金堂，2009）：

信度值	信度的衡鑑
≧ 0.90	優良
0.80 至 0.89	良好
0.70 至 0.79	佳或普通
0.60 至 0.69	尚佳或尚可接受
≦ 0.59	不佳或欠佳

　　信度係數值有幾個特性（黃德祥等譯，2011；Kubiszyn & Borich, 2007）：

　　1. 群體變異程度會影響信度係數的大小，相同測驗或複本測驗重複施測結果，異質性群體的信度係數值會「**高於**」同質性群體的係數值。

　　2. 測驗分數的信度受到「**計分可靠度**」的影響，如果測驗的計分是不可靠或不客觀的，則測驗分數就有誤差，此結果限制了測驗分數的信度係數值。

　　3. 在相同的情況下，測驗的試題數愈多，測驗分數的信度係數值會愈高，其原因有二：一為當試題增加時，可使分數的潛在變異性變大；二是當試題增多時，愈能有效抽取內容樣本，題目的代表性愈高。

　　4. 測驗的題目難度太簡易或太難時，都會使測驗分數的信度係數值降低，因太難或太容易的測驗，測驗分數的分配型態愈同質。由於誤差來源來自於「**猜測**」，難度高的測驗比簡易的測驗之信度係數值還低。

第 **45** 講

常模參照測驗的信度估計

常見的常模參照測驗信度估計的方法有「**重測信度**」（test-retest reliability，或稱「**再測信度**」）、「**複本信度**」（parallel-forms reliability）、「**內部一致性信度**」（internal consistence reliability）。內部一致性信度估計法一般包括「**折半信度**」（spilt-half method）、「**庫李信度**」（KR20/KR21）、「**Alpha 信度**」等三種。

一 重測信度

重測信度是讓受試者於不同時間點作答同一份測驗，將受試者前後二次測驗所得的分數估算其「**皮爾遜積差相關係數**」（Pearson product moment correlation），相關係數量數為測驗的重測信度。重測信度的基本假定為受試者的潛在特質（能力水準）在短時間內不會有太多改變，因而受試者前後二次施測時的潛在特質是接近的，其在二次時間點測驗結果的分數是一致、穩定的。由於重測信度是指受試者在二次測驗結果的穩定性，又稱為「**穩定係數**」（coefficient of stability）。

受試者二次施測時間點愈短，重測信度值愈大，一般而言，二次間隔時間為一至二週或二至四週最為適當，間隔時間愈長，受到外在干擾變因的影響愈大，例如個體成熟的身心特質改變、知識經驗的增長變化等。測驗類型中的「**速度測驗**」，主要在測量受試者於固定時間限定下對知識內容的理解情形，因而較適合採用重測信度。在教育場域中教師自編成就

測驗若施測二次，會受回憶與練習影響，往往高估了重測信度的大小。屬於態度或情意範疇的測驗採用再測信度，可以得知學生在此方面的變化情況。

下表為五位受試者於實驗研究過程中接受前後測的分數，時間間隔為六個星期，二次測驗結果分數間的積差相關係數為 0.94，表示再測信度係數值等於 0.94。

受試者	S1	S2	S3	S4	S5	平均數	標準差	相關係數
第一次測驗分數	20	70	30	60	80	52	23.15	0.94
第二次測驗分數	30	61	45	68	86	58	19.21	

 二 複本信度

所謂「**複本**」（alternate forms/equivalent forms）是指二份測驗根據相同的雙向細目表架構編製（例如相同測驗內容與難度），二個版本測驗是各自獨立建置，版本在試題類型、題項數、難易度、指導語或作答說明、施測時間與範例等都相當，只是其內容試題不一樣。這二份測驗要測得的潛在特質或能力是相同的，此種測驗一般稱為甲卷、乙卷等，受試者不論接受甲卷或乙卷，二次施測所得的分數均可以反映出受試者的真實分數，二份測驗被視為「**等值／等同版本**」（equivalent forms）、或「**平行版本**」（parallel forms），或「**替代版本**」（alternative forms）的測驗（Linn & Miller, 2005, p.108）。

複本信度即是指受試者於相近時間點接受二份不同的複本測驗（甲卷、乙卷），再求出所有受試者在二個測驗分數間的積差相關，相關係數愈高，表示複本信度愈佳。複本信度將「**題目取樣**」（item sampling）差異作為誤差變異的來源之一，因為特定試題不同，即使複本測驗難度差不多，也可能使受試者感覺二份測驗的難度有所不同。複本法中的相關係數值可以指出二個評量能夠測量相同行為面向的程度，複本法能夠反映學生

表現的「**恆定性**」（constancy），以及以此評量作為測量特徵之適當樣本代表性的程度，但複本法無法讓教師得知測量之學生特徵的「**長期穩定性**」（long-term stability）情況。此種估計信度的複本法較常運用於「**標準化測驗**」，因為標準化測驗才有可能建置二個或二個以上的等同版本（鄒慧英譯，2004；Linn & Gronlund, 2000, p.112）。

複本信度的估算有二種：

1. 對受試者在同一時間內連續施測，此信度稱為「**等值係數**」（coefficient of equivalent）或「**複本立即信度**」，此信度無法反映出受試者本身狀況所造成的誤差（時間點不同的抽樣誤差），它只能反映試題內容的抽樣誤差。

2. 對受試者於不同時間施測，此種複本信度不但可以反應出測驗內容的抽樣誤差，也可反映出受試者身心狀況造成的誤差，此種複本信度稱為「**穩定與等值係數**」（coefficient of stability and equivalence），它結合重測信度的穩定性與複本信度的等值性，又稱為「**複本延宕信度**」。「**複本延宕信度**」同時反映了「**內容取樣誤差**」與「**時間取樣誤差**」對測驗結果一致性的影響（吳明隆、蘇素美，2020；郭生玉，2004）。

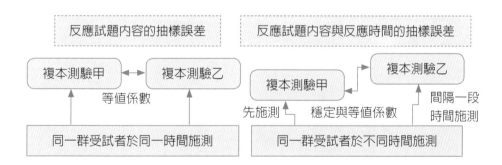

複本信度較常用於標準化測驗中，教育場域之教師自編成就測驗很少會有複本測驗，因為複本測驗的編製對教師而言有其困難存在，其編製不但費時，而且需要投入大量人力、經費。此外，領域或學科的成就測驗易受練習及記憶效果的影響，即使編製完成，複本測驗的效益也不如預期。

內部一致性信度

　　重測信度或複本信度的獲得，受試者均須實施二次的測驗，由於需要進行二次的測驗，可能會受到受試者的作答動機、疲憊等變因影響，降低第二次施測結果的正確性，而影響測驗結果的信度。內部一致性信度的估算方法，受試者只要接受一次的測驗，因而不會讓受試者感到厭煩，或降低作答動機，或受到練習效度、身心狀態變化、情緒等因素的影響。內部一致性信度奠基在測量相同特質題項分數的同質性程度，此種測驗實施只須對受試者施測一次，此種方法的假定是測量相同特質的題項分數應該會有一致性的結果，在班級評量中，內部一致性信度相對較容易取得也較為可行，在實施上要注意幾個事項：(1) 測驗需要足夠的題項數，基本原則為測量單一特質或技能最好有五個題目；(2) 有時間限制的條件（速度測驗），不適合採用內部一致性信度；(3) 教師想要在一個時段知道學生所知道的全部學習內容有其限制（最好配合跨時間施測方法）（McMillan, 2011）。

第**46**講
折半法之信度估計法

內部一致性信度的估計方法在學習評量中最常使用者為折半法：

一 折半法意涵

「折半法」（split-half method）求出的信度稱為「折半信度」（split-half coefficient/split-halves reliability coefficients）。實施過程中受試者只作答一次測驗，之後將受試者在整份測驗的結果拆成等同的二半，常見的方法是偶數題的題項為一半，奇數題的題項為另一半，然後根據受試者在此二半測驗的得分（此種折半信度又稱奇偶信度，odd-even reliability），計算二者間的相關係數。第二種方法是採用隨機方式，將整份測驗隨機分為二個分測驗；第三種方法是根據試題的序號排列，將測驗的前半段與後半段視為二個分測驗（二半測驗），再估算二個分測驗（二半測驗）間的相關（吳明隆、蘇素美，2020）。

一份有 20 個題目的測驗分成兩半測驗的圖示如下：

試題	▲	△	▲	△	▲	△	▲	△	▲	△	▼	▽	▼	▽	▼	▽	▼	▽	▼	▽
	1	2	3	4	5	6	7	8	9	10	11	12	13	14	15	16	17	18	19	20

當題目的難度由易而難排列出現時，採用奇偶題折半法較佳：

	奇數題半個測驗										偶數題半個測驗									
試題	▲	▲	▲	▲	▲	▼	▼	▼	▼	▼	△	△	△	△	△	▽	▽	▽	▽	▽
序號	1	3	5	7	9	11	13	15	17	19	2	4	6	8	10	12	14	16	18	20

　　當題目的難易度隨機排列出現時，可採用前後段折半法。如果題目由易而難排列，採用前後段折半法，受試者在此二半測驗結果所得的分數不會為「等值分數」。

	前半段半個測驗（測驗前半段）										後半段半個測驗（測驗後半段）									
試題	▲	△	▲	△	▲	△	▲	△	▲	△	▼	▽	▼	▽	▼	▽	▼	▽	▼	▽
序號	1	2	3	4	5	6	7	8	9	10	11	12	13	14	15	16	17	18	19	20

　　下表為五位受試者在六個測驗試題的得分，採用奇偶折半法估算二半測驗間的相關係數 r 為 0.77，表示測驗的折半信度係數值為 0.77。

	測驗的題目						奇數題總分（1＋3＋5）	偶數題總分（2＋4＋6）	總分
	試題 1	試題 2	試題 3	試題 4	試題 5	試題 6			
S1	1	1	1	0	1	1	3	2	5
S2	0	0	0	0	1	0	1	0	1
S3	1	0	1	1	0	1	2	2	4
S4	1	1	1	1	1	1	3	3	6
S5	0	0	0	0	0	1	0	1	1
						平均數	1.8	1.6	3.4
						變異數	1.36	1.04	4.24
						相關係數 r＝0.77			

當其他條件相同的情況下，「**測驗的題項數愈多，測驗結果會愈可靠，測驗結果的信度值也會愈高**」。由於每個半測驗的題項數只有總量表題項數的一半，整個測驗的真正信度值會被「**低估**」，例如一份有 50 個題目的測驗，拆成二半時，半個測驗的題項數只有 25 題，以 25 個題項數估算結果的信度會低於包含 50 個題項數的測驗。

 折半法的校正

採用折半信度所估算的信度值若未經校正，會比原始整個測驗結果的信度還低，因此一般會採用「**斯皮爾曼－布朗公式**」（Spearman-Brown prophecy formula，或稱為 Spearman-Brown double length formula）加以校正，校正公式為：

$r_{XX} = \dfrac{tr}{1+(t-1)\times r}$，其中 r 為原測驗信度值、t 為新測驗試題個數為原測驗試題數的倍數。

例如原測驗 40 題，增列題項數將原測驗增加為 80 題，則 t 的數值為 2，若是將題項數簡化至 20 題，則 t 的數值為 $\dfrac{20}{40}=\dfrac{1}{2}$。

折半法的二半測驗的試題數只有原先總測驗題項數的一半，原始測驗題項數為原先折半法估算時題項數的 2 倍，t 值等於 2，公式簡化為：

$r_{XX} = \dfrac{tr}{1+(t-1)\times r} = \dfrac{2r}{1+(2-1)\times r} = \dfrac{2r}{1+r}$，一般以下列符號表示：

$r_{XX} = 測驗實際信度 = \dfrac{2\times原折半後之相關係數\ r}{1+原折半後之相關係數\ r} = \dfrac{2\times r_{AB}}{1+r_{AB}}$，其中 r_{AB} 為根據二半測驗分數估算所得的相關係數。

例如在一份 50 題選擇題的成就測驗中，測驗結果的折半信度為 0.60，根據 Spearman-Brown 校正公式估算成就測驗的信度係數為：

$r_{XX} = 測驗實際信度 = \dfrac{2\times原折半後之相關係數\ r}{1+原折半後之相關係數\ r} = \dfrac{2\times 0.60}{1+0.60} = \dfrac{1.20}{1.60} = 0.75$，

相關係數值為 0.75，表示整份評量結果的信度係數值為 0.75。

　　已知量表的斯布校正折半信度係數值，求出原量表未校正之折半信度係數公式為：

$$r_{XX} = \frac{2 \times r_{AB}}{1 + r_{AB}}$$

$$\rightarrow r_{XX}(1 + r_{AB}) = 2 \times r_{AB}$$

$$\rightarrow r_{XX} + r_{XX}r_{AB} = 2r_{AB}$$

$$\rightarrow r_{XX} = 2r_{AB} - r_{XX}r_{AB}$$

$$\rightarrow r_{XX} = r_{AB}(2 - r_{XX})$$

$$\rightarrow r_{AB} = \frac{r_{XX}}{(2 - r_{XX})}$$

　　前述範例中斯布校正公式得出的折半信度值為 0.75，則量表未校正前的折半信度值為：$r_{AB} = \frac{r_{XX}}{(2 - r_{XX})} = \frac{0.75}{(2 - 0.75)} = \frac{0.75}{1.25} = 0.60$。

　　根據測驗的原信度係數與欲達成的信度係數值二個參數，可以求出複本題增加的倍數參數 $t = \frac{r_n(1 - r_o)}{r_o(1 - r_n)}$：

$$r_{XX} = \frac{tr}{1 + (t - 1) \times r}$$

$$\rightarrow r_{XX}[1 + (t - 1) \times r] = tr$$

$$\rightarrow r_{XX} \times 1 + r_{XX} \times (t - 1) \times r = tr$$

$$\rightarrow r_{XX} + r_{XX}tr - r_{XX}r = tr$$

$$\rightarrow r_{XX} - r_{XX}r = tr - r_{XX}tr$$

$$\rightarrow r_{XX}(1 - r) = tr(1 - r_{XX})$$

$$\rightarrow t = \frac{r_{XX}(1 - r)}{r(1 - r_{XX})}$$

　　r 為原先測驗的信度係數、r_{XX} 為新測驗的信度係數，公式符號可以表示為：$t = \frac{r_n(1 - r_o)}{r_o(1 - r_n)}$，$r_n$ 為新測驗的信度係數、r_o 為原先測驗的信度係數。

【範例說明】

一個測驗長度 40 題的測驗，由於有受試者反映題項數過多，在限定時間內無法做完，因而編製者將題項數減少成 32 題，則測驗長度的變化數量 $t=\frac{32}{40}=0.8$，新測驗的長度為原測驗長度的 0.8 倍。假設原測驗的信度為 0.70，則新測驗的信度值：

$$r_{XX}=\frac{tr}{1+(t-1)\times r}=\frac{0.8\times 0.70}{1+(0.8-1)\times 0.70}=\frac{0.56}{1-0.14}=\frac{0.56}{0.86}=0.65$$

一個測驗長度為 20 題的測驗，其信度值只有 .65，為提高測驗的信度，編製者將題項數增加到 30 題，則測驗長度的變化數量 $t=\frac{20}{30}=1.5$，新測驗的長度為原測驗長度的 1.5 倍，則新測驗的信度值：

$$r_{XX}=\frac{tr}{1+(t-1)\times r}=\frac{1.5\times 0.65}{1+(1.5-1)\times 0.65}=\frac{0.98}{1+0.33}=\frac{0.98}{1.33}=0.74$$

斯布校正公式也可從原始測驗信度值、原始測驗題項數、新測驗預定要提升的信度值等量數以求出應增加的題項數（或新測驗的長度值），例如一個測驗長度為 20 題的數學成就測驗，其信度值只有 .65，編製者想把數學成就測驗的信度提高至 .80，則至少應編製的試題數如下：

公式 $r_{XX}=\frac{tr}{1+(t-1)\times r}$ 中的 $r_{XX}=.80$，$r=.65$，將數值代入：

$$0.8=\frac{t\times 0.65}{1+(t-1)\times 0.65} \rightarrow 0.8+0.8\times 0.65t-0.8\times 0.65=0.65t$$

$$\rightarrow 0.8+0.52t-0.52=0.65t \rightarrow 0.13t=0.28 \rightarrow t=\frac{0.28}{0.13}=2.15$$

新測驗的題項數為原測驗的 2.15 倍，原測驗題項數 20 題，新測驗的題項數約 $20\times 2.15=43$ 題，編製者要再增加編製 23 個新試題，整份測驗的信度才有可能達到 .80。

【範例練習】

1. 一份有 6 個題項的教師自編成就測驗，信度係數值為 .50，編製者希望成就測驗的信度係數值為 .60 以上，則編製者需要新增列多少個複本試題？
   計算如下：

$$t=\frac{r_n(1-r_o)}{r_o(1-r_n)}=\frac{.60(1-.50)}{.50(1-.60)}=\frac{.60\times .50}{.50\times .40}=\frac{0.3}{0.2}=1.5（倍）$$

   新量表的複本題項總數為 $1.5\times 6=9$（題），$9-6=3$（題），原量表有 6 題，必須再增加 3 題試題，且增加的題目性質須與原來量表試題的性質相同。

2. 一份有 5 個題項的教師自編成就測驗，信度係數值為 .40，編製者希望成就測驗的信度係數值為 .80 以上，則編製者需要新增列多少個複本試題？計算如下：

$$t = \frac{r_n(1-r_o)}{r_o(1-r_n)} = \frac{.80(1-.40)}{.40(1-.80)} = \frac{.80 \times .60}{.40 \times .20} = \frac{0.48}{0.08} = 6 \text{（倍）}$$

新量表的複本題項總數為 $6 \times 5 = 30$（題），試題總數為原本量表的 6 倍，原量表只有 5 題，必須再另外增加 25 個複本試題。

　　下表為根據斯布校正公式，從測驗原始信度值與測驗長度倍數變化值估算所得的信度係數值一覽表：

原始信度	增加原始測驗長度倍數（T）									
	0.2	0.4	0.6	0.8	1.5	2	2.5	3	3.5	4
0.60	0.23	0.38	0.47	0.55	0.69	0.75	0.79	0.82	0.84	0.86
0.65	0.27	0.43	0.53	0.60	0.74	0.79	0.82	0.85	0.87	0.88
0.70	0.32	0.48	0.58	0.65	0.78	0.82	0.85	0.88	0.89	0.90
0.75	0.38	0.55	0.64	0.71	0.82	0.86	0.88	0.90	0.91	0.92
0.80	0.44	0.62	0.71	0.76	0.86	0.89	0.91	0.92	0.93	0.94
0.85	0.53	0.69	0.77	0.82	0.89	0.92	0.93	0.94	0.95	0.96
0.90	0.64	0.78	0.84	0.88	0.93	0.95	0.96	0.96	0.97	0.97
註：倍數列為新測驗題項數／原始測驗題項數，是一個比例值。										

　　當測驗是測量一致性或同質性的概念時才可使用折半法，折半信度係數值愈高表示測驗二半測驗的內容之一致性愈高，折半信度除可採用斯布校正公式外，也可採用福樂蘭根（Flanagan）或盧隆（Rulon）發展的校正公式。

　　福樂蘭根的校正公式中，沒有假定二個分測驗的變異數相等，也不必估算二個分測驗間的相關係數，若是受試者在二個分測驗實得分數的變異數差異太大，採用福樂蘭根所提的校正公式更為適合：

$r_{XX} = 2 \times \left(1 - \dfrac{S_A^2 + S_B^2}{S_X^2}\right)$，其中 S_X^2 為原測驗總分數的總變異數、S_A^2 為第一個分測驗分數的總變異數（例如奇數題分數的變異數）、S_B^2 為第二個分測驗分數的總變異數（例如偶數題分數的變異數）。當二半測驗（二個分測驗）的變異數相同時，福樂蘭根校正公式與斯布校正公式估算的信度係數值完全一樣，但若是二半測驗的變異數不同，採用福樂蘭根校正公式估算的內部一致性信度值 r_{XX} 會較斯布校正公式估算的信度值「**還低**」，此乃因為二半測驗的變異數差異值若太大，使用斯布校正公式估算的信度一般都會「**高估**」的緣故。

盧隆校正公式為：

$r_{XX} = 1 - \dfrac{S_D^2}{S_X^2}$，其中 S_X^2 為原測驗總分數的總變異數、S_D^2 為受試者在二個分（二半）測驗分數差異值的變異數。

【範例說明】

	測驗的題目						奇數題總分 （1＋3＋5）	偶數題總分 （2＋4＋6）	總分	二半分數的 差異值 D
	1	2	3	4	5	6				
S1	1	1	1	0	1	1	3	2	5	1
S2	0	0	0	0	1	0	1	0	1	1
S3	1	0	1	1	0	1	2	2	4	0
S4	1	1	1	1	1	1	3	3	6	0
S5	0	0	0	0	0	1	0	1	1	-1
平均數							1.8	1.6	3.4	0.2
變異數							1.36	1.04	4.24	0.56
相關係數 r = 0.77										

上表的數據中，整體測驗分數的平均數為 3.4，測驗總分的變異數 S_X^2 = 4.24；奇數題總分的總異數 S_A^2 = 1.36、平均數為 1.8；偶數題總分的總異數

$S_B^2 = 1.04$、平均數為 1.6；二半分數差異值的變異數 $S_D^2 = 0.56$，折半信度 $r_{AB} = 0.77$。

斯布校正公式估算之測驗信度值為：

$$r_{XX} = \frac{2 \times r_{AB}}{1 + r_{AB}} = \frac{2 \times 0.77}{1 + 0.77} = 0.87$$

福樂蘭根公式校正信度值為：

$$r_{XX} = 2 \times \left(1 - \frac{S_A^2 + S_B^2}{S_X^2}\right) = 2 \times \left(1 - \frac{1.36 + 1.04}{4.24}\right) = 2 \times 0.43 = 0.86$$

盧隆公式校正信度值為：

$$r_{XX} = 1 - \frac{S_D^2}{S_X^2} = 1 - \frac{0.56}{4.24} = 1 - 0.13 = 0.87$$

第**47**講

庫李係數信度估計法

　　庫李法（KR20/KR21）乃是庫德及李查遜（Kuder-Richardson）二位作者的簡稱，此方法為根據受試者對所有試題的作答反應，直接分析試題的一致性程度，以確定試題是否反映到相同的潛在特質，當試題測量的潛在特質同質性愈高，**「則試題內部一致性」**（inter item consistency）愈高。庫李法使用時有以下幾個假定：(1) 題目的計分只限於對或錯的二分計分方式；(2) 試題作答時不會受到作答速度的影響；(3) 試題測量的是相同的潛在特質，或反映一個共同因素，當試題反映的是不同的潛在特質或能力，表示試題內容的**「異質性」**（heterogeneity）高，對應的測驗內部一致性信度值會低。

　　庫李 20 的公式為：

　　$KR20 = \dfrac{n}{n-1}\left(1 - \dfrac{\Sigma pq}{\sigma^2}\right)$，其中 n 為測驗的總題項數、$\sigma^2$ 為測驗總分的變異數、p 為受試者在試題的答對比率、q 為受試者在試題的答錯比率（= 1 − p）；Σpq 為測驗中題項答對人數百分比（p）與答錯人數百分比（q）乘積的總和。庫李 20 的計算雖較困難但它計算的係數值是最精確的。

　　庫李 21 公式算法比較簡易但較不精確，求得的係數值較 KR20 小，其公式為：

　　$KR21 = \dfrac{n}{n-1}\left[1 - \dfrac{M(n-M)}{n \times \sigma^2}\right]$，其中 n 為測量題目的總題數、M 為測驗的平均數、σ 為測驗的標準差，σ^2 為測驗總分的變異數。

　　庫李 21 假定所有試題的難度都相同，或平均難度為 0.50，當一個測驗的試題難度值差異較大時，KR21 估算的信度值與 KR20 估算的信度值會有較大的差異。一般而言，KR21 估算的信度會「**低於**」KR20 估算的信度，除非所有試題的難度都相同（郭生玉，2004）。

【範例說明】

下表為庫李 20 及庫李 21 的計算範例數據，範例中為 8 位受試者在 5 個題項數的分數：

受試者	試題 1	試題 2	試題 3	試題 4	試題 5	總分	$X - M$	$(X - M)^2$
S1	0	1	0	0	0	1	-1.5	2.25
S2	1	0	1	1	1	4	1.5	2.25
S3	1	1	1	0	0	3	0.5	0.25
S4	1	1	0	1	1	4	1.5	2.25
S5	0	0	0	0	0	0	-2.5	6.25
S6	0	1	0	1	0	2	-0.5	0.25
S7	1	1	1	1	1	5	2.5	6.25
S8	0	0	0	1	0	1	-1.5	2.25
答對人次	4	5	3	5	3	M=2.5		$\Sigma = 22.00$
p	0.5	0.625	0.375	0.625	0.375	$\sigma^2 = 2.75$		$\sigma^2 = 22/8$
q(= 1 − p)	0.5	0.375	0.625	0.375	0.625			
p*q	0.250	0.234	0.234	0.234	0.234	$\Sigma pq = 1.188$		

$KR20 = \dfrac{n}{n-1}\left(1 - \dfrac{\Sigma pq}{\sigma^2}\right)$ 算式的數據中，題項數 n = 5、$\Sigma pq = 1.188$、測驗分數的變異數 $\sigma^2 = 2.75$，代入算式得：

$$KR20 = \frac{5}{5-1}\left(1 - \frac{1.188}{2.75}\right) = \frac{5}{4} \times (1 - 0.432) = \frac{5}{4} \times 0.568 = 0.710$$

$KR21 = \dfrac{n}{n-1}\left[1 - \dfrac{M(n-M)}{n \times \sigma^2}\right]$，算式的數據中題項數 n = 5，測驗總分的總平均

數 M= 2.5、變異數 $\sigma^2 = 2.75$，代入算式得：

$KR21 = \dfrac{5}{5-1}\left[1 - \dfrac{2.5(5-2.5)}{5 \times 2.75}\right] = \dfrac{5}{4} \times (1 - 0.454) = \dfrac{5}{4} \times 0.545 = 0.682$

範例數據得出的 KR20 = 0.710 > KR21 = 0.682。

　　折半信度係數、庫李信度係數與一致性 α 係數三種程序，對於作業的具體內容與作業同質性有很高的敏感度，**「同質性作業」**（homogeneous tasks）指的是作業所測量的內涵為相同特質或屬性，當測驗中所有試題或評量作業具有同質性，則 KR20 係數、α 係數值與折半程序得出的係數結果大致相同；但當評量作業為異質性時，KR20 係數與 α 係數值會**「低於」**折半程序得出的係數值，因為有這個緣由，所以 KR20 係數與 α 係數一般會稱為**「較低界限的信度估計值」**（lower bound estimates of reliability）或**「信度估計的下限值」**。評量程序中一份測驗所有的對折分割程序，計算所得的折半信度係數（未調整）平均值等於 KR20 係數與 α 係數值（Nitko & Brookhart, 2007）。

　　測驗長度與試題同質性也會影響 KR20 係數與 α 係數值，測驗長度愈長計算所得的 KR20 係數與 α 係數的數值會較高，即使試題特徵為異質性。以相同方法測得折半係數的情況下，KR20、KR21 及 α 係數會受到速度影響，在速度測驗或部分速度測驗中，不應採用這三個信度係數值作為測驗分數的信度。當測驗試題型態組合成數個集群（共同因素），每個集群（共同因素）中又有多個題目，或是測驗同時包含多種評量型態（例如結合選擇題、簡答題及實作評量等），此種測驗為異質性作業類型所組成，在上述情況下，KR20 與 α 係數值都不適合作為信度係數值，因為它們會低估測驗的內在一致性信度（Nitko & Brookhart, 2007）。

第 **48** 講
Alpha 係數信度估計法

　　庫李公式信度估算的測驗試題只限於二元計分形式（對或錯）的題目，對於多元計分型態的題目如申論題測驗或李克特態度量表等則無法使用。對於多元計分型態的測驗或量表之信度估算可改用克朗巴賀（Cronbach）所提出的 Alpha 係數（α），α 係數估算法也可適用於二元計分型態的測驗，由於二元計分法只是多元計分法中的一種特殊計分方法，因此 α 係數法可說是信度係數估計法的一個通式（general form）。α 係數的計算公式為：

$\alpha = \frac{n}{n-1}\left(1 - \frac{\Sigma\sigma^2_{item}}{\sigma^2_{total}}\right)$，算式中的 n 為試題的個數、$\sigma^2_{item}$ 為個別試題的分數變異數、$\Sigma\sigma^2_{item}$ 為所有試題分數變異量的總和、σ^2_{total} 為受試者測驗總分的變異數。

　　若是測驗試題反映的潛在特質十分接近，呈現試題同質性，則 α 係數估算值與庫李 20 估算值會十分接近，這二個信度係數估計值也會大致等於折半信度估計值；相對的，測驗試題內容屬性為異質性題目時，α 係數法及庫李 20 法所估算的信度值會低於折半信度估算值。折半信度估算時，當二半測驗得分的變異數相等，使用斯布校正公式與 α 係數公式所估算的信度係數值會相同。由於 α 係數法及庫李 20 法量數為信度估計值的下限值，因而若是以此方法估計所得的信度係數值為 C，則測驗或量表的真正信度係數值會 ≧ C（余民寧，2011）。α 係數法及庫李 20 法估計的信度係數值等於所有折半法估計係數值的平均值（郭生玉，2004）。

　　α 係數與 KR20 係數對於速度測驗的信度估計會有「**高估**」傾向，但對於非速度測驗卻有「**低估**」情況，它們只能反映內容取樣與內容異質性的誤差，無法反映「**時間取樣**」（time sampling）的誤差。α 係數、KR20 係數與折半方法的測量誤差來源沒有考量到「**時刻抽樣**」或「**評定者抽樣**」。若要估計學生表現隨時間波動的影響程度，最好採用再測係數或延宕複本係數；如果要估計評分者或評量等第給予者的不一致程度，宜改用內在評分者信度係數（郭生玉，2004；Nitko & Brookhart, 2007）。

　　α 係數法信度估計值一般用於李克特態度量表，題項反應的不是「**對**」或「**錯**」的問題，而是一種感受或知覺的程度，選項個數一般介於四個至七個，型態類似多重計分測驗。α 係數法不適用於有時間限制的速度測驗的信度估算，它適用於教師自編成就測驗或李克特態度／情意量表施測的信度估算。

【α 係數法計算範例】
二元計分的測驗：下表為 5 個受試者在 5 個測驗題目作答情況：

受試者	測驗題目					總分
	試題 1	試題 2	試題 3	試題 4	試題 5	
S1	1	1	1	1	1	5
S2	1	0	1	1	1	4
S3	1	1	1	0	1	4
S4	0	1	0	0	1	2
S5	0	1	0	0	0	1
平均數	0.6	0.8	0.6	0.4	0.8	3.2
σ^2_{item}	0.24	0.16	0.24	0.24	0.16	$\sigma^2_{total} = 2.16$
	$\sum \sigma^2_{item} = 0.24 + 0.16 + 0.24 + 0.24 + 0.16 = 1.04$					
	n = 5					

$\alpha = \dfrac{n}{n-1}\left(1 - \dfrac{\Sigma\sigma^2_{item}}{\sigma^2_{total}}\right)$，算式中的 n = 5、$\Sigma\sigma^2_{item}$ = 1.04、σ^2_{total} = 2.16，相關量數

代入算式中得：

$\alpha = \dfrac{5}{5-1}\left(1 - \dfrac{1.04}{2.16}\right) = 1.25 \times (1 - 0.48) = 1.25 \times 0.52 = 0.65$

【多元計分的態度量表範例】

測驗為 5 點計分法，選項分別為「非常同意」、「大部分同意」、「一半同意／一半不同意」、「大部分不同意」、「非常不同意」，5 個選項給予的分數分別為 5、4、3、2、1 分。

受試者	測驗題目					總分
	題目 1	題目 2	題目 3	題目 4	題目 5	
S1	2	3	2	5	2	14
S2	3	4	4	4	3	18
S3	1	2	4	2	1	10
S4	3	5	5	4	5	22
S5	1	5	3	2	2	13
平均數	2	3.8	3.6	3.4	2.6	15.4
σ^2_{item}	0.80	1.36	1.04	1.44	1.84	σ^2_{total} = 17.44
$\Sigma\sigma^2_{item} = 0.80 + 1.36 + 1.04 + 1.44 + 1.84 = 6.48$						
n = 5						

$\alpha = \dfrac{n}{n-1}\left(1 - \dfrac{\Sigma\sigma^2_{item}}{\sigma^2_{total}}\right)$，算式中的 n = 5、$\Sigma\sigma^2_{item}$ = 6.48、σ^2_{total} = 17.44，相關量數

代入算式中得：

$\alpha = \dfrac{5}{5-1}\left(1 - \dfrac{6.48}{17.44}\right) = 1.25 \times (1 - 0.37) = 1.25 \times 0.63 = 0.79$

　　信度係數估計法中的折半法、KR20 或 Alpha 係數的使用較為便利，在測驗評量領域廣泛被應用，但這三種信度不適用於「**速度測驗**」，就「**速度測驗**」而言，較佳的信度指標值應採用「**複本信度**」或「**再測信度**」。速度測驗是以時間限制來阻礙受試者回答每個作業的評量，若速度是評量的重要因素，評量所得的信度估計值會膨脹。班級評量之教師自編成就測驗的實施中，通常會允許學生有充分的時間作答或完成所有作業，因而速度測驗的限制情況在班級評量中很少出現。內部一致性程序的第二個限制為無法指出學生日常反應的一致性，它們類似沒有時距的複本法，只有「**重測法**」（再測法）才能指出經過不同時距後測驗結果可以類推的程度（鄒慧英譯，2004；Linn & Gronlund, 2000, pp.115-116）。

評分者信度

「**評分者信度**」（scorer reliability）適用於主觀測驗信度的估計，此種信度指標用於沒有標準答案的測驗，例如實作作品的給分、教師甄試口試與試教的分數、申論式題型作答題的分數評定、展演與文創作品的評分等。此種評分內容可能會受到個別評分者主觀判斷的影響，如果評分者間對評分標準的觀點不一或看法共識感低，則評分者間評分的一致性便不高；相對的，若是評分者給予分數評定的一致很高，則便有良好的「**評分者信度**」。

當學生反應需要教師做判斷、評定或給予分數時（例如申論題、書寫作品、實作評量與檔案評量等）就需要評分者或評定者一致性信度，此種評分的誤差被歸因於評分者個人特質因素。為減少個別評定者的在評鑑過程的誤差，評鑑時蒐集二位或二位以上評分者的資訊就顯得格外重要，當評分者間看法一致性的百分比值愈高，表示二位評分者的相關很高。與評分者一致性類似的信度為「**決定一致性**」（decision consistency），決定一致性是有關學生「**精熟**」或「**通過**」所做成的判斷，它關注的是決策或分類結果的一致性，而非分數本身的一致性，信度為二位或二位以上決策者就相同測驗分類結果正確的百分比（McMillan, 2011, p.79）。

簡易的評分者信度量數的計算為給予相同分數或等第者一致性的比率值，例如有 30 位學生的作文，每位老師給予的分數等第為 1 至 5 分，分數評定者共有二位，二位教師評定的交叉表如下：

		評分者 A					
	分數	1 分	2 分	3 分	4 分	5 分	篇次
評分者 B	1 分	3	0	1	0	0	4
	2 分	[1]	2	[1]	0	0	4
	3 分	1	[1]	8	0	1	11
	4 分	0	0	[1]	3	[1]	5
	5 分	0	0	1	0	5	6
	篇次	5	3	12	3	7	30

註：數值以 [ ] 表示者為二個評分者評定分數或等第差異值為 1 的作品數

　　表中對角線的數字為二位教師給予的分數是相同的人次，皆評定為 1 分者有 3 篇、皆評定為 2 分者有 2 篇、皆評定為 3 分者有 8 篇、皆評定為 4 分者有 3 篇、皆評定為 5 分者有 5 篇，二位評分者給予相同分數或等第者共有 21 篇（21 = 3 + 2 + 8 + 3 + 5——完全一致篇數），一致性的百分比為 $\frac{21}{30}$ = 70%。若是將差距分數只有 1 分或等第差距只有 1 的件數（共有 5 篇），也視為看法一致程度，則一致性的百分比為 $\frac{26}{30}$ = 86.7%。此種以百分比量數表示二位評分者主觀評定分數間的關聯程度，也是一種評分者信度。

　　評分者信度一般採用等級相關，求出二位或多位評分者給予作品的等級，再求出等級間的「**等級相關係數**」（rank correlation coefficient），也可採用二位評定者給予分數間的積差相關係數，等級相關係數或積差相關係數值愈接近 1，表示評分者信度愈高，評分者間的分數評定愈一致。二位評分者間之等級相關常用「**斯皮爾曼等級相關**」（Spearman Rank Correlation）法求得，公式為：

　　$\rho = 1 - \dfrac{6\Sigma d^2}{N(N^2 - 1)}$，算式中的 ρ 為斯皮爾曼等級相關係數、N 為作品數（或被評定的人數）、d 為二位評分者評定等級的差異、Σd^2 為每件作品評定等級差異值平方的總和。

　　若是評分者超過三位，則評分者信度係數一般改採用肯德爾（Kendall）「和諧係數」（coefficient of concordance）。肯德爾和諧係數也是一種等級相關法，其公式表示為：

$$W = \frac{\Sigma R_i^2 - \frac{(\Sigma Ri)^2}{N}}{\frac{1}{12}k^2(N^3 - N)}$$，算式中 W 為肯德爾和諧係數、R_i 為每件作品（或每位被評定者）被試分者評定等第的加總分數、k 為評分者的人數、N 為作品的個數或受評的人數。

【等級相關係數估算範例】
二位學者參與 10 件社會科學領域之獨立研究作品的評定，評分者給予的分數如下表，求出評分者信度係數。

作品	第一位評分者分數	第二位評分者分數	第一位評分者等第	第二位評分者等第	D（等級差異）	d^2（等級差異平方值）
S1	85	80	2	3	-1	1
S2	70	60	6	8	-2	4
S3	65	69	8	6	2	4
S4	82	88	3	1	2	4
S5	50	45	9	10	-1	1
S6	72	77	5	4	1	1
S7	92	84	1	2	-1	1
S8	68	65	7	7	0	0
S9	76	72	4	5	-1	1
S10	45	54	10	9	1	1
						$\Sigma d^2 = 18$

斯皮爾曼等級相關係數公式 $\rho = 1 - \frac{6\Sigma d^2}{N(N^2 - 1)}$，參數 $\Sigma d^2 = 18$、N = 10，將數值代入得：$\rho = 1 - \frac{6 \times 18}{10(10^2 - 1)} = 1 - 0.11 = 0.89$。斯皮爾曼等級相關係數 $\rho = 0.89$，表示二名評分者對 10 件獨立研究作品的評定結果一致性很高，作品評定結果的名次值得信服。

　　影響信度的變因主要有以下幾個：(1) 測驗試題題項數的多寡；(2) 受試者得分的分布情形；(3) 試題的難易程度與間隔時間；(4) 測驗計分的客觀性；(5) 信度估計的方法（簡茂發等譯，2010；陳新豐，2015；Miller, Linn, & Grounlund, 2012）：

（一）測驗試題題項數的多寡

　　一個測驗的題項數愈多，對應的信度係數值會愈高，測驗長度加長後，信度係數會提高，測驗的題項數較多，較能排除受試者「**猜測度**」的影響因素，而增加的題目也應與原先試題類似，均是測得同一潛在特質或能力的題項。因而要提高測驗的信度，簡易的方法是增加品質良好（具難度與鑑別度）的同型態試題數量，當測驗長度增加時，也應考量適度加長施測時間，尤其是形成性評量。教師自編成就測驗一般在評量學生是否真正學會預期的教學目標，其重點不在於作答速度，若是題項數過少，隨機因素對評量結果造成的影響程度較大。

（二）受試者得分的分布情形

　　信度估計方法常根據相關係數而來，而相關係數值的高低受到團體變異程度的影響，因而在其他條件相當的情況下，受試者能力分配的變異程度愈大（異質性愈高），受試者測驗得分所估算的信度係數值愈高（此特性與相關係數值的估算相同）；相對的，一個測驗施測於一個小樣本團體或同質性的群體，由於其變異程度較小，估算的信度係數值會偏低。常模參照測驗的信度參數值的建立過程，施測受試者的能力分布最好要有分散性，當受試者的異質性愈大，測驗的信度指標值會愈高。同樣的測驗或評量施測於數個學校二年級、同一學校二年級、二年級某一班的結果，估算的信度係數值均會不同，其中涵蓋特質強度不同團體估算出來的信度係數值會最高。

（三）試題的難易程度與間隔時間

　　測驗題項的難度指標值太高（過度簡單）或過低（極端困難），會

造成受試群體的分數偏向於高分群（負偏態分布）或低分組（正偏態分布），受試者測驗分數的變異程度變小，測驗分數估算出的信度係數值偏低。一份難易適中的測驗，受試學生的得分分配會趨近常態分配型態，試題的鑑別度會較高外，測驗的信度係數值也會較佳。就受到時間間距影響的信度係數而言，二次施測時間間隔愈長，受到干擾因素影響愈多，測驗結果的信度會降低；相對的，間隔時間愈短、測驗結果的信度會愈高。

（四）測驗計分的客觀性

採用建構式試題（例如多元計分的申論題、作文題等）進行學生認知能力的評量時，由於會受到評分者主觀判斷的影響，不但不同評分者間的分數評定會有差異（評分者間誤差值），連同一評分者於不同情境的分數評定也有很大差異性（評分者內誤差值），相較於客觀式測驗（是非題、選擇題、配合題等），此種會受到主觀判定影響的測驗，其信度係數值一般會較低。此類型測驗（主觀測驗）題目的評分，為了減少評分者間誤差，事先應提供一個評分準則或評分參考要領供評分者參酌，或是聘請多位評分者加以評分，將評定結果為兩極端的分數刪除。

（五）信度估計的方法

相同的測驗得分，採用不同的信度估計方法得出的信度係數會有不同，例如二次間隔時間較接近時，重測信度值（再測信度）會大於折半信度值；相同的測驗分數，使用庫李法與 α 係數法所估計的信度係數值通常會低於折半信度係數值；在間隔時間相同的條件下，再測信度值一般會大於複本信度值，因為前者只反映**「時間取樣誤差」**，後者同時反映了**「時間取樣誤差與內容取樣誤差」**二項。於**「速度測驗」**中所估算得出的折半信度通常會**「高估」**，因為受試者完成的題目是其較有把握的試題，答對率較高，採用奇偶折半法所得二半測驗的總分間的相關係數會較高，以再測方法估算速度測驗的信度值會較為正確。

提高測驗信度的有效方法如下表（McMillan, 2011, p.80; Nitko & Brookhart, 2007, p.81）：

- 編製足夠的測驗題目或作業（在其他條件相同下，測驗愈長信度愈高）。
- 獨立評定者或觀察者對相同表現應給予相似或接近的分數。
- 建構的試題與作業要能清楚區別所要評量的學生學習內涵。
- 確認評量程序與計分方式已盡可能達到客觀。
- 持續評量，直到結果達到一致程度。
- 消除或減少干擾事件或因素對測驗實施的影響。
- 常應用多次短式評量取代少次長式評量。
- 對於像學生申論題、學期報告、實作、檔案或開放性評量作業等盡可能有多位評分者。
- 重要教育決定要採用數種評量，數個不同評量方法的綜合結果比單一評量更有信度。
- 施測時提供學生足夠的作答時間，讓每位學生可以完成評量程序。
- 擴增程序的範圍，程序能評量最大學習表現所有基本和重要的面向。
- 評量的難度要能與學生能力水準相吻合，評量程序包含任務不能太難或太容易，評量盡可能適合學生能力水平。
- 對學生實作計分而言，使用有系統的、較正式程序（例如計分規準或計分準則）。

第**50**講

不同信度估計比較

　　測驗信度係數值的高低與其估計信度的方法有關，與重測法、無時距的複本法或內部一致性等方法相較之下，納入時距變因的複本法最能說明測驗分數與結果的「**變異**」（variation）來源，其信度估計方法最為嚴格，測驗分數所得的信度係數較小。不同信度估計方法與信度係數值說明的摘要如下表，其中信度估計方法包括「**再測法**」/「**重測法**」（test-retest method）、「**複本法**」（equivalent-forms method）（無時距）、「**複本法**」（equivalent-forms method）（有時距，with time interval）、「**折半法**」（split-half method）（例如奇、偶折半）、「**庫李法**」（Kuder-Richardson method）（Alpha 係數）、「**內在評分者方法**」（inter rater method）等（鄒慧英譯，2004，頁 150-151；Linn & Miller, 2005, pp.124-125）：

信度估計方法	信度係數值特徵
再測法／重測法	如果在短時間間距情況下，再測法信度係數可能大於折半法係數，隨著測驗間之時距的增加，信度係數值會變得較小。
複本法（無時距）	信度係數傾向小於折半法或短時距再測法的係數值。
複本法（有時距）	隨著複本測驗間之時距的增加，信度係數值會變得較小。
折半法	提供測驗內部一致性指標，就速度測驗的評量程序而言，信度係數值會出現虛假性的高估計係數值。
庫李法（Alpha 係數）	獲得的信度估計值通常會小於採用折半法所得的係數值，此信度係數值會因「速度」變因而膨脹。

信度估計方法	信度係數值特徵
評分者信度	不論由哪些評定者評分，此信度估計法提供實得分數相似程度的指標。評分者一致性信度係數值會因為使用界定良好的計分規則及有效的評定者訓練而提高。

　　不同的信度係數值估算都有其不同的測量誤差來源，信度係數與其誤差來源摘要如下表（余民寧，2011；郭生玉，2004）：

信度類型	信度的簡要涵義	主要的誤差來源與信度係數說明
重測信度	同一份測驗重複施測二次得分之相關係數。	「時間抽樣」誤差，二次間隔時間較短，信度係數值會較高。
複本信度	兩份複本測驗間測量結果的相關係數。	「時間抽樣」與「內容抽樣」，同時間連續施測，可以反應內容誤差；複本施測間隔一段時間可同時反應內容與時間的抽樣誤差。
折半信度	測驗只施測一次，測驗二半間的相關係數。	「內容抽樣」可提供較高的信度指標值，速度測驗會造成信度指標值的高估。
KR20、KR21	測驗試題的同質性或反應一致程度之關聯性指標。	「內容抽樣」與「內容異質」，信度係數值通常比折半信度低，速度測驗會造成信度指標值的高估。
α 係數	測驗試題的同質性或反應一致程度之關聯性指標。	「內容抽樣」與「內容異質」，測驗題項反映特質的同質性愈高，信度值愈高。
評分者信度	不同評分者評分結果的相關係數，或評分者內評分結果的相關性。	「評分者內誤差」與「評分者間誤差」。提供評分準則供參考，讓評分者受過講習／訓練，可提高評分者信度。

　　常模參照測驗的各種信度估計方法，其一致性的類型特徵統整表如下（謝廣全、謝佳懿，2016，頁 140；Linn & Miller, 2005, p.115）：

信度估計的方法	測驗程序的一致性	學生特徵的一致性	不同項目樣本的一致性	判斷之分數的一致性
同時再測法	■	□		
延宕再測法	■	■		
同時複本法	■	□	■	
延宕複本法	■	■	■	
折半法	■		■	
庫李法	■		■	
Alpha 係數法	■		■	
評定者評定法				■

註：□符號表示反應的為短暫的一致性，無法顯示普通性質的穩定性功能。

估計信度的主要方法及信度測量的類型對應摘要如下表（Linn & Miller, 2005, p.107）：

方法	信度測量的類型	測量程序
再測法（重測法）	穩定的測量	以相同測驗對同一群體施測二次，施測間距可以為任何時間點，從數分鐘到數年皆可以。
等值形式法（複本法）	等值的測量	以測驗的二個版本（複本）在接近的時間點內連續對同一群體施測。
再測等值形式法（複本重測法）	穩定與等值的測量	以測驗的二個版本（複本）分別對同一群體施測，二個版本施測時間間距較長。
折半法	內部一致性的測量	測驗只施測一次，之後計算二個半測驗分數間的相關；再以斯布公式加以校正二個半測驗間的相關係數，以獲得完整的測驗信度係數值。
庫李法與 Alpha 係數法	內部一致性的測量	測驗只施測一次，先計算測驗總分再應用庫李公式計算信度係數值。

方法	信度測量的類型	測量程序
評分者間法（內在評分法）	評定一致性的測量	將一組需要判斷學生反應計分資料，給予二位或二位以上評定者進行獨立的評分，再計算評分者間評分的關聯。

【自我練習】

SR——穩定信度（stability reliability）、AFR——複本信度（alternate-form reliability）、ICR——內部一致性信度（internal consistency reliability）等三種信度係數：

1. 強迫性格教師，在閱讀了信度介紹的章節內容後，駁回了課堂教學者不應蒐集有關其自身測驗的可靠性證據之建議。因此，他定期使用 K-R 係數測量所有測驗及主要的考試。教師試圖取得的為哪一種信度？（ICR）

2. 最近發布了一項商業開發的科學成就測驗。測驗出版者提供的證據表明，如果學生在三種形式中的一項測驗得分良好，那麼學生在另二項形式測驗的得分也較高。這是哪一種信度證據？（ARF）

3. 國家針對十年級學生開發的作文測驗只要求學生寫出四篇短文。克朗巴賀 Alpha 係數已被使用，因為計分採用 1、2、3、4、5 或 6 基準對每篇文章進行評分。這是哪一種的信度證據？（ICR）

4. 一項針對學生職業興趣的自陳量表，在 3 月下旬和 4 月中旬分別對 1,000 名學生進行了現場施測。該量表的編製設計者希望了解學生的職業興趣是否在三星期內有所改變。這個田野測驗關注的信度證據為何種？（SR）

5. 教師和地區教育行政人員正在開發一項基本技能測驗，如果該地區的高中學生要獲得認可的文憑，則需要通過此項技能測驗，該測驗採用電腦施測，學生可以在高三期間的任何時間進行。因為學生能夠參加測驗的時間不同，因此哪一種信度證據最重要？（SR）

6. 假設你正在嘗試陳述編擬題目以組成教育評量，實施程序所測量的潛在特質都相同，應該嘗試要確保哪一種信度證據？（ICR）

7. 物理老師的期末考試編製了四個新版本試題，因為她認為某些學生可能已經熟練了原來單一舊版本的考試。她決定要檢視是否四個新版本的考試都提供了學生相同的挑戰程度。物理老師應該蒐集哪一種信度證據？（AFR）

8. 假設一個測驗編製者想要知道，學生在進行新版口頭溝通測驗程序時的分數，是否與學生完成評量測驗時相同。在這種情況下，採用哪一種信度證據最適切？（SR）

9. 某測驗專家已經開發出三種相同的態度調查表形式，測驗專家最感興趣的是這三種形式中的每一組題目是否可以測量出相同態度的向度。此測驗專家應確保每種形式的信度證據為哪一種？（ICR）

10. 對國中生而言，新的標準閱讀成就測驗已經開發完成，但測驗編製者想要確定新測驗的三種形式實施上是否基本是相同的。測驗編製者想要強調的信度證據為哪一種？（AF）

第 51 講

效標參照測驗的信度分析

效標參照測驗主要在評量學生是否達到教師預定的學習目標，教師期待的測量結果是多數學生都能達到「**精熟**」或「**通過**」的標準，當多數學生都達到「**精熟**」或「**通過**」的標準，測驗分數的分配傾向負偏態分配，採用常模參照測驗中的信度估計法較不適切。

效標參照測驗期待的是多數學生都能答對測驗題目，因而受試者測驗分數間的變異程度較小，測驗的難度指標值較高、鑑別度指標值較小，受試者的測驗分數必須經過「**決定**」或「**判斷**」，決定或判斷精確性愈高，測驗分數的測量誤差就愈小。

一 百分比一致性係數

「**百分比一致性係數**」（coefficient of percentage agreement, PA）指同一群受試者經二次分類決定結果是否一致的統計方法，指標值以百分比值的加總表示。當分類的決定愈一致時，表示所採用的效標參照測驗有較高的信度係數。在複本測驗中，受試者接受二個複本測驗（例如測驗甲式、測驗乙式）分類決定結果的一致性程度，也是百分比一致性法的應用。「**百分比一致性**」（percentage agreement）的實施需要相同群組受試者參與二種形式的評量，取代二種形式測驗的方法也可使用再測施測程序，或二種獨立性的精熟判斷（例如學生作品或企劃內容）（Nitko & Brookhart, 2007）。

一致性指的是在第一份測驗結果（前測）與第二份測驗結果（後測）均達到精熟（通過／及格）的受試者，此外也包括二次測驗結果均未達到精熟（通過／及格）的受試者，這二個欄位占總受試者的百分比分別為 $\frac{A}{N}$、$\frac{D}{N}$，測驗分類決定一致性的總和 $P_A = \frac{A}{N} + \frac{D}{N} = \frac{A+D}{N}$。根據評量工具對個別學生所做的決定，其測驗結果應有較高的信度，尤其是決策對學生有重大影響時，對於高度重要性決策不能只使用單一評量工具，每個工具蒐集的資訊必須有高信度係數，例如信度係數為 .90 或 .90 以上，綜合多個測驗工具評量結果再做成有效的決定（Nitko & Brookhart, 2007）。

以下為學生真正精熟狀態與根據評量結果之分類情況表（Nitko & Brookhart, 2007, p.80）：

		學生關於領域熟練程度（N）	
		精熟者	非精熟者
老師根據評量結果對學生所做出的決定（N）	評量結果解釋為精熟者	分類正確，學生真實狀態與教師根據評量結果分類一致（A）。	分類錯誤，學生為非精熟者，但教師根據評量結果做出的決定為精熟者。
	評量結果解釋為非精熟者	分類錯誤，學生是精熟者，但教師根據評量結果做出的決定為非精熟者。	分類正確，學生真實狀態與教師根據評量結果分類一致（D）。

根據評量結果所做出之分類結果錯誤的原因一般有下列幾項（Nitko & Brookhart, 2007, pp.79-80）：

（一）教師心中想要評估精熟程度之評量工具所包含的作業效度低

評量工具所包含的問題或試題界定不清，評量內容為課堂未強調或未習得的，「**低效度**」（weak validity）評量工具所測得的結果增加分類的錯誤，若是客觀式測驗，試題的難度不應太難，且要有良好的內容取樣效度。

（二）較長的評量方法通常能做出較高精確的精熟決策

只從一個簡短測驗（例如題目是 10 題以內的反應選擇試題）、一個主題或一個實作活動判斷學生精熟程度，此種短式測驗或不明確任務通常會提高決策錯誤或無法接受的高水準程度。教師對學生做決策前最好採用數個不同評量資訊，尤其是此決策對學生的學習有重大影響時更應注意。

（三）較低的內在評分者信度會導致較高的精熟決策錯誤比率

較高信度的評量結果通常會獲得較精準的精熟決策，在分類決策中內在評分者信度高低十分重要，為增加評分的客觀性，宜設計計分規準或評分準則，根據規準或準則標準評定分數。

（四）教師設定達精熟的分割點（分數）會影響決策錯誤比率

一般而言，教師設定之領域內容精熟達成分數非常高（例如答對率 90% 或 95% 以上），或是非常低（答對率 20% 或 30% 以上），都會提升決策分類的錯誤。效標參照測驗中，學生對學習教材或領域內容要達到何種程度才認定為精熟或通過，教師應根據教材內容謹慎考量。

（五）學生真實狀況非常接近教師設定通過的分數會有較高的分類錯誤

例如教師設定的通過分數或答對率為 80%，學生真實狀態介於 70% 至 90% 區間者的錯誤分類比率會高於真實狀態在區間（[70%，90%]）外的學生，如果學生評量結果十分接近教師設定的精熟與否臨界點，對學生做出最後決策前最好再採用其他評量的訊息（例如班級實作表現、回家功課、主題實作）等。

下表為學生參加甲、乙二種測驗的評量決定分類摘要表：

		測驗甲式的結果		
		通過	未通過	
測驗乙式的結果	通過	54(A)	7(B)	61(A + B)
	未通過	6(C)	9(D)	15(C + D)
		60(A + C)	16(B + D)	76(A + B + C + D)

上表資料爲二班 76 位學生，前後參加二次數學成就測驗通過與未通過的人次，二次均通過的學生有 54 位、二次均未通過的學生有 9 位，百分比一致性係數爲：$P_A = \dfrac{A}{N} + \dfrac{D}{N} = \dfrac{54}{76} + \dfrac{9}{76} = 0.83$，分類決定的百分比一致性係數爲 83%，表示數學成就測驗的信度係數爲 .83；分類決策錯誤的百分比爲 $\dfrac{13}{76} = 0.17 = 1.00 - 0.83 = 17\%$。

 **Kappa 係數**

「**Kappa 係數**」（Kappa coefficient of agreement, κ）適用於名義／類別變項間一致性的程度，它表示的是「**評分者實際評定爲一致的次數百分比**」與「**評分者在理論上評定爲一致性的最大可能次數百分比**」的比率值。κ 係數的計算公式爲：

$$\kappa = \frac{P_A - P_C}{1 - P_C}，\text{其中 } P_C = \left(\frac{A+B}{N} \times \frac{A+C}{N}\right) + \left(\frac{C+D}{N} \times \frac{B+D}{N}\right)，P_A \text{ 爲一致性}$$

次數百分比。

上表資料中：

$$P_C = \left(\frac{A+B}{N} \times \frac{A+C}{N}\right) + \left(\frac{C+D}{N} \times \frac{B+D}{N}\right) = \left(\frac{61}{76} \times \frac{60}{76}\right) + \left(\frac{15}{76} \times \frac{16}{76}\right)$$

$$= 0.63 \times 0.04 = 0.68$$

$$\kappa = \frac{P_A - P_C}{1 - P_C} = \frac{0.83 - 0.68}{1 - 0.68} = \frac{0.15}{0.32} = 0.47$$

P_C = .68 的意涵是指在這個群體中，被評分者可能評定為一致性結果的百分比期望值（余民寧，2011）。κ = .47 代表排除整個團體能力分配的影響後，有 47% 是單獨由判定一致性所造成，κ = .47 量數與「**決定係數**」（coefficient of determination）相似，標準參照測驗的信度 $r = \sqrt{\kappa} = \sqrt{.47} = .69$，$\kappa$ 係數值愈大，測驗或量表的信度愈高（謝廣全、謝佳懿，2016）。

【實例練習】
30 位學生根據甲乙二種評量形式結果的決定分類表如下：

		測驗甲式的結果		
		精熟者	未精熟者	邊緣總和
測驗乙式的結果	精熟者	11	4	15
	未精熟者	2	13	15
	邊緣總和	13	17	30

2×2 列聯表的「百分比一致性」（percentage agreement）為：

$P_A = \dfrac{A}{N} + \dfrac{D}{N} = \dfrac{11}{30} + \dfrac{13}{30} = \dfrac{24}{30} = 0.80$，表示不管發生何種理由，二個測驗一致性的分類總百分比為 80%。

分類錯誤的百分比為 $\dfrac{6}{30} = 0.20 = 20\%$。

第**52**講

測驗分數的效度

 效度本質

　　「**效度**」（validity）指的是測驗分數有效的推論程度，即測驗所得的分數能夠提供可靠、適切及充分的資訊以做成正確決策的程度，或是受試者經由測驗結果之分數能夠有效代表受試者眞正的能力水準或潛在特質的程度，或是測驗的實施能夠達到其測量目的的程度（余民寧，2011），因而「**效度**」包含著測驗分數的「**代表性**」、「**適當性**」、「**精確性**」、「**可靠性**」的意涵。

　　效度爲「**解釋及使用學生評量結果的健全性**」，此種使用與解釋必須根據不同資訊證據證明爲適當的與合理的，教師意圖使用的測驗結果解釋對學生不會產生嚴重負向的效果。評量結果的效度有幾個主要意涵：(1) 效度概念的應用方式是評量結果的解釋及使用，而不是指評量程序本身；(2) 不同評量目的與不同情境脈絡下，評量結果有不同程度的效度；(3) 關於評量結果的解釋或使用所進行的判斷，最好是考量與組合數個效度證據類型的資訊（Nitko & Brookhart, 2007）。

　　一個測驗的總變異量包含三種：「**共同因素的變異量**」（common factor variance）、「**獨特的變異量**」（specific variance）、「**誤差值的變異量**」（error variance）（余民寧，2011）：

（一）共同因素的變異量

共同因素的變異量指該測驗本身與其他測驗，或外在效標間共同分享或相互關聯的變異部分，這是二個測驗之間可以相互解釋的變異量，此種變異量是二個測驗或二個以上測驗共同所具有的因素。

（二）獨特的變異量

指該測驗本身單獨存在的變異量，此變異量不會與其他測驗，或外在效標間共同分享或有相互關聯存在。

（三）誤差值變異量

指測驗施測過程中無法測量到或無法解釋到的潛在特質／能力的誤差變異部分。

測驗分數的總變異量＝共同因素變異量＋獨特變異量＋誤差變異量，兩邊算式各除以測驗的總變異量量數，得出：

$$\frac{總變異量}{總變異量} = 1 = \frac{共同因素變異量}{總變異量} + \frac{獨特變異量}{總變異量} + \frac{誤差變異量}{總變異量}$$

$$\frac{共同因素變異量}{總變異量} = 1 - \frac{獨特變異量}{總變異量} - \frac{誤差變異量}{總變異量}$$

數學公式中的 $\frac{共同因素變異量}{總變異量}$ 為「**效度**」，從測驗分數總變異量觀點而言，效度是共同因素變異量占總變異量的比值，等於 1 減去獨特變異量占總變異量比值，再減去誤差變異量占總異量比值。

由此可見，效度是共同因素變異量占測驗總變異量的比率值，它是二個測驗所擁有的共同潛在特質，效度係數值介於 0 至 1 之間，當比率值愈接近，表示測驗愈能夠有效測量到測驗所要測得的潛在特質或能力。因而效度可以說是測驗能否眞正測出其要測得的潛在特質或心理構念，為測驗分數的正確性與可靠性。缺乏效度的測驗對受試者施測之後無法獲得正確的結果，效度比信度更重要。

　　效度是一個整體的概念，重要的效度證據必須根據測驗內容與欲測量的構念間關係的分析。效度為證據與理論支持測驗分數之詮釋的程度，它是發展與評估測驗最重要且最基本的考量（王文中等，2006）。效度有以下幾個特性（郭生玉，2004；謝廣全、謝佳懿，2016；鄒慧英譯，2004；Linn & Gronlund, 2000, pp.75-76）：

　　1. 效度指的是對既定群體而言，一項評量程序「**結果解釋的適當性**」，而非評量程序本身。「**測驗的效度**」一詞更正確的說法為「**使用結果所做的解釋與用途的效度**」。

　　2. 測驗的效度無法直接測量，它是由其他資料間接推論而定。效度指的不是測驗工具本身，而是測驗的結果，或測驗結果的解釋與應用的情境。

　　3. 效度是一種「**程度問題**」，效度並非是全有或全無的，而是一種程度的差別或高低的不同而已。教師應避免將評量結果認定為完全「**有效**」（valid）或「**無效**」（invalid），效度最好從具體程度類別來考量，例如高效度、中效度或低效度。

　　4. 效度應用有情境的特殊性，使用目的有情境的限制，測驗效度高低與其目的有密切關聯。效度總是有其特定的某種特別用途或解解，沒有一個評量對所有目的都是有效的，因而當評鑑或描述效度時，必須考量結果所做的特定解釋或用途，評量結果不會永遠有效，它們對每個特定解釋都有不同程度的效度存在。

　　5. 效度是一種「**整體評鑑的判斷**」（overall evaluative judgment），效度證據來源包括測驗內容、受試者反應方式、內部結構（例如試題與總分關係）、受試者表現、測量的後果等。效度需要評鑑結果解釋與使用的合理化程度，或是透過支持性證據，或是從解釋與用法所造成的後果來綜合考量。

　　6. 效度的檢驗程序是持續的，「**有效化歷程**」是不斷累積證據，以作為詮釋測驗分數的科學基礎。

效度的決定是一種專業判斷，班級評量歷程中主要判斷者為教師，累積證據的分析主要為推斷或使用是否適當，解釋的結果與用途是否合理與公平。效度證據並非是測驗或評量本身工具是否有效問題，而是測驗分數與結果解釋的有效性與正確性議題（McMillan, 2011, p.69）：

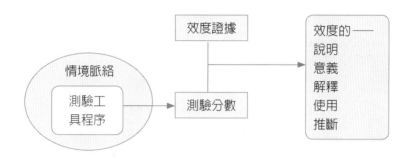

學習評量決定評量結果是否有「**效度化**」（validation）的四個原則如下，這四個原則要同時考量判斷（Nitko & Brookhart, 2007, p.38）：

1. 學生評量結果解釋的有效性，只是說明評量資訊的證據可以支持此種解釋是適切的與正確的程度。

2. 學生評量結果使用的有效性，只是陳述評量資訊的證據可以支持此種使用有其適切性及正確性的程度。

3. 學生評量結果解釋與使用的有效性，只是意指其隱含的價值性是適當的。

4. 學生評量結果解釋與使用的有效性，只展現在解釋及使用後果與適當的價值有緊密的一致性。

 效度與信度關係

測驗的效度與信度是不同量數，前者強調的是測驗分數的正確性與有效性，後者強調的是測驗分數的一致性與穩定性。信度量數是效度量數的必要條件，一個有效度的測驗一定有高的信度。就學習評量觀點而言，效度關注的是所蒐集的資訊決定或判斷學生特徵或行為表現是否是適當的、精確的；信度關注的是蒐集足夠的資訊，以確保資訊可以典型代表學生

行為或表現（Airasian & Russell, 2008）。若是蒐集的資訊無法典型代表
學生行為特徵（無信度），則根據蒐集資訊對於學生所做的決斷就有偏誤
（無效度），因而要對學生學習表現做出正確的決策或判斷（有效度），
其前提是蒐集的資訊必須是可靠的（有信度）。

　　內容相關效度證據可以從課程目標與不同測驗試題間的相互關係圖說
明（修改自 Popham, 2008, p.55），測驗題目取樣的有效性與代表性為編
製的試題能含括整個矩形內容（課程目標內容）：

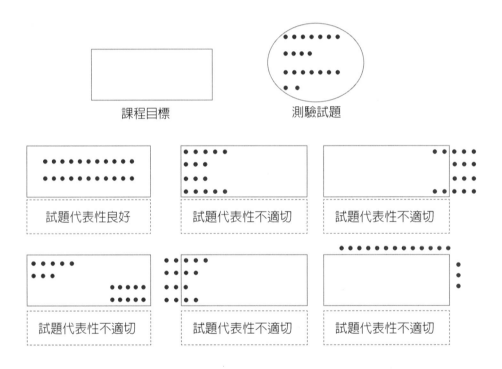

　　信度（一致性）與效度（有效結果）的關係圖示如下（修改自 Linn
& Miller, 2005, p.70）：

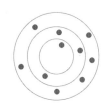

| 有效度（打中靶心、射擊有效）與有信度（集中在靶心附近，一致性高） | 沒有信度（打靶很分散，一致性很低）；沒有效度（打中靶心者很少、分數很低） | 有信度（打靶很穩定，一致性很高，但都偏離目標）；沒有效度（未打中靶心、分數很低） |

　　信度與效度的簡要關係如下（余民寧，2020；Linn & Gronlund, 2000, p.69）：

　　1.有效度的測驗結果（高效度），其信度一定高；沒有效度（低效度）者，信度不一定低。一個測驗的分數結果若有效度（正確性），會有很高的一致性或穩定性，因而信度一定高；若是測驗本身不精確，則測驗分數結果的一致性或穩定性一定不佳。

　　2.沒有信度（低信度）的測驗結果，其效度一定低；但有信度的測驗結果，效度不一定高。

　　3.有信度的測驗結果不保證一定有效度；但有效度的測驗結果一定有某種程度的信度。

　　4.要獲得有效度的測驗結果，測量的信度（一致性）是必要的，因為信度是效度的必要條件，而非充分條件（因為測驗結果要具有效度前必先具有良好信度）。

　　5.從變異數比值而言，效度為共同因素變異數占整體觀察分數變異數的百分比值；信度為真實分數變異數占整體觀察分數變異數的百分比值，得出「信度」等於「效度」＋「獨特性」，因而效度被包含於信度之中，在其他條件相等的情況下，一次測量結果的信度係數總是大於或等於效度係數。

　　6. 效度係數不會大於信度係數的平方根（信度指標），例如某自編成就測驗的信度係數為 .64，則成就測驗的效度係數絕對值不會大於 $\sqrt{.64}=.80$（信度係數值的平方根）。

內容效度與效標關聯效度

常見的效度證據有三種：「**內容關聯證據**」（content-related evidence）、「**效標關聯證據**」（criterion-related evidence）、「**構念關聯證據**」（construct-related evidence）（吳明隆，2020；McMillan, 2011）。此外，還有「**後果效度**」（consequential validity），「**後果效度**」假定的是測驗潛在效度的概括性觀念，可以達到教學者實施測驗（使用及解釋）所欲達到的目的。如果教師、學校系統相信評量的使用最終與教學改善有密切相關，或可提升學生學習表現及促發學生學習動機，則測驗可以達到期待功能與目的，此種決定測驗設計的目的就是「**後果效度**」。就特定測驗實施的後果而言，有正向或負向的社會性結果，標準化測驗的「**結果效度**」的使用，期待的是達成預先期許的功能（正向後果），或期待測驗解釋及使用的情形，可進行測驗後果之評鑑，「**後果效度**」關注的是評量結果可以達成測驗預先所提出及使用的目的（Frey, 2014）。

「**後果效度**」指測驗分數的使用及它們的結果，即教師所設計的評量能否達到教學改變及學生行為改變的目標。一個評量能評量多少學生所學的內容，對應的效度為「**構念效度**」（construct validity）；一個評量能評量多少教師所教導的內容，對應的效度為「**教學效度**」（instructional validity）；一個評量可達到多少評量設定的目標，對應的效度為「**後果效度**」。一份具有教學效度的測驗應具有二項準則：一為它反應了教師教學的目的及目標；二為它所強調的重點與教師教學主旨或目標的重點符合，確保教學效度的有效方法是建構評量藍圖與採用雙向細目表編製題

目。至於確保後果效度的最佳方法，就是擬訂一個將如何使用評量結果的計畫（王前龍等譯，2006）。

　　就實驗研究設計而言，實驗效度常分為「內在效度」（internal validity）與「外在效度」（external validity）。內在效度指控制干擾變因或無關變因情況下，依變項的改變或變化情況是真正由實驗處理（自變項）所造成的，內在效度愈高，表示實驗所得結果的精確性愈高。外在效度指實驗情境程序可有效推估至其他情境的程度，或普遍應用於樣本所在的大母群體之中，實驗情境與母群體情境愈類似，研究結果的概括性愈大，外在效度愈高。

 內容效度

　　「**內容效度**」（content validity）又稱為「**內容關聯證據效度**」（validity of content-related evidence），效度意涵指的是測驗題項能真正反映出要測得的心理特質，內容效度主要是一種邏輯系統分析的過程，以細心及批判的方法來檢視課程目標與教學有關的測驗或評量項目，專業判斷的準則有三（李茂興譯，2002）：

　　1.測驗或評量的內容在內容與程序上是否和課程目標一致？

　　2.測驗或評量的內容是否和課程的重點適切平衡？

　　3.測驗或評量是否排除了與測驗內容無關或不相關的變因？

　　一個具內容效度的測驗或試題必須根據「**雙向細目表**」編製，從施測領域的「**教材內容**」與「**教學目標**」著手，前者是課程的重要內容，後者是預測學生要達到的學習表現，就認知層次而言，學習表現型態包括記憶、了解、應用、分析、評鑑與創作。因而測驗的內容效度應從題目本身的「**適切性**」與測驗內容的「**代表性**」來判別。

　　提高內容效度最常使用的方法為根據「**雙向細目表**」（table of specification）編製測驗，「**雙向細目表**」中的雙向軸由「**學科內容**」（教材內容，subject matter content）與「**教學目標**」（instructional

objectives）組成，學科內容為學習的主題或範疇；教學目標為預期學生
展現的表現類型（例如記憶、了解、應用、分析、評鑑、創作）。雙向細
目表中的分析、評鑑與創作在認知層次的劃分較為不易，班級評量的實施
上常將此三個認知層次統稱為「**思考判斷**」或「**批判性思考**」歷程。常見
的雙向細目表範例如下：

教材內容		教學目標						合計
單元內容	試題形式	記憶	了解	應用	分析	評鑑	創作	合計
	是非題							
	選擇題							
	配合題							
	填充題							
	簡答題							
	計算／證明題							

下表為國語文學科成就測驗之雙向細目表型態：

教材內容		教學目標				
第 1 課	試題形式	記憶	了解	應用	批判性思考	合計
	國字與注音					
	改錯字					
	選出答案					
	部首造詞					
	照樣造句					
	閱讀測驗					
	合計					

　　班級測驗與評量使用雙向細目表編製試題時，可應用下列的檢核表檢視（Linn & Miller, 2005, p.145）：

要項	是	否
1. 細目表與測驗或評量的目的是否相符合？		
2. 細目表是否指出成就範疇的本質與限制？		
3. 細目表是否指出所欲測量的學習結果類型？		
4. 細目表是否指出所欲測量學習結果的樣本？		
5. 測驗題目或評量作業（任務）的序號是否代表每個細項？		
6. 就所欲測量學習結果而言，試題與作業（任務）的型態是否適切？		
7. 就想要解釋的類型而言，試題與作業（任務）的分配情形是否適當？		
8. 所包含的試題或作業（任務）是否能表述想要得知的特質？		
9. 整體而言，細目表是否指出適切的結果使用，並與教學性作業（任務）有關聯？		

　　以邏輯方法檢證測驗的效度，又稱為「**邏輯效度**」（logical validity）或「**課程效度**」（curricular validity）。國內測驗編製程序中會增列學者專家審核檢視，專家評審的效度是一種內容效度的「**共識法**」（commonsense approach），例如二位專家評審一份有 40 個題項的測驗，其中有 36 題的看法是相同的或接近的，則內容效度 $= \frac{36}{40} = .90$。根據界定的共識法指標值，求出保留下來所有測驗試題的平均值，稱為「**內容效度指標**」（index of content validity, CVI）。

　　雙向細目表的檢核主要從「**教學目標**」與「**教材內容**」二個面向，而型態上可以從題數與分數所占的比例來評估，各教材內容所占的分數或總題數不一定要相等，但是不能差異太大，或某一個教材內容的比例偏重。在認知教學目標方面，記憶、了解、應用、分析、評鑑與創作六個認知歷程向度不一定要全部納入，可根據學科屬性與單元內容調整。除根據雙向細目表編製測驗外，最好聘請此領域的學者專家或實務工作者進行題目內

容的「**審題**」，檢核題目的「**適切性**」與「**代表性**」。教師自編成就測驗中，編製出好的試題再經其他教師審題的程序十分重要，以避免個人主觀判斷影響到教學評量的目標，此種效度稱爲「**專家效度**」，專家效度也是對測驗內容或作業屬性適切性進行內容檢視，也屬內容效度的一種類型。

內容效度除採用「**共識法**」外，嚴謹客觀的一致性判別法爲「**內容效度比率**」（content validity ratio, CVR）法，此法量數估算時提供給學者專家的試題選項爲：「□**必要的題目**」、「□**有用但並非必要的題目**」、「□**沒有必要的題目**」。「**內容效度比率**」的估算公式爲：

$$CRV = \frac{N_e - \frac{N}{2}}{\frac{N}{2}}$$，其中 N 爲學者專家的人數，N_e 爲學者專家勾選「**必要的題目**」選項的人次，CRV 值愈高，試題內容效度愈佳（Frey, 2014, p.18）。

與內容效度對應的效度稱爲「**表面效度**」（face validity），「**表面效度**」與「**內容效度**」不同，「**內容效度**」是經過系統化的量化與質化分析，確定測驗內容題項有適切性，也有代表性，測驗試題可以有效測出受試者的潛在特質或行爲特質。表面效度真正而言不能視爲一種效度，它指的是測驗外表上看起來似乎能夠適切地測量它打算要測量的特質或行爲，但實際上根本無法測量受試者的潛在特質。因而表面效度可說是一個測驗，外表看起來像「**適合測量什麼**」，「**試題看起來與受試者有關聯**」，但事實上「**卻無法真正測量出來**」。表面效度只是評量的一種表面外觀，只根據作業表象的檢視，就將測驗視爲是合理的測量。一個測驗編製上，爲讓受試者能配合或有意願作答，表面效度是需要的，例如試題的編排、字型的大小、詞句用語表達的通順、分數的分配等，但表面效度並不能替代嚴謹的內容效度。一份測驗或評量結果若真有良好的內容效度，必有某種程度的表面效度；但是測驗或評量具有表面效度，並不保證也有內容效度（謝廣全、謝佳懿，2016；Linn & Gronlund, 2000）。

建立內容關聯證據效度的專業判斷面向如下表（McMillan, 2011, p.71）：

學習目標	內容	教學	評量
將要評量的學習目標內容為何？每個目標領域的評量要做到何種程度？	大部分重要內容是什麼？要評量的主題內容為何？每個主題的評量實施要到何種程度？	教學中何種內容與學習目標要特別加以強調或重視？	在每個主題領域與每個目標中，評量能適切的作為學生表現的樣本嗎？

 效標關聯效度

「**效標關聯效度**」（criterion-related validity）是以實證統計分析方法，探究受試者在測驗分數與「**外在效標**」（external criterion）之間關係程度的一種指標，此種效度的建構是一種實證取向，因而又稱「**統計效度**」（statistical validity）或「**實證效度**」（empirical validity）。效標是一種外在指標或參照標準，本身必須是可靠的、精確的、適切的，效標關聯效度的建立，最重要的是找到可作為測驗或評量結果的效標。例如教師自編一份國中二年級素養導向的數學成就測驗，可採用的可靠效標為出版社正式出版具信效度的二年級標準化數學成就測驗，或學生一年級的數學學年成績等。

效標關聯效度中好的效標有幾個特性（郭生玉，2004）：

（一）適切性

適切性指效標應能反映出原測驗所要測量的重要特質或行為特徵，例如智力測驗適切性的效標為受試者的「**學業成就**」（academic achievement），教育心理領域證實學業性向測驗與受試者的學業成就有很高的關聯性，因而以學業成就作為外在效標是適切的。

（二）客觀性

良好的效標必須能避免偏差與「**效標混淆**」（criterion contamination），所謂「**效標混淆**」是測驗本身的分數與效標分數間未能相互獨立，例如教師知道某位受試者在學業性向測驗分數很低，在受試者效標分數的評定上特別嚴格也給予很低分數；再如主管已事先得知員工測驗的分數，再評定員工績效表現時就會有偏見，此種情況下以績效表現作為外在效標就欠缺客觀性。

（三）可靠性

效標所提供的資料必須具有可靠與精確性，若是效標提供的資訊是不可靠的，則一個具有內容效度的測驗，測得的分數也會被誤解為不精準。

（四）可用性

選擇效標要考量是否容易取得，與是否方便實施，此部分要從經濟效益與時間性加以全盤評估。例如想選擇某個標準化成就測驗作為效標時，此測驗的題項數甚多，無法讓受試者在較短時間內作答，或是測驗獲得所需的經費很大，則以此標準化成就測驗作為效標的可用性就較低。

效標關聯效度表示測驗結果所得的分數與外在效標間的相關，二者相關愈高，表示效標關聯效度愈佳，若是外在效標是可靠及客觀的，則測驗分數愈能有效解釋及預測外在效標，即測驗本身愈有效能反映外在效標之潛在特質或行為特徵。以相關係數表示同一群受試者在某項測量工具的分數與效標分數之間的關係，此種相關係數又稱為「**效度係數**」（validity coefficient），例如數學性向測驗與學生學期數學總成績（效標）間的相關，效度係數值愈接近 +1.00，測量工具的可靠性或預測精確性愈高。至於「**信度係數**」（reliability coefficient）則是測驗「**一致性**」或「**穩定性**」量數，此量數也是以相關係數表示。效標性質是效標關聯效度證據最重要的因素，效標工具與預測工具之間的關係若無邏輯性可言，即使相關係數很高，也不具有任何實質意義，例如對學生施予科學性向測驗，採用的效

標爲學生體適能成績，即使測驗分數與體適能成績有高度相關，也無法有效解釋效標關聯效度的意義（楊孟麗、謝水南譯，2016）。

根據外在效標取得的時間點差異，效標關聯效度可分爲「**同時效度**」（concurrent validity）與「**預測效度**」（predictive validity）二種：

（一）同時效度

同時效度爲新測驗結果分數的取得，與外在效標量化資料的取得時間爲同一時段，或間隔時間很短，或測驗與外在效標的施測時間十分接近，進而分析測驗結果分數與效標量化資料間之積差相關係數，相關係數愈大，同時效度愈高。同時效度的主要目的在於從受試者測驗結果的分數來預估或判斷受試者在效標行爲特徵的學習表現程度，例如使用簡易多元智商測驗來評估學生科目的學業表現或學習成就，學習成就的測驗分數即爲同時效度的效標。

（二）預測效度

指測驗分數的取得與將來參照效標數據的取得會間隔一段時間，測驗結果分數的取得在先，外在效標數據的取得在後，測驗結果分數與之後效標數據間的相關係數，即爲「**預測效度**」，其係數值稱爲「**預測效度係數**」（predictive validity coefficient）。預測效度的主要目的在根據測驗結果分數「**預測**」受試者在效標行爲特徵的未來表現情況，例如在教師資格考試加強班中，教師群編製「**教育綜合知能**」測驗，根據受試者在教育綜合知能測驗分數預測當年度的教師資格考試教育科目分數，若是測驗分數與考試分數間有很高的相關，表示「**教育綜合知能**」測驗結果分數的預測準確度很高，教師資格考試中教育科目測驗分數爲預測效度效標。

二種效標關聯效度圖示如下：

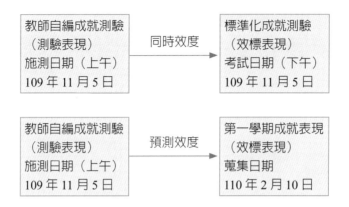

效標關聯效度除可採用相關係數外，也可使用「**預期表**」（expectancy table）來表示。預期表以雙向表格呈現測驗對某項效標測量的未來表現或其目前表現的預測或估計程度（Linn & Miller, 2005）。預期表的次數劃記以測量分數與效標分數二個面向分類，之後再以每一橫列的合計總數為分母，將每一橫列細格次數轉換為百分比。下表為 100 位學生參加「**藝術性向測驗**」得分分類程度與其學年藝術領域成績（效標）間之關係，「**藝術性向測驗**」的測驗分數依其高低被劃分為「**傑出傾向**」、「**水準以上**」、「**普通水準**」、「**水準以下**」四個等級。

藝術性向測驗分數與效標分數間的劃記表人次

藝術性向測驗分數	藝術領域學年平均分數等第人次				
評定結果	優	甲	乙	丙	合計
傑出傾向	7	4	2	0	13
水準以上	6	19	12	0	37
普通水準	0	2	25	3	30
水準以下	0	0	4	16	20
總計					100

藝術性向測驗分數與效標分數間預期表

藝術性向測驗分數	藝術領域學年平均分數等第百分比				
評定結果	優	甲	乙	丙	合計
傑出傾向	54	31	15	0	100
水準以上	16	51	32	0	100
普通水準	0	7	83	10	100
水準以下	0	0	20	80	100

　　預期表的細格解釋簡單又直接，適用於學校情境中，因為它製作簡易，又容易為教師了解，其使用解釋類似機率或可能性程度的說明，例如在藝術性向測驗分數被評定為「傑出傾向」的學生中，有 54% 的學生在藝術領域學年成績為「優」，有 31% 為「甲」、有 15% 為「乙」，學年成績為「丙」者是 0%，如果有一位學生在藝術性向測驗分數被評定為「傑出傾向」，則可以大致預測其藝術領域學年成績得到優等第的機會是 54%、得到甲等第的機會是 31%、得到乙等第的機會是 15%；另一學生藝術性向測驗分數被評定為「普通水準」，則可以大致預測其藝術領域學年成績得到優等第的機會是 0%、得到甲等第的機會是 7%、得到乙等第的機會是 83%、得到丙等第的機會是 10%。

第54講

建構效度

　　心理學家所指的「**構念**」（或建構，construct）是一個人擁有的特質或特徵，它們是無法觀察的，例如智力、閱讀理解能力、正義、自我概念、態度、推理能力、學習式態與焦慮。這些特質無法直接測量，但可藉由當事者外在表現情況加以推估，從被觀察者的外顯指標行為測量結果作為當事者的潛在特質或特性，經由行為表現的測得結果解釋個體特徵，稱為「**構念關聯證據**」（construct-related evidence）（McMillan, 2011）。也就是說，「**建構**」指的是心理學、社會學或教育學領域中的一種理論構念、特質、或潛在特徵，此種心理或社會特質無法直接經由測量獲得，它本身也無法被觀察到，但學術理論卻假設這些心理特質是存在的，要了解這無法觀察的潛在特質或構念，只能藉由對受試者的行為加以觀察記錄，間接推論受試者的潛在特質。

　　「**建構效度**」（又稱構念效度，construct validity）是某個測驗與某個理論訊息間有良好的對應關係，即一個測驗可以測量出相關心理學或社會學理論的建構或特質的程度。因而所謂的「**建構效度**」主要是指根據心理學或社會學的理論建構所編製的測驗，是否能有效達成測驗所欲測量的理論特質，測驗結果分數對於測驗目的能否做出有意義的分析與解釋（余民寧，2011）。潛在的心理特質如學習態度、焦慮、動機、利他助人行為、自我概念、學習壓力等，「**構念關聯證據**」（construct-related evidence）常見者有三種類型：「**理論的**」（theoretical）、「**邏輯的**」（logical）、「**統計的**」（statistical）構念效度（McMillan, 2011, p.73）。

（一）理論的構念效度

建構來自清楚的理論解釋或明確的特徵之定義，建構不會與其他構念混淆，例如要評量學生閱讀態度，界定的「**態度**」為何要明確，其中可能是學生喜愛閱讀的程度如何、對閱讀的評價，或額外投入閱讀時間，不論關注的焦點是學生對閱讀的渴望，或是對閱讀能力的知覺，這些特質作為測量態度是適切的，但區隔閱讀態度構念與類似構念，或其他不同構念要有清楚的界定。

（二）邏輯的構念效度

邏輯分析方法有不同的形式，就某些推理構念而言，當學生回答問題時可以再請學生就思考內容做出評論，學生合理性的思考應能顯出預期推理的歷程。另一種邏輯的證據形式，是比較群組在預先決定準則的分數與其他的回應間的區別，有教導的學生群體與未教導的學生群體間的差異；教學前群體與教學後群體在測驗分數的差異；不同年齡群組在構念表現上的差異；建構被其他方法識別的群組間的不同等。

（三）統計的構念效度

統計程序用於構念測量的分數與其他測量相同構念間分數的相關，或是與其他測量不同構念間的關聯。例如學業能力自我概念分數的測量分數，與其他同時測量學業能力自我概念的分數間應有高度關聯，而與生理能力自我概念的測量分數間的相關應較低。統計方法被應用於許多標準化、已出版的調查及問卷，班級教師構念相關證據形式多數採用更實用與清楚定義的「**理論性**」與「**邏輯性**」方法。

不同效度類型的程序與意義簡要對照表如下（鄒慧英譯，2014；Linn & Miller, 2005, p.72）：

效度類型的考量	效度驗證程序	意義
內容關聯證據	將評量作業與考量所描述的工作範疇建構之雙向細目表做比較。	評量作業樣本對所要測量作業領域的代表性程度；強調最重要內容的程度。
建構關聯證據	藉由控制（或檢驗）評量的發展、評鑑學生做作業時的認知過程、評鑑測驗分數與其他測量的關係，以及採用實驗決定影響表現因素等方法以建構評量結果的意義。	受試者在評量上的表現可以解釋為其某種特徵或品質是一種有意義的測量結果，例如學生在測驗的表現是否能有效回應學生真正理解作業所問的相關概念或原則。
效標關聯證據	將評量結果與另一個日後所得的表現測量做比較（預測），或是與一個同時獲得的另一項表現測量做比較（評估目前狀態）。	在評量上的表現，就有價值測量面向可預測未來某些重要表現，或評估目前表現（非測驗本身的表現程度）。
結果解釋證據	評鑑評量結果應用於教師與學生的效果，包括預期的正面效益（提升學習）與可能的非預期負面結果（窄化教學、輟學等）。	使用評量結果完成預期的教學目的，避免非預期或負面因素的出現。

建構效度的驗證方法

　　建構效度的驗證方法常見者有以下幾種（游恆山譯，2010）：

 試題同質性檢定法

　　試題同質性表示的是測驗為單一或相同的建構，同質性只能作為建構效度的參考指標，具同質性測驗不一定具有建構效度（可能是測得不同的建構）。同質性檢定方法有以下幾種：

　　1. 分析試題分數與測驗總分間相關，選取相關係數絕對值大於 .400以上（達中高度相關程度）的試題。若試題是二元計分型態，採用二系列相關或點二系列相關求出相關係數，挑選出題項與總分有中高度相關的試題。

　　2. 採用極端組比較法，根據測驗總分將受試者分為高、低二組，比較二組受試者在試題作答上是否有差異，若沒有明顯差異，表示試題不佳。

　　3. 總測驗若是由數個分測驗（分量表／向度）組合而成，可以求出分測驗分數與總測驗分數間的相關，分測驗與總測驗間有中高度的相關，表示總測驗具有良好的一致性，相關係數愈高，表示測驗內部的凝聚程度愈高，測驗題項或分測驗傾向測量同一個心理特質。

相稱的發展變化驗證法

　　某些建構一般假定均會隨著年齡增加或生理成熟而有所增加，例如詞彙知識、閱讀理解能力、認知發展能力等，此種假定是符合理論的預測，因而若是教育及生理健康因素保持恆定的條件下，年長受試者在這些心理特徵（例如新的詞彙測驗）的得分會優於年幼受試者，此種結果符合認知發展的理論建構，證明測驗具有建構關聯效度。但並非所有的構念都會隨時間或年齡因素而增長，某些測量結果的分數可能遞增，也可能遞減或穩定、變化不大。

 理論預測與團體差異組的驗證法

　　不同條件背景和特徵的受試者群組，對於同樣的建構會有顯著的差異存在，一份具有建構效度的測驗，應能有效區別不同族群特性的能力。當受試者在測驗所測量的建構上傾向於偏高時，測驗所得的分數應是「**高分組群體**」；相對的，當受試者在測驗所測量的建構上傾向於偏低時，測驗所得的分數應是「**低分組群體**」。例如理論文獻顯示，高解題策略學生的數學成就優於低解題策略學生，一份「**解題策略測驗**」顯示得分高的學生，其數學成就也高；測驗分數低的學生，其數學成就也低，此結果驗證的是理論－團體差異的預測。

四 **實驗操弄之組別差異檢定法**

　　透過實驗設計的方法，也可以判斷測驗是否符合建構關聯效度。例如理論或文獻顯示題型解析的閱讀知能有助於提升素養導向數學試題的解題，一份素養導向數學測驗編製完成後，同時給有參與「**題型解析閱讀知能訓練**」與沒有參與訓練的學生作答，檢定前者群體（實驗組）的分數是否優於後者群體（控制組）的分數，若事實結果與理論預期相同，則結果可作為建構效度的證據。

五 因素分析驗證法

　　因素分析是藉由統計分析原理，找出試題間的「**共同因素**」（common factor，潛在特質或分測驗，或測驗的向度），若是經由因素分析程序得出的共同因素與原先理論建構類似，表示測驗有良好的建構效度。因素分析結果進一步可獲得每個題目與共同因素間的相關，此相關係數一般稱為「**因素負荷量**」（factor loading），因素負荷量可以反映測量試題與共同因素間關聯的程度，是潛在特質的重要性指標。

　　構念效度證據的類型範例，以數學推理評量為例，圖示如下（修改自Linn & Gronlund, 2000, p.85）：

```
數學推理評量 ──┬── 將評量作業與作業範疇進行關聯比較
(構念效度證據)  │     (內容關聯證據)
                │
                ├── 檢查作業完成度，或要求學生做作業時
                │     能「放聲思考」(心智歷程的檢核)
                │
                ├── 比較修讀數學者與非修讀數學者群體分
                │     數的差異 (構念效度化證據之一)
                │
                ├── 求出測驗分數與另一個數學推理評量分
                │     數間的相關 (構念效度化證據之一)
                │
                ├── 求出測驗分數與閱讀測驗分數間的相關
                │     (排除對閱讀能力的過度依賴)
                │
                ├── 求出測驗分數與數學等第間的相關
                │     (效標關聯證據)
                │
                └── 比較群體數學學科修讀前與修讀後分數
                      的差異 (構念效度化證據之一)
```

六 「聚斂效度法」與「區別效度法」的檢驗

「聚斂效度法」（convergent validity）指測量相同理論建構或心理特質的二份測驗之測驗分數應有高度相關，當一個測驗結果實得分數與其他擁有同一建構的變項或測驗之間有高度相關時，表示測驗具有良好的「**聚斂效度**」。「**聚斂效度**」又稱爲「**輻合效度**」表示的是對於相同心理特質或能力，不論採用何種的評量方法（例如測驗、觀察評定），受試者所得到的分數或等第間應有很高的一致性。

相對的，當二份測驗測量不同的理論建構或心理特質，二份測驗之測驗分數應有低度相關，或沒有相關，此種效度稱爲「**區別效度**」（discriminant validity）或「**區辨效度**」，表示測驗本身測得的潛在特質與測得不同特質的測驗間有很大的區別作用。例如數學成就測驗測得的特質爲數學性向，人格測驗測得的是受試者人格型態，二個測驗測量不同的特質，受試者在二個測驗的得分理論上應只有低度相關。

較常用的聚斂相關與區別相關的評定方法，爲「**多特質多方法矩陣**」（multitrait-multimethod matrix）。多特質多方法矩陣運用的基本條件，是必須要使用二種以上的不同方法來測量二種以上不同的特質或潛在溝念，不同方法所測得的特質或潛在構念是相同的，如此，才能進行比較。

下表爲採用量表與教師評定二種方法，測量學生「**關懷情**」（A_1、A_2）、「**利他**」（B_1、B_2）、「**服務行**」（C_1、C_2）等三個行爲特質，相關的數據如下表：

測量方法 / 測得特質	方法 1（量表作答）			方法 2（教師評定）		
	A_1（關懷）	B_1（利他）	C_1（服務）	A_2（關懷）	B_2（利他）	C_2（服務）
方法 1（量表填答）　A_1（關懷）	(.87)					
B_1（利他）	[.38]	(.90)				
C_1（服務）	[.32]	[.25]	(.85)			
方法 2（教師評定）　A_2（關懷）	{.62}	<.17>	<.20>	(.91)		
B_2（利他）	<.28>	{58}	<.14>	[.40]	(.89)	
C_2（服務）	<.19>	<.11>	{.61}	[.21]	[.24]	(.83)

　　對角線（　）內的數值為相同方法測量相同心理特質所獲得的相關係數，數值即為分測驗的信度係數，係數值愈高表示測驗愈值得信賴，測驗所得的結果資訊愈可靠。例如二次均以量表測量受試者「**關懷**」特質的相關係數值為 (.87)、「**利他**」、「**服務**」特質的信度係數值分別為 (.90)、(.85)。

　　以 [　] 符號呈現的數值為以相同方法測量不同心理特質所獲得的相關係數，此係數值即為區別相關係數。例如係數值 [.38] 都是採用「**量表作答**」的測量方法，但測量的心理特質一個為「**關懷**」、一個為「**利他**」。

　　以 {　} 符號呈現的數值為以不同方法測量相同心理特質所獲得的相關係數，此係數值即為聚斂相關係數。聚斂相關係數可作為聚斂效度的指標值，例如係數值 {.58} 是採用「**量表作答**」（測量方法一）與「**教師評定**」（測量方法二）二種測量方法，所測量的心理特質均為「**利他**」，「**利他**」即為二種測量方法所測得的「**相同特質**」。

　　以 <　> 符號呈現的數值為以不同方法測量不同心理特質所獲得的相關係數，此係數值即為區別相關係數。例如係數值 <.19> 是採用「**量表作答**」與「**教師評定**」二種測量方法，量表作答要測量的心理特質為「**關懷**」；「**教師評定**」法要測量的特質為「**服務**」。

矩陣表格中由相同方法測量不同特質，或不同方法測量不同特質的相關係數，在矩陣的所有數值中應是最低的，因為這二種型態提供的是「**區辨效度**」的證據。

在多特質多方法矩陣中可以看出，一個具有良好聚斂效度與區別效度的建構效度，其信度係數值會高於聚斂效度值、聚斂相關係數又高於區別相關係數值，使用相同方法測量相同特質與使用不同方法測量同一特質，或構念二者所得到的相關係數值，一般會比使用相同方法測量不同特質或構念，以及使用不同方法測量不同特質或構念所得的相關係數值還高，四種相關係數值的詳細比較為（涂金堂，2009）：

1. 以相同方法測量相同心理特質所得到的相關係數值應是最高的，相關係數值為信度係數，表中的數值為 (.87)、(.90)、(.85)、(.91)、(.89)、(.83)。

2. 以不同方法測量同樣心理特質所得到的相關係數值應是次高的，表中的係數值分別為 {.62}、{58}、{.61}。

3. 以相同方法測量不同心理特質所得到的相關係數值應是第三高的，表中的係數值分別為 [.38]、[.32]、[.25]、[.40]、[.21]、[.24]。

4. 以不同方法測量不同心理特質所得到的相關係數值應是最低的，表中的係數值分別為 <.28>、<.19>、<.17>、<.11>、<.20>、<.14>。

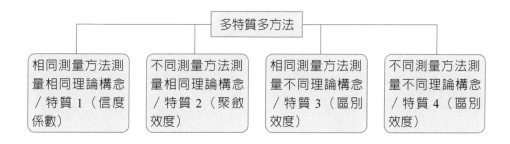

【範例練習】

多特質多方法分析矩陣如下表，其中測量方法一與測量方法二為二種不同的測量方法，測量的潛在特質有三種類型：

測量方法＼特質		測量方法一			測量方法一		
		特質1	特質2	特質3	特質1	特質2	特質3
測量方法一	特質1	A					
	特質2	B	G				
	特質3	C	H	L			
測量方法二	特質1	D	I	M	P		
	特質2	E	J	N	Q	S	
	特質3	F	K	O	R	T	U

1. A、G 表示的是何種參數？（信度係數）
2. D、J、O 係數表示的是何種效度？（聚斂效度）
3. E、F 係數表示的是何種效度？（區別效度）
4. B、C 係數表示的是何種效度？（區別效度）
5. 如果量表具有良好的建構效度，則係數值 A、B、C、D 的大小依序排列為何？(A) > (D) > (B) > (C)

第**56**講

影響效度的因素

　　影響測驗效度的因素包括測驗本身的因素及測驗之外的因素，測驗試題本身若是缺乏效度，則無法測出所要測得的心理特質，此時，測驗所得的分數便無法正確表示受試者的行為特徵或作為預測潛在特質之用。教師自編成就測驗若缺乏效度，表示試題的品質不佳，無法明確的代表學習者在學習內容的學習表現。影響測驗效度的因素一般有以下幾項（謝廣全、謝佳懿，2016；Linn & Miller, 2005; Miller, Linn, & Grounlund, 2012）：

 ## 測驗或評量本身的因素

　　與測驗試題品質有關的因素如：(1) 試題題意不清楚、計分主觀或不公平；(2) 試題要測量的特質不是重要的或建構代表性不足；(3) 測驗的題項數太少，信度偏低；(4) 成就測驗未依雙向細目表編製；(5) 題目編排不當，未依由易而難之命題原則排列；(6) 正確答案未依隨機方式配置；(7) 試題的難度指標值過於極端等。

　　就擴展表現評量與傳統測驗而言，下列五個因素會降低評量結果解釋的效度（Linn & Gronlund, 2000, p.100）：

　　1. 不清楚的說明，沒有明確告知學生如何作答或回應作業。

　　2. 題目的詞彙與句子結構過於複雜，造成學生閱讀理解的困難，扭曲評量結果的意義。

　　3. 評量作業的模糊敘述，造成學生對題目解讀錯誤或混淆。

4. 不適切的時間限制（構念無關的變異），沒有讓學生有充分時間思考作業並做出深度思考的反應。學習評量程序中，大多數的成就評量應該將「**速度**」對學生作答表現的影響到「**最小**」。

5. 過度強調容易評量的面向內容，忽略重要（或有價值）而不易評量的範疇，試題多數為事實性記憶題，較少概念性理解或高層次思考性問題。

就對錯二分固定選項的測驗或簡答題，下列五個因素會降低評量結果解釋的效度：

1. 測驗題目不適合，無法測量預期的測量結果，例如以測量事實性知識的測驗形式測量理解、思考技能與其他複雜的成就類型。

2. 編製的測驗題目不良，題目本身無意間提供答案線索。

3. 測驗過短，題目代表性樣本不足。

4. 不當的試題安排，題目的難易度未依簡易到複雜排列，影響學生作答信心與時間的控制。

5. 以有系統的形式呈現可辨識的答案組型，讓學生猜對部分題目。

㊁ 測驗實施與情境的因素

測驗實施過程的合理性與施測情境是否適當，例如測驗的物理環境不佳（空間、溫度、通風、照明等）；外在干擾因素（噪音）；未依照指導手冊指導語及時間規定施測，未遵守公平、公正的施測原則；給予特定受試者協助；將能力測驗視為速度測驗，未給予受試者足夠的作答時間等，都會影響測驗的效度。施測與計分的不客觀或不公平等都會降低測驗結果解釋的效度。

㊂ 受試者個人身心狀態因素

受試者施測時的身心狀態會影響其在測驗分數或測驗作答結果，例如受試者的健康情況、疲勞、配合意願、個體準備度、情緒困擾與焦慮程度

等，這些受試者的生理及心理狀態，都會影響測驗結果及效度。此外受試者的「**反應心向**」（response set）也會影響測驗效度，這指的是受試者傾向於某種一致性的作答形式，例如不會的題項總是勾選某個選項，不然就是快速任意猜測或放棄不作答；或是朝向社會期許的方向作答，因而作答結果無法反映受試者真實特質，影響效度的高低；此外，個人情緒困擾、評量前受到老師責罰、受到評量情境驚嚇等都會影響學生的最佳表現，扭曲測驗的結果。

四　外在效標與團體性質因素

效標關聯效度中，若選取的外在效標不適當，或內在品質不佳，或與測驗要測量的特質關聯不大，則測驗結果分數與效標間的相關會很低。每個效標均有其適用的特定群體（例如年齡、性別、教育階段別、能力水準等），因而選取效標的適用群體必須與測驗施測對象的團體性質相同，以免因效標團體與測驗施測對象的異質性而影響到測驗的效度，因為分數的分布範圍較小，或分數的穩定性較低，或是測量間隔的時間太長等，測驗分數與效標間的相關都會變低。效度與信度一樣，當施測群體的同質性愈高（變異程度愈小），則效度係數值愈小；施測群體的異質性愈高（變異程度愈大），則效度係數值愈高；此外某些特定測驗有文化族群的差異性，實施時若未能考量到適當的標的團體，測驗結果的效度也會降低。

五　教學與評鑑的評量因素

效度驗證的方法往往會隨著時間及其用途不同而調整，不同類型的測驗效度之驗證策略也會有所差異，評估成就測驗效度的技巧及方法，要根據不同類型標準化測驗與班級評量而彈性應用，相關考量的問題如：(1) 測驗的內容是否能有效代表測量的建構，即試題對建構要有代表性；(2) 測驗的題目要能引發學生對建構的反應，例如測量學生記憶、了解與應用認知層次的測驗，就不應出現複雜的思考、判斷與推理的題目（例如

分析、評鑑與創造認知層次）；(3) 有效應用評量的結果，以激發學生的學習動機與持續努力用功的態度；(4) 測驗分數與效標間關係的檢視，教師課堂評量後可以使用學習評量效度檢核表，檢視測驗的歷程與實施結果，作為改進的參考。

學習評量實施中提高效度的檢核表，可參考下列事項（McMillan, 2011, p.74）：

- 請益他人協助判斷評量內容的明確性（審題程序）。
- 檢視用不同評量方法評定同一特質以得到相同結果。
- 評量內容的範例樣本代表性要足夠。
- 準備詳細的雙向細目表用以編製或建構試題。
- 請教他人判斷評量試題與評量目標間的對應情況。
- 比較已知群組在評量內容間的差異情況。
- 比較教學前與教學後群組分數間的差異情況。
- 比較預測結果與實際評量結果的情形。
- 提供學生足夠時間以完成評量內容。
- 確認詞彙、句子結構與題目的難度是適切的。
- 簡易的題目編排在測驗的前面，遵循「由易而難」的試題編排原則。
- 使用不同評量方法來評量相同的特質。
- 只為預測的目的而實施評量。

改善班級評量的效度準則（提高評量的效度）可以從下列三個面向著手（Nitko & Brookhart, 2007, pp.40-43）：

（一）內容有代表性與適切性

有效度的評量於評量實施時要做到明確地辨識重要的學習目標，確定根據評量程序抽取的內容有良好的代表性：

1. 教師的評量程序應強調為已經教過的內容，測驗試題品質不佳、只測量低層次思考技巧，未聚焦於教學期間強調的課程教材等，都會降低測驗結果的效度。

2. 評量作業能精確代表學校具體的學習結果與教育課程架構，在評分方面，教師使用的評量應能反映學校與課程的學習目標。

3.設計的評量作業應與已教授內容及應如何評量的思考模式相結合，有效度的評量必須把教學與評量實務的發展及實施結合在一起。

4.評量的內容是重要的且值得學習的，有效度的評量強調的是評量包括之內容，是學生現在及未來學習或生活技能中最有價值或最為重要的。

（二）能展現思考程序與技能

評量要根據預先的計畫與雙向細目表編擬題目：

1.評量工具中的作業需要使用到學生多種重要思考技巧與處理程序能力，最好能模擬真實生活情境，測量學生真實情境的應用技能。

2.評量工具所測量的思考技能，就學校課程架構與標準而言是重要的，評量與教學活動一樣均要能促發或應用高階、批判思考能力及問題解決技巧。

3.評量期間學生能真正使用教師所預期他們採用的思考型態，有效度的評量要能確保學生已習得複雜思考技能，並真正使用其完成評量作業。

4.學生展示教師試著要評估的思考類型時，教師是否給予足夠時間，尤其專題或檔案、創造性作業等測驗需要給予較長的時間，結果解釋才能有效反映這些類型的評量目標。

（三）與其他評量的一致性

教師平時觀察所蒐集的資訊也能適切評鑑學生進步情況，教師觀察、期待與實際的評量結果應有較高的相關：

1.班級中評量結果組型是否與教師採用其他評量所預期的一致，教師期待與評量程序結果間差距甚大時，可能有一方偏誤，此現況會造成評量結果解釋效度的問題。

2.教師進行的評量作業對學生而言是否太難或太容易，太難或太容易的作業無法有效區別個體學習的差異，降低評分結果的效度。評量作業應有挑戰性，但作業難度應是多數學生都能完成的。

第57講

評量應試策略

教師自編成就測驗有一定的程序，最重要的是編製的試題要能呼應教學目標及教學進度內容，之後再經他人審題及修正，建構的試題型態測量結果才能達成所欲達成的目的。學生於評量實施中要有最佳表現，除熟知作答技巧外也要具備應試策略，教師可將有效測驗的應試策略融入平時教學之中，並且需要教導以讓學生知悉。

Airasian 和 Russell（2008, p.139）對於學生參加測驗時的一般應試策略之有效原則，提出以下幾點：

- 細心快速的閱讀測驗前面的指導語或說明語。
- 找出各大項問題要如何計分，是否所有問題的配分都相同？作答內容是否會因拼字、語法或整潔等錯誤或缺失而被扣分。
- 分配每大題作答時間，調整作答速度以確保能在規定時間內做完所有題目。
- 申論題在下筆書寫前先計畫與組織所要回答的內容。
- 儘量嘗試回答所有問題，若猜題答錯不倒扣，則不知道題目答案時要猜題，題目不要空白（尤其是選擇反應評量題目——選擇題、配合題與是非題）。
- 答案卷與試題分開成為獨立作答卷時，要多次檢查書寫的答案位置是否正確，其與試題題號是否對應。
- 保持良好的身體及心理狀態，儘量在身心狀態良好下應試，考試或測驗前避免熬夜。
- 全部題目作答完若還有時間要從頭到尾檢查一遍，或是快速檢核有無遺漏未作答的題目。

作答選擇題之「**應試技巧**」（test wiseness）策略原則（謝廣全、謝佳懿，2016；Airasian & Russell, 2008, p.139）：

- 如果選項包括「一些」、「經常」或類似模稜兩可等字詞，則這個選項可能是正確的選項。
- 選項中陳述最長或最精確說明者，此選項可能是正確的選項。
- 任何選項若有語法或拼字錯誤，此選項不可能為正確的選項。
- 選項陳述內容與問題題幹非常不搭，此選項很可能不是正確的選項。
- 某一選項與其他選項性質有很大不同時，此選項很可能不是正確的選項。
- 不知道正確答案時，選項序位在第二個或第三位，可能是最好的猜題選項。
- 從試題題幹及選項中辨認共同的要件元素，或從語句中找尋可能線索。
- 完全不曉得題目正確答案時，傾向選擇敘述語句較長的選項。
- 利用消去法排除不正確或明顯錯誤的選項再猜題，以提高猜對率。

選擇反應評量試題與建構反應評量試題在題目性質與作答上有所不同，受試者必須知道二種評量型態的差異與優缺點所在，作答時才能有效掌控時間，應用作答應試技巧回應。

選擇式測驗題目與補給式測驗題目的比較摘要如下表（Airasian & Russell, 2008, p.150）：

比較項目	選擇式測驗題目	補給式測驗題目
試題型態	選擇題、是非題、配合題、解釋性的作業。	簡答題、申論題、填空題。
評量的行為	事實性知識與理解；採用解釋型作業可以測量思考、應用及分析的推理行為。	事實性知識與理解；測量具組織觀念、論點防衛及整合要點之思考與推理行為。
主要優點	1. 試題可以快速作答；測驗中教學主題包含廣泛樣本內容，調查更有代表性。 2. 試題回應容易且計分客觀。 3. 測驗建構者可有效控制題幹及選項，以配合作答者的書寫能力。	1. 題項編製與建構相對較簡易，因為測驗只需要少數的題目即可。 2. 只有在測驗學生解釋及陳述資訊的測驗行為，否則可提供學生建構他們自己答案的機會。 3. 學生可能猜對正確題目答案的機率大幅減少。

比較項目	選擇式測驗題目	補給式測驗題目
主要缺點	1. 建構優良試題要花費較多時間。 2. 必須編製較多的題目或試題。 3. 無法克服受試者猜題的問題。	1. 試題的分數評定要花費較多時間。 2. 測驗只能包含教學主題小部分的樣本內容。 3. 可能會有假象愚弄的問題。

班級評量的階段

班級評量程序一般分為三個階段（Airasian & Russell, 2008, pp.8-9）：

一 期初評量

「**期初評量**」（early assessments）一般在開學後不久實施，其目的在了解有關學生社會的、學業的與行為的特徵，以適度做出決策，符合學生需求，建立一個支特學習的班級環境，學習情境有助於教學、溝通及合作進行。期初評量於教學前實施，又稱「**預先性評量**」（pre-assessment），教師經由評量結果可以在教學前知曉學生的知識、態度與興趣，教師根據評量資訊可設計更適切的教學活動以幫助學生學習（McMillan, 2011）。

二 教學評量／教學中評量

「**教學評量**」（instructional assessments）／「**教學中評量**」（assessment in instruction）之評量目的在於計畫及傳遞教學，包括決定要教什麼、何時教、如何教、使用何種教材、課程如何安排、已規劃的活動還要進行什麼改變等。對教師而言，教學中評量結果主要作為教師調整教學活動及安排教材進度的參考；對學生而言，主要作為學生學習行為的回饋，提供學生學習活動的修正及學習的反思。此種評量又稱「**形成性評量**」（formative assessment），根據形成性測驗的使用與回饋，可以提升學生於「**總結性測驗**」（summative tests）的成績。

三 總結性評量

「**總結性評量**」（summative assessment）的評量結果有助於教師對學生的成就及安置做出正式的決定與建議，教師經常會蒐集一個時段內系統性的學生表現資訊，決定如評定成績等第、總結學習進步情況、解釋測驗結果、確認學生特殊需求的安置、年級晉級建議等。

形成性評量與總結性評量的特徵對照摘要如下表（Dixson & Worrell, 2016）：

特徵	形成性評量	總結性評量
目的	改善教學及學習 用以診斷學生困難	評鑑學習結果 安置學生，提升決策
正式形式	通常為非正式的	通常為正式的
實施的時間	持續性的、教學前及教學中	累積的、教學後
風險程度	低風險	高風險
心理測量的嚴謹性	低度到高度	中度到高度
提問問題的類型	工作是什麼？ 需要改善的是什麼？	學生了解教材嗎？ 就下次活動任務，學生有準備嗎？
範例	它要如何才能夠改善 觀察 家庭功課 課堂提問及回答 自我評估 表現結果的省思 課程本位測量	專題 實作評量 檔案卷宗 報告 班級內正式考試 區域及國家考試

總結性評量的準則與效度改善方法如下表（Nitko & Brookhart, 2007, p.117）：

使用的準則	評估計畫的方法
評量任務要和課程標準和教學保持一致或吻合	• 確保清楚地了解要教授和評量學習目標的意圖。 • 思考：學習目標的主要意圖是什麼？評量任務是否要求學生完全按照主要目標進行？ • 分析評量任務以識別哪些部分可能與學習指標不相符合，或重寫不相符合的部分。
僅評量重要的學習目標	• 複習學習目標的教學和評量；從最重要到最不重要的部分進行排序；消除評量中測量低優先級別的學習目標。 • 確保標準或學習期望是通過一種或多個評量來評量的。 • 編製的評量，要求學生透過同一任務，來證明或展現一個以上高優先的學習目標。
使用適當的多元評量模式	• 熟練製作多種類型的評量格式。 • 了解每種評量形式的優勢和局限性。 • 分析每個學習目標；思考我能夠評量這些成就的不同方式有幾種？我該如何使用二種或更多種方法？ • 分析評量任務，以確定哪些部分可能與學習目標不吻合？ • 刪除或重寫不吻合的部分。 • 計畫以二種或多種方式評量每個重要的學習目標。
使評量易懂	• 確保每個評量程序對學生都有明確的指示，並且已經為每個學生做施測的準備。 • 學會熟練地實施評量，以及能夠滿足評量程序依循的標準和清單。 • 學會熟練地使用評分規準進行評分，以讓評分客觀化。
遵循適當的有效性標準	• 評量類別與評量實施間有緊密連結。 • 評量內容有代表性與適切性。 • 思考歷程與技能有代表性。 • 評量結果與其他班級評量有一致性。 • 有良好的信度與客觀性。 • 對不同類型學生而言有公平性。 • 沒有偏誤及多元評量使用。
使用適當的評估時間	• 確保所有學生了解測驗內容。 • 學生都能在規定的時間內完成測驗。 • 根據測驗試題型態分配足夠時間。

355

使用的準則	評估計畫的方法
確保跨越年份的有效性	• 使用前幾年的藍圖來指導編製今年的評量。 • 確保難度和複雜性，今年的評量要等同於去年的任務。
確保評量任務有適當難度和複雜性	• 就學習目標與教育發展歷程，確保學生在評量過程中使用的工具與情境是適切的。 • 對生理障礙失能學生的評量提供的輔具或協助是足夠的。

　　三個評量階段對應的教學分別為「**規劃教學**」（planning instruction）、「**導引教學**」（guiding instruction）、「**評鑑教學**」（evaluation）。規劃教學包含讓教師決定要教什麼、協助教師了解學生的需求是什麼、使用何種適合的教材、根據學生已知道、已了解及能做的事項，與學生興趣及認知偏好等設計教學活動。導引教學建構評量與教學的緊密關係，讓教師精心安排多種班級活動以幫助學生學習，根據學生精熟程度、錯誤概念及洞悉程度等調整教學歷程、修正教學流程等。評鑑教學關注的是根據學生對學習目標及目的，對教學實施有效性的決定，包含給予學生等第（Moon, 2005）。三個評量與其對應的主要教學功能圖示如下：

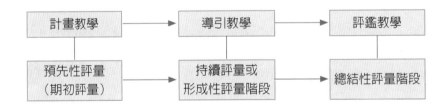

　　班級評量三個階段的比較表如下（p.7）：

項目	期初評量	教學評量	總結性評量
目的	提供教師快速的覺知與學生特徵的實際知識。	計畫教學活動及監控教學進度。	完成科層組織的教學目標，例如評定成績、分組及安置。
時間	開學後的第一至第二週。	學年期間的每日。	學年中週期性的特定日期。
證據蒐集方法	大量非正式的觀察。	正式觀察、學生的計畫性報告、具監控作用的正式觀察。	正式測驗、書面或口頭報告、較大範圍的考試與作業。
蒐集證據類型	包含認知的、情感的、動作技能的取向。	大量認知的與情感的取向。	主要為認知取向。
紀錄保存	資訊保持在教師心中，很少被書寫成紀錄留存。	書寫的教案、未書寫下來的監控資訊（觀察資訊）。	保存在教師成績簿冊或學校檔案中的正式紀錄。

第59講

期初評量

　　期初評量會影響教師對學生的知覺與決定，於學習活動中不經意傳遞給學生，教師開學時的知覺與期望可能會產生「**自我應驗效應**」（self-fulfilling prophecy）。教師實施期初評量藉由觀察所蒐集的資訊會產生二種效度威脅：一為「**觀察者偏見**」（prejudgment），二為「**邏輯錯誤**」（logical error）。「**觀察者偏見**」主要有三個來源：(1)「**先前資訊**」（prior information）所形成的偏見；(2)「**最初印象**」（初始印象，initial impression）的部分資訊支配後續的觀察與學生特徵的解釋；(3)「**教師個人的學理與信念**」（personal theories and beliefs）對特定學生所形成的刻板印象，此種刻板印象與種族、文化、失能及語言差異有關，教師期初評量不應把文化差異視為「**文化缺陷**」（cultural deficits）。「**邏輯錯誤**」為教師選擇了錯誤的指標，來評估所期待的學生特性，造成評量結果是無效的，當教師開學從單一觀察資訊去推論學生無法觀察的特徵（例如動機、興趣、注意力、自我概念等），潛在的「**邏輯錯誤**」與無效的評量就大大增加（Airasian & Russell, 2008, pp.38-40）。

　　教師運用期初評量時應考量到以下幾點（Airasian & Russell, 2008, pp.48-51）：

　　1.意識到期初評量的限制與對學生的影響。若是根據不完全或無效的觀察，所做的後續決定可能都是不正確的或有偏誤的。

　　2.將初始印象作為假設，經由後續觀察與資訊加以驗證或修正。教師不應只根據聽聞、單一簡單觀察、學生膚色、文化、性別或語言等標記學

生特性或做出決定。

3. 使用直接指標蒐集有關學生特徵的資訊。教師應自己觀察與解釋資訊，更貼近學生實際行為的觀察，更能反映學生真實特性，資訊類推愈可靠。

4. 以更多正式評量及結構式活動補充非正式觀察。正式評量可以提供有關學生興趣、學習式態及學業表現更客觀詳實的情況；「**檔案**」（portfolios）可以提供新教師學生作業範例及跨年級進步情形。

5. 觀察時段要夠長以確保資訊能代表學生典型的行為。教師要努力地蒐集可靠的資訊，基本法則是同樣行為至少要觀察二次以上，以確保被觀察的行為不是「**非典型的**」（atypical）行為。

6. 可以的話以不同型態的資訊進行交叉比對確認。教師若能取得二種或更多支持性證據訊息，對班上學生的熟知會更具信心。教師在尚未從其他來源獲得確鑿資訊之前，最好將對學生行為看法視為「**起始假設**」（initial hypothesis），才能避免被他人誤導。

期初評量的特徵如下（Airasian & Russell, 2008, p.36）：

1. 期初評量於學年開始時實施。大多數教師能夠描述班級每位學生個人的、社會的及學業的特徵，大約學校開學二週後，班級就能成為一個整體組織。

2. 期初評量是以學生為中心的評量。班級學生以及他們的特徵是評量關注的焦點。

3. 使用持續非正式的觀察。關於學生行為及表現的大部分資訊是透過自發的、非正式的觀察來蒐集。

4. 綜合觀察多元資訊後才成為教師知覺。教師以獨特的方法將觀察資訊置放在一起，對學生形成一種概括性的知覺或印象。

5. 印象或知覺很少被書寫下來。期初評量形成的概括性知覺不會被書寫記載，它是一種選擇性的溝通，不像測驗分數或成績，教師會將其記載於成績簿冊或成績報告卡中。

6. 觀察是廣泛及多樣化的。當教師在打量班上每位學生的時候，傾向於從廣泛範圍的認知、情感及心理動作等特徵考量。

7. 初期印象傾向於成為永久印象。教師對於開學初進行的評量深具信心，認為它是精確的，第一週形成的初始知覺到學年結束會保持非常穩定。

8. 期初評量主要採用非正式觀察，信效度偏低。教師使用期初評量資訊作為決定或判別學生狀況時，不應只以非正式觀察，而應輔以形成性評量及各類正式測驗結果，以免產生偏誤或月暈效應。

9. 教師對學生初始印象影響教師班級經營。期初評量形成的初始印象即為第一印象或初始效應，這種效應會影響教師與學生間的互動及常規管理方式，會產生「自我應驗效應」。

期初評量可取得的資源與可能產出的資訊如下（Airasian & Russell, 2008, p.32）：

學生說什麼	學生做什麼	學生寫什麼
• 對問題的回應。 • 班級討論。 • 與他人互動。 • 期初口頭報告。	• 期初的家庭功課或作業。 • 課堂功課或作業。	• 期初書面的家庭功課或書面作業。 • 期初或先前日誌。 • 期初或先前測驗表現。 • 先前的檔案。
潛在的（可能的）資訊	潛在的（可能的）資訊	潛在的（可能的）資訊
• 注意廣度。 • 口語流暢性。 • 禮貌。 • 語彙。 • 自在的參與。 • 焦慮。 • 回應升級的能力。 • 課堂內能說服他人的傾向。	• 注意廣度。 • 準時完成作業的能力。 • 遵循指示行事的能力。 • 表現的水準。 • 與人和睦相處的能力。 • 模仿。	• 組織能力。 • 邏輯的使用能力。 • 整潔。 • 書寫工整性。 • 表現的水準。 • 流暢性。

期初評量程序效度與信度的威脅摘要如下（Airasian, 2000, p41）：

效度威脅議題

- 觀察者偏見——阻礙教師對學生做出客觀性的評量
  1. 先前訊息：訊息內容來自學校小道流傳消息、學生個人兄弟姐妹的學習表現，或非班級課堂經驗（他人轉述）。
  2. 第一印象：初始印象影響之後對學生的印象與看法，即使印象是不可靠的。
  3. 個人理念與態度：影響日後對學生一系列的觀察，例如在學業追求過程中，女生數學表現較差，對運動沒有興趣等（性別刻板印象的偏差）。
- 邏輯錯誤——教師根據錯誤的特徵來判斷學生的行為，例如觀察學生專注程度來判斷其學習表現；觀察學生穿著判斷學生能力；觀察學生社經地位高低判斷測驗分數。

信度威脅議題

- 不適切行為樣本——抽樣的樣本數太少，觀察的次數不足，阻礙教師對學生學習典型行為與特徵的了解。
  1. 只根據單一片斷評量資訊即對學生做出決策。
  2. 從特定情境觀察的學生行為，將其擴大類推至其他情境脈絡中，例如觀察學生在操場活蹦亂跳的行為，而假定學生在教室中的行為也是如此（學生無法靜心坐下）。

第 **60** 講

教學中評量的提問

　　教學中的「**提問**」（questioning）也是教學歷程中一種有效的評量方法，有技巧的提問問題可以保持學生課堂中的專注力，也可以讓教師調整課程步調及監控學生行為及學習。教師提問的問題類型有二種：一為「**低層次問題**」（lower-level questions），二為「**高層次問題**」（high-level questions）。「**低層次問題**」又稱「**聚斂性問題**」（convergent questions），此型態問題只需要單一正確答案與再認或記憶能力回應，低層次問題使用字詞如「**是誰**」（who）、「**何時**」（when）、「**是什麼**」（what）、「**多少**」（how many）、「**在何處**」（where）等，其一般關注的是學生能記憶與表述事實性資訊（Airasian & Russell, 2008）。

　　「**高層次問題**」又稱「**擴散性問題**」（divergent），此種問題有許多適當的答案，學生不能只靠純記憶回應，必須運用更複雜的認知歷程，例如了解概念性知識及應用程序性知識，學生對於事實性知識要採用應用、分析、綜合等能力才能解決新的問題。「**高層次問題**」使用字詞如「**解釋**」、「**預測**」、「**關係述說**」、「**比較**」、「**解決**」、「**判斷**」及「**產出**」等提問詞。依照學者 Christensen 發展之「**問題類型學**」（typology of questions）的分類，根據問題之資訊寬廣度屬性，有以下幾種類型（Airasian & Russell, 2008, pp.111-112）：

　　1. 開放性問題（open-ended questions）：對於 108 學年度起逐年實施新課綱，你的看法為何？你對於教師每學年都要公開觀課一次的看法為何？

2.診斷性問題（diagnostic questions）：教育現場中小學多數教師還是喜愛講述法作爲主要教學方法的原因爲何？這件親師間嚴重衝突發生的原因爲何？

3.資訊性問題（information questions）：十二年國教課綱之部定課程劃分爲幾大學習領域？各領域名稱是什麼？

4.挑戰性問題（action questions）：對於你所提的結論，你有什麼證據或資訊可以支持？爲什麼你不贊同剛剛小強所陳述的看法？

5.行動性問題（action questions）：你要採用哪些策略來解決中小學中輟生學習低落的問題？你要如何解決少子化引發的大學退場問題？

6.程序性問題（sequence questions）：在有限資源下，學校要提升國中教育會考表現的最具體有效的三種策略是什麼？第一年十二年國教課綱的實施結果，現場教師遭遇到的問題困境其前三項爲何？

7.預測性問題（prediction questions）：如果教師對教育政策不滿出現罷教情形，可能會發生什麼問題？

8.擴展性問題（extension questions）：中小學評量若不採用成績分數可能會產生何種後果？

9.類推性問題（generalization questions）：根據你對班級評量的研究，如何總結評量的一般效度？

教學中的「**提問**」有以下功能（Airasian & Russell, 2008, pp.110-111）：

1.維持學生課堂注意力：提問是保持學生課堂持續專注，以及維持學生參與學習活動歷程的一種有效方法。

2.促進學生對資訊的深度處理：問問題可讓學生以語言表述他們的想法及觀念，提升學生思考及推理能力，導引學生對資訊進行深度處理。

3.促發學生從同儕身上學習：提問可讓學生聽到同儕（同學）對觀念、程序及議題的解釋及述說，使得其他學生解釋事件的方式更能反映他們同伴內心所想的。

4.增強作用的提供：教師使用提問可以強化重要觀點與主要概念，教師提問的問題可暗示學生將要學習什麼與如何學習，讓其學習更有方向。

5.提供教學步調與掌控流程：需要精簡及正確回應的問題可以讓學生專注於學習活動，讓學生持續性的專注；更多普通及開放式問題可以讓學生好好思考及構築他們的答案及解釋內容。

6.提供診斷性的資訊：問題性質及回應可提供教師與學生有關教師與全班的訊息，教師以最不具傷害性問題提問，可以彌補教師對學生學習非正式觀察訊息的不足；群體或合作學習活動，任務完成後對小組成員的提問，也是評估小組任務一種有用方法。

有效的提問策略或原則如下（Airasian & Russell, 2008, pp.115-116）：

1.所提問的問題要與教學目標或學習活動有關。問題是重要的主題，目標、教學及提問應前後呼應，高層次問題應於教學前準備及書寫並納入課程計畫（教案）之中。

2.避免是全體性或過於含糊的問題。不要提問「**每位同學都了解嗎？**」因為有些學生回答不懂會感到尷尬，其他學生認為教過內容就該懂（事實上有人聽不懂）；也不要提問只要回應「**是**」、「**不是**」的問題。

3.問題要拋給全班每位學生，讓整個班級學生能專注於教師提問歷程中（不要先指名同學再提問）。座位安排圓形或 U 字形，教師根據提問問題的難易讓不同能力水準的學生回答，對於低能力學生的回應要給予更多回饋。

4.提問的問題型態要讓每位學生都有機會回答，提問問題能讓全班學生有均等機會可以回應（隨機抽選學生回答）。讓每位學生都有機會回答問題，可促發學生自尊感與學習參與度。

5.問題提問後要讓學生有充分「**等待時間**」（思考時間）再抽取學生回答。問題提出後的全班短暫靜默可讓學生思考要回答的內容，這是很好的方式，低層次問題等待時間約為 3 至 5 秒；高層次問題等待時間約為 10 至 30 秒。

6. 所提問的問題應明確具體、直接，問題避免讓學生混淆或無法理解。如果有些學生無法理解問題原意，教師應改變問題提問的方式，重新陳述問題。課程教學前先將關鍵問題準備好，可讓問題的說明更為清楚。

7. 以學生回應內容延展之後續問題繼續探究學生的反應。例如根據學生回答繼續提問：「**請解釋你如何得出這樣的結論？**」或「**你能否再舉出另外一個例子？**」以探究「**為何**」或「**邏輯性回應**」的問題。

8. 教學提問是發生在公眾情境的社會歷程。教師應鼓勵與尊重每位學生的回答內容，即使回應的內容不正確、不完整或不適切，都不應貶低、嘲諷學生，教師更不應生氣。

9. 提問過程應允許害羞或有學習困難學生有私下提問機會。學生私下回應建立信心後，再慢慢讓他們參與公開討論，也可從小組對話再至全班同學反應。

10. 能識別好的提問過程也包含良好的傾聽與回應。良好問題的建構涉及二個重要元素：成為學生問題答案的積極傾聽者及回應者，教師能聽到學生回應的內容及涵義，也能對學生回應內容給予正向懇切的評論或建議。

11. 避免提問只要回答「是」（Yes）或「不是」（No）的問題，若要提問此種問題，應增列「**為什麼？**」的解釋詞。

12. 避免總是提問相同類型的問題。除事實問題外，要多提問讓學生能應用、分析、評鑑，或綜合事實資訊進行思辨、推理與判斷的問題。

第**61**講

真實性評量

 一　真實評量意涵

　　「**實作評量**」（performance assessments）有時稱爲「**眞實評量**」（或眞實性評量，authentic assessments）或「**另類評量**」（alternative assessments），但「**眞實評量**」並不等於「**實作評量**」。「**另類評量**」一詞強調的是與傳統紙筆測驗的對比，「**眞實評量**」強調作業在「**現實世界情境**」（real-world settings）中的實際應用。事實上，眞實性只是一種程度上的問題，眞實性通常只是一個概述程度，但它卻是實作評量的一個重要目標，學生於眞實情境中更能投入，問題更能吸引學生注意，並協助教師評鑑學生在一個情境脈絡解決問題，也能於其他情境脈絡中將問題解決，因而作業任務的眞實性程度要儘量能提高（Linn & Gronlund, 2000）。

　　「**另類評量**」中的「**另類**」（alternative）一般指的是與標準化成就測驗及客觀式測驗型態（例如選擇題、配合題、是非題、填充題）不同類型的評量，從教育哲學觀點而言，「**眞實性評量**」的「**眞實**」（authentic）意涵指的是指派給學生作業爲直接有教育意義的，而非是間接有教育意義的。例如學生閱讀數篇長作品，閱讀完後使用作品進行比較，並從不同社會觀點做對比說明，此種方式可培養具有思考及有閱讀素養的公民，對教育而言是有直接意義的。另一種方式爲學生閱讀短篇報導，回答有關「**主要概念**」的問題，或只是回答有關短篇文章的人物角色，此種評量方式爲間接性有意義的。教育者對眞實評量界定的二個重要屬性爲「**眞實的**」

（realistic）與「**有意義的**」（meaningful）（Nitko & Brookhart, 2007）。
「**眞實性作業**」（authentic tasks）有以下幾個特徵（p.254）：

1. 需要學生使用他們的知識做完一項有意義的作業。

2. 作業是複雜的，作業的完成需要學生結合不同的知識、技能與能力。

3. 作業需要高品質而有精煉的、完整的與可辯護的回應、表現或作品產出。

4. 作業需要明確地界定標準與準則，以評量多個可能正確的答案、表現或作品。

5. 作業可讓學生模擬在現實世界中綜合使用知識、技能與能力的應用方式。

6. 作業呈現給學生的是對低結構性問題的挑戰及角色，這些挑戰與角色與日後學生在家與工作中遭遇到的問題類似。

Baron 與 Boschee 對於眞實性評量計分規則的產出程序，提出七個要點（Frey, 2014, p.213）：

1. 爲每個規準設計一個評分「**規準**」（rubric），評鑑內容應納入學生思考歷程所涉及的重要元素。

2. 驗證可產生有效分數的任務，任務可提供所需的全部信息。

3. 考慮修改任務以增加學習興趣，或所產出的信息量。

4. 就紀錄範疇而言，包含於準則中的任務屬性、學習者的學習成果（目標）和所需的複雜思考能力。

5. 如果重要性不同，請考慮爲每個規準分配不同的比重（權重）。

6. 與學生分享評分規準，以及選擇其作爲評分規準的理由（考慮到學生對評分規準選擇的參與）。

7. 與學生分享成績，強調他們已掌握或學習的知識。

眞實性任務評量技巧對照表如下（Frey, 2014, p.214）：

技巧	定義	可行的任務（可評量的任務）
程序性知識	關於如何執行、如何做某事的知識。	• 放聲思考。 • 電腦使用。 • 安全的程序。 • 開車。 • 進行實驗。 • 在解決數學問題的同時展示過程。
解決問題	使用批判性思考和決策技巧找到解決方案。	• 檢驗假設。 • 撰寫研究論文。 • 做出價值判斷。 • 解決數學上的「邏輯問題」。 • 判斷證據的可信度。 • 演繹推理（幾何問題）。 • 心智圖以辨認問題的變項。
合作	與他人合作以實現共同的目標。	• 傾聽（眼神交流、提問、反思性回饋）。 • 合作（輪流、分享事物、禮貌）。 • 以小組產出成果。 • 小組報告。
動機	渴望或願意做某事的程度。	• 設定目標。 • 制定計畫以實現目標。 • 自我評估成就。 • 展現持久性。

真實性評量考量的幾個面向（Nitko & Brookhart, 2007, pp.254-255）：

（一）強調應用

除評量學生所知道的外，也評估學生是否能夠使用他們習得的所有知識於問題解決上。評量情境儘量與學生所處生活情境或文化脈絡類似，學生習得問題解決方法可以有效應用在真實社會生活中。

（二）聚焦於直接評量

進行學習目標的直接性評量而非間接性的評量，作業的評估是看得到

成果或作品，也可以知悉學生完成作業的過程。

（三）使用實際的問題

以高度現實的方式建構作業，讓學生能夠將作業視為是每天生活的一部分，此種作業也是一種實作或作品，或複雜思考及推理能力的展現。

（四）鼓勵開放性思考

建構的作業有一種以上的正確答案，顯示答案的方式不限於一種，學生可以個人完成也可以組成小組，以共同合作及腦力激盪方式達成，作業的完成相對的花費較長時間。此種作業的特徵為低結構性，不像客觀式測驗有標準唯一的答案。

相較於傳統評量，「**另類**」教學與評量意涵接近「**認知學徒**」（cognitive apprenticeship），其方法為協同合作，強調小組學習，教學與表現評量作業包含幾個要素：(1) 集體的問題解決，小組共同行動多於個別行動；(2) 多元角色的扮演，增加反思機會，行動更接近現實生活脈絡；(3) 遭遇無效策略與錯誤觀念情況，經由討論、觀察與互動找出解決方法；(4) 評估協同合作工作技能，當學生在小組工作與學習中，允許評估協同工作技巧的可行性並進行修正（Frey, 2014）。真實評量的意涵圖示如下（整理自 Frey, 2014, p.204）：

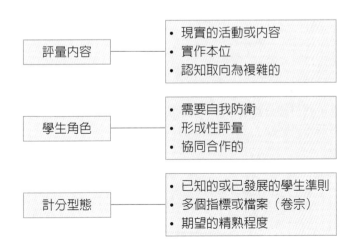

評量真實性的計分準則範例表如下（Frey, 2014, p.227）：

	高			低
評量的情境脈絡					
真實活動或是情境 評鑑的方法及設計的任務（作業）與現實世界中，或與人為的教室環境外的要求與期待的內容相似。	20	15	10	5	0
認知複雜度 成功的任務表現需要學生有高程度的理解，或具有批判思考能力。	10	8	5	2	0
實作本位 經由實作或產品的創作，評量學生的技巧與能力（相對於知識層次的評量）。	5	4	3	2	0
學生的角色					
形成性評量 設計的評量作為學生的回饋，讓學生能掌控自己學習情況，分數並不會影響最後的成績。	10	8	5	2	0
合作式的 學生在完成任務過程中藉由彼此合作，或與老師合作來評鑑其作品、假定，也可經由合作建構評量程序。	10	8	5	2	0
自我防衛 學生防衛他們的答案或實作，這可能是一項正式性的防衛；在學生群或評分者面前的口頭防衛，或書寫防衛，自我防衛也被視為評量的一部分。	5	4	3	2	0
計分的程序					
多個指標或檔案 評量的「分數」是多個分數的組合，反映的是學生作品及作業檔案的多個元素品質。	20	15	10	5	0
學生知道規準 學生非常了解計分規則，或他們從參與創作歷程知悉規則，教師可使用這些規準作為教學的一部分。	15	12	8	4	0

熟知期望 設計的任務及計分可以提供學生回饋，讓學生知曉已經精 熟的技巧或能力（而不是作為學生與其他同學間的比較）。	5	4	3	2	0
總分					

二 真實評量與實作評量的差異

「**真實評量**」（authentic assessment）的任務應該與現實生活相關，實作評量是否全為真實評量，或是所有真實評量皆為實作本位評量，依據 Frey（2014, p.160）歸納學者看法分為二種不同觀點，Frey 認為「**實作評量**」（performance assessment）與「**真實評量**」（authentic assessment）並非完全相同，實作本位評量為評鑑需要檢驗的實作或某些產品，有意向地評量學生技能或能力；真實評量的評量必須和「**現實世界任務**」（real-world tasks）及期待相結合。實作本位形式通常包括內在的、有意義的任務與評量普通的技能，以有助於真實情境的應用，但未具真實性的實作本位評量也容易設計，這些實作本位評量也可以評量技巧與基本知識。當評量的任務、內容、期待及評鑑方法接近於現實世界中，或教室外有意義任務的完成，這些評量類型均可視為「**真實的**」（authentic）。現實世界脈絡要根據學生年齡，它能夠讓學生與他人玩耍及培養社會化行為，投入學習活動，於工作上有實作機會，讓學生習得解決現在及未來問題的能力。

實作與真實評量範疇的二種不同觀點摘要如下表（Frey, 2014, p.160）：

|  1. 真實評量是實作評量，但並非所有實作評量都是真實評量。 2. 大部分實作本位評量也可以被分類為真實評量。 3. 有些範例中，學校本位而非現實世界任務視為實作評量更為合適。 4. 實作評量是一種測量成就之實作規準的使用。 | 1. 實作評量（測量）結果於更多真實情境脈絡中所得。 2. 如真實表現，實作評量對於現實世界有更多的適切性。 3. 實作評量可以被稱為真實評量，它們允許學生展現於現實情境中能做的事物。 4. 外表上所有（實作）任務本質上都是真實的，或是對學生不夠真實；區隔實作評量與真實評量間的差異不重要，也不需要。  |

不同眞實性程度之實作產品與技巧範例如下表（McMillan, 2011, p.228）：

較不真實	部分真實	真實
指出正確的花園設計。	設計一座花園。	創造一座花園。
寫出一篇土地分區的文章。	擬一份更改土地分區的提案。	草擬一份更改土地分區的提案並在市議會提出。
回答一連串關於旅遊所需的物資之問題。	對假設之旅行所需之物資做抉擇。	計畫一趟與家人的旅行和所需的物資。
解釋你將教導學生打籃球的內容。	在練習中示範如何呈現籃球技巧。	比一場籃球賽。
聽錄音帶並解釋其外語。	與一位老師用外語進行對話。	以外國人的母語與他或她進行對話。

教室規劃用「**真實性**」作為評量方法時，應先建立以下幾個重要信念（Frey, 2014）：

1. 不是所有評量都必須是真實的，傳統紙筆測驗在評量重要基本知識及許多技能仍然是非常有用的，班級評量採用配對題與選擇題題目多數是十分適切的。

2. 不管特定任務或評量內容為何，真實評量方法都應納入考量，要考量每個教學目標反映教室外有價值技能的程度。

3. 不用所有真實性任務都需要評量，有些作業可能採用形成性評量，或設計活動以作為教學歷程的一部分，真實性較可能改善任何型態評量的品質。

第62講

班級評量的發展

Ketterlin-Geller 提出發展班級評量設計的程序有六個（Frey, 2014, pp.254-255）：

1. 確認與定義要測量的構念，評量內容是技巧、能力、態度或知識領域。

2. 確認與定義要測量的母群體，母群體所包含的學生是多樣性的，評量實施要考量生理障礙缺陷、語言能力差異的學生，以及文化特質及認知能力等不同的學生。

3. 選擇測驗的方式（或平台），根據教學目標與情境，可以採用傳統紙筆測驗、實作評量、電腦本位評量，或其他評量環境。

4. 選擇測驗題目的型態，題項型態可以為選擇反應評量題項、建構反應評量題項，或二種題項類型都納入，若要增加選擇題的可靠程度，選項數最好四個或五個。

5. 將題目組合成系列性測驗。測驗內的圖表印製要清晰，題目如何作答回應的訊息指導要明確。測驗編製時的評估指南可參考以下幾項（Airasian & Russell, 2008, p.176）：

(1) 根據試題型態編排順序，選擇類型試題在補給試題類型之前，申論題型編排在測驗的最後面。

(2) 有申論試題時，書寫作答反應的空間要足夠。

(3) 選擇題或配對題的題目不要被切割成二頁。

(4) 選擇題的題幹與選項要分開。

(5) 測驗總題項數要根據測驗給予的時間編製。

(6) 測驗中的每個部分的指導語要說明清楚。

(7) 提供足夠的問題以確保測驗的可靠度。

6. 進行最後選項及題目的編修,測驗複印前要進行校對,再次檢核測驗的整體編排是否適切,書寫的題項字詞所有學生都能了解。

一般測驗設計的應用指南摘要如下表(Frey, 2014, p.249):

原則	指南(次原則)
1. 公平使用原則 測驗對於不同能力的人都是有用及可實施的。	• 提供同樣的測驗方式給所有的受試者,達到公平性。 • 避免差別待遇或傷害到受試者。 • 提拱每一位受試者相同的隱私保護和安全。 • 讓測驗的設計方式能對每位受試者都有吸引力。
2. 彈性原則 測驗設計顧及不同學生的偏好與能力。	• 提供受試者測驗方法的選擇(例如讓受試者可以選擇用右手或左手作答)。 • 提供適應性讓受試者使用適合的作答速度,以獲得精確的結果。
3. 簡易與直覺的使用原則 測驗的使用方式容易理解,不會受到受試者過去的知識、經驗、語言技巧或目前專注程度的影響。	• 避免複雜或瑣碎的內容。 • 與使用者期待及直覺一致。 • 提供的資訊有其重要性與必要性。 • 適合不同素養與語言能力的使用者。 • 測驗任務期間及完成後對受試者提供有效的激勵及回饋作用。
4. 明顯的資訊 不會受到周遭情境,或使用者感官能力的影響,測驗設計能有效地對使用者傳達必要的資訊。	• 使用插圖、文字、具體物等不同形式呈現必要的訊息。 • 必要訊息與周遭情境間的差異對比要明確。 • 必要資訊的「易讀性」能極大化。 • 使用多元的技術或裝置以讓有感官限制的受試者也能適用。
5. 錯誤容忍原則 測驗設計危害及不利情況最小化,避免出現容易造成受試者混淆或誤解的題目。	• 安排元素的使用性最大化;傷害及錯誤最小化。 • 對程序可能的傷害及共同錯誤,提供警告訊息讓受試者知道。 • 提供失效安全特徵,即使在特定失效下,也不會造成對人員或其他設備成損傷。 • 需要警覺完成的任務不容許學生分心或開玩笑。

原則	指南（次原則）
6. 省力原則 測驗設計能夠有效率地且舒服地被使用，勞力最小化。	• 允許使用者以自然肢體姿態完成任務。 • 使用合理的操作力道。 • 最小重複性的動作。 • 最小身體勞動力的付出。
7. 測驗實施的空間原則 提供使用者方便的空間與位置，讓每位受試者可以操作，有最好流動性。	• 重要元素能讓所有坐著或站著使用者都能清楚看到。 • 所有元素能讓所有坐著或站著使用者都能輕易接觸到。 • 不論使用者體型、姿勢或移動性如何，這種設計提供了適當的大小及空間供操作及使用。

認知學習理論對評量的啟示如下表（McMillan, 2011, p.13）：

理論	對課堂評量的影響
知識是建構性產生的，且涉及將新信息與先前知識聯繫起來創造出個人的涵義。	• 使用多種評量模式，允許靈活地展示學生的知識和理解。 • 評量當前的知識狀態以進行目標指導和後續的評量。 • 使用需要應用知識的評量。 • 個性化的反饋，這樣對每個學生都有意義。
學生間在學習式態、語言、記憶、能力、注意力和發展速度等都有差異存在。	• 提供如何展示精通能力的選擇。 • 提供足夠的時間讓所有學生展示知識。 • 提供給學生修改和重新測驗的機會。 • 使用多種評量方式。
當學生了解目標、學到示例或範例，也知道他們的表現與既定標準的差異時，表現會最佳。	• 在開始教學之前要明確說明標準。 • 給予學生不同水平表現的範例。 • 提供特定回饋意見，以連接實作與標準。 • 使用形成性評量。 • 使用學生的自我評量。
學生需要知道什麼時候使用知識、如何調整知識以適應新情境，以及如何管理自己的學習。	• 針對實際與現實生活中存在的問題和議題進行實作評量。 • 使用學生自我評量。 • 使用形成性評量。 • 避免客觀分數的評量。

理論	對課堂評量的影響
動機和努力是學習和表現的重要因素。	• 使用現實生活中的任務和例子。 • 使用形成性評量。 • 提供個人化的反饋，以查看努力與實作間的連結。 • 提供鼓勵內在歸因的回饋。

對於安排學生等第或給予分數，從教室評量使用觀點改善評分效度的準則如下表（Nitko & Brookhart, 2007, p.117）：

類別	為達到準則，班級評量應該：
內容有適切的代表性	• 強調已經教授過的內容。 • 呈現課程綱要的課程內容。
思考歷程與技能有代表性	• 呈現目前學科的思考能力。 • 包含值得學習的內容。 • 需要學生整合與使用數個思考技巧。 • 呈現學校課程目標所敘述的思考歷程與技巧。 • 沒有使用意圖期待的思考技巧無法完成指派的任務（作業）。 • 允許學生有足夠時間使用複雜技巧與過程。
與其他班級評量有一致性	• 評量結果的產出與教師在其他班級評量結果一致。 • 控制個別的作業（題目）不會太容易或太困難。
可靠性與客觀性	• 每位學生要使用系統化程序以安排有品質的等第或文字說明。 • 就每個評量的學習目標，提供學生數個機會讓他們證明自己的能力。
對不同類型學生是公平公正的	• 考量不同背景的學生，再合理適當地解釋作業或測驗結果。 • 必要時，提供身心障礙或學習困難者評量協助。 • 評量程序避免族群、種族、性別等的偏見。
經濟、效能、實用及教學特徵	• 建構與執行評量都需要有足夠時間準備。 • 配合學生課堂時間使用與解釋評量結果。 • 善用教師教學時間使用與解釋評量結果。
多元評量使用	• 重要決策要同時考量使用其他評量結果。

第 **63** 講
教室評量的倫理議題

　　評量不只是一項「**技術性活動**」（technical activity），而且也是一種「**人性化的活動**」（human activity），教室中的評量應用更應重視「**評量倫理議題**」（ethical issues of assessment）。教師對其蒐集與使用的評量資訊要負完全之責，在做重要決定或決策時，應先確認資訊的信效度及其對學生的可能影響，對於所蒐集到的評量資訊，教師有義務確保它的隱私性，確認決定時的限制所在，而不能使用評量資訊以貶低或嘲弄學生個人（吳明隆，2004）。教師不能因學生評量結果未達教學期望或標準，對學生施予處罰或責備，因這違背評量的價值性與教育性。

　　學習評量基本的倫理標準為教師對待學生的「**公平性**」（fairness），教師為做決定而蒐集與解釋學生有效的及可靠的學生資料，是實施學習評量的公平性之基礎及評量倫理守則，其蒐集的資料必須是「**有效的**」（valid）及「**可靠的**」（reliable）。教學是一種專業，此專業兼顧專業知識與道德，評量的倫理標準是蒐集有效與可靠資料作為決定，這是教師評量最重要的公平性。其他公平性的事項如下（Airasian, 2000, p.23; Airasian & Russel, 2008, p.20）：

　　1. 在教學初與評量前應告知學生教師期待與評量的方式。

　　2. 在評量測驗實施前要教導學生他們要學會哪些內容，尤其在實施總結性評量前，一定要教導學生學習完所要測量的全部教材內容。

　　3. 未充分了解學生，或花時間與學生相處前，不宜用情緒字眼做出偏激判斷與分類學生（例如學習興趣低落、危險性者、低學習成就者、沒有

興趣、高風險學習者、學習緩慢者、過動症等），以免出現評量的自我應驗效應。

4. 避免以刻板化印象及月暈效應來看待學生，讓學生無法盡最大努力表現，失去學習評量的目的。例如學生是愚笨的、來自低社經家庭小孩是麻煩製造者、穿著時髦學生學習意願低落等。

5. 避免對不同性別、種族、宗教、文化與國籍學生有言語及對待差別，或引述不當範例，相對的教師應提供學生必要的協助。

6. 當實施教學與評量時，避免因學生語言能力受限或文化經驗不利而有偏見或不公，評量試題要儘量減少文化資本導致的差異。

7. 考量評量實施的必要性，讓紙筆測驗最少化，減少學生考試焦慮，並教導學生熟悉不同類型評量的作答技巧。

8. 尊重個別學生評量結果，不能因評量成績不佳而責罰學生。

9. 對於學生重要決定，應參酌多種評量結果，每種評量都要有一定程度的可靠性與公正性。

10. 評量只是在解釋學生已學會的內容或技巧，不能推估到未來的成就。

特殊教育回歸主流中，對於可能參加「**個別化教育計畫**」（IEP）的學生更要給予協助，教師對於班級有殘疾或「**失能**」（disabilities）學生要有更高的警覺性，以讓這些學生能獲得必要的協助（Airasian & Russell, 2008, p.21）：

1. 為失能者實施測驗時，要事先給予適當的教導與正確的訓練。

2. 進行評量時以學生的母語為主要溝通媒介。

3. 評量在於辨認學生特殊的需求，而不只是能力的總體判斷。

4. 不論學生為任何能力的失能，評量是學生能力或表現的有效反思。

5. 在採用 IEP 決策之前，已使用多元計分或評量方法進行評估。

6. 評估疑似殘疾或失能學生，應組成跨學科評量團隊共同診斷判別。

　　有關評量相關活動，教師應遵守的專業及倫理準則如下（Nitko & Brookhart, 2007, pp.86-87）：

　　1. 評量程序的責任在於確保自己發展及編製的測驗有高的品質。

　　2. 評量程序之選擇責任在於選擇他人編製的測驗時，確保選取的測驗是適當的，可達到期待的目的。

　　3. 實施評量程序的責任在於確保評量的實施對所有學生是公平的，不會出現無法解釋的測驗結果。

　　4. 計分評量結果的責任在於教師能精確地評鑑學生的回應或作答，並於最短時間內向學生報告測驗結果。

　　5. 解釋與使用評量結果的責任在於確保教師的解釋盡可能是有效的，評量結果可以使用於提升正向學習結果，讓負向學習結果最小化。

　　6. 溝通評量結果的責任在於能就學生表現提供完整的、有用的與正確的資訊，以提升正向學習結果，讓負向學習結果最小化。

　　課堂教室建構評量程序時，更多具體的責任如下（Nitko & Brookhart, 2007, p.87）：

　　1. 應用完整的評量計畫原則實施測驗，評量設計、作業發展、試題編寫、規準發展與評量進行等都要根據正式評量準則。

　　2. 編寫的評量程序應與學習目標吻合，沒有性別、種族、族群、社會階級、宗教等偏誤或刻板印象。

　　3. 對於班級中有殘疾或特殊需求的學生，應能提供適當而有彈性的評量方法。

　　4. 教師編擬的評量試題中，若採用正式出版或有版權的測驗素材或題目，要先經過對方的許可才能使用。

　　5. 呈現評量結果在某種意義上就是要鼓勵學生與他人能適切地解讀，對測驗分數進行有意義的詮釋。

　　6. 確保評量素材沒有錯誤，內容、教學與計分等均沒有不正確，評量實施後若發現錯誤或不正確，教師要盡可能修改並重新給分。

班級評量的分數評定專業守則如下（Nitko & Brookhart, 2007, pp.90-91）：

1. 使用適當工具（例如評分規準、檢核表、評定量表）精確地評定學生的回應。

2. 根據評分準則客觀公平地進行計分程序。

3. 評分結果能提供學生正向回饋，幫助學生改善他們的學習。

4. 讓學生知曉正確答案的合理性緣由與教師採用的計分規準爲何。

5. 給予學生機會說明他們心中存疑的作業或題目的評分情況，讓學生知道他們的回應是如何被評鑑的。

6. 若計分錯誤要盡可能快速更正，並調整學生的測驗總分，教師要有面對計分錯誤的勇氣。

7. 在最短時間內將測驗分數評定完，並讓學生知道測驗結果，達到有效回饋目的。

常模參照與標準參照評量比較

　　常模參照評量是受試個體的測驗分數與常模（代表性的群體）進行比較，以得出受試個體的相對位置或排名，常見的常模有「**發展性常模**」（例如年級當量分數或年齡當量分數）與「**團體常模**」二種。標準參照評量（效標參照評量）是根據預先設定標準或期待的一種測量方法，以判斷受試個體的學習是否精熟或及格。國中教育會考、教師資格考試及形成性評量等都是標準參照評量或效標參照測驗。

　　常模參照與標準參照評量對照表如下（余民寧，2011；Kubiszyn & Borich, 2007; McMillan, 2011, p.373）：

比較向度	常模參照測驗	標準參照測驗（效標參照）
教學目標	採用一般目標或行為目標陳述。	目標陳述非常具體且詳盡。
每道試題平均答對率	約 50% 學生答對。	約 80% 學生答對。
解釋（與什麼做比較）	實作分數與其他學生比較（與其他學生表現做比較）；學生在班級中的實作與他人比較。	分數與預先決定的標準及準則進行比較（預定的精熟標準做比較）；學生於課程目標精熟的百分比。
測驗試題的完整性	廣泛，測驗包含多個目標。	較狹窄，測驗只包含少數目標。
變異性	分數變異性愈大愈好。	比較試題與標準（效標）間的符合程度，分數變異性較小。

比較向度	常模參照測驗	標準參照測驗（效標參照）
分數性質（解釋）	百分等級、標準分數、評分曲線。	答對百分比（答對率）；描述性的實作標準（例如精熟、未精熟；及格、不及格）；可以接受的表現範圍（例如 90% 精熟，有八成學生達到 90% 精熟度）。
測驗試題困難度	使用難易適中試題以得到分布較廣的分數區間；「太難」或「太容易」試題捨棄不用；儘量編製有誘答選項的試題。	論文題試題的難度平均，以得到高正確答對百分比；其他試題根據預定目標編製，通常試題較為簡易；選擇的試題能反映效標行為，強調二者有相關聯的反應。
分數用途	排名或分班編組（作為安置性或總結性評量）。	描述實作達成的程度（作為形成性與診斷性評量）。
試題代表性	學習範圍較廣，但每個範圍取樣內容的試題較少（強調試題的鑑別力）。	學習範圍較窄，但每個範圍取樣內容的試題較多（強調試題在學生特定學習的表現）。
動機效用	依賴比較群組而異；競爭的。	學生達成特定目標的挑戰。
測驗計畫性質	使用雙向細目表。	使用詳細的教材領域細目表。
試題類型	常採用選擇題題型。	除部分選擇題題型外，也包含其他類型試題。
效度考驗	內容效度、建構效度、效標關聯效度。	內容效度。
優點	測驗較為困難，評量中讓學生更具挑戰性；為排序學生的有效方法。	學生實作行為能配合清楚定義的學習目標；課堂沒有競爭行為。
缺點	根據與他人比較評定成績；某些學生成績排名總是在後面。	要建構清楚定義的學習目標與設定包含精熟的標準不是十分容易。

　　「**常模參照評分**」（norm-referenced grading）是一種「**相對評分**」（relative grading），每位學生的分數意謂著與班級或年級其他同學實作表現，或作業分數進行比較；「**標準本位評分**」（standards-based grading）/「**標準參照評分**」（standards-referenced grading），學生的分數評分是根據教師事先預定的實作標準，其中常用的爲試題正確回應的百分比，或與不同特定內容實作標準表進行檢核，此種評量是採用實作表現的絕對程度，也稱爲「**百分比本位的評分**」（percentage-based grading）（McMillan, 2011）。常模參照評量與效標參照評量的實例對照表如下表（Frey, 2014, p.29, p.307）：

效標參照	常模參照
她已經精熟這個教材。	她在班上是最佳的。
他已經達成六個目標。	他的百分等級為 83。
他完成了六題申論題且書寫很好。	他在 SAT 得到的標準化分數為 600 分。
測驗答對率介於 70% 至 79% 者，測驗等級為 C。	測驗分數接近於平均數者，等級為 C。
她的數學表現很棒。	她的 IQ 分數為 115。
課堂中他的行為偏離，符合特殊教育服務的資格。	他在行為評定量表的得分為倒數 2%，可能符合特殊教育服務資格。
小明這次段考國文成績不及格（58 分）。	小明這次段考國文成績 88 分排名班上第 4 名。
所有學生都可以獲得 A。	只有一些學生能獲得 A。
所有學生都能成功。	有些學生必須被當（或失敗）。
學生表現好或差取決於學生自己如何去做。	學生表現好或差，完全依賴其他學生的表現而定。
設計的評量是為了評估學生的學習。	設計的評量是為了區分學生間的差異。
形成性評量可以讓學生知道他們的表現與班級目標比較後的成果有多好。	學生無法知道他們自己的表現如何，直到他們與其他學生做比較後才會知道。
根據教學目標設計的評量內容，教師在施行評量之前就知道評量的公平性。	只有透過評量施測後，檢視評量的難度為何，教師才能知道評量是否公平。
成績通常是根據教師切截的分數範圍來確定學生獲得的分數。	成績通常根據學生表現在特定分數以上或以下的學生比例來決定。

效標參照	常模參照
專家（教師）仔細考量重要的課堂目標後，在實施評量之前就選擇決定表現品質的標準。	表現的品質標準是偶然性選擇的。

◎ **SAT 與 ACT**

SAT 早期稱為「學術性向測驗」（scholastic aptitude test），後稱「學術評量測驗」（scholastic assessment test），是美國大學入學重要考試，1947 年起由美國大學委員會 College Board 委託「教育測驗服務社」（ETS）開發試題與施測，測驗包含三個主要面向，批判閱讀、寫作與語文、數學，它是一種標準化測驗，採用的分數為「量尺分數」（原始分數轉換後的分數），第一次實施為 1926 年。

SAT 分數 $= 500 + 100 \times z$

ACT 為「美國大學測驗」（American college testing）的簡稱，早期四個評量內容為英文、數學、閱讀及寫作、科學等，也是一種標準化性向測驗考試，各能力測驗的分數為 1 至 36 分，綜合能力表現分數為分數加總後的平均值。ACT 分數 $= 20 + 5z$

第 **65** 講

實作評量意涵

「**實作評量**」（performance assessment）又稱為「**實作本位評量**」（performance-based assessment），其中「**實作**」一詞有「**實作本位**」（performance-based）或「**實作與產品**」（performance-and-product）意涵。實作評量是教師對於學生技巧或能力展現的觀察與判斷，學生展現行為包括做出產品、建構反應或展演等，實作評量包含任務與有系統的評鑑程序（使用計分標準與準則）。實作評量與「**另類評量**」（alternative assessment）不完全相同，「**另類評量**」的用語主要是與傳統紙筆測驗區隔，傳統紙筆測驗的評量方法大多數使用「**客觀測驗**」（objective tests），「**另類評量**」法包括觀察、展示、表演、實驗、檔案、晤談與方案，由於申論題需要學生建構反應，也被視為一種「**另類評量**」法。「**真實評量**」（authentic assessment）指的是對學生使用知識做完一項任務的能力，此任務為學生現實生活或現實世界會遭遇的工作，真實與否判定為任務完成的性質與任務的脈絡背景（McMillan, 2011）。Madaus 二人將實作評量界定為「**一種對學生建構或補給答案的檢驗；對實作或某種產品的評斷**」（Frey, 2014, p.157）。

NitKo 和 Brookhart（2007, p.244）認為實作評量包含內涵主要有二個：(1) 指派給學生以活動完成的作業（或任務），需要學生從數個學習目標中應用他們的知識與技能才能達成；(2) 要使用明確的定義規準來評鑑學生已經達成應用的程度為何。實作評量需要學生使用他們習得的知識做事情、產出報告或陳述任務完成過程，因而所謂實作評量係指「**在學生**

發掘答案或創作作品過程中，評量學生知識、技能展現結果」，允許學生於真實情境中表現所要達成之事。傳統紙筆測驗甚少顯示出學生從解題至發現答案的心智歷程，大部分紙筆測驗，教師皆只看到學生智能歷程所導致的**「最後部分結果」**，而未思考結果產出的整個過程。實作評量有四個主要特徵：(1) 要求學生詳細闡述其受教學習過程；(2) 學生所闡述的內容可分隔成較小的步驟；(3) 學生所述說的過程是可直接觀察到的；(4) 根據每個小步驟的表現來評定學生整體行為（吳明隆，2004）。客觀式測驗試題在測量事實性知識與**「結構良好」**（well-structured）問題的能力較有效率及可靠性；實作評量較適用於**「結構較弱」**（less-structured）的問題類型（弱結構性作業），例如問題的確認；資訊的蒐集、組織、統整和評鑑；原創性的作品創作，或口頭、肢體表現的學習活動等（Linn & Miller, 2005）。

實作評量是指根據學生實際完成一項特定任務、工作表現或行為展現所作的評量。實作評量使用的是一種直接的學習測量，健美、跳水、體操領域就是直接實作判斷評量的實例，而以綜合判斷成績來評定比賽者名次。教師能以實作測驗方法評量學生複雜的認知歷程，也可評量科學、社會、數學等學科之態度及社會技巧。為達實作評量目的，教師必須營造適宜情境，以觀察及評定學生學習，例如分析、問題解決、實驗、做決定、測驗、與他人合作、口頭講述、作品創作等。這些情境是模擬真實的世界，可能是一項工作、一種社區活動，或不同形式的進階訓練等（Borich, 1996）。

實作評量是一種**「建構反應評量」**（constructed-response assessment），它是一種**「實作本位評量」**（performance-based assessment）。Frey（2014）從班級評量觀點，將評量分為五種主要類型：(1) 傳統紙筆評量；(2) 實作本位評量；(3) 形成性評量；(4) 真實性評量；(5) 一般設計評量（總結性評量與定期評量）。典型實作評量在於評量學生技巧或能力，真實性評量在於透過評量任務和學生真實世界期望連結，其理念在於評量任務應是內在有意義的，可提升學生於現實生活中有用及

需要的技巧與知識。

　　教師採用實作評量的主要目的有幾項：評定學生分數、評定學生建構的檔案、診斷學生學習情況、在實作或作品完成中幫忙學生辨識重要的步驟、親師會議提供家長具體的學生作品樣本。實作評量不僅在評定最後作品或成果，更強調實作完成過程中學生的投入情形（Airasian & Russell, 2008）。

　　學生任務與課程目標行為不同程度評量選項如下圖（Popham, 2008, p.173）：

課程目標

學生以協同合作方式解決問題。

學生工作為以小組方式解決之前未曾遭遇的新問題，教師觀察與判斷學生努力情形。

給予學生一個新問題，以群體方式構思如何解決，並將內容以申論題方式作答。

要求學生以協同合作回答一系列有關解決問題的方法（要求學生對問題提供簡短式答案）。

群組在解決問題時，學生回答一系列選擇題測驗，以決定下個步驟程序。

在分組問題解決中，對於最佳程序，學生跟從組員意見從是非題問題中做出反應。

評量選擇

　　Shavelson 以五個方針說明有效的科學實作評量內涵，科學評量若要被視為實作本位的評量必須具備下面五個特性（Frey, 2014）：

　　1. 評量需要超越事實性記憶與選擇單一正確答案反應，也不只是評量學生對科學知能理解、推理與問題解決，評量歷程允許學生建構反應與小說式回應。

　　2. 學生參與情況是主動的、動手操弄的，應採用實驗操作方式，評量應該包括動手操作、觸摸與檢驗。

3. 就檢查活動而言,可使用電腦軟體及網站模擬不同科學程序以作為學生代理人,如現實世界的問卷調查一樣。

4. 有關學生對認知歷程的了解程度、對現象與自然律則的理解情況,可以從評量中反映出來;評量同時包括學生理解與不理解的地方。

5. 計分應是效標參照,但必須符應課程內容;對於班級評量與國家測驗間的關係,行政人員從評量中可以檢視看見。

對學生成就表現的檢核而言,「**客觀式測驗試題**」(objective test items)與實作評量作業皆能提供有價值的證據,二者各有其優點、特色與限制,教師必須根據教學目標與評量目的,善加選擇或同時採用二種評量方式。客觀式測驗與實作評量的優點比較如下表(Linn & Miller, 2005, p.150):

比較項目	客觀式測驗	實作評量
測量的學習結果	對測量事實性知識是有效的,某些測驗類型(例如選擇題)也可用以測量理解、思考技能及其他複雜的結果。對測量選擇或組織想法、寫作能力及某些類型的問題解決技能是無效或不適切的。	可用以測量理解、思考技能及其他複雜的學習結果,對測量原創性反應特別有用。適用於測量真實情境中對重要教學目標的作業(任務)表現。但對於測量事實性知識是沒有效用的。
試題的準備	一個測驗需要大量的試題,試題的準備既困難又耗費時間。	一個評量只需要少量的作業(任務)。
課程內容的取樣	提供密集的課程內容取樣,因為一個測驗就可以包含大量的試題。	通常課程內容取樣有限,因為一份評量只能包含少量的作業(任務)。
學生反應的控制	完整結構化的作業限制了學生反應的類型,可預防學生吹噓造假及避免受到寫作技巧的影響;但選擇式題型則會受到猜測變因影響。	以個人自己的方式自由回應,讓學生可以展現其原創性與創意;此外,可使猜測因素降到最低。
分數評定	客觀性的計分。	判斷性的評分。

比較項目	客觀式測驗	實作評量
學習上的影響	通常鼓勵學生對明確事實發展出綜合性的知識,並對事實發展出良好區辨的能力。如果建構設計適當,可激發學生發展理解、思考技能和其他複雜的結果。	鼓勵學生專注於學科教材中較大的單元,評量特別強調組織、統整與有效表達想法的能力。
信度	設計或建構良好的測驗,通常可讓測驗有高的信度。	信度通常偏低,主要原因為評定的不一致與有限的作業(任務)樣本。

第 **66** 講

實作評量的類型

　　實作評量一般用於四種類型的學習目標：(1) 透過知識與技能展現學生深度理解程度；(2) 運用認知程序展現學生的推理技巧；(3) 證明學生具溝通、表演及動作技能水準；(4) 檢視學生具有完成產品（作品）的能力。實作評量之評量歷程因工作或任務的限制程度不同，主要有二種類型：「**限制型態實作任務**」（restricted-type performance tasks）、「**擴展型態實作任務**」（extended-type performance tasks）（謝廣全、謝佳懿，2016；McMillan, 2011）。「**限制型態實作任務**」又稱「**限制式反應實作作業**」（restricted-response performance tasks），「**擴展型態實作任務**」又稱「**擴展反應實作作業**」（或延展反應實作作業，extended-response performance tasks）：

● 一 限制反應實作

　　「**限制反應實作任務**」技能目標定義較狹隘，學生反應較簡化，任務爲結構化與特定性，指的是在學習者實作反應中給予某些限制，讓學習者的實作表現更聚焦，作業有較明確的結構性，問題的情境界定清楚。例如「**給學生一個防禦型答案，要學生解釋爲何答案不正確**」、「**根據數據資料畫出一張直方圖**」、「**畫出一張專題製作的流程圖**」、「**同學只能用一張 A4 大小的白紙裁製摺疊二架紙飛機**」、「**請用日語說出『謝謝你』**」、「**以尺畫出一個等腰直角三角形**」、「**背誦出一首七言絕句**」、

「以英文朗誦英文課本第一段內容」、「以感冒為何要戴口罩對全班同學進行演講，以說服同學生病時戴上口罩」等。限制反應實作評量與限制反應申論題類似，題目較具結構性、測驗時間較短、計分較為簡易、評分範圍較廣，它含括的真實實作評量特性較少。

 擴展反應實作

「**擴展反應實作任務**」與擴展反應申論題評量類似，任務較為複雜、精緻、花費時間較長，通常採用學生小組協同合作，學生可以自行蒐集不同資料，自行分析、組合或設計，有很大的學習空間，經由時間與努力完成作品，學生「**知道怎樣做**」也「**會做**」。擴展反應實作任務提供的解題訊息較少，且訊息模糊，是一種「**弱結構性**」（更少結構）的問題，受測者可以創作、設計與不斷修正。擴展反應實作任務在實作評量中使用較為廣泛，例如「**使用紙張摺疊成可以飛行的物件**」、「**使用繪畫器材進行校園寫生**」、「**創作校慶表演的大會操**」、「**自訂一個主題對全班同學進行演講**」、「**設計一份母親節音樂會宣傳海報**」等。擴展反應實作允許學生運用不同技巧、整合多種內容與推理技能，產品的完成可能需要數天或好幾個星期。

限制類型實作任務與擴展類型實作任務的實例如下表（McMillan, 2011, p.230）：

限制類型實作任務	擴展類型實作任務
• 從數據中製作出一個條狀圖。 • 以法文談論菜單上的內容。 • 閱讀新聞文章並回答問題。 • 閱讀一個城市的土地分區地圖，並指出可以促進商業發展的改變。 • 投擲十次硬幣，預測十次的可能性並解釋原因。	• 建立一個簡報的報告。 • 設計遊戲室並估算材料和人工成本。 • 計畫一趟包含預算和行程的國外旅遊。 • 找尋獨立研究主題並完成一篇獨立研究作品。 • 診斷並修理車的問題。 • 設計新產品或現有產品的廣告活動。

限制類型實作任務	擴展類型實作任務
• 聽 ×× 新聞並解釋自己是否相信其評論。 • 設計一張海報並解釋花的構造。 • 唱一首歌。 • 在一分鐘內打出 35 個字且錯誤要少於五個。 • 用剪刀從頁面中剪下輪廓圖。 • 背誦一首詩。 • 寫出一篇關於保護森林避免轉變成農田的重要性之文章。 • 用電腦打出一封求職信。 • 以英文詢問前往臺北 101 的方向。	• 出版一份報紙。 • 設計一座公園。 • 創造一份商業化的廣告節目。 • 創作並演奏一首歌。 • 準備一個處理廢棄物的計畫。 • 設計並進行以確定哪個雜貨店價格最低的研究。 • 計畫並安裝一台新的車上型音響設備。 • 準備並舉行一場演講，以說服同學在自治小市長選舉中為何要投票給你。

　　限制反應實作作業通常聚焦於明確的技巧（例如大聲朗讀一段文字），擴展反應實作作業涉及較多問題解決，以及各種技巧與理解的統整應用能力。實作評量所測量的複雜學習結果類型範例如下表（Linn & Gronlund, 2000, p.266）：

作業類型	可測量的複雜學習結果範例
限制反應實作作業	複雜學習結果的能力： • 大聲朗讀（明確技巧）。 • 以外語問路（明確技巧）。 • 繪製一個圖表（明確技巧）。 • 使用科學儀器（或器具）（明確技巧）。 • 以電腦打一封信件（明確技巧）。
擴展反應實作作業	複雜學習結果的能力： • 建立一個模型（自由創造空間大）。 • 蒐集、分析與評鑑資料（自由創造空間大）。 • 組織想法、建立視覺圖像、做一個統整的口頭報告（自由創造空間大）。 • 修理引擎（低結構性問題）。 • 寫一篇有創造性的短篇故事（自由創造空間大）。

第 **67** 講

實作評量的特性

實作測驗允許教師觀察學生成就、心智習慣、工作方法、真實世界的價值行為，這是傳統測驗無法測得的。實作測驗也可說是教師觀察及評量學生完成複雜活動的能力。實作評量不同於傳統教室評量中紙筆測驗評量，其主要特性有（吳明隆，2004；黃德祥等譯，2011；Kubiszyn & Borich, 2007）：

（一）實作評量題目為「補給式試題」，每個步驟可直接觀察

實作本位評量之受試學生必須提供回應，而不是選擇回應，回應內容是建構的或實作產生的；學生完成實作的步驟或部分可以直接被他人觀察得知。

（二）實作評量可以是測驗、活動或成品等多元型態

實作評量依情境、設備儀器等的真實性高低程度，包含五個層次：(1) 紙筆式實作測驗（例如繪製學校周邊地圖）；(2) 實物辨認測驗（例如說出某個儀器各部分名稱與功能）；(3) 結構式實作測驗（例如演唱指定曲、書法比賽臨摹指定書寫的內容等）；(4) 模擬式實作測驗（例如角色扮演法之法庭辯論、正式表演前的預演等）；(5) 工作樣本測驗（例如選擇人車較少街道進行路考、新進人員的試用制度等）；(6) 創作或作品（例如自由演出、各種藝術作品等）（歐滄和，2002）。

實作任務的檢核表如下（McMillan, 2011, p.233）：

任務屬性為……	任務要素	任務特徵不是……
必要的（essential）	• 任務適用於課程核心。 • 表示的是重要理念。	偏離的
真實的（authentic）	• 任務配合學科且是能採用的適當程序。 • 學生可以評價任務結果。	做作的
豐富的（rich）	• 任務可以導引其他問題。 • 任務可促發更多的疑問。 • 任務完成有多種可能性。	表面的
投入的（engaging）	• 任務有誘導作用。 • 任務可培養持久力。	沒有意願的
活動的（active）	• 學生是工作者與決定者。 • 學生能與同儕互動。 • 學生可以建構意義與深度的理解。	被動的
可行的（feasible）	• 任務可以在學校與家庭中完成。 • 對所有學生而言是適合的 • 它是安全的。	不可行的
公平的（equitable）	• 學生可採用不同型態的思考來發展任務。 • 任務有助於正向態度的養成。	不公平的
開放的（open）	• 任務有一個以上正確答案（反應組型）。 • 對所有學生而言，有多種方法可以完成。	封閉的

（三）實作評量可直接測量學習者的能力

實作評量程序直接讓學生解答問題來表現自己的學習狀況，它是一種直接判斷表現的評量，而非間接的能力指標，實作評量可以引發教師想要看到的特定行為。藝能科目（體育競賽、音樂比賽、繪畫競賽等）的成績給予即是實作評量的典型評定。班級中實作評量如外語會話能力、科學實驗設計進行、作品編輯展覽、與他人一起合作解決問題或儀器操作情形等

均是。實作評量會要求學生去做教師想要評量的事情，而不是那些只是看起來像教師所要評量，但缺乏真實性的事情，教師可要求學生從實作評量中表現活動或產出有形的成品，而不只是說說或寫寫而已（王前龍等譯，2006）。

（四）實作評量可以兼顧過程和作品結果的評定

實作測驗可同時評量過程和作品二者，或者二者一起評定，例如評量學生閱讀過程時，同時兼顧：朗讀時正確讀字的百分比、讀出故事中具代表性而有意義的句子、讀完後能以自己的話語說出句子內涵的多寡等項的表現，以綜合判定學生成績。

（五）實作評量可融入於課堂活動或學習課程中

教師可將實作評量變為課堂的一部分。事實上，許多實作測驗提倡者常堅持的理念是「**實作測驗就是一種有效的教學活動**」。根據此觀點，建構一個適宜的實作測驗，就如同評量一樣，可增進學生的學習經驗。學生在如何表現實作行為中，評量型態可提供立即的回饋，促進教學效果，加強教學與評量活動間的密切配合，使教學活動導向高階（higher-order）及較真實性的行為。

（六）實作評量可同時評量「情感與社會技能」（affect and social skills）

使用實作測驗不僅可評量高階認知技能，而且也可評量非認知性結果，例如自我管理、群體合作能力、社會知覺等。情感學習領域所反映出來的是教師要縝密規劃哪些須專門實作表現的複雜工作，包括資訊回憶、形成概念、概括推廣及問題解決能力等，其中也包含了心智習慣、態度及社會技能。

（七）實作評量強調學生高層次的認知思考歷程

實作作品或問題的解決，學生必須運用已學過的知識、技能配合應

用、分析、綜合與創造等高層次心智運作歷程才能順利完成，有時還要與同儕成員密切合作，發揮知識社群的功效才會有好的結果，並從多次失敗與探索中找出解決方法與問題所在。

（八）實作評量是一種真實性與直接性的評量

當實作評量在真實情境脈絡中執行，其評量型態為一種「**真實性評量**」（authentic assessment），強調的是測驗情境與要求標準的真實性，如此可以提供給學生一個更有意義的教育經驗，以促成學習和技能的發展。並非所有實作評量都是真實評量，真實情境中的最佳表現條件為：(1) 就任務複雜性，學生須考量到不同觀點；(2) 就獨立程度，學生可以自由蒐集與參考資料；(3) 就可取得的資源，學生可經由各種方法詢問並尋求支援；(4) 就作業完成時限，學生可在期限內的生活情境中完成（王前龍等譯，2006）。真實性情境最好能與學習者的生活經驗或文化脈絡相關。為了促發學生思考及問題解決能力，與標準化測驗相較之下，實作評量的問題較「**缺乏結構性**」（ill-structured），作品完成並不一定要遵循相同的程序，因而可以評量學習者知識的深度。

實作評量與紙筆測驗比較，可從下列四方面得知（吳明隆，2004）：

比較項目	實作評量	紙筆測驗
關注焦點	關注於學生把知識轉化為可觀察的行為或作品的能力。	關注於學生對知識及資訊的獲取。
規劃施測	規劃設計及施測實施費時，但設計完成的評量表可重複施測於同一組或新的學生。	規劃設計費時，但可同時施測於許多學生，同一組學生僅能使用一次。
過程輔導	允許診斷及補救學生學習表現，並可掌控學生的進步情形。	除了論文及開放式數學問題外，對於如何改善學習不佳表現所能提供的導引甚少。
教學核心	教學重點在於行為表現及學習歷程。	教學重點在於內容知識。

實作評量與其他評量的比較摘要表如下（Airasian, 2000, p.147; Airasian & Russell, 2008, p.204）：

比較項目	客觀式測驗	論文式測驗	口頭發問	實作評量
目的	以最大的效率及可靠度評量代表性知識。	評估思考技巧及／或對知識如何結構的精通程度。	於教學期間同時評量知識。	評量把知識及理解轉化為行動的能力。
學生反應	閱讀、評鑑、選擇。	組織、寫作。	口頭回答。	計畫、建構、傳遞原始的反應。
主要優點	效率——在每個測驗時段內可測驗到許多項目。	可測量複雜的認知結果。	使評量與教學結合為一。	提供實作技能的豐富證據。
對學習的影響	過度強調回憶、鼓勵記憶、背誦，如果題目適當，則能增進思考技巧。	鼓勵思考及寫作技巧的發展。	刺激學生參與教學活動，提供教師立即回饋，以得知教學是否有效。	在適切的問題情境脈絡中，強調可利用的技巧及知識。

第 **68** 講

實作評量的優缺點

實作評量的優點在於評量型態能清楚地反映教學目標，包括校內外自然情境下的學習複雜表現，實作評量作業與良好教學活動間是無法區隔的。實作評量方式可以測量客觀式測驗無法測得的複雜學習知能，它可以測量學生知道如何做，也可以測量學生是否真正能夠做的能力，此外，評量方式也提供受試學生完成作品或作業的過程或程序，符應現代學習理論中讓學生主動建構的意涵，學生是知識建構的主動參與者（Linn & Gronlund, 2000）。

一 實作評量的優點

對於實作評量的優點，Nitko 和 Brookhart（2007, pp.254-255）提出以下幾點具體要項：

（一）實作作業更能澄清複雜學習結果的目標

真實的實作作業與複雜學習目標有緊密性的關聯程度，實作作業若要將其成果與學生及家長分享，教師可透過實際活動範例更清楚的界定學習目標。

（二）實作作業能評量學生「做」（to do）的能力

學生從探索與實「**做**」中完成作業，可以實際測量出學生是否具備實作能力。實作作業的一項重要學習結果是可得知學生使用知識與技能解決

問題的能力，並有效應用於生活情境，而非只簡單回應要做的問題而已。

（三）實作評量內涵與當代學習理論吻合

當代學習理論強調學生是主動的知識建構者，而非被動的答題者，學生應能使用習得知識建構新的知識結構，主動投入探索與探究活動作業，從教育性經驗中建構自己有意義的知識。多數實作評量能讓學生從事複雜的作業與主動地投入作業的完成。

（四）實作作業需要學生整合其習得的知識、技能與能力

實作評量作業的完成需要整合學生的知識、技能與能力，更適合評量複雜的學習目標，例如專題與研究報告、氣墊船製作等，都需要學生使用不同領域或學科的知能與許多不同能力。實作評量是學生知識統整的應用，因而它是一種真實的、整體的與全方位的評量方法。

（五）實作評量與教學活動會有更緊密的結合

在探究與實作活動中，老師教導學生要主動地投入時，實作評量就是一種有意義的方法，若是教師只是採用簡單的教導與講述型態，則實作作業很難達成。

（六）實作作業擴增了學生學習表現的評量方法

實作評量可以測量學生高層次的認知與複雜技能、問題解決能力，反映核心素養的教學目標，此種評量增加了對學生學習表現的有效評鑑，彌補客觀式紙筆測驗的不足。

（七）實作作業讓教師可以評量學生完成作品過程及作品成果

實作作業評量同時兼顧評量學生的學習歷程與學習成果，許多實作作業讓教師可以檢視學生解決問題的歷程與完成作業的過程，配合適切的計分規準可以有效協助教師蒐集完整資料給予公正的作業評分。

實作評量的限制

實作評量雖然可以測量複雜的學習結果，但也有諸多限制（Nitko & Brookhart, 2007, p.255）：

（一）高品質實作作業的製作困難

建構能與複雜學習目標匹配的良好實作評量不容易，教師要編製高品質的實作作業必須學習相關的重要技巧。

（二）高品質「計分規準」（scoring rubrics）的訂定不易

實作作業的成績評定不容易客觀，其中包括評定者的人格特質與主觀意識、學生臨時表現失常等，尤其在評量複雜推理能力的計分規準訂定方面不是一件容易的事情。由於高品質的評分規準不易編訂，學生能力的評定問題因評量目標和表現行為間缺乏連貫，有時會有較大偏誤存在。

（三）複雜的實作作業需要花費學生更多時間

與傳統簡短要求的紙筆作業完成的時間相較之下，多數真實性的實作作業，學生都需要花費更多時間才能完成，時間沒有分配適當，可能占用正常教學的時間，或降低結果的可靠度。

（四）對實作作業的計分回應所需時間較多

複雜的實作作業或作品計分，教師評定較費時、費力，要縮短教師計分所花的時間，必須制訂更具體有品質的計分規準，或以整體式計分法取代分析式計分法。

（五）實作作業的成績可能會有較低的分數信度

測驗情境的控制不易，例如場地儀器、受測的前後順序等都可能影響學生實作表現，實作作業分數的信度無法像客觀測驗有較高的信度指標值。

（六）學生的一項實作作業表現很難推估到其他實作作業

實作作業無法有效評量所有學習目標，因爲一項實作作業所能提供的資訊有限，從「**內容抽樣**」（content-sampling）的觀點而言，實作作業結果推估的信度不高，少數實作作品無法正確評斷學生整體的學習狀況。

（七）實作作業無法有效評量所有的學習目標

實作作業所要評量的學習目標有其限制性，正如不同客觀式紙筆測驗形式題目都有特別適用測量的學習目的。客觀式型態測驗較易計分也有較高信度，因爲有其適用時機，最佳的評量方式是均衡評量方法的運用。

（八）實作作業的完成反而打擊能力較低學生的信心

複雜的實作作業由於完成較有難度，對於能力較低的學生可能會有沮喪與挫敗感，作業計分規準的高標準也有可能讓他們失去信心，自認無法達到，這是因爲實作作業不允許學生只運用或展現少部分的知識。一個有效的方法是採用分組合作方式，運用同儕力量與知識社群分享功能，協助低能力學生也能完成實作作業。

（九）實作評量可能對不同文化族群學生產生誤解

雖然實作評量允許學生以不同方式使用先備知識，允許學生有多種選答解決方法，但班級學生異質性大，不同文化族群間的先備知識或技能可能有很大的差異，制定的實作作業若忽略文化因素或文化族群的思考模式，在評分上可能不夠客觀公平。

（十）實作評量可能誤導學生真正表現

實作作業指派後教師會教導學生如何實作（教導如何做測驗），若是教師教導的面向只聚焦於學習目標的一個面向，而沒有考量到訂定標準或課程架構學習目標的所有範疇，學生的實作作業結果的效度會降低，造成不適切的評量結果出現。實作作業前教師要明確告知作業計分規準的所有內涵，讓學生能兼顧實作作業面向，以展現自己眞正的實作行爲。

三 實作評量常見的評量偏誤

實作評量的限制與申論題的限制類似，常見的評量偏誤有以下幾種（鄒慧英譯，2004；Linn & Miller, 2005, pp.267-269）：

(一) 個人偏誤錯誤

「**個人偏誤錯誤**」（personal bias errors）指分數評定時分數的全距很小，所有受試作品的分數會因評分者個人因素，集中在量尺的一個小範圍內，例如「**慷慨偏誤**」（generosity errors）（分數偏高）、「**嚴苛偏誤**」（severity error）（分數偏低）、「**集中趨勢偏誤**」（central tendency error）（分數集中在平均數附近）等，此種個人喜好給予的計分，受試者間的標準差值很小，無法真正反映受試者實際表現或個人真實能力，計分的區辨度不足。

(二) 月暈效應錯誤

「**月暈效應**」（halo effect）是一種先入為主，或以偏蓋全的成見造成評分的不客觀，此種偏誤會扭曲作品計分的客觀性，有效的方法是隱藏受試學生的姓名或相關資料。課堂實作評量常見的月暈效應為教師認為成績優異者，學生在實作或作品的表現品質也會較佳；相對的認為課堂成績不佳或學業成績低落學生，他們的實作作品或作業完成品質相對較差。

(三) 邏輯偏誤錯誤

「**邏輯偏誤**」（logical error）為評分者原先的假定或信念錯誤所造成的計分偏誤，假如評分者認為某資優生過動，社會適應較差，便低估他們的社會特徵表現，以課堂雕塑作品為例，該位資優生很快就完成雕塑作品，教師會認為他沒有耐性，隨意雕刻交差而已，因而給予作品較低的分數，對於過動症學生快速組裝完成的作業認為是隨便交差了事。

實作評量的發展程序

教師發展實作評量以測驗學生，其主要實施步驟如下（吳明隆，2004；Kubiszyn & Borich, 2007）：

 決定要測驗的內容

實作評量實施的首要就是「**決定要測驗什麼**」，在此就是要訂定行為表現目標目錄，內含知識、技能、態度及其結果指標，以導引教學活動實施。教學決定要教什麼，所要考量的問題有三個：

1. 學習者對學科教材所應了解的基本知識及內容（事件、概念、原則或規則）是什麼？（適用紙筆測驗）

2. 當學習者要使用這種知識或內容時，必須擁有何種知識技能？（適用實作評量）

3. 學習者有效地展現知識或內容時，要需要何種心智習性或態度？（適用實作評量）

（一）認知領域的實作目標

實作評量的設計通常用以解決下面問題，以導引目標的選擇：

1. 在紙筆測驗中，有哪些基本工作、成就或有價值的能力是其無法測量的。

2. 從何種活動方式的評量中，才能得知學習者有如歷史學家、作家、科學家或數學家等才華，這是傳統測驗所無法測量出來的。

（二）情意及社會領域目標

實作評量不僅需要相關課程以教導思考技巧，而且要發展積極人格與「**心智習性**」（habit of mind）。「**心智習性**」行為包括建設性批評、挫折容忍力、重視推理、理性尊敬他人、賞識過去重要而有意義之事。實作評量是一種有效的評鑑媒介，可用以評量學習者正向積極的學習態度、心智習慣及社會技巧（例如合作、分享、協商），實作評量運用時，絕不能忽視情意及社會技能的表現目標。

 設計評量內容

實作評量的第二個步驟在於「**設計評量內容**」（designing the assessment context）。實作工作表現如辯論、模仿嘗試、重新建構歷史、科學實驗、專業工作者角色扮演等，不管情景為何，實作工作所呈現給學習者是一種真實的挑戰。設計評量內容在於設定作業、模擬的情境，讓學生能夠將其所習得的知識、技能與態度表現出來。

設定評量表並確定實作成績計分準則

「**特定成績計分規準**」（specifying the scoring rubrics）必須嚴謹合理，同時考量到學生投入時間與心力。實作評量限制之一就是要花很多時間以評定觀察之行為，傳統測驗之是非、選擇、填充等試題較實作主題及實作表現的成績評定方便很多，但紙筆測驗中，較難評量學生過程之努力、參與情形及態度狀況。為克服實作評量計分方式的不便性，可藉由周詳計分系統的規劃設計予以達成，此即為行為「**規準**」或「**評量表**」（rubics）。

就實作技巧的「**規準規則**」（準則原則，rubric rules），教師於計畫教學前就應發展出來，對此，Popham（2008）提出五個關注技巧的評分規準要領：

1. 確定要評量的技巧是重要的，技巧有助於教學效益提升，即使花了

較多時間與人力也有其價值性。

2.確信所有規準評斷標準都有其教學上意義，規準可以實際讓教師教導學生精熟。

3.盡可能只規劃少數具體的評斷標準（例如三至四個），此種設計之教學目標比訂定其他多數規準數的教學目標較易達成。

4.對每個評斷標準提供列舉數個更細項的小規準（細項目）。

5.每個規準長度要與教師個人容忍度與事先規定契合（例如作品大小、頁數、時間限制等）。

發展實作測驗的規準所應考量的有以下幾個面向：

（一）發展完成作品之不同評定準則

學習者於實作測驗中，其行為表現可能有四種形式（不同層面的成果）：

1.作品：詩詞、論文、圖表、展覽品、畫展及地圖等。

2.複雜的認知過程：獲取資訊、組織資訊及使用資訊的技能等。

3.可觀察到的行為：身體運動如跳舞、體操或打字、口語表達、使用專門設備如顯微鏡、依一定程序步驟解剖青蛙、等分三角形等。

4.態度及社會技能：例如心智習性（例如堅持性與合作性）、群體工作及認知技能等。

發展不同的實作評定準則，經由訓練而有效處理實作成績之計分問題，可提高實作評量計分之信度。

（二）配合要測量的行為選擇最合適的計分系統

實作測驗的計分方法常見者有「**軼事紀錄**」（anecdotal records）、「**檢核表**」（checklists）、「**評定量表**」（rating scales）、「**整體式計分法**」（holistic scoring）及「**分析式計分法**」（analytic scoring）等，每種方法均各有其優缺點、限制及適用評定之作品、認知過程、行為表現、態度及社會技能等。

四　確認測驗限制

「**確認測驗的限制**」即實作評量考試規則的設定。在實際學習活動限制上，實作測驗所要考量的為「**時間是否足夠**」的問題？是否允許學習者更正錯誤？學習者可否參考相關資料或請求他人幫忙。教師在回答這些問題時，要從實際測驗情境著手，可從下面六點來衡量測驗活動的限制：

1. 多少時間：學習者準備、重新思考、修正及完成測驗須花費多少時間？

2. 參考材料：當學習者在測驗時，是否可查閱字典、參考書或看筆記等？

3. 他人協助：當學習者參加測驗或完成主題時，可否請求同儕、教師或專家的協助幫忙？

4. 設備工具：實作測驗時，學習者可否使用各種電腦、計算機等工具來協助其解決問題？

5. 先備知識：參加測驗時，學習者事先應具備多少相關資訊或知識？

6. 計分準則：是否讓學生知道教師對其實作評量所打的成績標準？

第 **70** 講
實作評量的評定方法

　　實作評量的評量方式大致分爲「**整體式**」（holistic）及「**分析式**」（analytic）二種。如果評量目的在於群體的安置、選擇或等級評定，則採「**整體式**」評量即可，此方式即教師以單一、代表性成績對學生做一整體性的判斷。而如果評量目的在於診斷學生學習困難或確認學生對每項行爲準則之精熟情形，則採「**個別分析式**」評量較爲適合，因爲此種評量可單獨對學生的每個行爲表現計分或評定（吳明隆，2004；Airasian, 1994; Kubiszyn & Borich, 2007）。

一　軼事紀錄

　　教師將個別學生的重要事件及行爲觀察所見詳細記述的方式，即稱爲「**軼事紀錄**」。軼事紀錄的內容基本上應包括學習者、觀察日期、觀察者姓名、事情真實描述內容等。在軼事觀察中，教師對學生有意義及重要事件或行爲的界定甚爲不易，加上觀察記錄費時，因而較少爲教師採用，反而較傾向使用性質與此相近且實用性較高之「**個人記錄卡**」（personal record cards）。此卡包括學生背景資料、教師對學生整學年觀察及感受的內容，由教師單獨保管，以記錄學生特性，進而更適切了解學生課堂行爲。學年結束，記錄卡再由教師自行決定是否銷毀。軼事紀錄和個人記錄卡是實作評量中最具有「**質化評量**」（qualitative assessment）性質的，它只提供教師觀察的描述及感受，並未給予成績評定或等級。

檢核表

檢核表即是將評量準則詳細列出，學生達此或通過此標準，就在個別準則條列前面作上記號（例如打勾或圈圈），因而檢核表可提供學生行為表現之詳實記錄。教師以此方式實施實作評量時，應將結果盡可能讓學生知曉，以便學生能作為改進參考。檢核表提供具體明確的實作表現，可作為學生行為診斷之有用資訊。

檢核表以條列式目錄方式，包含行為特徵、行為屬性，最適合複雜行為之評定。因以檢核表方式呈現，可將複雜行為分割為一系列、具體明確的實作行為，例如解剖青蛙、等分三角形、錄音等活動行為。檢核表計分可以「**是否**」達到行為指標準則表示，亦可用通過／不通過、+1、-1 及 0 等數字符號表示。行為條列中 +1 表示正確或達到之行為；-1 表示未達到或錯誤表現行為；0 表示未曾觀察到的行為。檢核表提供簡易方法，將觀察及判斷整合於一起，呈現對學生行為易於解釋的方式，可作診斷、評量不同種類學生行為表現及作品，但也與軼事紀錄一樣，未提供二個極端間的行為準則評定。

檢核表主要缺失在於它只提供教師「**二選一**」的指標準則：表現／未表現，如果學生表現在二個極端間，則教師的評量即失卻其真實性。檢核表的第二個缺失或待改善之處，在於把觀察記錄的許多行為準則轉化為分數的客觀性問題。此方法的克服技術為可將行為表現準則數目有效地化為百分比（以達到行為準則數除以全部行為指標準則數），再將百分比轉化為分數；另一種方法就是教師自訂準則標準以評定學生行為。

下表為課堂學生口頭報告的實作評量規準範例，教師主要將評量規準分為三大向度，各向度再細分為少數重要規準（Airasian, 2000, p.156）：

課堂口語報告的實作規準或準則		
有	沒有	**一、肢體表達**
☐	☐	A. 站直並面向同學
☐	☐	B. 面部表情隨音調的高低而改變
☐	☐	C. 眼睛時時注視著同學
☐	☐	D. 能配合音調採用適當的手勢
有	沒有	**二、聲音表達**
☐	☐	A. 語調穩定、音量清晰
☐	☐	B. 以不同語調強調報告重點
☐	☐	C. 音量夠大可以讓全班同學聽到
☐	☐	D. 語調平淡無奇、欠缺抑揚頓挫
☐	☐	E. 字正腔圓、清晰說出每個字
有	沒有	**三、口語表達**
☐	☐	A. 能選擇準確語詞來傳達意思
☐	☐	B. 能避免不必要的重複語句
☐	☐	C. 能以完整句子表達自己的想法或觀念
☐	☐	D. 能邏輯地組織資訊內容
☐	☐	E. 能總結要點做成結論

三 評定量表

評定量表並非以是／否、通過／不通過來表示實作行為，而是以事先編排之數字來表示。大部分數字型評定量表使用「**分析式之計分技巧**」（analytical scoring technique），稱之為「**基本特質計分法**」（primary trait scoring）。此種形式就是測驗發展者首先確認所要觀察之作品、過程、實作表現之顯著特性、最重要主要特徵或特質為何，然後，發展者以事先安排之數字（通常為 1 至 5）來表示每個行為特徵之實作表現的程度。使用「**基本特質計分法**」要考量到二個因素：(1) 可顯示屬性行為最

高程度的最重要特徵是什麼？(2) 獲致低分時，確認實作行為主要錯誤在哪裡，給予低分有其合理性緣由。評定量表的優點就是其與實作表現間有明顯的相關者，均可具體的計分，不會忽略重要的行為屬性。評定量表採用「**計分規準**」方式，又稱為「**描述性評定量表**」（descriptive rating scales）。

評定量表提供了非二分法式的連續判斷評量，其種類甚多，在實作評量上，常使用的有以下三種（Airasian, 2000）：

（一）數字型評定量表（numerical rating scale）

以演說之實作評量的身體表現行為指標準則為例：

學生行為表現標準以數字等級代表，1 表示總是；2 表示通常；3 表示很少；4 表示從不。

A. 站直及面對群眾

① ——— ② ——— ③ ——— ④

（二）圖形式評定量表（graphic rating scale）

411

（三）描述型評定量表（descriptive scale）

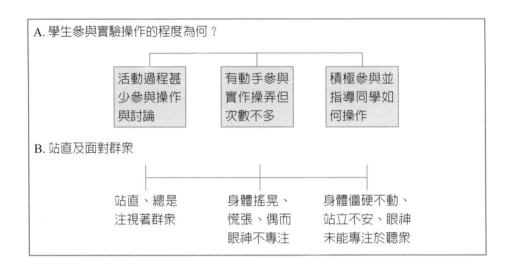

A. 學生參與實驗操作的程度為何？

| 活動過程甚少參與操作與討論 | 有動手參與實作操弄但次數不多 | 積極參與並指導同學如何操作 |

B. 站直及面對群眾

| 站直、總是注視著群眾 | 身體搖晃、慌張、偶而眼神不專注 | 身體僵硬不動、站立不安、眼神未能專注於聽眾 |

四 整體計分法

為求實作品質表現，不以個別分數表示實作表現行為程度，而以一整體單一的成績表示，例如論文、學期報告、舞蹈、音樂創作之藝術表現行為等，主要根據作品或行為品質給予 A 到 F（或優到丁）不同的等級。評定量表也可呈現詳細診斷資訊，其行為總結表達方式有二種：(1)「**數量型總結摘要**」（numerical summarization），以量化數字代表行為準則，每個學生的成績評定甚為具體；(2)「**描述型總結摘要**」（descriptive summarization），以簡潔明確的詞句敘寫學生表現。

不同型態規準計分的優缺點比較摘要如下表（Nitko & Brookhart, 2007, p.272）：

規準類型	定義	優點	缺點
分析式（analytic）	個別評鑑每個準則（面向、特質）	• 給予教師診斷性資訊。 • 給予學生形成性回饋。 • 比整體式規準較易與教學連結。 • 適用於形成性評量，也能作為總結性評量，評定等第若是教師需要給予整體分數，可以將各項分數加總。	• 比整體式計分所需時間較多。 • 與整體式計分相較之下，達成內在評定者信度所花時間較多。
整體式（holtistic）	同時評鑑所有準則（面向、特質）	• 比分析式規準的計分較快。 • 達成內在評定者信度所花時間較少。 • 良好的總結性評量。	• 整體分數對於做什麼以改善學習面向無法提供溝通訊息。 • 就形成性評量而言較不適用。

　　下表為「國中教育會考—寫作整體評分法級分描述」（取自國立臺灣師範大學心理與教育測驗研究發展中心之國中教育會考網站，2014）：

科目	級分	級分描述
寫作	六級分	寫作能力精熟。能適切取材、布局謀篇，並精確掌握字詞、句讀及格式的運用，完整、深入表達個人思想或情感。
	五級分	寫作能力精熟。能適當取材、布局謀篇，並掌握字詞、句讀及格式的運用，完整表達個人思想或情感。
	四級分	具基礎的寫作能力。大致能正確取材、組織文章，並具有基本字詞、句讀及格式運用的能力，尚能表達個人思想或情感。
	三級分	寫作能力待加強。僅能簡單選取相關材料、組織文章，字詞、句讀及格式運用的能力不佳。
	二級分	寫作能力待加強。僅能有限選取相關材料，不太能掌握組織文章，與字詞、句讀及格式運用的能力。

科目	級分	級分描述
	一級分	寫作能力待加強。僅能約略解釋題意，未能明確展現組織文章，與字詞、句讀及格式運用的能力。
	零級分	無法判斷其寫作能力，包含：未依題意作答（例如使用詩歌體、完全離題、只抄寫題目或說明、空白卷），或違反考試規定（例如洩漏私人身分、畫記符號）

五 三種計分系統的統合應用

好的實作測驗是學習者可藉由不同主要行為特質來展現學習成就情形，例如合作、研究或傳遞等行為表現方式。因而要有效結合檢核表、評定量表及整體計分方法，以達全面而完整的評量。

三種計分系統均有其優缺點，其測量指標如下：

（一）建構容易度情形

指建構重要實作行為條目或及格與否之表現屬性所花時間。

（二）計分的效率性

指評定不同種類實作表現及評定整體分數所花之時間。

（三）信度

指二個獨立評定者對於同一實作行為給予相似成績，或相同評定者於二次分開場合給予之成績差異性，差異性愈小，信度愈高。

（四）自我防衛性

指成績評定後，向學生及父母解釋成績時，受到他們質疑反問時，自我辯護程度。

（五）回饋品質

指計分系統對於實作表現優缺點之資訊，呈現給學習者及其父母知悉

的程度。

依據測量指標，三種計分系統的比較摘要如下表（吳明隆，2000；Borich,1996, p.656）：

計分系統	建構容易度	計分效率性	信度	自我防衛性	回饋品質	實作行為最適合於
檢核表	低	中	高	高	高	程序、過程
評定量表法	中	中	中	中	中	態度、作品及社會技能
整體計分法	高	高	低	低	低	作品與過程

記錄表現方式的優缺點比較摘要如下表（王文中等，2004，頁291）：

記錄方式	定義	優點	限制
檢核表	將優良特質或行為特徵列出，勾選有或沒有。	簡易快速，對大量的規準或實作準則十分有用。	結果較缺乏深度內涵。
評定量表	將表現或特質在從低到高的量尺上標記出來。	可以將判斷結果與其理由同時呈現。	評分者需要有長期的訓練經驗。
事件紀錄	學生的表現或特殊行為以文字詳細記載。	可提供豐富多面向的成就描述內容。	閱讀、書寫與詮釋都較花費時間。
主觀紀錄	評定者儲存判斷並將表現的描述內容記下。	快速又簡單的記錄方式。	保留正確資料有困難，尤其當時間過後，無從檢核紀錄的正確性。

實作評量行為準則的訂定

實作及作品評量是否成功有效，主要視所觀察及判斷之「**實作準則**」（performance criteria），實作指標的規劃訂定及實施應注意以下幾項：

1. 以可觀察的學生行為或作品特性，來表達行為表現之指標準則。
2. 避免使用模稜兩可的字詞，以免模糊了行為表現指標準則的意義。
3. 實作評量之指標準則應做有序安排，便於觀察記錄。

編製實作任務時，應注意事項如下（McMillan, 2011）：

（一）實作任務必須整合最重要且基本的評量內容與技能

實作評量必須關注學生學習與學科的「**重要觀念**」（big ideas）、主要概念、重要的原則與程序，實作任務能整合推理與基本技巧，擴展學生知識。教師所挑選的任務要具有適當的複雜性，而且在細節說明上要十分詳盡，使教師足以推論與知曉學生對此特定任務的表現，若能夠以八至十個重要的實作任務代表完整課程單元，則教師易於評量出希望學生表現的行為結果。

（二）實作任務必須是真實的

「**真實任務**」（authentic tasks）是以學生為中心，反應真實世界與真實生活脈絡。真實性任務評量的判斷標準有六點：(1) 是現實的，為現實生活情境的能力與知識評量；(2) 任務需要判斷與創新，使用知識與技巧解決問題；(3) 要求學生運用學科領域知識以完成新任務，而非重新表述

已學過或教會的知識；(4) 複製或模擬成年人在工作場所、公民生活與個人生活環境脈絡中所進行的檢測；(5) 評量學生能力，看是否以高效率或有效的使用知識與技能的元素，進行複雜任務的判斷與解決；(6) 允許學生有適當機會排練、實踐與諮詢資源，以獲得回饋及改進性能和產品。

（三）建構的任務可以評量多元學習目標

實作任務包含不同型態的學習目標，同一實作評量內容可以同時兼顧知識與理解，或包括推理與溝通技巧能力等。傳統評量主要根據書面文字，而實作測驗則藉由不同形式評量以得知學習者學習過程。多元評量比傳統測驗之選擇方式費時，但對於學習者成就而言，則可測出其他評量所無法得知的資訊，與選擇題形式測驗相較下，實作評量可以讓學生分析、綜合、解釋與評估資訊，讓教師更了解學生解決問題的能力。

（四）建構的任務可以讓教師幫助學生成功

優良實作評量包含「**教學**」與「**評量**」的互動，教師藉由提問問題、提供資源及給予回饋等方法，可以提高學生精熟的技能，此種活動教學型態，教師是積極介入學生的學習，而非只是單純提供訊息給學生。

（五）透過思考學生會怎麼做，以確定任務是可行或可完成的

教師以自身角度先思考完成此任務時，需要什麼資源？需要花費多少時間？會採用什麼步驟？完成任務對學生而言是真實的、是可行的，任務的指派要取決於教師專業知識與意願，以及成本、設備、材料和可利用的資源，此種任務才能讓每位學生都可以成功地完成。

（六）建構的任務允許學生有不同（或多種）的解決方式

實作任務的建構完成不應只限於一種正確的反應，也不應鼓勵訓練學生用單一方法來解決，教師應要求學生驗證與解釋假設、計畫與預測反應，不同學生回應任務的路徑都可能不同。實作測驗並非是一種反覆練習的方式，它應涵蓋較多的簡單任務，這些簡單任務均各有一種解決方法。

實作測驗是一種沒有固定程序的評量方式，其行動途徑事先並不十分明確；它也是一種複雜歷程，不能以一種特殊觀點來發現答案，它包含了不同的判斷及解釋成分。

(七) 建構的任務是清楚明確的

模稜兩可或不明確的任務無法讓學生聚焦於學習目標，可能讓學生浪費時間與偏離原先要完成的實作任務。儘管教師設定任務的複雜性很高，但最後的作品完成要求的說明應是清楚明確，學生都能明白。教師不應讓學生懷疑作品是否可以完成，學習者所應做的是反覆思考並努力完成任務，這就是一種學習過程行為表現。

(八) 建構的任務必須有挑戰性與模擬性

教師若希望學生從任務完成中，使用知識與技巧促發學習動機，監控自己、檢核自己進步情況，安排的任務必須是有趣且具誘導性的。教師若能進一步了解學生的優缺點，熟悉學生喜愛哪種類型的任務，結合任務新奇特性，則學生參與意願會更高。

(九) 任務完成時的評分規準，要事先告知學生

學生若能事先知道實作任務的重點在哪邊，任務的完成會更有方向性，也才能掌握重點，有最佳的實作表現出現。

(十) 實作任務需要具備「自我調整學習」的功能

具有「自我調整學習」（self-regulated learning）的實作測驗需要考量學生的心智發展，重視評量過程中學習個體的毅力及決心，要求學生使用認知策略來解決問題，學生會根據實作情況調整自己的實作策略與方法，以完成實作作品。

(士) 實作任務可以結合新課綱精神，以分組合作進行

「自發、互動、共好」為新課綱的學習目標，任務完成若以分組方式

418

進行，學習活動的安排可以和新課綱內涵相呼應；如果是個人式的實作任務，必須注意學生間是否有過度的競爭行為出現。

實作與產品評量的價值與豐富性依賴明確的「**實作準則**」（performance criteria），實作準則必須是「**可觀察**」與「**可判斷**」的。發展可觀察的實作規準／準則可根據下列基準（Airasian, 2000; Airasian & Russell, 2008, pp.214-215）：

1. 教師親自完成實作或想像如何完成，再選擇要評量的實作或作品。

2. 列出實作或作品的重要面向，完成實作任務最重要的具體行為或屬性內容是什麼？

3. 試著限制實作規準的數目，在學生實作期間他們都是可以觀察的，每個定義的準則最好是可觀察與判斷的表現。

4. 如果允許，教師以群組方式思考列舉任務的重要規準，以代表任務特性，可節省時間及建構明確的準則。

5. 試著觀察學生行為或作品特徵來陳述實作規準，陳述學生實作規準必須具體。

6. 不要使用模稜兩可的字詞來說明實作規準的意涵，例如「**好的**」與「**適當的**」的規準欠具體。

7. 以最可能被觀察的特徵來安排實作規準，當觀察與聚焦於學生表現時較為省時。

8. 教師建構自己的標準之前先檢核已存在可用的規準。

實作評量的計分中，對於學生實作表現或作品的描述性評定量尺稱為「**計分規準**」（scoring rubrics），提供評定者從不同實際表現的描述詞中做出適切的選擇，不同的描述詞或量尺位置表示學生實作的不同水準。不論是何種評定量尺類型（數字型評定量尺、圖表型評定量尺、描述型評定量尺），在使用上要把握以下二個原則才能改善評定的精確性：一為限制評定量尺的類別數目，二為每個實作準則採用相同的評定量尺（Airasian & Russell, 2008, p.220）。

有效的評定量尺運用時應把握相關的注意事項：(1) 所要評量的特徵應有教育上的意義，符應學校教育目標與預期學習結果；(2) 確認所要評量的學習結果之作業屬性重要性層次；(3) 評量可直接觀察的行為特徵，此特徵必須出現於學校情境中；(4) 評定量尺上的行為特徵與分數應予以清楚界定；(5) 選擇最適用於作業與評量目的的評分規準型態，整體規準計分通常為四點到六點之間；(6) 評定量尺最好提供三個到七個評分位置（或行為層次）；(7) 與申論題計分類似，最好評量完所有學生在同一作業的實作表現後，再評量下一個實作行為；(8) 評定學生實作表現時盡可能與申論題一樣，採用匿名的方式；(9) 實作評量若要對學生做出重要決定時，應採納多位評分者的觀點與評定結果（Linn & Gronlund, 2000, pp.279-282）。

規準訂定的優點如下：

規準可以幫助教師
• 關注教學重要內容的具體準則是什麼？
• 關注學生評量的具體準則為何？
• 提高評量的一致性。
• 明確的準則與計分層次可減少主觀性，限制誇大計分的情況。
• 提供學生實作的描述以告知家長與學生本人。

規準可以幫助學生
• 澄清教師對於實作或作品的期望。
• 指出實作歷程中或作品重要的內容為何？
• 幫忙學生監控與批判自己的作業。
• 提供有教育性的實作描述資訊給學生知道。
• 比傳統計分評量提供較多明確的實作資訊。

寫作評分規準（rubrics）的範例如下表（McMillan, 2011, p.250）：

規準面向	4分	3分	2分	1分
觀點與內容	文章清楚表達觀點，亦提出三項支持論點。	觀點清楚，但部分相關敘述不足。	觀點不明，大部分相關敘述不全或與主題無關。	文不對題或觀點、論點不明確。
組織	文章有開頭、發展和結論，前後連貫，段落主題句和論點分明。	文章有開頭、發展和結尾。段落具有意象且具主題句和結論句。	文章具有開頭和結尾，但前後文不連貫。	全文沒有段落組織，觀點結構性弱。
語氣和風格	文章能看出作者思維和想法。	文章看似真誠但少有熱情，作者的語氣衰弱。	文章風格普通，僅能看出些許想法與感受。	文章平淡，沒顯現出想法和感受。
字彙選擇	用字精確，多描述性字詞。	部分字詞單調，有些許描述性字詞。	用字單調但幾乎無誤。	用字重複，且有錯誤。
句構流暢性	句子完整，文法結構有變化。	句子幾乎無誤。	句子不完整或錯誤多，影響文意之表達。	多不完整句型及連寫句問題影響文意表達。
體例	拼字、標點、大小和文法幾乎無誤。	拼字、標點、大小適切，有些許文法錯誤	格式、標點及文法等有錯誤，影響文意表達。	錯誤甚多而完全影響文意。

107 年國中教育會考寫作測驗評分規準範例如下表（取自國中教育會考網站）：

級分	表現	項目	評分規準
六級分	優秀	立意取材	能依據題目及主旨選取適切材料，並能進一步闡述說明，以突顯文章的主旨。
		組織結構	文章結構完整，脈絡分明，內容前後連貫。
		遣詞造句	能精確使用語詞，並有效運用各種句型使文句流暢。
		錯別字、格式及標點符號	幾乎沒有錯別字，以及格式、標點符號運用上的錯誤。
五級分	一般水準之上	立意取材	能依據題目及主旨選取適當材料，並能闡述說明主旨。
		組織結構	文章結構完整，但偶有轉折不流暢之處。
		遣詞造句	能正確使用語詞，並運用各種句型使文句通順。
		錯別字、格式及標點符號	少有錯別字，以及格式、標點符號運用上的錯誤，但並不影響文意的表達。
四級分	已達一般水準	立意取材	能依據題目及主旨選取材料，尚能闡述說明主旨。
		組織結構	文章結構大致完整，但偶有不連貫、轉折不清之處。
		遣詞造句	能正確使用語詞，文意表達尚稱清楚，但有時會出現冗詞贅句；句型較無變化。
		錯別字、格式及標點符號	有一些錯別字，以及格式、標點符號運用上的錯誤，但不至於造成理解上太大的困難。

級分	表現	項目	評分規準
三級分	表達上不夠充分	立意取材	嘗試依據題目及主旨選取材料，但選取的材料不甚適當或發展不夠充分。
		組織結構	文章結構鬆散；或前後不連貫。
		遣詞造句	用字遣詞不太恰當，或出現錯誤；或冗詞贅句過多。
		錯別字、格式及標點符號	有一些錯別字，以及格式、標點符號運用上的錯誤，以致造成理解上的困難。
二級分	表達上呈現嚴重問題	立意取材	雖嘗試依據題目及主旨選取材料，但所選取的材料不足，發展有限。
		組織結構	文章結構不完整；或僅有單一段落，但可區分出結構。
		遣詞造句	遣詞造句常有錯誤。
		錯別字、格式及標點符號	不太能掌握格式，不太會使用標點符號，錯別字頗多。
一級分	表達上呈現極嚴重問題	立意取材	僅解釋題目或說明；或雖提及文章主題，但材料過於簡略或無法選取相關材料加以發展。
		組織結構	沒有明顯的文章結構；或僅有單一段落，且不能辨認出結構。
		遣詞造句	用字遣詞極不恰當，頗多錯誤；或文句支離破碎，難以理解。
		錯別字、格式及標點符號	不能掌握格式，不會運用標點符號，錯別字極多。
零級分			使用詩歌體、完全離題、只抄寫題目或說明、空白卷。

檔案評量內涵

　　「**檔案**」（portfolios）與實作一樣都要學生去「**建構反應**」（constructed-response），評鑑領域應用衍生自藝術家、建築師、攝影師、雜誌編輯等的作品蒐集、產出、整理與展示，根據實際作品範例來說明個人的精熟、技巧、風格與才能，讓他人了解個人的專業，此多樣作品與成果樣本是有價值。教育領域中，「**檔案**」是一種有目的、有系統的蒐集與評鑑學生產品的歷程，其目的在記錄學生對學習目標的進展情況，展示學生學習目標達成的程度（McMillan, 2011）。

　　檔案可以包括許多不同學生的實作或單一表現，是實作評量的擴展，班級中檔案評量的基本目的在於蒐集學生表現，以展示學生的作業與跨時間的成就。檔案並不包括隨意的蒐集學生作品，或與學生任務無關的資料，它主要在蒐集學生作業的範例，這些範例可以說明學生重要學習目標的成就，或是陳述學生跨時間的成長，檔案內容應與教師訂定的學習目標有密切相關，提供的資訊有助於教師對學生學習做出決定（Airasian & Russell, 2008）。

　　檔案被視為跨時間典範移轉，教師從教學角色轉變為教師與學生間合作夥伴的角色，它們反映的是描述學生實作行為從規範的、測驗給分的量化方法，轉變為更多標準本位、真實的與質性的評量方法。檔案可以提供同時兼具形成性及總結性評量的資訊，是一種有目的地蒐集一個或多個可以說明學生努力、進步及成就的任務表現，也提供學生一項正在持續進行的工作樣品（Frey, 2014, pp.164-165）。檔案具備以下幾個特徵（Frey,

2014, p.165; McMillan, 2011, p.257）：

1. 明確地界定目的及學習目標。

2. 有系統及有組織的蒐集學生作品及工作範例。

3. 有預先設定的指南導引學生要蒐集哪些內容。

4. 以特定的作品及（或）證據說明學生進步情況。

5. 是以人為中心，屬於質性與整體的分析。

6. 強調的產品是正向的（已經完成的，但有時也包括一些尚未完成的學生作品）。

7. 學生擁有檔案的選擇權及能選擇何種檔案作品。

8. 能提供豐富化而多樣的產品。

9. 反映學生跨時間之作品情況（說明學生隨時間進步及成長狀態）。

10. 可以提供學生自我評量的反省機會。

11. 提供學生自我反思及自我的評鑑。

12. 評鑑學生作品有明確及適當的規準可對照。

13. 教師與學生經由檔案會議進行對話。

就教學與學習活動而言，檔案有助於（Airasian & Russell, 2008, p.234）：

1. 展示學生有代表性的作業。

2. 隨時間推移監控學生進展及改變行為。

3. 幫忙學生進行自我評鑑其作業。

4. 提供學生學習活動的持續性評量。

5. 有關學生實作或表現提供診斷性的資訊。

6. 協助教師判斷課程的適當性。

7. 促進教師與學生、學生及父母、學生間面談及對話座談機會。

8. 給予學生學習活動評分。

9. 在學習中強化歷程與作品的重要性。

10. 說明學生在學習歷程與學習作品間的連結程度。

11. 提供學生具體的作業範例。

12. 就不同主題領域而言，鼓勵學生思考什麼才是好的成果。

13. 同時關注於學習歷程及最後的學習作品。

14. 學生先前的作業情況可以傳遞給之後的教師知道。

　　就「**目前成就**」與「**學習進展**」的面向而言，當教師把焦點置於成就時，檔案通常限於限定時間內完成的作品；當強調的重點是證明成長與「**學習發展**」（learning progress），檔案所需時間通常較長，此種檔案一般會包含一件作品的多個版本，例如大綱、筆記、初稿、初稿的自我評鑑、修正稿、教師或同儕對初稿的意見及正式作品等。就「**展示型檔案**」（showcase portfolios）和「**文件型檔案**」（documentation portfolios）的面向而言，「**展示型檔案**」特徵是學生從特定目的和心中所想的觀點出發，展示最能代表他們所知與所能做的作品或範例；「**文件型檔案**」的特徵通常是學習者想要提供有關個人學習廣度與深度的證據資料，檔案的內容更為多元，包含的範例較多，且不局限是學生特別擅長的領域（鄒慧英譯，2014；Linn & Gronlund, 2000, p.296）。

　　檔案評量的優缺點如下（Airasian & Russell, 2008, p.240; McMillan, 2011, p.262）：

優點	缺點（或限制）
• 產品及實作帶領學生進行自我評量。 • 運用同儕檢查及作品評量，促進協同合作評量。 • 經由評量活動，提升學生學習動機。 • 整合評量與教學，持續地進行系統性評量。 • 允許學生反思與任務分析；關注學生的改善而非與他人比較。 • 關注於學生優勢能力——學生能做什麼。	• 計分困難，可能導致低的信度。 • 教師要接受某種程度的專業訓練才能勝任評量實施。 • 發展計分規準、計分程序及與學生共處討論會花費較多時間。 • 學生對於要納入的內容教材無法做出有效的抉擇，或正確的篩選。 • 對學生作品抽樣可能導致類推性不足或有較大偏差。 • 有些父母無法完全了解檔案評量的意義，配合度不高。

優點	缺點（或限制）
• 給予學生學習與產出的所有權；評量歷程是個別化的。 • 澄清課程、作業與測驗期待；允許學生展示獨特的成就。 • 親師會議中可展示具體的範例作品，以更明確、描述性的字詞讓家長知道。 • 產品可以讓教師用於學生個別化的診斷。 • 評量具有彈性與較高的靈活性。 • 蒐集學生表現累積性證據的資訊。	• 師生準備教材、討論實作規準與計分型態需要運用更多時間。 • 管理、組織與保持檔案記錄需要較多空間與更多人力。 • 與實作評量一樣，改變教師教學與學生學習角色不容易。 • 計分客觀性與評量結果回饋給學生有其實施困難。

教室中使用檔案評量的主要目的有以下幾項（Kubiszyn & Borich, 2007）：

1. 檢核學生進步的狀況。

2. 提供具體而充足的資料，讓父母了解小孩的學習成果。

3. 將學生學習歷程檔案資料傳遞給下位接任班級的教師。

4. 評量教學的成效。

5. 展示學生的學習成果與學習歷程進展程度。

6. 作為分數評定的依據。

7. 根據學習歷程檔案促發學生個人的反思與學習檢討。

檔案評量實施流程包括幾個部分（Kubiszyn & Borich, 2007）：

1. 決定檔案評量的目的，實施能與教學活動結合。

2. 確定所要評量的認知能力與技巧的內容，主要為知識結構（陳述性與程序性知識）、認知策略（分析、解釋、計畫、組織與修正）、後設認知（自我認知、自我監控與自我調整）與學生特性（心智習性）。

3. 決定檔案評量的規劃者有哪些人，其中至少應包括教師、家長與學生三方面。

4. 決定要蒐集哪些成果與成果的作品數量，學生根據教師期待與教學

目標自行判別，或與家長、教師討論後決定是否放入。

5. 設計具體的評分規準表，並進行公平的計分工作。評分規準的等級分數轉換要明確，如下表：

等第	等級分數	細項加權分數平均	意義
A	90-100 分	4.4-5.0 分	優良
B	80-89 分	3.6-4.3 分	中等以上
C	70-79 分	2.6-3.5 分	中等
D	60-69 分	2.0-2.5 分	低於中等
F	59 分以下	1.0-1.9 分	不佳或不符合標準

6. 決定事務性細節，例如訂出時間表、學習歷程檔案放置地點、最後的展示方式等。

第**73**講

檔案評量的類型

「**檔案評量**」（protfolio assessment）與實作評量可以用來評量學生對某一特定領域深入了解的程度，檔案評量可呈現學生在時間變遷中（學期或學年）之學習成長與進步情況。Kubiszyn 等人（2007）將檔案評量意涵界定為：「**透過教師與學生的共同努力，從決定檔案評量的目的、內容到評量的指標，有計畫地將學生所完成的作品及進展的狀況完整地蒐集起來，進而展示。**」有三個方面影響到檔案評量的效度（黃德祥等譯，2011）：

（一）代表性

確保蒐集內容代表性的最佳方法，是清楚地列出要評量的學習技能與特性，配置好其項目與要求，可以反映這些要求的不同作品有哪些等，例如希望學生以科學性思考或數學的應用問題，來反映其高層次的思考能力或處理過程的技巧。

（二）評量表

設計一個類似實作評量評定或檢核的完整評量工具與計分的標準，不僅可以減少分數評量的偏差，又可從檔案作品中評量學生複雜的能力。

（三）適切性

檔案評量的內容應符合學生的能力，檔案組合時，要求學生表現的能力不能超過學生能力所及的範圍。

　　檔案類型至少有三個功能：文件功能、評鑑功能與展示功能。其類型主要有二種（謝廣全、謝佳懿，2016；McMillan, 2014）：

（一）文件檔案

　　「文件檔案」（documentation portfolio）在展示學生的作業以說明學習成就，通常是根據教育標準建立，文件檔案包括：(1)「**紀念或展示檔案**」，學生選擇其最得意的作品作爲檔案代表；(2)「**能力或標準本位檔案**」，檔案內容和先前界定的精熟或能力標準進行比較；(3)「**計畫檔案**」，爲學生能力的說明，提供學生在不同時段的工作與進步訊息。

（二）成長檔案

　　「**成長檔案**」（growth portfolio）在於顯示隨著時間的推移時，學生能力的改變情況，主要在於蒐集學生不同時段的作業，以說明學生的認知學習技能是如何進展，多數的實例是由教師選擇或由教師預先擬定的。

　　檔案評量重視學生參與及投入評量過程中的「**情意態度**」，也重視學生在學習過程中與評量歷程中有充分參與的機會。依檔案內容蒐集的方向，檔案有三種不同的建立方向（王文中等，2006）：

（一）能力檔案

　　能力檔案是根據學習軸能力來蒐集，檔案目的在於顯示學生在某個能力面向的成長與發展，此種檔案資料蒐集的時間比較長，也較能凸顯學生在此能力不同面向的表現。

（二）主題檔案

　　主題檔案根據教學主題來蒐集，檔案目的在於強調主題下學習者跨學科能力的展現。此種檔案的主題通常爲社會議題或與學生生活經驗有關。

(三) 特質檔案

特質檔案目的在於學生可根據自己的獨特之處，蒐集可充分反映自我的各項資料，統整表現出自己的特質，以展現自己的專長與表現。

檔案評量規劃與實施步驟如下（修改自 McMillan, 2011, p.263）：

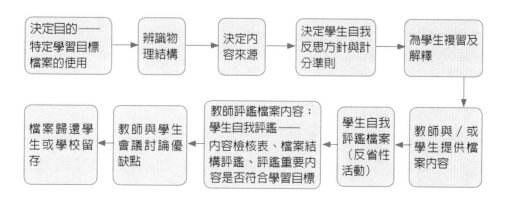

檔案實施之師生討論會或會議之準備問卷範例如下（Lustig, 1996, p.59）：

請依據下列題目回答你檔案蒐集的情況，將回答內容帶到會議現場：
1. 解釋你是如何組織檔案及為何你要將這些資料依序收錄於檔案夾裡？
2. 檔案中你最引以為傲的是什麼東西？為什麼？
3. 你最可能會從蒐集作品中移除什麼項目？為什麼？
4. 目前已完成的作業中，對你而言哪一項最為困難？為什麼？
5. 你最可能要重做哪一個作業？為什麼？
6. 從已經做的作業中有讓你進步嗎？為什麼？
7. 從未來的作業中你想要進行哪些方面的改善？為什麼？
8. 你最想要同學注意檔案中哪個面向？為什麼？
9. 你感覺蒐集的作業可以實際反映你的能力與學習表現嗎？為什麼？
10. 如果能改變檔案系統，你最想進行怎樣的改變？為什麼？

檔案評量實施的檢核表如下（McMillan, 2011, p.268）：

1. 學生對於檔案是什麼及如何使用的知能是否足夠？
2. 學生是否知道檔案的重要性？
3. 對於檔案內容的選擇，學生是否有足夠能力？
4. 每位學生作品範例是否足夠，但又不會太多很難篩選？
5. 檔案是否包括一個內容目錄表？
6. 是否提供明確的自我評鑑問題給學生知悉？
7. 檔案內容檢核表是否完備？
8. 檔案個別項目及全部內容的計分規準是否清楚？
9. 是否有進行個別教師的文字書寫評論？
10. 是否包括學生及教師的對話會議？
11. 檔案內容的提供對象是否包括家長及教師？
12. 檔案如何評量及計分是否學生完全知曉？

　　從傳統紙本式檔案評量之檔案改變的新型態稱為「**電子檔案**」（electronic portfolios），「**電子檔案**」可以建立、儲存及產出數位化（電子化）的教材。電子化檔案（e 檔案）是一種蒐集數位化作品，這些作品經由線上儲存與管理，其檔案型態與「**實體－複製**」（hard-copy）檔案一樣可達到相同的目的，它可以增列許多分析，以擴展學習活動及鼓勵學生自我導向學習，範圍包含更多真實性主題。教師及學生能夠將儲存的作品與其他學習活動和目標做連結，更可促發學生分析資訊，以新方法連結資訊，並與他人協同合作。「**電子檔案**」也可有效地儲存大量資訊，以有意義的方法組織資訊，學生檔案可以增加更多範例、反省與在已有資訊中統整出結論。「**電子檔案**」的另一明顯優點就是能使用多媒體元素，激發學生以獨特材料製作成多媒體，以反應個人的特色（McMillan, 2011, pp.278-279）。

第**74**講

檔案評量評分規準

　　下表為檔案評量評分規準的範例，檔案作品整體評分分為五個等級
（A、B、C、D、E）（Lustig, 1996, pp.53-54）：

等級	檔案必須……
等級 A	1. 準時完成且將所有的作業收錄於檔案夾內。 2. 完整且正確地填寫收錄作品的紀錄單。 3. 能主動與合作地參與同儕的評論與分享。 4. 能有效利用課堂指定時間整理檔案作品。 5. 顯示設定與達成個人目標的證據。 6. 花時間與心思於個人省思方面。 7. 維持整潔且有組織性的檔案。 8. 積極地參與師生檔案會談及討論會。
等級 B	1. 完成且將所有的作業收錄於檔案夾內。 2. 完整且正確地填寫收錄作品的紀錄單。 3. 能主動地參與同儕的評論與分享。 4. 有效善用課堂指定時間整理檔案作品。 5. 顯示設定與達成個人目標的證據。 6. 花時間與心思於個人省思方面。 7. 維持有組織性的檔案。 8. 參與師生檔案會談及討論會。
等級 C	1. 完成且將大部分的作業收錄於檔案夾中。 2. 完整地填寫收錄作品的紀錄單。 3. 能參與同儕的評論與分享。

等級	檔案必須……
等級 C	4. 能利用課堂大部分指定時間整理檔案作品。 5. 顯示嘗試設定與達成個人目標的證據。 6. 完成個人的省思。 7. 維持有組織性的檔案。 8. 參與師生檔案會談及討論會。
等級 D	1. 完成且將部分的作業收錄於檔案夾中。 2. 偶而地填寫收錄作品的紀錄單。 3. 偶而地參與同儕的評論與分享。 4. 只利用課堂部分指定時間整理檔案作品。 5. 顯示設定部分個人目標的證據。 6. 完成少部分個人的省思。 7. 只適度地維持有組織性的檔案。 8. 出席師生檔案會談及討論會。
等級 E	1. 完成且只將少部分的作業收錄於檔案夾中。 2. 很少填寫收錄作品的紀錄單。

Kubiszyn 和 Borich（2007）提出一個檔案評量檢核表如下，供教師進行檔案評量計畫的參考（pp.194-196）：

---

1. 做檔案的目的是什麼？
   □將學生最佳作品提供給下一任教師參考。
   □讓家長了解學生的學習狀況。
   □作為評鑑自己的教學。
   □作為學生的課堂成績。
   □蒐集學生的優良作品。
   □展現學生學習成果。
   □作為學生申請學校或工作機會之用。
   □作為展現學生技能或學習成長。
   □其他（請說明）
2. 要評估學生的認知能力包括哪些？
   □認知策略（請說明）
   □深層理解（請說明）

□溝通能力（請說明）
□後設認知（請說明）
□程序性技能（請說明）
□知識建構（請說明）
□其他（請說明）

3. 作品想要反映學生哪些特質？
□適應力
□持久力
□合作能力
□對回饋的接受度
□其他（請說明）

4. 你會採用什麼效標或規準來判定這些技能或特質已經達成？（請說明）

5. 在檔案評量過程中，你會關注於哪些面向？
□作品的多樣性
□成長進步情況
□技能或表現的精進
□組織性
□呈現方式

6. 你要採用何種量尺，來評斷一份檔案的完整性？（請說明）

7. 你如何將評定結果轉換為最後的成績？（請說明）

8. 你要讓哪些人參與計畫的過程？
□學生
□教師
□家長

9. 你希望檔案中包括哪些內容項目？（請說明）

10. 對於這些內容項目，學生可以自行選擇嗎？
□可以
□不可以

11. 要由誰決定哪些作品要放進對應的內容項目中？
□學生
□教師
□家長

12. 每個內容項目要放多少件作品？
□一個
□二個
□二個以上

13. 你是否會限定作品最後繳交的期限？
　　☐會
　　☐不會
14. 你曾經對所有草稿或最後作品，設計過格式或摘要評量表，進行評比或計算總分嗎？
　　☐有
　　☐沒有
15. 你是否有明確的說明作品如何繳交及歸還的方法？
　　☐有
　　☐沒有
16. 學生檔案會置放在那裡？誰能負責保管？
　　☐地點（請說明）
　　☐對象（請說明）
17. 誰負責策畫、指導並參與最後的成果展示？
　　☐學生
　　☐其他教師
　　☐家長
　　☐其他人員（請說明）

　　發展檔案的評鑑應從具體的目的或檔案目的開始，個別檔案的分析式計分規準與「**形成性評鑑**」（formative evaluation）目的類似；整體式計分規準則與「**總結性評鑑**」（summative evaluation）目的相似。檔案的整體評鑑對想要了解學生進展的情況特別有用。採用等第給予或其他總結性評鑑目的時，評量需要進行判斷性的評分，隱藏檔案的學生姓名是較適當做法，但此種方法對於專題報告或擴展式報告的作品評定時實施較為不易，其中可行的做法是學生將姓名書寫於作品後面或採用編號方式。不論是採用何種形式，檔案評鑑時最重要的是評分者要避免評分者偏誤或月暈效應的發生；另外一個做法是請其他教師擔任評鑑者，或是二位以上教師共同評鑑後求其平均數（Linn & Gronlund, 2000）。

檔案評量的特色

一個適切的檔案評量會有以下幾個特色（王文中等，2006）：

1. 強調縱貫及長時間的學習歷程，包括學習起點、過程與結果。

2. 採用多元方式評量學生的作品，得知學生的目標能力為何。

3. 激勵學生自我反省與評定個人的學習成長歷程。

4. 作品評量原則由學生與教師共同參與，讓學生承擔學習的責任。

5. 檔案的讀者（例如校長、行政人員或同儕）皆可以參與檔案製作的對話與意見交換。

6. 可與教學計畫相契合，檔案評量與教學脈絡息息相關。

檔案評量（或稱學習歷程檔案評量）與傳統紙筆測驗的比較摘要如下表（歐滄和，2002，頁350）：

項目	檔案評量	傳統紙筆測驗
評量的範圍	不受教材範圍限制，可以看到多數學生的能力與進展情況。	局限於教材範圍內容，無法看出優秀與落後學生能力的全貌。
評量主要目的	培養學生自我評鑑、自我省思及改進的能力，養成學習責任感。	考核學生學習成果及教師教學效能情況。
學生反應形式	以高層次認知層次、建構式反應為主。	以低層次記憶、理解層次及選出式的反應為主。
評量完成程序	可以自行蒐集資料、組織統整篩選，也可採用分組活動完成。	不可參閱相關資料，且是學習者獨立完成。

項目	檔案評量	傳統紙筆測驗
同儕互評應用	教師評定、同儕互評及自我評定。	教師評定。
評量適用時機	小班級、強調個別化教學。	大班級,有統一教材進度。
個別差異考量	活動設計本身考量到學習者個別差異情況。	全部學生使用相同的教材及同一份測驗試題。
學生角色	學習者、積極介入者、自我評量者。	被動評量者、根據評量結果成為被獎懲者。
家長角色	檔案製作過程及評量過程的協助者與引導者。	被告知學生測驗評量的成就或結果。
教師角色	活動設計者、檔案製作過程及評量過程的協助者、引導者與評定者。	考核者、獎懲者、評量後的補救教學者。
師生關係比喻	類似師徒制的教學方式。	老師像工廠的製造者與產品評定者;學生像產品。
評量結果說明	學生的努力、投入與成就進展情形。	只有學生成就分數結果。

檔案評量與標準化測驗實施差異比較如下表(Popham, 2008, p.196):

檔案評量	標準化測驗
展現學生在閱讀及書寫的能力範圍內投入的情況。	評量學生在有限閱讀及書寫範圍內的作業情形,與學生能做的程度無法完全匹配。
參與學習活動學生,在於評量他們進步及(或)成就,與建立持續性的學習目標。	直接由電腦計分,或由少數有權限的教師評定分數。
測量每位學生成就表現時,允許學生間有個別差異存在。	在相同的向度領域評量所有學生表現。
評量可以展現學生協同合作方式。	評量歷程無法突顯協同合作精神。
可以達成學生自我評量的目標。	學生評量不是一種目標。
描述學生改善、努力與成就情況。	只能描述學生成就。
評量與教學及學習相互連結。	學習、測驗與教學活動是分離的。

　　檔案評量於個別班級是具體可行的方法，就學生表現作品能陳述其持續性、累積性的進步情況。班級檔案評量的關鍵要素有以下幾點（Popham, 2008）：

　　1. 確定學生「**擁有**」他們的作品，能蒐集到自己的範例，教師要告知檔案真正的教育意涵。

　　2. 決定要蒐集哪些作品範例，不同主題或學科作品不一，作品範例的限制範圍或收錄，可由師共同討論決定。

　　3. 蒐集與儲存作品範例，學生有足夠的安全空間與檔案夾來儲存作品範例。

　　4. 選擇評鑑檔案作品範例的規準，規準要讓學生知道，以作為檔案作品之品質判斷的依據。

　　5. 需要學生能持續地評鑑他們自己的檔案作品，學生可以採用整體式、分析式，或結合二者評鑑方法進行自我評鑑與改進。

　　6. 訂定時程表與實施檔案會議，檔案會議不僅在檢視、評鑑學生作品，更可以幫助學生改善他們的自我評鑑能力。

　　7. 檔案評量歷程中必要時邀請父母參與，也讓學生父母或監護人一同檢視小孩的作品範例。

國民小學及國民中學學生
成績評量準則

（修正日期：民國108年6月；摘錄自教育部法規資料庫，法規名稱：
國民小學及國民中學學生成績評量準則）

（以下僅列舉部分條款）

第 1 條

本準則依國民教育法第十三條第一項規定訂定之。

第 2 條

國民小學及國民中學（以下簡稱國民中小學）學生成績評量，以協助
學生德智體群美五育均衡發展為目的，並具有下列功能：

一、學生據以了解自我表現，並調整學習方法與態度。

二、教師據以調整教學與評量方式，並輔導學生適性學習。

三、學校據以調整課程計畫，並針對學生需求安排激勵方案或補救教學。

四、家長據以了解學生學習表現，並與教師、學校共同督導學生有效學習。

五、直轄市、縣（市）政府及教育部據以進行學習品質管控，並調整課程
　　與教學政策。

第 3 條

國民中小學學生成績評量，應依領域學習課程、彈性學習課程及日常
生活表現，分別評量之；其評量範圍及內涵如下：

一、領域學習課程、彈性學習課程：

　　（一）範圍：包括國民中小學課程綱要所定領域學習課程、彈性學習

　　　　課程及其所融入之議題。

　　（二）內涵：包括核心素養、學習重點、學生努力程度、進步情形，
　　　　　　　並應兼顧認知、情意、技能及參與實踐等層面，且重視學習歷
　　　　　　　程及結果之分析。

二、日常生活表現：評量範圍及內涵，包括學生出缺席情形、獎懲紀錄、
　　團體活動表現、品德言行表現、公共服務及校內外特殊表現等。

第 4 條

　　國民中小學學生成績評量原則如下：

一、目標：應符合教育目的之正當性。

二、對象：應兼顧適性化及彈性調整。

三、時機：應兼顧「**平時及定期**」。

四、方法：應符合紙筆測驗使用頻率「**最小化**」。

五、結果解釋：應以「**標準參照**」為主，「**常模參照**」為輔。

六、結果功能：形成性及總結性功能應並重；必要時，應兼顧診斷性及安
　　置性功能。

七、結果呈現：應兼顧質性描述及客觀數據。

八、結果管理：應兼顧保密及尊重隱私。

【建構反應題目列舉】
中小學學生的評量有其目的與時機，其程序實施要符合公平正義，結果解釋
要有合理性與適切性，才能發揮學習評量功能及所欲達成的評量目標。請
就評量目標、評量對象、評量時機、評量方法及評量結果五個方面應把握的
「原則」加以分別說明。

第 5 條

　　國民中小學學生成績評量，應依第三條規定，並視學生身心發展、個
別差異、文化差異及核心素養內涵，採取下列適當之多元評量方式：

一、紙筆測驗及表單：依重要知識與概念性目標，及學習興趣、動機與態

度等情意目標，採用學習單、習作作業、紙筆測驗、問卷、檢核表、評定量表或其他方式。

二、實作評量：依問題解決、技能、參與實踐及言行表現目標，採書面報告、口頭報告、聽力與口語溝通、實際操作、作品製作、展演、鑑賞、行為觀察或其他方式。

三、檔案評量：依學習目標，指導學生本於目的導向系統性彙整之表單、測驗、表現評量與其他資料及相關紀錄，製成檔案，展現其學習歷程及成果。

特殊教育學生之成績評量方式，由學校依特殊教育法及其相關規定，衡酌學生學習需求及優勢管道，彈性調整之。

第 6 條

國民中小學學生成績評量時機，分為「**平時評量**」及「**定期評量**」二種。

領域學習課程評量，應兼顧「**平時評量**」及「**定期評量**」；彈性學習課程評量，應以「**平時評量為原則**」，並得「**視需要實施定期評量**」。

前項平時評量中紙筆測驗之次數，於各領域學習課程及彈性學習課程，均應符合第四條第四款最小化原則；定期評量中紙筆測驗之次數，每學期「**至多三次**」。學生因故不能參加定期評量，經學校核准給假者，得補行評量；其成績以「**實得分數**」計算為原則。

日常生活表現以「**平時評量**」為原則，評量次數得視需要彈性為之。

第 7 條

國民中小學學生成績評量之評量人員如下：

一、各領域學習課程及彈性學習課程：由授課教師評量，且應於每學期初，向學生及家長說明評量計畫。

二、日常生活表現：由導師參據學校各項紀錄、各領域學習課程與彈性學習課程之授課教師、學生同儕及家長意見反映，加以評量。

第 8 條

　　學生依國民中學技藝教育實施辦法，於國民中學階段修習抽離式技藝教育課程者，其職群所對應之領域學習課程學期成績，應包括抽離式技藝教育課程總成績，並按抽離式技藝教育課程每週節數占對應之領域學習課程每週排定節數之比率計算。

第 9 條

　　國民中小學學生領域學習課程及彈性學習課程之平時及定期成績評量結果，應依評量方法之性質以「**等第、數量或質性文字**」描述記錄之。

　　前項各領域學習課程及彈性學習課程之成績評量，至學期末，應綜合全學期各種評量結果紀錄，參酌學生人格特質、特殊才能、學習情形與態度等，評量及描述學生學習表現，並得視需要提出未來學習之具體建議。

　　領域學習課程之評量結果，應以「**優、甲、乙、丙、丁**」之等第，呈現各領域學習課程學生之全學期學習表現；其等第與分數之轉換如下：

一、優等：九十分以上。

二、甲等：八十分以上未滿九十分。

三、乙等：七十分以上未滿八十分。

四、丙等：六十分以上未滿七十分。

五、丁等：未滿六十分。

　　前項等第，以「**丙等**」為表現及格之基準。

　　彈性學習課程評量結果之全學期學習表現，得比照第三項規定辦理。

　　學生日常生活表現紀錄，應就第三條第二款所列項目，分別依行為事實記錄之，並酌予提供具體建議，「**不作綜合性評價及等第轉換**」。

第 10 條

　　學校就國民中小學學生領域學習課程、彈性學習課程及日常生活表現之成績評量紀錄及具體建議，每學期至少應以書面通知家長及學生「**一次**」。

　　學校得公告說明學生分數之分布情形。但「**不得公開**」呈現個別學生在班級及學校「**排名**」。

直轄市、縣（市）政府應於每學期結束後一個月內，檢視所轄國民中小學學生之評量結果，作為其教育政策訂定及推動之參考。

第 12 條

國民中小學學生修業期滿，符合下列規定者，為成績及格，由學校發給畢業證書；未符合者，發給「**修業證明書**」：

一、出席率及獎懲：學習期間授課總日數扣除學校核可之公、喪、病假，上課總出席率至少達三分之二以上，且經獎懲抵銷後，未滿三大過。

二、領域學習課程成績：

（一）國民小學階段：語文、數學、社會、自然科學、藝術、綜合活動、健康與體育七領域有「**四大領域以上**」，其各領域之畢業總平均成績，均達「**丙等以上**」。

（二）國民中學階段：語文、數學、社會、自然科學、藝術、綜合活動、科技、健康與體育八領域有「**四大領域以上**」，其各領域之畢業總平均成績，均達「**丙等以上**」。

【建構反應題目列舉】
題目一：小強為國民小學學生，依照《國民小學及國民中學學生成績評量準則》規定，小強畢業時要由學校發給畢業證書，小強畢業時要符合哪些要件，請從出席率及獎懲、領域學習課程成績二個面向加以說明。
題目二：小明為國民中學學生，三年修業期滿，根據《國民小學及國民中學學生成績評量準則》規定，學校只發給小明「修業證明書」，表示小明成績不及格。請從出席率及獎懲、領域學習課程成績二個面向加以說明小明只拿到修業證明書的可能原因。

第 14 條

為了解並確保國民中學學生學力品質，應由教育部會同直轄市、縣（市）政府辦理國中教育會考（以下簡稱教育會考）；其辦理方式如下：

一、中華民國一百零三年起每年五月針對國民中學三年級學生統一舉辦，評量科目為國文、英語、數學、社會與自然五科及寫作測驗；其評量

結果，除寫作測驗分爲一級分至六級分外，分爲精熟、基礎及待加強三等級。

七、國民中學學生除經直轄市、縣（市）政府核准者外，應參加教育會考。

八、教育會考之結果供學生、教師、學校、家長及主管機關了解學生學習品質及其他相關法規規定之使用。但不得納入在校學習評量成績計算。

第 16 條

國民中學及其主管機關爲輔導學生升學或協助學生適應教育會考之程序、題型及答題方式，得辦理模擬考，其辦理次數，全學期不得超過二次。模擬考成績不得納入學生評量成績計算；相關處理原則，依教育部之規定。

前項模擬考，國民中學除自行或配合主管機關辦理外，不得協助其他機構、團體或個人辦理。

參考書目

一、中文部分

王文中等（2006）。**教育測驗與評量（二版）**。臺北市：五南。

王前龍等譯（2006）。**中小學課堂的教學評量**（G. D. Borich & M. L. Tombari 原著）。臺北市：心理。

江文慈（2007）。超越測量——評量典範轉移的探索與啟示。**教育實踐與研究，20**(1)，173-200。

何英奇（1989）。精熟學習策略配合微電腦化 S-P 表分析診斷對學生學習效果的實驗研究。**教育心理學報，22**，191-214。

余民寧（2009）。**試題反應理論 IRT 及其應用**。臺北市：心理。

余民寧（2011）。**教育測驗與評量：成就測驗與教學評量**。臺北市：心理。

余民寧（2015）。學習評量與 SP 分析。**T&D 飛訊，217**，1-25。

余民寧（2020）。**量表編製與發展——Rasch 測量模型的應用**。臺北市：心理。

吳明隆（2004）。**班級經營與教學新趨勢**。臺北市：五南。

吳明隆、蘇素美（2020）。**發展與適性輔導概論**。臺北市：五南。

李坤崇（2006）。**教學評量**。臺北市：心理。

李茂興譯（2002）。**教育測驗與評量**（K. D. Hopkins 原著）。臺北市：學富。

姚漢禱（1994）。試題反應理論和古典測驗理論的簡介暨試題反應理論在運動技術的應用。**中華體育季刊，8**(2)，1-8。

柳玉清、王淑敏、邱美秀譯（2000）。**教育測驗與評量**（T. Kubiszyn & G. Borich 原著）。臺北市：五南。

涂金堂（2009）。**教育測驗與評量**。臺北市：心理。

張世彗（2012）。**課程本位評量理論與實務**。臺北市：臺北市立教育大學特殊教育中心。

張世彗、溫雨涵（2012）。課程本位評量在國小數學領域之應用。**國教新知，59**(4)，2-14。

許天維等（2013）。部分給分 S-P 表分析法擴張提案及其在數學測驗上的應用。**測驗年刊，21**，13-40。

郭生玉（2004）。**教育測驗與評量**。臺北市：精華。

郭伯臣、吳慧峯、陳俊華（2012）。試題反應理論在教育測驗上之應用。**新竹縣教育研究集刊，12**，5-40。

陳新豐（2015）。**教育測驗與學習評量**。臺北市：五南。

陳豐祥（2009）。新修訂布魯姆認知領域目標的理論內涵及其在歷史教學上的應用。**歷史教育，15**，1-33。

陳騰祥（1986）。S-P 表在學習診斷的應用及其實作感受之探究。**彰化師大輔導學報，9**，275-311。

陳騰祥（1988）。S-P 表分析的理論與應用。**輔導月刊，24**（4，5），28-33。

游恒山譯（2010）。**心理測驗**（R. J. Gregory 原著）。臺北市：五南。

黃德祥等譯（2011）。**教育測驗與評量──教室應用與實務**（T. Kubiszyn & G. Borich 原著）。臺北市：心理。

楊孟麗、謝水南譯（2016）。**教育研究法──研究設計實務**（J. R. Fraenkel, N. E. Wallen, & H. H. Hyun 原著）。臺北市：心理。

鄒慧英譯（2004）。**測驗與評量──在教學上的應用**（R. L. Linn & N. E. Gronlund 原著）。臺北市：洪葉。

歐滄和（2002）。**教育測驗與評量**。臺北市：心理。

鄭蕙如、林世華（2004）。Bloom 認知領域教育目標分類修訂版理論與實務之探討──以九年一貫課程數學領域分段能力指標為例。**臺東大學教育學報，15**(2)，247-274。

謝祥宏、段曉林（2001）。教學與評量──一種互為鏡像關係。**科學教育月刊，241**，1-13。

謝廣全、謝佳懿（2016）。**學習評量：概念與應用**。高雄市：麗文。

簡茂發等譯（2010）。**測驗分數及其意義分析與應用**（H. B. Lyman 著）。臺北市：心理。

魏明通（1987）。科學學習成就評量結果之處理模式。**科學教育月刊，97**，10-18。

蘇旭琳、陳柏熹（2014）。從 TIMSS 2007 臺灣八年級學生數學科作答反應檢視古典測驗理論和試題反應理論特性和測驗分析結果。**新竹教育大學教育學報，31**(2)，67-102。

二、英文部分

Airasian, P. W. (1989). *Classroom assessment*. New York: McGraw-Hill, Inc.

Airasian, P. W. (1994). *Classroom assessment* (2nd ed.). New York: McGraw-Hill, Inc.

Airasian, P. W. (2000). *Assessment in the classroom: A Concise approach*. NY: McGraw-Hill.

Airasian, P. W. & Russell, M. K. (2008). *Classroom assessment: Concepts and application*. NY: McGraw-Hill.

Allen, D. D. & Yen. W. M. (2001). *Introduction to measurement theory*. Monterey, CA: Books/Cole.

Anderson, L. W. et al. (2001). *A taxonomy for learning, teaching, and assessing: A revision of Bloom's Taxonomy of education objectives*. New York: Addison Wesley Longman, Inc.

Baker, F. B. (1985). *The basics of item response theory*. Portsmouth, NH: Heinemann.

Borich, G. D. (1996). *Effective teaching methods* (3rd ed.). Englewood Cliffs, NJ: Merrill/Prentice Hall.

Chappuis, S., Chappuis, J., & Stiggins, R. (2009). The quest for quality. *Educational Leadership, 67*(3), 15-19.

Cohen, L., Manion, L., & Morrison, K. (2004). *A Guide to teaching practice*. London: Routledge Falmer.

Dixson, D. D. & Worrell, F. C. (2016). Formative and summative assessment in the classroom. *Theory into Practice, 55*, 153-159.

Earl, L. M. (2003). *Assessment as learning: Using classroom assessment to maximize student learning*. California: Corwin Press, Inc.

Embretson, S. E. & Reise, S. (2000). *Item response theory for psychologists*. Mahwah, NJ: Lawrence Erlbaum Associates.

Frey, B. B. (2014). *Modern classroom assessment*. London: Sage Publications, Inc.

Furr, R. M. (2011). *Scale construction and psychometrics for social and personality psychology*. Thousand Oaks, CA: Sage.

Gipps, C. V. (1994). *Beyond testing: Towards a theory of educational assessment*. London: The Falmer Press.

Guttman, L. A. (1944). A basis for scaling qualitative data. *American Sociological Review, 9,* 179, 190.

Heer (n.d.). *A model of learning objectives.* 取自 https://www.celt.iastate.edu/wp-content/uploads/2015/09/RevisedBloomsHandout-1.pdf

Heinich, R., Molenda, M., & Russell. J. D. (1989). *Instructional media and the new technologies of instruction* (3rd ed.). New York: Macmillan, Inc

Hopkins, K. D. (1998). *Educational and psychological measurement and evaluation* (8th ed.). Boston: Allyn and Bacon.

Krathwohl, D. R. (2002). A revision of Bloom's taxonomy: an overview. *Theory Into Practice. 41*(4), 212-219.

Krathwohl, D. R., Bloom, B. S., & Masia, B. B. (1964). *Taxonomy of educational objectives. The classification of educational goals, Handbook II: Affective domain.* New York: David Mckay Company, Inc.

Kubiszyn, T. & Borich, G. (2007). *Educational testing and measurement: Classroom application and practice* (8th ed.). New York: John Wiley & Sons.

Linn, R. L. & Miller, M. D. (2005). *Measurement and assessment in teaching.* New Jersey: Pearson Education, Inc.

Linn, R. L. & Gronlund, N. (2000). *Measurement and assessment in teaching* (8th ed.). Upper Saddle River, NJ: Prentice Hall.

Linn, R. L. & Miller, M. D. (2005). *Measurement and assessment in teaching* (9th ed.). Englewood Cliffs, NJ: Prentice Hall.

Lustig, K. (1996). *Portfolio assessment: A handbook for middle level teachers.* ERIC Document Reproduction Service No. ED404326.

Mabry, L. (1999). *Portfolios plus: A critical guide to alternative assessment.* California: Corwin Press, Inc.

McMillan, J. H. (2011). *Classroom assessment: Principles and practice for effective standards-based instruction* (5th ed.). Boston: Allyn & Bacon.

McMillan, J. H. (2014). *Classroom assessment: Principles and practice for effective standards-based instruction* (6th ed.). Pearson Education, Inc.

Miller, M. D., Linn, R. L., & Gronlund, N. E. (2012). *Measurement and assessment in teaching* (11th ed.). New Jersey: Pearson Education, Inc.

Nitko, A. J. & Brookhart, S. M. (2007). *Education assessment of student.* New

Jersey: Pearson.

Popham, W. J. (2008). *Classroom assessment: What teachers need to know* (5th ed.). Boston: Prarson.

Russell, M. K. & Airasian, P. W. (2012). *Classroom assessment: Concepts and applications* (7th ed.).New York: McGrew-Hill.

國家圖書館出版品預行編目資料

學習評量精要75講／吳明隆著. ――初
版.――臺北市：五南圖書出版股份有限公
司, 2021.05
面； 公分
ISBN 978-986-522-702-9（平裝）

1.教育測驗 2.學習評量

521.3 110005958

1I3S

學習評量精要75講

作　　者 ― 吳明隆(60.2)

發 行 人 ― 楊榮川

總 經 理 ― 楊士清

總 編 輯 ― 楊秀麗

副總編輯 ― 黃文瓊

責任編輯 ― 李敏華

封面設計 ― 姚孝慈

出 版 者 ― 五南圖書出版股份有限公司

地　　址：106台北市大安區和平東路二段339號4樓

電　　話：(02)2705-5066 　傳　　真：(02)2706-6100

網　　址：https://www.wunan.com.tw

電子郵件：wunan@wunan.com.tw

劃撥帳號：01068953

戶　　名：五南圖書出版股份有限公司

法律顧問　林勝安律師事務所　林勝安律師

出版日期　2021年5月初版一刷

定　　價　新臺幣620元

經典永恆‧名著常在

五十週年的獻禮 —— 經典名著文庫

五南，五十年了，半個世紀，人生旅程的一大半，走過來了。
思索著，邁向百年的未來歷程，能為知識界、文化學術界作些什麼？
在速食文化的生態下，有什麼值得讓人雋永品味的？

歷代經典‧當今名著，經過時間的洗禮，千錘百鍊，流傳至今，光芒耀人；
不僅使我們能領悟前人的智慧，同時也增深加廣我們思考的深度與視野。
我們決心投入巨資，有計畫的系統梳選，成立「經典名著文庫」，
希望收入古今中外思想性的、充滿睿智與獨見的經典、名著。
這是一項理想性的、永續性的巨大出版工程。
不在意讀者的眾寡，只考慮它的學術價值，力求完整展現先哲思想的軌跡；
為知識界開啟一片智慧之窗，營造一座百花綻放的世界文明公園，
任君遨遊、取菁吸蜜、嘉惠學子！